예배자 갱신과 예배 리더십을 위한

# 예배와 음악

그리심

예배자 갱신과 예배 리더십을 위한

# 예배와 음악

2006년 9월 10일 초판 1쇄 발행
2008년 9월 20일 초판 2쇄(수정본) 발행
2014년 3월 10일 초판 3쇄(수정본) 발행

저　자 • 김 대 권
발행인 • 조 경 혜
발행처 • 도서출판 그리심
　　　　156-879 서울시 동작구 사당로 2길 72 인정apt. b-01

등록번호 • 제 7-258호.(1998. 4. 23)
출 판 사 • 전화 523-7589 팩스 523-7590
홈페이지 • http://grisim.biz
전자우편 • grisimcho@hanmail.net

• 저자와 협의하여 검인을 생략함.
• 이 책의 일부라도 저자나 출판사의 허락 없이 사용할 수 없습니다.

값 : 표지 뒷면에

ISBN 89-5799-166-2　93230

Korean Edition
Korean Copyright © 2006 by *Kim, Dae Gweon*
Seoul, Korea
All right reserved.

For Worshiper's Renewal and Worship Leadership
# Worship and Music

김대권 지음

머리말 • 8

## 제1부 예 배

I. 예배의 본질 • 15
  1. 경배 | 2. 섬김 | 3. 경외 | 4. 감사

II. 예배의 의미와 목적 • 24
  1. 응답 | 2. 선포 | 3. 기념

III. 구약에서의 예배 이해 • 33
  1. 출애굽기 24장 1-8절에 나타난 5가지 요인들 | 2. 하나님 임재 앞에서의 섬김
  3. 진정한 희생으로 행하는 예배 | 4. 하나님의 거룩성 강조

IV. 신약에서의 예배 이해 • 47
  1. 참된 예배자를 찾으시는 하나님 | 2. 하나님께 열납되는 참된 예배
  3. 시간과 장소에 제한받지 않는 참된 예배 | 4. 구속의 열매인 참된 예배
  5. 참된 예배 시대의 도래 | 6. 참된 예배의 인도자 되신 성령

V. 예배과정에서 예배자가 가져야 할 8가지 필요조건들 • 65
  1. 예배는 하나님과의 영적 교제이다
  2. 예배는 믿는 자들이 믿음으로 행하는 것이다
  3. 예배는 하나님의 은혜로 이뤄진 것이다
  4. 예배는 하나님을 향해 정신을 집중하는 것이다
  5. 예배는 마음을 다한 애정으로 행하는 것이다

6. 예배는 하나님 앞에서 겸손히 자신을 낮추는 것이다
7. 예배는 하나님께 영광을 돌리는 것이다
8. 예배는 하나님의 계시에 대한 인간의 응답이다

## VI. 성경적 예배의 모형 • 89
1. 성경에 계시된 예배의 형식
2. 이사야 6장 1-9a절에 근거한 예배구조에 따른 순서와 내용의 개관

## VII. 대화체 예배 속의 7가지 사실들 • 97
1. 하나님 중심의 예배
2. 예배자의 능동적인 참여
3. 다양한 매체를 통한 하나님의 계시
4. 수직과 수평적인 관계성
5. 예배음악의 예배 기능
6. 대화체 원리에 따른 예배순서
7. 삶과 예배

## VIII. 예배의 각 순서에 따른 개념과 구체적인 내용들 • 107
1. 전주 | 2. 예배로의 부름 | 3. 기원 | 4. 찬양과 경배의 찬송 | 5. 성시교독
6. 참회의 기도 | 7. 용서의 선언 | 8. 영광송 | 9. 기도 | 10. 말씀 봉독
11. 찬양대의 찬양 | 12. 설교 전 기도 | 13. 설교 | 14. 신앙고백으로서의 사도신경
15. 응답 찬송 | 16. 봉헌 | 17. 축도 | 18. 폐회 | 19. 후주

## IX. 교회력 • 131
1. 교회력의 3가지 핵심요소 | 2. 교회력의 역사적인 흐름
3. 교회력의 의의 | 4. 교회력의 의미와 내용

# 제2부 예배음악

I. 개괄적인 예배음악 역사의 흐름 • 149

II. 예배음악의 목적 • 156

III. 예배에서 음악의 6가지 기능들 • 158
  1. 예배를 고무함 | 2. 예배의 용이함 | 3. 예배 인도 | 4. 예배를 알림
  5. 예배의 풍성함 | 6. 예배

IV. 예배음악에 고려되어야 할 사항들 • 166
  1. 예배주제에 적절함 | 2. 상황 | 3 균형 | 4. 상대적인 음악 난이도
  5. 다양한 배치

V. 예배음악에 대한 왜곡된 시각들 • 177
  1. 음악적 취향 | 2. 문화적인 가치보전 | 3. 성스러운 오락 | 4. 음악 만들기 목적

VI. 찬양대 • 181
  1. 찬양대 역사의 개괄적인 흐름 | 2. 찬양대의 본질 | 3. 찬양대의 역할
  4. 예배 사역을 위해 찬양대원이 주지해야 할 내용들
  5. 찬양대의 예배합창 선곡법에 관한 제언 | 6. 찬양대 리허설 과정과 테크닉

VII. 예배음악 사역을 위한 성악과 기악 • 216
  1. 성악 독창과 성악 그룹을 통한 예배음악 사역
  2. 기악을 통한 예배음악 사역

VIII. 찬송가 • 226
  1. 찬송가의 정의 | 2. 성경에 나타난 찬송의 기능 | 3. 성경에 나타난 회중찬송
  4. 찬송가 가사의 조건들 | 5. 찬송가 음악의 조건들 | 6. 바른 찬송의 3가지 요건

IX. 회중찬송의 철학 • 245
　1. 하나님 백성들의 특권 | 2. 참여의 기회 | 3. 하나님께로 향하는 경로
　4. 연합 | 5. 개별적인 고백 | 6. 교육적인 가치 | 7. 선한 청지기 역할
　8. 영적 함양

X. 전통적인 회중찬송을 위한 리더십 • 253
　1. 회중찬송 인도를 위한 지침사항 | 2. 찬송 부르기를 위한 10가지 제언
　3. 회중찬송에 있어서 가사이해를 돕는 7가지 방법들

XI. 현대적인 회중찬양을 위한 리더십 • 268
　1. 다섯 단계를 갖는 현대적인 찬양 예배흐름 구조
　2. 현대적인 찬양예배 인도자를 위한 지침사항들
　3. 예배 찬양팀원들의 자질
　4. 회중찬양을 위한 스크린 사용에 대한 장점과 단점
　5. 현대적인 찬양에 의한 현대예배의 8가지 지침

XII. 예배음악의 패러다임을 향하여 • 306
　1. 예배음악은 하나님 중심이다 | 2. 예배음악은 자발적인 헌신의 소리이다
　3. 예배음악은 예배 공동체 음악이다
　4. 예배음악은 예배자들의 문화를 반영해 주는 소리이다 | 5. 예배음악은 섬김이다

부 록

I. 예배의식 순서와 그에 관한 설명 • 322
　1. 대강절 예배 | 2. 성탄절 예배 | 3. 주일예배 | 4. 부활절 예배

II. 교회력에 따른 성서일과 • 341

미 주 • 349
참고도서 • 367

# 머리말

에이든 토저(A. W. Tozer, 1897-1963)는 말하길 '흠모는 교회에서 잊혀진 예배의 예술'이라고 했다. 이것은 이 시대의 예배를 논할 때에 매우 중요하게 다가오는 말이다. 왜냐하면 하나님을 예배하는 자들에게서 흠모함을 잃어버린 채 종종 무기력과 무감각한 상태에서 행하는 예배모습을 보기가 그리 어렵지 않기 때문이다. 이를 반증하듯 끊임없는 예배 갱신운동과 이에 관한 회복 및 부흥을 외치는 책자들의 출간, 그리고 예배인도자(worship leader)란 말이 보편적으로 사용되면서 살아있는 예배의 감격을 되살리기 위한 끊임없는 노력이 이어지고 있다.

예배의 예술이라고 표현된 흠모가 중요한 까닭은 그의 초점이 하나님으로부터 내리시는 복에 있기보다는 그의 얼굴을 향하는 것이기에 그러하다. 곧 하나님 안에서 깊은 차원의 친밀감을 묘사하는 흠모는 가장 강력한 언어 중 하나로써 지극히 높이고 찬미하고 송축하려는 마음의 자발적인 열망을 뜻한다. 이것이 바로 오늘날 예배의 회복을 위해 절실히 요청되어지

*For Worshiper's Renewal and Worship Leadership* Worship and Music

는 부분이다.

　예배에 변화의 바람은 지금도 끊임없이 불고 있다. 전통적인 양식에서 현대적으로 아니면 이 둘의 결합을 통해 이뤄가려는 시도가 한창이다. 그런데 아무리 수많은 예배갱신이란 노력을 하여도 그 본질적인 문제가 변화를 위한 변화인양 방법적인 차원에 집중되어 있다면 이는 색다른 취향에 불과할 뿐이다. 이 때문에 현대인들이 드리는 예배가 격변의 시대 속에서 겪는 문화의 엄청난 다양함과 깊은 간격 등의 배경으로 말미암아 적응과 수용의 문제, 그로 인한 리더십의 부재현상 등으로 여러 가지의 어려움과 시행착오를 겪기도 한다.

　그러나 분명한 것은 예배란 인간의 경험이나 얻어지는 그 무엇으로 평가되어질 수 없다는 사실이다. 참된 예배는 오직 말씀에 근거한다. 이는 예배의식의 변화추구 이전에 무엇보다 올바른 예배신학이 선행되어야 함을 알게 한다. 예배에 대한 성경적인 바른 시각과 이해가 전제되어야만 비로소 예배의 모든 행위가 온전함으로 이뤄질 수 있는 것이다. 그렇기에 예배를 인도하는 지도자들은 예배방법인 의식이나 표현해 줄 문화가 아니라 예배의 참된 목적이 되는 방향으로 나아가야 한다.

　이 책은 궁극적으로 예배갱신이라기보다 예배자의 갱신이라는 의도를 갖고 있다. 예배자의 자발적이며 능동적인 참여와 흠모의 회복을 위한 부흥을 일으키고자 한 의지도 담겨있다. 이러한 인식을 깊이하여 성경을 통해 얻어진 예배의 본질과 실천적 원리들을 찾아 제시했고 예배의식의 구조를 형성하게 하는 성경적인 틀과 그에 따른 순서 내용의 각 개념 및 의미들을 살펴보았으며, 점차로 교회마다 관심을 갖는 교회력도 다루었다.

　예배음악에 있어서는 그의 본질과 진정한 기능적 측면을 다루었고, 회중찬송과 찬양대, 그리고 현대적인 예배를 위한 예배인도자, 찬양 팀 등에 관련해 최대한 사역현장에서 마주칠 수 있는 세부적인 지침들을 제시하고자 노력하였다. 마지막으로는 짧게나마 현 시대의 예배음악이 나아가야 할 패러다임 설정에 근거가 될 수 있는 성경적인 원리들을 찾아 독자들로 하여금 진정한 예배음악 사역 리더십을 가질 수 있도록 안내하였다.

　색인부분에선 교회력에 의해 행해지는 예배에 사용될 성경말씀 구절들 외에도 예배를 계획하는 데에 참고가 되도록 몇 가지의 예배의식 순서와 그에 관한 부연설명까지 첨부하였다.

　사실 한편으로는 여러 가지 면에서 부족함이 많은 것 같아 출판함에 주저함이 있었다. 하지만 이 글을 통한 의도가 예배자 갱신과 예배사역을 위한 리더십을 목표하였기에 그 부분에서나마 미력하더라도 도움이 되기를 희망하면서 이 책을 내놓는다.

끝으로 늘 기도와 한 마음으로 내조한 아내와 두 아들, 다니엘과 찬현에게 사랑과 감사의 마음을 전한다.

2006년 7월에
저자 김대권

*For Worshiper's Renewal and Worship Leadership*
# Worship and Music

# 예·배 *Wosrship*

*Part* 1

I. 예배의 본질
II. 예배의 의미와 목적
III. 구약을 통해 본 예배의 이해
IV. 신약을 통해 본 예배의 이해
V. 예배과정에서 예배자가 가져야 할 8가지 필요조건들
VI. 성경적 예배의 모형
VII. 대화체 예배 속의 7가지 사실들
VIII. 예배의 각 순서에 따른 개념과 구체적인 내용들
IX. 교회력

# Chapter 1                                   예배의 본질

**현**시대의 예배에 관한 문제점을 제기하기 위해 로버트 웨버(Robert E. Webber)는 합리주의(rationalism), 감정주의(emotionalism), 그리고 오락(entertainment)적인 요소의 세 가지 현상을 설명한다. 이들은 때때로 그 어느 한쪽으로 지나치게 치우친 모습 때문에 예배 갱신의 절대적인 필요가 그 어느 때보다 강조된다고 하였다.[1]

사실상 이러한 왜곡된 예배의 현상은 비 신학적이고 예배 본질에 대한 인식결여에 기인한다. 예배가 의식주의(ritualism)화된 예전(liturgy)만으로 설명되거나 혹은 예배과정에서 인간 중심주의(anthropocentrism)를 지향하는 것 같은 여러 양상을 띤다면 이는 예배 본래의 의미와 목적을 상실하고 있는 것이다.

예배는 역사적인 변천 과정을 통해 개신교의 예배뿐만 아니라 로마 카톨릭, 그리스 정교회, 영국 성공회 등에 이르는 제 각각의 의식(liturgy)이 있고, 그 독자적인 형태와 내용으로 인해 다양함과 상이함 속에서 큰 차이를 보인다. 이는 사실상 시대적인 상황과 지역에 따른 문화 등으로 인해 때로는 예배와 문화의 혼동을 가져오기도 한다.

개신교에 속한 수많은 교파들은 예배에서 형식과 외형적인 것들, 즉 예배당의 구조, 예배 성물들의 위치, 혹은 예배순서에 나타난 모든 내용들을 각각의 특성에 맞게 보존해왔다. 그러나 이러한 사실들로 예배의 본질은 규명될 수는 없다. 왜냐하면 이들 중 어떤 것들은 점차 그 성격이 왜곡되고 심지어 변질되기까지 했기 때문이다. 한 예로, 카톨릭의 미사(예배)는 그 자체가 제의적(cultic)이며, 또 다시 반복되는 희생제사(sacrifice)로 설명되는 의식(ritual)으로 전락해 버렸다. 이로 인해 성찬신학(Eucharistic Theology)이 대두되어 화체설(transubstantiation)로 말미암아 종교개혁을 통한 예배갱신을 맞게 되었던 것이다.

역사 속에 진행되어온 예배의 현상학적인 내용접근은 어느 면에선 도움이 되겠지만 그 근본적인 예배 본질을 설명하기엔 부족하다. 정작 이것을 다루려면 무엇보다 먼저 예배란 말의 어휘들을 성경에서부터 살펴야 할 것이다. 이 어휘들은 예배의 핵심들을 설명하는 구체적인 내면적 모습을 담고 있다.

## 1. 경배 Adoration

성 요한 크리소스톰(St. John Chrysostom)은 "초월적인 위엄 속에 거하시는 하나님을 인식하지 못한다면 우리는 그 분을 모욕하는 것이다. 천사들과 그룹들 그리고 스랍들은 어떠한가?… 그들은 엎드리어 떨며 하나님을 예배한다. 만약 이러한 천상의 창조물들이 끊임없이 찬양과 경배의 자세로 하나님 앞에서 살고 있다면, 어찌 우리 인간 존재가 하나님 앞에서 예배할 때에 가볍고 경망스럽게 할 수 있겠는가?"[2]라고 말했다.

대부분 전능하신 하나님 앞에서 예배하는 인간 본연의 모습을 설명할 때엔 이와 같은 경배를 생각할 수 있을 것이다. 그러나 경배의 본질은 그 어떤 두려움만의 내면을 강조하기보다는 오히려 절대자이신 창조주 하나님 앞에 피조물의 지극한 존경심을 드러낸다. 성경은 이에 샤하아(*shachah*, 출 4:31)와 프로스퀴네오(*proskuneo*, 요 4:24)를 써서 '엎드리다,' '고개를 숙이다'라는 뜻의 단어를 사용한다. 프로스퀴네오는 '존경의 표시로 손에 입을 맞추다'인 경의(reverence)를 뜻하기도 한다.

경배는 절대자 앞에서의 외형적인 낮아짐이란 자세만이 아니라 '굴복함'을 가리키는 내적 상태를 암시한다. 이는 "욥이 일어나 겉옷을 찢고 머리털을 밀고 땅에 엎드려 경배하며"(욥 1:20)란 말씀에서 찾을 수 있다. 이 내용은 까닭모를 재난에 의해 평생 가꿔온 재산이 한 순간 재가 되고 심지어 자녀들 모두의 죽음이란 참담한 소식 앞에 선 욥의 인간 본능적인 반응과 영성이란 두 가지 모습을 묘사한 것이다.

먼저는 극심한 심적 고통 표현의 행위인 '겉옷을 찢고 머리털을 밀고'였으며, 다른 하나는 '땅에 엎드리어 경배하며'였다. 비록 인간의 한계를 극복할 수 없는 상황에서도 오히려 행해진 경배는 '엎드림'을 통한 것이었다. 이는 경배의 의미를 구체화시키는데 그 이유는 문자적으로도 '경배하며(*shachah*)'가 '엎드리다,' '굴복하다'로써 더욱 심화된 의미를 갖기 때문이다.

그래서 경배란 단순히 엎드림 자세의 신체 동작에 머무름이 아니라 절대자를 향한 순종과 굴복의 영성을 말한다. 다시 말해 누구를 갈망하며 또 무엇을 추구하고 누구에게 혹은 무엇에게 복종하는 것인지를 심각히 생각하게 하는 말인 것이다.[3] 예배에서 경배를 생각할 때에도 회중이 바닥에 얼굴을 대고 엎드리는 실제적이지 못한 행위를 가리키기보다 창조주 하나님 앞에 철저한 '굴복'으로 엎드리는 영적상태임을 직시해야 한다.[4] 이에 제임스 드 종(James A. De Jong)은 "하나님을 찬양하고 그를 칭송하는 것은 그의 비교할 수 없는 위대함과 주권을 인정하는 것이다"5)라고 했다.

궁극적으로 경배는 하나님을 향한 절대적인 신뢰 속에서 그분의 주권 앞에 모든 인격과 영혼의 엎드림을 가리킨다. 이러한 엎드림 속에선 항복과 자신을 철저히 내어 드리는 완전한 순종이 그 중심을 이룬다.6)

## 2. 섬김 Ministry

지난 20세기에 이뤄진 예배운동(Worship Movement)의 신학적 강조점과 실천적인 지침 중의 하나가 "현대 예배는 성직자 중심주의를 탈피하고 회중 참여의 확대를 재고하게 되었다. 예배에서 회중은 더 이상 관중의 입장이 아니라 참여자의 입장에 서야 하며, 예배는 목사 혹은 사제만의 행위가 아니라 전 공동체적 행위로 인식되었다"7)라는 것이다.

예배는 한 사람이 연출하고 회중은 단지 구경만하는 모노드라마가 아닌 그들 모두의 공동행위이다. 예배에서 회중은 개인적인 관심에만 묶여 있는 사람들의 무리가 아니라 서로에 대해서 책임적인 연대감을 나누어야 하는 무리이기도 하다. 그래서 예배가 회중을 인도하는 자 외에 기도자, 성경 봉독자, 찬양대나 찬양팀, 헌금위원, 안내위원 등 많은 이들과 함께하는 공동체적 행위임을 인식해야 한다.8) 그 때문에 예배에서 어느 특정한 직무를 담당하는 자가 아닌 회중이라도 각 개개인은 예배자로서 예배라는 공동의 일에 결코 수동적인 관망자가 아닌 예배를 적극적으로 행하는 참여자가 되어야 한다.9)

이 때문에 "예배란 우리에게(to) 혹은 우리를 위해(for) 베풀어지는 것이 아니고 우리에 의해(by) 행해지는 것이다."10) 물론 이것은 성령의 인도하심 속에 이뤄지는 신령한 응답행위를 뜻한다. 그런 가운데 진정한 예배를 이뤄가기 위해선 회중의 행동(action)하는 실천적 섬김(ministry)이 구체화 되어야 한다.

성경은 예배라는 말에 '섬기다'란 의미의 아바드(abad, 출 3:12)와 라트류오(latreuo, 마 4:10)를 사용하여 능동적인 행함의 속성이 있음을 암시한다. 라트류오와 연관된 말인 예전(liturgy)은 헬라어 레이투르기아(leitourgia, 히 9:21)에서 온 것으로 '사람들의 행위(action of people)'[11] 혹은 '사람들의 일(the work of the people)'을 뜻한다. 이는 고대 그리스와 로마시대 때에 장이 열린 뒤 폐장하면서 상인들과 그 시의 지도자들이 모두 모여 청소를 했었던 관습을 가진 전례를 따라 공동의 선한 목적을 위하여 함께 일함을 가리키고자 한 말이었다.[12]

실제 레이투르기아(leitourgia)란 용어는 신약에서 그 형태가 명사이든 동사이든 간에 관계없이 단 한 번도 사도, 선지자, 교사, 장로, 감독과 같은 교직자가 드리는 제사적인 봉사로 사용된 적이 없는 말이다. 그 까닭은 예배가 어느 특정한 개인이 대신하거나 대표하여 행하는 구약의 희생제사와는 달리 회중 전체가 참여하여 하나님께 직접적으로 행하는 봉사를 뜻하기 때문이다. 이는 예배가 전체 회중의 일이요, 행위인 것임을 명백하게 한다.[13]

희랍교회에선 레이투르기아로부터 온 말인 예전(liturgy)을 예배라고 지칭하였는데 이는 16세기부터 본격적인 사용과 아울러 18세기부터 예배학을 가리키는 학문용어로 자리잡기 시작하였다.[14] 예배의식을 뜻하는 이 말의 어원에서도 알 수 있듯이 예배란 예배자로 하여금 형용사나 부사가 아닌 동사로써 적극적이며 능동적인 행함을 통한 섬김이다.

## 3. 경 외 reverence; awe

예배엔 하나님의 임재하심 앞에서 두렵고 떨리는 마음, 곧 경외하는 마음가짐이 따른다. 성경이 "오직 주는 주의 풍성한 인자를 힘입어 주의 집에 들어가 주를 경외함으로 성전을 향하여 경배하리이다"(시 5:7), "하나님은 거룩한 자의 회중에서 심히 엄위하시오며 둘러 있는 모든 자 위에 더욱 두려워 할 자시니이다"(시 89:7)라고 선포한 것처럼 하나님을 예배함에 있어서 경외감은 너무나도 자연스러운 마음 상태임을 알게 된다.

루돌프 오토(Rudolf Otto)는 "예배가 '두려움과 떨림(numinous: 장엄하고 초자연적인 상황 속에서의 반응을 가리킴)'을 수반하는 거룩한 행위"[15]라고 했다. 예배의 대상인 하나님의 초월적인 속성으로 인하여 예배자는 그만큼 절대자 앞에서 두려움을 갖게 되기 때문이다. 그렇다고 이것이 이교사상에서 느끼는 감정과 같은 미신적인 공포감과는 전혀 다르다. 하나님을 두려워하는 것은 참으로 아름다운 일로써 하나님 앞에 있기 때문에 오는 지극히 높은 도덕적 행복감을 가리킨다.[16]

궁극적으로 예배 속에서 경험하게 되는 '두려움'은 굴종과 속박의 헬라적 상황의 비인간적인 노예(slave) 개념과는 달리 아바드(abad)라는 말 속에 함축되어 있는 히브리적 개념처럼 종(servant)과 자비로운 주인과의 관계를 말해준다.[17] 지음 받은 피조물이 창조주 앞에서 지극한 공경함을 갖는 경외로 향하게 하는 것이다. 구약에선 이것을 야레(yare, 삼상 12:14), 신약에선 포보스(phobos, 행 9:31)로 기록하고 있다.

예배를 보통 축제라는 상황으로 이해한다. 그렇다고 하여 언제나 예배음악이 포르티시모(fortissimo: 매우 세고 크게) 혹은 다소 댄스(dance)와 같은 느낌의 소리만으로 이뤄지지는 않는다.[18] 이러한 예는 시편 95편에서 들

수 있는데, 전반은 기쁨 가득한 외침과 즐거운 노래로 함께한 예배모습을 그려준다. 그러나 실제로 그 분위기의 내면적 상태는 "우리가 굽혀 경배하며… 여호와 앞에 무릎을 꿇자"(6절)처럼 전능하신 하나님 임재 앞에서의 진정한 경외감(두려움)을 전제한 것이다.

이러한 경외감에서의 예배는 사실상 인간의 그 어떤 감정적인 만족과 기쁨의 추구가 우선되기 보다는 주인을 향한 종의 모습으로 심화되어 가야한다. 로버트 레이번(Robert G. Rayburn)은 진정한 경외감을 갖는 예배를 위해선 "그리스도인이 하나님의 영화로우신 존엄성을 인식하고 하나님 앞에 자신을 굽어 엎드려야 한다… 이때에 비로소 인간은 하나님께 경외와 찬양과 감사와 존귀를 드릴 수 있다"[19]고 하였다.

경외감은 특히 놀람과 탄복 혹은 경이감(wonder)으로 발전된다. 이는 마치 아브라함이 하나님의 말씀을 들을 때 거룩한 경이감에 사로잡혀 얼굴을 땅에 대고 엎드린 것과 혹은 모세가 떨기나무 불꽃 가운데로 임재하신 하나님 앞에서 얼굴을 가렸던 것과 동일하다. 그야말로 예배는 초월적 경이감을 나타내며 말로 표현할 수 없는 무한한 경이인 것이다.[20]

워렌 위어스비(Warren W. Wiersbe)는 말하길 "참된 경이감은 마음과 생각을 사로잡아 전 존재를 완전히 뒤흔드는 정서이다… 하나님과의 만남은 마음에 경외심(awe)을 가져다준다. 그 순간 우리의 마음은 감사, 경배, 존경, 두려움, 사랑 등에 뒤얽힌 복합적인 감정에 압도된다. 이로 인해 우리는 말로 표현할 수 없는 하나님의 경이로우심 속에 깊이 빠지게 되는 것이다"[21]라고 하였다.

예배에서 회복되어야 할 부분은 바로 경이감을 통한 경외감이다. 예배 속에서 만남을 갖는 하나님의 존재는 어떠한가? 성 어거스틴(St. Augustine, 354-430)은 자신의 고백록(The Confession)을 통하여 다음과 같이 하나님을 찬양하고 있다.

> 지극히 높으시며, 지극히 뛰어나시고, 전지전능하시며, 지극히 자비로우시며, 지극히 정의로우시고, 홀로 초월해 계시며, 또한 지극히 가까이 계시고, 지극히 아름다우시며, 지극히 강하시고, 흔들림이 없으시며, 아무에게도 속하지 않으시고, 변하지 않으시며, 만물의 조화를 이루어 내시고, 새로 태어나지도 않으시며, 다함도 없으시고, 만물을 새롭게 하시지만 교만한 이들을 쇠하게 하시며, 항상 일하시지만 또한 언제나 안식하시고, 만물을 모으시지만 아무 것도 필요로 하지 않으시며, 만물을 유지하시고, 만물 안에 임하시며, 만물을 보호하시고, 창조하시며, 먹이시고, 자라게 하시며, 만물을 구하시고, 만물을 소유하신 주님이시여.[22]

인간의 지적인 이해를 나타내는 언어로 하나님의 경이로움을 다 표현할 수는 없다. 그러나 성 어거스틴(St. Augustine)이 이처럼 하나님의 신비롭고 놀라운 내용들을 마음으로부터 깊은 경외감 속에서 쏟아내었던 고백들은 오늘날 우리의 예배에서도 동일하게 경험되어야 할 감격이 되어야 한다.

### 4. 감 사 Thanksgiving

신약시대 이후 고대, 중세, 종교개혁과 근대 및 현대에 이르기까지 동일한 예배의 2중 구조는 말씀과 성찬이다. 비록 종교개혁 이후론 성찬에 관한 강조가 덜해지기도 하였지만 예배에서 이 두 가지는 변함없는 핵심이다. 그 중에 하나인 성찬(Eucharist)은 '감사(*eucharistia*, 고전 14:16)'에서 유래된 말로 예배가 곧 '감사'임을 알게 해준다. 이 성찬은 주님의 만찬(눅 22:19-20)에 의해 제정되어 초대 교회 이후 대대로 기념되어 행해져 온 예배의 근간을 이루는 것이다.

출애굽을 중심으로 한 일련의 역사적 사건들에 뿌리를 두고 있는 구약시대의 예배에서도 하나님의 구속사를 감사하는 내용이다. 모든 곡식의 첫 열매나 가축의 첫 새끼와 함께 드리는 찬송시를 살펴보면 하나님은 창조주요 우주를 통치하시는 전능하신 분임을 선포하고 있으며, 이스라엘의 운명을 구원해 내신 하나님의 역사하심에 대한 감사함으로 가득 차있다(시편 47편, 68편, 74편, 93편, 95편, 100편, 104편).23)

이처럼 예배의 성격을 규명해 주는 것이 감사이다. 성경은 야다(*yadah*, 시 136:1)와 엑소몰로게오(*exomologeo*, 마 11:25)의 어휘를 사용하여 '감사하다'란 의미로 예배를 가리킨다. 그런데 이 말은 '두 손을 들다,' '고백하다'란 뜻을 포함하고 있다. 이는 실제로 하나님을 향한 감사함의 내적상태가 "범사에 감사하라"(살전 5:18)와 같이 때론 감사할 수조차 없는 상황에 직면했다 하더라도 키에르케고르(S. Kierkegaard, 1813-1855)가 말한 믿음의 도약(leap of faith)을 통해 이뤄진 영적 범주에서의 감사를 암시하는 것이다.24)

특히 감사는 적극적이며 능동적으로 전인격을 다한 고백의 성격을 갖는다. 이에 성경은 '감사'를 '자복하다'인 토다(*towdah*, 시 50:23)란 말로 전해준다. 그래서 감사엔 침묵을 거부하는 구원받은 자가 구원자에게, 치유 받은 자가 치유 자에게, 건짐 받은 자가 건진 분에게 지극히 자발적이며 온 정성을 다하여 쏟아내는 행휘를 수반한다.25)

# Chapter 2 예배의 의미와 목적

예배의 진정한 의미와 목적은 예수 그리스도를 통해 새롭고 산 소망을 안은 사람들이 하나님과의 만남을 경험하며, 하나님의 계시에 대한 응답으로써 하나님의 위임과 명령을 받아 파송되는 것으로 설명할 수 있다.

아브라함 카이퍼(Abraham Kuyper)는 말하길 "참된 종교는 인간을 위한 자기중심적인 것에 있지 않고 하나님을 위하여 존재한다고 하는 하나님 중심적인 것에 있다"[1]고 하였다. 기독교 예배는 이러한 종교의 본질과 동일한 속성을 갖는다. 왜냐하면 하나님이 자신의 영광과 목적 속에서 인간에게 예배의 이유와 근거를 마련해 주셨기 때문이다.

이런 맥락에서 로버트 웨버(Robert E. Webber)는 현시대의 예배에 직면한 문제 중 예배가 "행복한 삶의 비결을 만족시키는 것"[2]으로 전락해 가고 있음을 지적하고, 예배의 방향이 인간 중심(anthropocentrism)에서 철저히 하나님 중심(theocentrism)으로 가야 한다고 강조하였다. 만약 복을 구하는 즐거움을 위해 하나님의 즐거움을 망각하면 이는 인간의 자아중심적인 예배(self-centered worship)가 될 수밖에 없는 것이다.[3] 곧 예배가 인간이 추구하는 기쁨, 즐거움, 은혜 등을 위해 존재하는 것이 아니라 전적으로 하나님의 구속적 은혜에 감사하는 섬김이란 사실에 주목하게 만든다.[4] 비록 예배 안에서 얻을 수 있는 유익함이 있다 하더라도 예배의 근본 동기가 오직 창조주 되신 하나님 아버지께 영광과 존귀와 기쁨을 드리는 데에 있는 것이다.[5]

그러므로 예배의 목적 그 자체는 하나님이다. "하나님이 우리 예배의 주체요 목적이요 무한한 중심이라는 사실"[6]처럼 예배가 하나님의 영광, 하나님의 즐거움, 하나님의 원하시는 모든 내용들로 이뤄진다. 그래서 칼 바르트(Karl Barth)는 예배를 "하나님의 일(*Opus Dei*)"[7]이라 하였다. 이는 예배가 "예수 그리스도를 통하여 이루어 주신 하나님의 구원 예시에 근거하기 때문에 그 본질이 인간의 행위가 아니고, 하나님의 행위로 이해하는 것"[8]에 기초한 것임을 나타낸다.

하나님 이외의 그 어느 특정한 유익을 목적으로 예배가 행해진다면 예배의 대상이 되신 하나님이 수단으로 전락된다. 물론 하나님과 하나님 백성 간의 대화인 예배를 통하여 하나님은 우리의 경배와 감사를 받으시는 동시에 우리는 영적필요를 온전히 채움 받는 복된 시간임을 간과하는 것이 아니다. 오히려 예배를 인하여 얻어지는 복은 예배의 우선순위가 아니라 부차적인 하나님의 은혜일뿐 오직 하나님의 영광을 위한 수단인 것임을 분명히 해야 한다.[9]

이러한 근본적인 목적 속에 이뤄지는 예배의 진정한 그 의미를 다음과 같이 세 영역으로 나누어 설명할 수 있다. 그것은 '하나님을 향한 응답,' '하나님의 가치 선포,' 그리고 '하나님을 기념함'이다.[10]

## 1. 응답 A Response to God

예배란 '하나님과 더불어(with God),' '하나님의(of God)' 주권에 의해 '하나님께(unto God)' 드리는 것이다.[11] 이는 예배가 인간에 의해서가 아니라 하나님에 의해서이며 그분의 요구와 지시에 따른 것임을 말해준다. 다시 말하면 예배는 하나님의 부르심에 의해 시작되고 그 부르심은 인간의 응답을 이끈다는 것이다.

궁극적으로 예배는 하나님의 부르심과 행하심에 대해 인간의 응답이 이루어져 일방통행인 독백이 아니라 대화로써 하나님과 그의 백성의 만남 속에 이루어지는 쌍방의 의사소통 과정을 낳게 한다.[12] 그래서 예배는 하나님의 계시(revelation)와 인간의 응답(response)이란 구조를 갖는다. 이때의 응답은 하나님께 드리는 것이라기보다 인간을 향한 하나님의 접근이요 인간의 응답을 자발적으로 유도해내시는 하나님의 은혜의 결과이다.[13]

예배는 이처럼 계시와 응답이 일어나는 지점에서 일어나는 대화(dialogue)의 현장이다. 하나님은 그 대화를 위하여 성경 말씀, 설교, 찬송가에 담긴 가사, 혹은 성도의 교제를 통해서도 자신의 뜻을 계시하신다.[14]

하나님과 그의 백성들 간의 대화인 예배가 하나님의 계시로 말미암은 것이기에 이에 대한 예배자의 응답은 필연적이다. 이에 하나님의 백성들은 예수 그리스도를 통하여 성령 안에서 하나님의 계시하심에 응답을 하는 것이다. 이러한 예배의 모든 과정은 하나님의 주권적 역사하심으로 이뤄지며 그분의 전적인 목적을 위해 존재한다. 그 때문에 예배자의 초점은 예배로 인하여 얻어질 수 있는 것들인 좋은 감정, 평안, 성도의 교제, 혹은 말씀의 위로 등에 있지 않고 오히려 하나님의 지시와 인도에 따른 믿음과 순종의 반응인 응답에 있다. 이는 전능하신 하나님께 존경과 경배하도록 부르심을 받

앉을 뿐만 아니라 초대된 특권을 갖는 그의 백성들이기에 더욱 그러하다.15)

## 2. 선포 Declaration of God's Worth

예배의 내용을 결정하게 하는 것은 예배의 대상에 대한 정확한 이해이다. 예배의 대상이 되시는 하나님이 누구시며, 무엇을 하셨고 또한 무엇을 하시는지, 그리고 무엇을 말씀하시는지를 알아야 예배가 가능하기 때문이다.16)

랄프 마틴(Ralph P. Martin)은 예배(worship)의 용어를 설명하기 위해 "하나님을 예배하는 것은 그 분께 최상의 가치를 돌려드리는 것이다. 왜냐하면 그분만이 가치가 계시기 때문이다"17)라고 하였다. 이런 맥락에서 워십(worship: 예배)은 고대 앵글로색슨(Anglo-Saxon)어 weorth(worth: 가치)와 scipe(ship: 신분)의 결합으로 생성되어진 말의 배경을 잘 설명해 준다. 알프레드 깁스(Alfred P. Gibbs)는 이에 대해 "이는 홀로 가치 있는(worthy) 분께 가치(worth)를 돌리는 일, 즉 '가치의 귀속(worthship)'이 충실하기 때문이다"18)라고 설명했다.

구약과 신약을 통해서 주신 아래의 말씀은 하나님의 영광과 그의 이름에 합당한 가치를 마땅히 돌려야 할 인간의 응답을 선포하고 있다.

> 여호와는 광대하시니 극진히 찬양할 것이요 모든 신보다 경외할 것임이여
> 만방의 모든 신은 헛것이요 여호와께서는 하늘을 지으셨음이로다
> 존귀와 위엄이 그 앞에 있으며 능력과 아름다움이 그 성소에 있도다
> 만방의 족속들아 영광과 권능을 여호와께 돌릴찌어다 여호와께 돌릴찌어다
> 여호와의 이름에 합당한 영광을 그에게 돌릴찌어다
> 예물을 가지고 그 궁정에 들어갈찌어다
> 아름답고 거룩한 것으로 여호와께 경배할지어다

온 땅이여 그 앞에서 떨찌어다(시 96:4-9)

이십사 장로들이 보좌에 앉으신 이 앞에 엎드려
세세토록 사시는 이에게 경배하고
자기의 면류관을 보좌 앞에 던지며 가로되
우리 주 하나님이여 영광과 존귀와 능력을 받으시는 것이 합당하오니
주께서 만물을 지으신지라 만물이 주의 뜻대로 있었고
또 지으심을 받았나이다 하더라(계 4:10-11)

예배 행위인 기도와 찬송, 봉헌 및 헌신 등은 하나님의 위대하신 가치로 말미암아 가능하기에 예배가 존재한다. 그러한 예배 속에서 모든 '가치의 귀속(worthship)'이 하나님께 있음을 고백하며 선포하는 것이다.

### 3. 기념 Celebration of God

구약시대 예배는 하나님이 이스라엘을 위해 베푸셨던 구속사를 축하(celebration)하는 것으로 그것이 유월절이든, 속죄일이든, 그리고 맥추절이든 간에 언제나 기쁨 충만한 축제(festive) 행사였다.[19] 이에 랄프 마틴(Ralph P. Martin)은 예배가 하나님의 최고 가치 속에서 이뤄지는 극적인 축제(celebration)라고 하였다.[20] 이는 예배가 본질적으로 하나님이 역사하신 일들, 즉 하나님의 창조, 하나님의 섭리, 예수 그리스도를 통한 구속사(성육신, 십자가상의 죽으심, 부활), 그리고 성령의 오심 등을 포함하기 때문이다.[21] 그래서 로버트 레이번(Robert G. Rayburn)은 "예배란… 하나님이 그리스도를 통하여 이미 베푸신 은혜를 상기하고 신뢰를 회복하며 말씀을 들으면서 감사와 찬양과 영광을 돌리고 묘사하는 행위로서의 축제… 그 만남 가운데서

죄 용서와 구원과 영원한 나라의 약속을 확인하면서 감사와 찬양과 영광을 하나님께 돌리는 축제인 것이다"라고 했다.[22]

빌헬름 스테에린(W. Stahlin)은 이러한 축제적인 예배에 대하여 "예배는 과거의 역사적 사건에 대한 단순한 기억으로서의 감사와 찬양이 아니라 실제 예배에서 그 과거의 역사적 사건이 현재로 재현되고 경험되는 사건으로서의 예배, 그것은 성령으로 역사하시는 그리스도의 임재와 하나님의 임재의 현재적 의미 안에서 구체화되는 그리스도의 실제적 사건으로의 예배이다"[23]라고 하였다. 이는 이미 구속을 받았고, 현재 구속을 받고 있으며, 앞으로도 장차 그리스도가 재림하시는 날 그 구속은 온전히 이루어질 것이라는 믿음 속에서 진정한 기념(anamnesis)으로 행해져야 함을 가리킨다.[24]

웨스트민스터 예배사전(Westminster Dictionary of Worship)에 의하면 '아남네시스(anamnesis)'는 an(not)과 amnesis(amnesia: 잊음, 망각)이란 말인데, 이는 기억(remembrance)이나 기념(commemoration)과 같이 기억되는 사람이나 사물이 과거에 속해 있어 사진을 보며 지나간 날들을 회고하며 흐뭇해하는 것과는 전혀 다르다. 오히려 예전의 어떤 사람이나 일을 기억 혹은 기념한다고 할 때에 그것을 현재로 끌어들여 현재화시키는 것을 뜻한다.[25] 그러므로 예배는 과거적인 사건에 국한되지 않고 종말론적인 성격 속에서 과거를 생각하며 현재를 감사하고 미래를 소망하는 축제로 이뤄지는 기념인 것이다.[26]

특별히 예배가 "하나님이 그리스도를 통하여 이미 베푸신 은혜의 상기와 신뢰의 회복과 말씀의 들음 안에서의 감사와 찬양과 영광을 그에게 나타냄이요, 묘사하는 행위로서의 축제를 의미 한다"[27]고 할 때에 과연 예배에 나타난 축제 혹은 경축이란 말의 그 근본 개념이 무엇이지 규명되어야 한다. 그것은 축하의식에 따른 그 어떤 정서적인 분위기가 아니라 오히려 하나님은 누구이시며, 무엇을 하셨는지를 기억하며 '기념(celebration)'하는 것에 있다고 로버트 미첼(Robert Mitchell)은 설명한다.28) 축제적인 성격의 예배로 말미암아 얻게 될 수 있는 정서적인 경험들이 예배의 부산물(by-product)로 나타날 수 있는 것일 뿐 이 자체가 예배의 주요한 부분으로 부각될 수 없는 것이기 때문이다.29)

이에 대해 로버트 레이번(Robert G. Rayburn)은 특히 "우리가 감정의 가치를 인정하는 반면에 얇은 감정에 호소하는 큰 위험에 민감해야 한다. 불행하게도 오늘날 믿는다고 고백하는 많은 사람들이 예배를 거의 전적으로 감정적인 것으로만 알고 있다. 그들의 척도는 감정이다. 의식적이든 무의식적이든 그들은 그들이 받은 감정적 인상에 의하여 예배를 평가 한다"30)란 말로 감각주의 예배관에 주의를 요했다.

이는 예배가 결코 정서적으로만 이해될 수 없는 신령한 행위임에도 불구하고 예배를 마치 휘어잡는 그 어떤 느낌으로 오해하여 얻어지는 좋은 감정에서 예배를 판단하려는 오류를 지적한 것이다. 그래서 릭 워렌(Rick Warren)도 다음과 같이 강조하였다. "크리스천들이 오늘날 예배에서 저지르는 가장 흔한 실수는 하나님보다 경험을 추구한다는 것이다. 그들은 예배드리면서 어떠한 느낌을 추구하고 그것이 마음속에 생기면 예배 드렸다고 결론을 내린다. 이것은 잘못된 것이다. 하나님은 우리가 감정에 의존하지 않도록 하시려고 때때로 감정을 거두기도 하신다. 감정을 추구하는 것, 그것이 하나님과의 친밀함에 대한 감정일지라도 그것은 예배가 아니다."31)

1730년대 뉴잉글랜드에서 대각성 운동(the Great Awakening Movement)을 이끌었던 조나단 에드워즈(Jonathan Edwards, 1703-1758)는 이미 이러한 문제와 관련하여 하나님보다 하나님으로 말미암는 경험에 빠져드는 것에 대하여 더욱 심각하게 경고하였다.

진정한 그리스도인이 갖는 참 기쁨의 근원은 하나님과 그분의 완전에 있으며, 그분의 기쁨은 그리스도와 그분의 아름다움에 있다… 거짓 믿음을 가진 자들은 오직 자신을 송축하며 자신에게만 시선을 집중한다. 그들이 소위 말하는 영적 깨달음이나 경험을 얻을 때도, 온통 자신과 자신의 경험에 대한 감탄에만 정신이 팔려 있다. 그들이 주로 흥분하는 대상은 하나님의 영광이나 그리스도의 아름다움이 아닌, 바로 자신의 경험이 안겨 준 전율이다. 그들은 계속 '이 얼마나 놀라운 경험인가! 내가 얼마나 놀라운 것들을 만났는가!' 하는 생각만 한다. 그래서 그들은 그리스도와 그분의 아름다움, 그분의 충만하심이 있어야 할 자리에 대신 자신의 경험을 놓고, 그리스도 예수로 인해 기뻐하는 대신 자신의 놀라운 경험에 도취된다. 이렇듯 대단하고 놀라운 경험들에 대한 자신만의 상상에 도취한 나머지, 하나님에 대한 개념은 그들 경험의 한계를 넘어서지 못한다.[32]

예배는 경험지향적인 소위 감각주의 영성에 토대를 두지 않는다. 비록 예배행위에 따른 정서적인 부분은 중요하지만 감정적 느낌을 영적인 평안과 기쁨으로 혼동해서는 안 되기 때문이다. 감각주의 영성은 그 어떤 방법론적인 경로를 통해 다음과 같이 해결하려는 노력을 보이기도 한다.

예배를 향상시킬 수 있는 길이… 더 담백하고 고결하고 아름다운 교회 건물로, 한결 더 적절하고 소양 있는 종교 음악으로, 그림과 창의 위치를 통한 풍성한 자극으로… 경건한 기대를 유발하는 면밀한 교육으로 그리할 수 있다.[33]

예배의 감격스러움을 주로 감정적인 면에 집중시키고 그런 경험을 추구하는 감상주의(sentimentalism)에서 벗어나야 한다. 물론 예배를 통한 내면 정서의 움직임은 가능하지만 이 자체가 목적이 되는 감정주의를 지양해야 한다. 오히려 거기에서부터 나와 정서적 갱신(emotional renewal)을 향한 성령 안에서의 삶으로 연결되어야 하는 것이다.34) 그러기에 '신령과 진정' 안에서 참된 '경축'의 의미가 감정보다는 예배자의 전인격과 영성의 상태에 기초한 행위에 뿌리를 두고 하나님을 섬기며 순종과 헌신의 단계로 나아가는 것이 되어야 한다.35)

특별히 예배에서 행해지는 음악이 축제적인 감정이나 분위기를 의도한 것이라면 사실상 그 정당성(validity)을 이미 상실한 것이다. 왜냐하면 예배 음악의 진정한 가치는 예배자로 하여금 예배의 대상이신 하나님을 기억하며 기념하는 과정에 있기 때문이다. 구약시대의 레위인들이 여호와의 궤 앞에서 노래하는 것을 성경은 "여호와를 칭송하며…"(대상 16:4)라고 말한다. 여기에서 '칭송(zakar: 기억, 생각, 기념)'이란 말과 같이 노래가 심미적 가치를 지닌 봉헌 차원만이 아닌 그야말로 구속사에 나타난 전능하신 하나님, 그리고 현재와 미래에도 변함없이 공의와 사랑으로 다스리시고 인도해주실 하나님을 깊이 묵상하며 감사하는 '기념'에 강조를 둔 것이었다.

이는 하나님과의 만남이란 예배 본질을 구체화 시킨다. 단순한 만남이 아니라 인격의 교류가 이뤄지는 만남 속에서 대화(dialogue)의 현장으로 들어가게 해주기 때문이다. 그 안에서 예배자는 예배의 대상이신 하나님을 깊이 생각하는 기념의 과정을 갖는다. 이는 기독교인의 삶의 핵심인 하나님 임재로 안내하며 하나님을 기억하는 일에 견고히 세움을 받게 한다.36)

그러므로 진정한 축제의 의미 속에 기념하는 예배라 할 때에는 그리스도로 말미암는 하나님의 역사하심이 과거의 사건에서부터 예배자와 함께 살고, 죽으며, 부활이란 실제적인 삶에 연결되는 현재 사건으로서의 기념을 통한 기억이다.37) 다시 말해 단순히 과거의 사건을 기념(회고)함에 머무르는 것이 아니라 과거와 우리를 연결해 주고, 현재에 의미를 주며, 미래에 대한 소망을 불어 넣어 주는 기념(anamnesis)으로서의 예배인 것이다.38)

# Chapter 3

# 구약에서의 예배 이해
The Understanding of Worship in the Old Testament

## 1. 출애굽기 24장 1-8절에 나타난 5가지 요인들 Elements[1]

또 모세에게 이르시되 너는 아론과 나답과 아비후와 이스라엘 장로 칠십 인과 함께 여호와에게로 올라와 멀리서 경배하고 너 모세만 여호와에게 가까이 나아오고 그들은 가까이 나아오지 말며 백성은 너와 함께 올라오지 말지니라 모세가 와서 여호와의 모든 말씀과 그 모든 율례를 백성에게 고하매 그들이 한 소리로 응답하여 가로되 여호와의 명하신 모든 말씀을 우리가 준행하리이다 모세가 여호와의 모든 말씀을 기록하고 이른 아침에 일어나 산 아래 단을 쌓고 이스라엘 십이 지파대로 열두 기둥을 세우고 이스라엘 자손의 청년들을 보내어 번제와 소로 화목제를 여호와께 드리게 하고 모세가 피를 취하여 반은 여러 양푼에 담고 반은 단에 뿌리고 언약서를 가져 백성에게 낭독하여 들리매 그들이 가로되 여호와의 모든 말씀을 우리가 준행하리이다 모세가 그 피를 취하여 백성에게 뿌려 가로되 이는 여호와께서 이 모든 말씀에 대하여 너희와 세우신 언약의 피니라(출 24:1-8).

### 1) 하나님에 의해 시작됨 Initiated by God

하나님이 모세를 시내산으로 부르신 후 이스라엘과 계약(출 19-24장)을 맺으셨다. 이 시내산 사건은 하나님이 세우신 언약에 따라 예배의 대상이 누구시며 예배자가 누가 되는 것임을 나타내어 예배가 하나님에 의해 소집되어진(convoked) 것임을 증거 해준다(출 19:16-20).[2] 그 때문에 예배는 인간 편에서 하나님을 찾거나 갈망하여 시작된 것이 아니라 하나님이 먼저 부르심으로 인하여 발생되어진 것으로 예배의 계시적 근간을 보여주고 있다. 다음은 이에 대한 구체적인 설명이다.

> 예배의 주는 성부 하나님이시다. 다시 말해서 인간이 예배를 드리는 것이 아니라 성부 하나님께서 우리로 하여금 예배를 드리도록 인도하시는 것이다… 종교의 중심점은 인간이 하나님을 붙잡고 있는 것이 아니라 하나님이 인간을 붙잡고 계신 것이다. 마찬가지로 예배의 중심은 인간이 하나님을 위하여 드리는 것이라기보다는 하나님께서 인간을 위하여 그 분 자신이 예배의 주체가 되셔서 인간을 통하여 예배를 받으시려는 것이다. 인간이 하나님을 택한 것이 아니라 하나님이 인간을 택하셨다는 바로 이 사실이 하나님께서 예배의 주체가 되시고 예배의 대상이 되는 것을 여실히 드러낸다.[3]

웨스트민스터 신앙고백서 21장 1항은 이렇게 규정하고 있다. "하나님을 예배하는 기꺼이 수납될 방법은 하나님 자신에 의해 제정되었고, 그 자신의 계시하신 뜻에 의해 제한되어 사람의 상상이나 고안이나 사단의 시사(suggestions of Satan)에 따라 어떤 유형한 표현이나 기타 성경에 규정되지 않은 것이다." 이는 예배의 기본 틀이 "아래에서 위로 향하는(upward) 것이라기보다는 위에서 아래로 내려오는(downward) 틀"[4] 속에서 형성되었고 하나님의 주권적인 역사하심의 결과임을 강조한 것이다.

이방종교는 인간이 신을 찾고 그의 형상을 만들며 예배의식을 행하는 것을 골자로 한다. 그러나 기독교 예배는 창조주 하나님으로부터 시작된 피조물과의 관계성에 기인된 것이다. 이에 칼빈(John Calvin, 1509-1564)은 "예배가 하나님과의 올바른 관계를 말하는데, 하나님과 인간과의 관계는 부수적인 것이 아니라 필수적인 관계"5)라고 했다. 마틴 부버(Martin Buber)도 자신의 '나와 너(*I and Thou*)'에서 종교의 본질이 대화 가운데 표현되어진 관계(relationship)라고 했듯이 예배는 예배 받으시는 대상과 예배자의 살아있는 관계를 나타낸다.6)

출애굽기 24장에 나타난 내용은 바로 그 관계를 시작하신 분이 하나님이실 뿐만 아니라 그로 인한 예배의 시작과 과정 모두도 하나님께 속한 것임을 증거 한다. 그래서 예배가 하나님의 계시에 따른 인간의 응답이기에 예배에선 인간이 주도권을 가질 수 없다. 인간의 아이디어나 그 어떤 목적, 의도, 혹은 기대 등에 의해서 비롯되지 않은 전적인 하나님 주권적 역사로 말미암아 시작된 거룩한 부르심이기 때문이다.

### 2) 하나님 백성들의 능동적인 참여 Active Participation of God's People

하나님의 부르심에 의해 시작된 예배에서 그의 백성들은 각자 자신들에게 할당된 책임에 능동적인 태도를 보였다. 그들은 맡겨진 일들을 자발적으로 이행하였던 것이다. 이는 예배가 본질적으로 수동적인 것임에도 불구하고 예배해야 하는 능동적인 반응인 것임을 나타낸다. 이 또한 예배가 성직자의 주도적인 개인 행위가 아닌 회중 모두의 참여 속에 행해질 공동의 행위임을 알게 한다.

출애굽기 24장 1-8절은 바로 이러한 공동의 예배(corporate worship) 원리를 제시해 준다. 즉 예배과정은 예배로 모인 모든 사람들에 의해서 개별적으로 주어진 직무에 따라 보여준 적극적인 행동의 연합이라는 것이다. 모세는 지시 받은 하나님의 말씀을 백성들에게 전했을 뿐만 아니라 제단을 쌓고 열 두 지파를 상징하는 돌기둥 12개를 세움과 동시에 제사를 행함으로 하나님과 인간 사이의 중개자이자 인도자로서의 역할을 담당하였으며(출 24:1, 3-7), 나답과 아비후와 이스라엘 장로 칠십인은 여호와께 올라와 멀리서나마 경배하였고(출 24:1), 모세의 지시대로 번제와 화목제를 드린 이스라엘 청년들(출 24:5)과 아울러 백성들은 모세가 언약서를 가져와서 낭독한 말씀에 "여호와의 모든 말씀을 우리가 준행하리이다"(출 24:7)라는 응답을 행함으로써 각자의 역할 속에 능동적인 참여가 있음을 증거한다.

### 3) 하나님 말씀의 선포 The Proclamation of God's Word

예배엔 하나님 말씀 선포가 있다. 이것은 예배 내용에 있어 선택의 문제가 아니라 절대적인 핵심사항이다. 하나님과 그의 백성 간의 만남인 예배에서의 대화가 하나님의 계시에 전적으로 의존되기 때문이다. 더구나 궁극적으로 예배자는 하나님의 뜻을 위임받고 파송되는 것이기에 이를 가능하게 할 하나님의 말씀 선포는 필연적일 수밖에 없는 것이다.

출애굽기 24장은 모세를 부르신 하나님의 목적이 그의 백성을 향하신 말씀 전함에 있음을 분명히 하고 있다. 이는 예배가 하나님 말씀으로 말미암아야만 그 진정한 의미와 목적이 완성되는 것임을 보여준다. 그렇기에 예배의 초점은 하나님의 부르심을 통한 말씀선포에 있다.

### 4) 하나님 말씀에 대한 순종의 약속 A Promise of Obedience to God's Word

하나님 말씀 선포 후엔 주의 백성들의 반응이 따른다. 모세가 하나님 말씀을 백성들에게 낭독하였을 때 그들 모두 "여호와의 모든 말씀을 우리가 준행하리이다"(출 24:7)하여 단지 들음만이 아니라 순종함의 표현으로 응답하였던 것이다. 이는 예배가 하나님 말씀에 복종을 다짐하는 언약의 시간임을 나타낸다.

예배는 예배자의 그 어떤 체험을 위해 존재하는 것이 아니다. 오히려 예배자로 하여금 하나님을 위해, 그리고 하나님을 향해서 선포되는 말씀 따라 온전한 순종과 헌신 속에 살아가겠다는 엄숙한 약속 과정이다.

### 5) 언약비준의 극적상징 Dramatic Symbol of Covenant Ratification

성경엔 하나님이 상징을 사용하신 예가 많이 나타난다. 예를 들면, 죄를 범한 아담과 하와를 위해 친히 입히셨던 "가죽옷"(창 3:21), 노아의 홍수 후에 더 이상의 홍수로 땅이 멸망하지 아니할 것이란 약속의 상징인 "무지개"(창 9:11), 하나님과 이스라엘 사이의 언약 표징인 "할례"(창 17:11), 성막과 성전에 안치 되었던 영적 의미를 지닌 수많은 성물들, 그리고 예수 그리스도의 구속 상징인 떡과 포도주를 통한 성만찬 등이다.

특히 구약시대에선 하나님과 그의 백성 간에 맺어진 언약의 최종적인 확인과 동의를 위해 희생의 피가 사용되었다. 모세가 시내산에서 받은 하나님의 말씀을 이스라엘 백성들에게 전할 때에 상징적으로 취한 행동도 단 사면에 제사로 드려졌던 제물의 피 뿌림이었다(출 24:6). 하나님은 자신의 백성들과 직접 맺은 언약의 확증을 위해 이처럼 항상 희생의 피를 통한 극적인 상징으로 절정에 이르게 하셨으며, 이는 그 가운데 세우신 언약의 피임을 강조하셨다(출 24:8).

구약시대 예배에서 언약의 피는 예수 그리스도의 영원한 희생으로 완성되었고 그로 인해 제정된 성찬은 하나님께 구속된 관계의 상징적 징표가 되었던 것이다.

## 2. 하나님 임재 앞에서의 섬김 Ministry in the Presence of God

예배는 하나님과의 만남이다. 이 만남엔 대화가 있다. 만남을 통한 대화엔 하나님의 임재하심이 있다. 그래서 예배는 예배자로 하여금 하나님 앞에 서 있는 거룩한 현장임을 직시하게 한다. 무엇보다 하나님 임재는 하나님께 직접적인 행위를 유발하도록 하는 원인이 된다.

그럼에도 불구하고 배리 리히(Barry Liesch)는 예배하는 자가 찬송할 때 '하나님에 대해 노래하기(singing about God)'와 '하나님께 노래하기(singing to God)'란 두 가지의 모습을 보여준다고 지적하였다.7) 사실 여기에 나타난 각각의 상황과 의미들을 실제적으로 깊이 들여다보면 서로 전혀 다른 것임을 알 수 있다.

먼저 '하나님에 대해 노래하기'는 노래의 대상과 노래하는 자 사이에 인격적인 교류나 함께 할 수 있는 그 어떤 관계성이 전제되지 않아도 가능한 것이다. 더구나 그 대상에 대해 단순히 정보만을 말함으로도 충분하다. 다시 말하면 하나님께 나아감이나 혹은 하나님과의 직접적인 친밀한 만남의 속성을 암시하지 않는다는 것이다. 이는 마치 어떤 사람에 대해 안다는 것과 그 사람과 친밀한 교제를 나눈다는 것이 서로 같은 말이 아님과도 동일하다.8) 그래서 '주님에 대해 노래하기'는 인격적인 관계가 없어도, 심지어는 영적인 관계가 단절된 상태도 가능하기 때문에 하나님의 임재 속으로 나아가거나 그분과의 영적교제 없이 다만 하나님에 대해 읊조리거나 부르는 상황을 그려줄 뿐이다.

그러나 '하나님께 노래하기(singing to God)'는 '향해(to)'라는 말처럼 노래의 대상을 향한 방향과 하나님의 임재, 그리고 하나님과의 만남을 분명히 해준다. 이는 하나님 앞에 서서 노래를 통해 직접적으로 대화를 행하는 예배이기 때문이다. 그래서 "하나님께 노래하며…"(시 68:4), "그에게 노래하며…"(시 105:2)처럼 찬양 시에는 비록 하나님에 대한 가사라해도 그것과 상관 없이 언제나 '하나님을 향해 노래'해야 한다.

찬송을 부르는 노래 이외에 예배에서 행해지는 모든 내용들인 성시교독, 신앙고백, 기도, 설교, 헌금, 묵상 등의 어느 한 순서도 하나님 임재 앞을 떠나서 이뤄질 수 없는 거룩한 순간들이다. 예배는 단지 위엄 있고 경건한 종교적인 의식 절차를 치르는 차원이 아니라 거룩하시고 전능하신 하나님 앞에서 그분을 향한 섬김이다.

## 3. 진정한 희생으로 행하는 예배 Offering up Costly Worship

하나님의 임재 안으로 들어가는 사람들의 공통적인 특징이 발견되는데 이는 곧 죽음이다. 이에 대해 토미 테니(Tommy Tenney)는 "하나님의 영광이 임할 때 육체가 나타난다면 그것은 죽은 육체라야 한다. 그 임재 앞에 아무것도 살아남을 수 없기 때문이다. 그분의 명백한 임재 앞에 그대로 서 있을 수 있는 육체는 '죽은' 육체뿐이다. 죽은 자들만이 그분의 얼굴을 볼 수 있기 때문이다"[9]라고 했다.

여기서의 죽음은 사실상 육신의 자아가 죽은 상태를 가리키는 완전한 비움을 의미한다. 하나님 임재 앞에 서있기 위해 반드시 하나님의 거룩함 안에서 성결함으로 있어야 하기에 그러하다. 이는 그저 텅 비우는 것에서 끝남이 아니라 온전히 성령으로 가득하게 할 수 있는 비움이다.

구약의 번제에선 제물의 피를 먼저 회막문 사면에 뿌리고, 그 가죽을 벗겨 내장과 다리를 물로 씻은 후 반드시 전부를 태우게 되어 있었다. "…제사장은 그 전부를 단 위에 불살라 번제를 삼을지니 이는 화제라 여호와께

향기로운 냄새니라"(레 1:9). 이는 죽음을 가리키는 것으로써 인류의 대속 제물로 단번에 드리신 예수 그리스도의 완전한 희생의 예표이다. 그 결과 예수 그리스도께서 흘리신 대속의 피는 더 이상의 희생 제사를 존재할 수 없게 하였다(히 10:18). 이로 인하여 휘장 가운데로 열어 놓으신 은혜의 보좌 앞에 하나님의 자녀들은 담대히 나아갈 수 있는 것이다.

그러나 이러한 사실은 자신을 내어주신 하나님의 놀라운 은혜 속에 있는 자들이 그 어떤 희생적인 정성과 봉사 없이 예배를 행할 수 있는 것이라고 말해주지는 않는다.

온전한 예배자에 대하여 모세를 통해 성경은 다음과 같이 교훈한다. "하나님이 시내산 꼭대기에 강림하시고 그리로 모세를 부르시니 모세가 올라가매"(출 19:20). 이 내용은 시내산에서 하나님과 하나님 백성 간에 맺어질 언약체결을 위해 하나님 말씀을 받고자 부르심의 장소로 향해가는 모세의 모습을 그려준 것이다. 특별히 이것은 지극히 높고 거룩하신 하나님과의 만남이 이뤄지는 예배를 가리킨다. 바로 그 예배의 현장에 들어가기 위해 취했던 모세의 행위를 성경은 '올라가매(*alah*: 오르다, 드리다)'로 표현하였다. '드리다'란 의미로도 사용되는 이 말은 '번제'를 뜻하는 '올라(*olah*: 위로 올라간다)'에서처럼 자신을 태워 올려 드리는 제사와도 다를 바 없음을 나타낸다.[10]

모세가 하나님을 만나기 위해 나아갔던 행동은 다름 아닌 죽음을 각오한 결단이자 완전한 헌신으로 이해된다. 그 이유는 하나님의 임재장소인 시내산이 자욱한 연기와 불로 가득한 중에 크게 진동하였고, 모세 이외에 누구든 하나님을 보게 되면 반드시 죽음을 당하리라는 엄중한 경고까지 있었던 긴박한 상황에서 모세는 그만큼 두려울 수밖에 없었던 장소이기 때문이다 (출 19:18).

예배는 모세가 하나님을 만나기 위해 경험해야 했던 것과 같이 자신을 드리는 헌신을 요구한다. 그래서 사도바울도 하나님이 받으실 영적예배가 되기 위해 예배자는 자신의 몸을 거룩한 산제사로 드려야 한다고 강조하였다(롬 12:1).

온전한 희생은 이미 예수 그리스도를 통해서 성취되었기에 더 이상의 희생제사란 있을 수 없다. 그럼에도 불구하고 예수 그리스도의 죽으심으로 완성되어진 은혜를 인하여 하나님께 올릴 예배에 정작 예배자의 희생적인 정성을 빼 놓을 수는 없는 것이다. 물론 하나님이 '대가를 지불 하였는가'에 관심을 가지시는 것은 아니다. 그리스도인이 가지고 있는 모든 것 중에 하나님의 소유에서 벗어날 수 있는 것은 아무것도 없을뿐더러 그 어느 누구도 하나님이 가지고 계시지 않는 것을 드릴 수는 없기 때문이다. 그러면 무엇이 중요한가? 여기에서 지적하고자 함은 아주 기꺼이 대가를 치르며 예배를 드리고자 할 순전한 마음이 있느냐 하는 것이다.[11]

이를 위한 좋은 예가 다윗 왕에게서 찾을 수 있다. 다윗은 명령 하나로 모든 일을 처리할 수 있었던 왕의 신분과 관계없이 하나님께 올릴 예배에선 자신의 신분과 권위, 권한 모두를 내려놓았다. 더구나 이것들로 자신 스스로가 진정한 대가를 치러야 할 것에 대신하지도 않았다.

다윗은 이방인의 땅에서 제사를 드려야 할 상황에 있었을 때 그 곳 주인으로부터 땅을 무상으로 제공 받지만 "… 값없이는 내 하나님 여호와께 번제를 드리지 아니하리라…"(삼하 24:24)라고 했다. 이는 자신의 것이 아닌 다른 누구의 값으로 대체하는 제사는 진정한 예배가 아님을 표출했던 다윗의 예배관이였다.

이러한 그의 행동은 하나님이 제정하신 제사법 원리를 그대로 따른 것이다. 구약시대에 제사 중, 예를 들면, 속죄제일 경우 대제사장은 수소, 족장이나 지도자는 숫염소, 서민들은 암염소나 어린양, 가난한 자들은 산비둘기 그리고 극빈자들은 고운가루 에바 10분의 1을 바치게 되어 있었다(레 4장 - 5장 13절). 비록 제물에 있어 크고 작음과 가치의 높고 낮음의 차이는 있었지만, 누구든 예외 없이 제물을 지참해야 했다. 이는 헌납자의 경제적인 여건과 능력에 따라 반드시 자신의 것으로부터 자원하여 드려야 하는 원칙을 보여준다. 그렇기에 구약시대 예배의 근간은 억지나 인색함이 없는 자발성과 자기희생적 헌신의 의지를 겸비함에 있다.

구약시대처럼 희생제사가 존재하지 않는 현 시대의 예배에선 과연 어떻게 예배자가 자기희생적인 헌신을 담아낼 수 있는지 한번 즈음은 숙고해 보아야 한다. 예배의 양식이 전통적이든 현대적이든 혹은 혼합적이든 간에 예배의 모든 순서 속에 있는 내용들을 행함에 있어 얼마만큼 희생적으로 행할 수 있는지를 말이다.

신약의 예배용어인 라트레이아(*latreia*)와 관련된 언어인 예전(liturgy)에서 이러한 측면을 적용해 볼 수 있다. '사람들의 일'을 뜻하는 예전(liturgy)이란 상황 속에서 예배자는 그 순서에 나타난 모든 일 하나하나를 하나님 아버지를 위해 자신의 시간과 물질 그리고 전인격을 다한 섬김 속에 자기희생적인 정성을 다하고 있느냐는 것이다.[12]

특히 "찬미의 제사"(히 13:15)라는 말을 통해서도 내면의 희생이 있는 것임을 알려준다. 흥미롭게도 하나님을 '찬미(*ainesis*: 찬양)'함에 '제사(*thusia*: sacrifice, 희생제물)'라는 말을 함께 사용하였기 때문이다. 이는 '찬미의 제사'란 단순히 찬양의 표현인 음악으로 봉헌하는 차원만이 아니라 예배자의 전인적인 헌신과 영적 희생이 담긴 예배 행위임을 알려준다. 다시 말해 온전한 찬양을 위해선 내면에 믿음, 굴복, 순종, 인정, 고백, 감사 등의 철저한 영적 섬김으로 나아가야 한다는 것이다.

예배는 예배자의 물질적, 정신적 그리고 영적인 헌신을 그만큼 증거하는 시간이다. '희생(sacrifice)'이란 말은 문자적으로 '의미 있고 가치 있는 무엇을 드리는 행위'를 뜻한다. 예수 그리스도의 고귀한 희생으로 완성되어진 예배 안에 들어가는 예배자는 구약에서 보여 주었던 제사에서의 진정한 드림과 주님의 사랑에 대한 희생적인 드림의 본질을 닮아가고 실천해야 한다.

### 4. 하나님의 거룩성 강조 Emphasis on the Character of God, Holiness

성경은 하나님 속성에 대하여 많은 기록을 남겨주고 있다. 의로우심, 전능하심, 거룩, 사랑, 인자, 긍휼, 자비, 신실하심 등… 이는 크게 초월성(transcendence)과 내재성(immanence)으로 대표된다. 구약에서 이 중 하나님의 초월성이 강조됨을 자주 보게 되는데, 예를 들면, 하나님의 의로우심인 거룩함이다. 이는 피조물인 인간에 대해 창조주로서의 극명한 대조를 나타낸다. "나 여호와 하나님이 거룩함이니라"(레 19:2). 이사야 선지자가 하나님 보좌 앞에 섰을 때 스랍들의 "거룩하다 거룩하다 거룩하다"(사 6:3)란 찬양소리로 인하여 가장 먼저 깨달은 것은 자신의 죄(사 6:5)였다. 하나님의 임재 가운데 인간이 자신의 죄성으로 강렬히 직면하게 될 수밖에 없었던 것은 바로 하나님의 거룩하심 때문이었다.

하나님은 시내산에서 모세와 만남을 가질 때에 그 어느 누구도 그곳에 가까이 할 수 없게 명하셨다. "제사장들과 백성에게… 나 여호와에게로 올라오지 못하게 하라"(출 19:24). 이는 시내산만이 아니라 이스라엘 진중 안에 세워진 회막에서의 만남조차도 부르심을 받지 않은 다른 모든 사람들을 그곳에서 멀리 떨어져 있게 하셨던 것이다. 거룩하신 하나님의 초월성으로 말미암는 결과였다.

특히 제사를 집전할 수 있도록 구별된 제사장들의 이마에 쓴 관엔 "여호와께 성결"(출 28:36)이라 기록되었다. 당시에는 제사장이 자신의 직무를 제대로 수행하지 않을 경우 곧바로 목숨을 잃게 되어 있었다. 그만큼 제사장들은 하나님의 거룩하심을 철저히 경험했던 것이다. 예를 들면, 제사장이 복장을 바르게 하지 않거나(출 28:34-35), 수족을 제대로 씻지 않았을 경우(출 30:17-21), 성전에서 봉사하기 전 포도주를 금하지 않았을 때(레 10:8-11), 하나님의 지시대로 조심스럽게 섬기지 않거나 엄격히 선별된 제사장들이 아닌 다른 어느 누구든지 성막의 출입과 함께 그 안의 성물들을 만지거나 심지어 보는 것(민 4:15-20; 18:1-4) 등, 이 모두에 해당되는 경우엔 그 즉시 죽음을 당했다. 이는 하나님과 인간 사이의 철저한 구별됨을 나타내는 것이었다.

구약시대처럼 예배는 하나님의 거룩하심에서 시작되고 거룩하심으로 이끌리고 거룩하심에서 마쳐진다. 예배자는 그만큼 성결함을 향한 갈망으로 가득할 수밖에 없다. "나는 여호와 너희의 하나님이라 내가 거룩하니 너희도 몸을 구별하여 거룩하게 하고…"(레 11:44)란 말씀은 참된 예배자의 길로 들어서게 할 지표이다.

하나님의 거룩하신 속성은 예배음악을 통한 사역에도 분명한 원리를 제공한다. 구약은 이에 대해 하나님 언약궤 앞에서 음악으로 예배하던 레위인들이 '구별'된 자들임을 알려준다. "다윗이 군대 장관들과 더불어 아삽, 헤만, 여두둔의 자손 중에서 구별하여 섬기게 하되 수금과 비파와 제금을 잡아 신령한 노래를 하게 하였으니…"(대상 25:1). 여기에 '구별(*badal*: 따로 떼어놓다)'이란 말은 두 가지의 아이디어를 포함한다. 하나는 '버리다'로써 세상에서 하나님의 거룩하심과 상치되는 모든 것들을 끊어 버림에 대한 강조이며, 다른 하나인 '속하다'는 하나님의 거룩하심에 속해야 할 성결을 의미한다.

'구별'에 관한 구약의 이러한 증거는 신약에서 경건함으로도 나타난다. 이는 경험적인 그 어떤 상황과 외형적 차원에서가 아니라 하나님의 거룩하심에 참예하는 실제적 삶으로 검증된 것을 뜻한다. "하나님 아버지 앞에서 정결하고 더러움이 없는 경건은… 자기를 지켜(*tereo*) 세속에 물들지 아니하는 이것 이니라"(약 1:27). 다시 말하면 구약의 '구별(*badal*)'에 내재된 것과 전혀 다를 바 없이 세상으로부터 '자기를 지키다(*tereo*: to guard, to watch over; 경계하다, 보호하다)'란 말로 결국 성령에 사로잡힘이라 할 수 있다. 거룩함은 규범이나 원칙이나 기준에 대한 그 무엇이라기보다 거룩하신 하나님을 향해 넘치는 열망을 통한 관계적인 것임을 가리키기에 더욱 그러하다.13) 그래서 야고보서에 기록된 '경건(*threskeia*)'의 의미는 '예배'이다.

이러한 사실은 예배음악에 '경건한 음악'이란 용어 사용과 그 인식에 대한 이해에서도 바른 성경적 관점이 어떠한 것인지를 숙고하게 한다. 대체로 각 교단에 따라 지역교회에 속한 교인들의 연령, 문화차이 등에 의해서 예배음악 소리에 관한 반응은 다소 다를 수 있기는 하지만 통상적으로 '경건함'이란 틀 안에서 그것을 설명하려 한다.

그러나 경건한 음악은 음악 그 자체가 아니라 음악을 만들어 내는 사람들로부터 나오는 것일 뿐이다. 물론 혹자는 장엄하거나 엄숙한 분위기 등의 그 어떤 보편적인 지각을 갖게 하는 소리로써 지칭할 수 있겠지만 사실상 음악 스스로 하나님의 속성을 표현할 수 있는 정해진 양식이란 전혀 존재할 수 없다. 오히려 경건한 음악이란 구약시대의 레위인들이 보여 주었던 '구별됨'과 같이 하나님의 거룩함에 참예한 실천적 삶과 함께 한 '경건한 자들에 의한 소리'이다.

참된 경건에 이르는 것은 진정 하나님의 거룩하심을 이해하는 데에서부터 시작한다. 참된 경건은 참된 예배로 향할 수 있는 동력이자 결과이다. 예배의 대상이신 하나님의 거룩하심을 보고 느끼고 갈망하지 않는 한 결코 그분과의 만남도 대화도 없다.

# Chapter 4

## 신약에서의 예배 이해[1]
### The Understanding of Worship in the New Testament

신약에 나타난 예배의 핵심은 예수 그리스도의 탄생, 대속의 고난과 죽음, 그리고 부활에 이르는 구속사에 있다. 예수 그리스도의 구속(Redemption)은 이제 예배가 옛 언약(Old Testament)에서 새 언약(New Testament)으로 갱신되어 더 이상 변하지 않을 하나님의 은혜 위에 완성된 참된 예배(true worship)로 향하게 하시는 새 시대의 열림을 의미한다.

### 1. 참된 예배자를 찾으시는 하나님

구약에서 보여준 예배규례의 엄격함과 구별함은 예배의식을 향한 것이라기보다는 예배하는 자를 향한 것이었다. 하나님의 진정한 관심이 예배자에게 있기 때문이다. 예배의 대상과 예배자와의 관계를 구체화 할 수 있는 것이 예배이기에 더욱 그러하다. 그래서 하나님이 찾으시는 것은 예배가 아니라 예배자이다. 하나님의 말씀대로 행하는 참된 예배자(true worshiper) 이다.

하나님이 인간을 찾으심이란 본질은 기독교만이 갖고 있는 핵심이다. 이로 말미암아 예배가 하나님이 그의 백성을 찾으심에 그의 백성이 응답하는 관계의 틀을 낳는다.

하나님의 부르심인 찾으심은 이미 인간의 조상 아담에게서부터 시작된 것이었다. 하나님은 자신의 형상대로 인간을 지으시고 그를 부르셨다. 선택된 하나님의 백성이 되었던 조상들 모두가 그러했다. 사도 바울은 이에 대해 "미리 정하신 그들을 또한 부르시고 부르신 그들을 또한 의롭다 하시고 의롭다 하신 그들을 또한 영화롭게 하셨느니라"(롬 8:30)라고 선포한다. 예배의 시작부터 끝까지 모두가 하나님의 이러한 부르심에 따른 찾으심의 결과이다.

이와 관련하여 요한복음 4장 7-26절을 살펴볼 필요가 있다. 예배의 핵심을 알려주신 예수님의 직접적인 언급이 복음서에서 유일하게 나타난 말씀이기도 하다. 전체적인 내용은 예수님께서 사마리아 여인과 나누는 대화를 배경으로 하고 있는데 이 안엔 무엇보다 하나님의 찾으심이란 은혜가 담겨져 있다. 왜냐하면 사마리아 여인을 만나기 위해 찾아 가셨던 예수님의 의도를 이해할 수 있기 때문이다.

당시 상황은 B.C. 722년 앗수르에 멸망한 북 이스라엘이 민족말살 정책에 굴복함으로 혈통과 신앙의 순수성을 상실하여 700여 년 동안 남 유다와의 반목이 지속되어 왔던 중이었다. 그래서 유대인들은 통상 갈릴리 지역을 갈 때엔 사마리아 땅을 피하여 우회하였다.

그러나 예수님은 제자들과 직접 그 지역을 통과하여 지나가시는 매우 이례적인 행로를 선택하셨다. 마치 하나님께서 자신의 백성을 찾아 오셨던 것처럼 예수님께서도 사마리아 여인을 찾아 오셨던 것으로 볼 수 있다. 더구나 그들과 대화하지도 않았던 금기를 깨시면서 유대인이셨던 예수님이 먼저 사마리아 여인에게 말씀을 건네셨던 것이다. "물을 좀 달라"(요 4:7). 영생수의 비유로 구세주 메시아이신 자신을 전하시고자 하신 말씀이었다.

그런데 이 말씀은 복음 메시지에서 멈추지 않고 "아버지께서… 예배하는 자들을 찾으시느니라"(요 4:23)로 이어진 것이다. 당시의 불완전한 예배를 지적하셔서 참된 예배 시대의 도래를 가리키며 참된 예배의 길로 인도하시려는 하나님의 뜻을 전하심이었다. 이는 진정 하나님이 자신을 온전히 알고 행할 참된 예배자들을 찾으신다는 선언인 것이다.

"구원의 목표는 예배이다."[2] 예수 그리스도를 통해 거듭나는 것은 하나님의 백성이 되어 하나님을 예배하기 위함이다. 하나님의 구속의 이유가 바로 여기에 있다. 이를 위해 하나님은 먼저 찾으시고 먼저 부르신다. "내가 문 밖에서 두드리노니 누구든지 내 음성을 듣고 문을 열면 내가 그에게 들어가 그로 더불어 먹고 그는 나로 더불어 먹으리라"(계 3:20)의 말씀처럼 변함없이 자신의 백성을 향해 두드리시는 모습을 연상하게 한다. 예배는 이와 같이 찾으시는 하나님의 은혜로 말미암는다.

## 2. 하나님께 열납되는 참된 예배

예배엔 크게 3가지 부류의 예배가 있다. 첫째는 하나님 이외의 모든 것을 대상으로 한 우상숭배인 그릇된 예배(false worship)이고, 둘째는 하나님을 그릇된 방법으로 올리는 헛된 예배(vain worship)이며, 셋째는 하나님을 참된 방법으로 드리는 참된 예배(true worship)이다.

### 1) 그릇된 예배 false worship
그릇된 예배는 성삼위 일체이신 하나님 이외의 다른 모든 존재를 향한 숭배를 가리킨다. 워십(worship)이란 말처럼 '가치를 지닌 것에 대한 인정'이 창조주 되신 하나님께 있지 않고 다른 어떤 것에 두는 것이다. 이는 인간이 지배해야할 물질세계에 대해 오히려 지배를 당하고 그를 숭배하며 심지어 인생의 참 의미와 기쁨, 소망의 가치를 부여하는 행위이다.

그릇된 예배의 두드러진 현상은 열등한 피조물이 전능하신 하나님을 대신한다는 것이다. 다음은 이에 대한 하나님의 경고이다. "…자기를 위하여 아무 형상대로든지 우상을 새겨 만들되 남자의 형상이라든지, 여자의 형상이라든지, 땅 위에 있는 아무 짐승의 형상이라든지, 하늘에 나는 아무 새의 형상이라든지, 땅 위에 기는 아무 곤충의 형상이라든지, 땅 아래 물 속에 있는 아무 어족의 형상이라든지 만들까 하노라"(신 4:16-18). 결국 이러한 행위들은 인간이 철저하게 자신을 위하여 창조주이신 하나님을 물질의 하급세계 속으로 넣는 결과를 가져온다. 우상숭배는 지배 아래 있는 것을 지배하는 위치로 격상시켜 전능하신 자에 대해 모독을 행하는 심각한 죄악이다.

그릇된 예배는 인간 스스로 자신이 소유한 물질에 대해서조차 그것을 진정한 평안과 안식처로 삼으려는 강한 성향도 포함한다. 성경은 말한다. "내가 언제 금으로 내 소망을 삼고 정금더러 너는 내 의뢰하는 바라 하였던가 언제 재물의 풍부함과 손으로 얻은 것이 많음으로 기뻐하였던가… 내가 그리하였으면 위에 계신 하나님을 배반한 것이라"(욥 31:24-28). 하나님으로부터 받는 참된 만족과 평안 혹은 기쁨을 그 어떤 것으로 대치하며 의지하는 내면적 움직임마저도 우상숭배와 다르지 않는 것임을 가리키는 말씀이다. 물질탐욕과 같은 내면은 '이 세상' 지향적이어서 시간과 열정, 그리고 경배의 모두를 아버지 하나님께 향하지 않고 그분의 '피조물'에게 바칠 위험이 그만큼 크기 때문에 그릇된 예배의 중심을 이룬다.3)

자연 가운데 존재하는 것들을 숭상하는 예배도 존재함을 하나님은 경계하셨다. "…네가 하늘을 향하여 눈을 들어 일월성신 하늘 위의 군중 곧 너희 하나님 여호와께서 천하 만민을 위하여 분정하신 것을 보고 미혹하여 그것에 경배하며 섬길까 하노라"(신 4:19). 그릇된 예배는 궁극적으로 창조주와 피조물의 가치전도를 극명하게 드러내는 우상숭배이다.

### 2) 헛된 예배 vain worship

헛된 예배는 신본주의가 아니라 인간에 중심을 둔 인본주의를 표방한다. 예배의 시작이 하나님께로부터 온 것임에도 불구하고 예배의 근간을 인간에 두어 우상숭배로까지 전락한다. 그래서 예배하는 방법도 하나님 말씀에 근거하지 않는다. 오직 하나님 대신 인본주의 틀에 고정시킬 뿐이다. 그 한 예가 출애굽기 32장의 예배로 나타난다.

이스라엘 백성들은 모세가 시내산에서 율법과 계명을 받고 돌아옴이 더딤을 인내하지 못하여 아론을 재촉해서 신을 만들게 했다. 그들은 광야로부터 인도해 줄 신을 소망함에 있어 나름대로 하나님을 의도하였다. 이는 아론이 "너희를 애굽 땅에서 인도하여 낸 너희 신이로다… 그 앞에 단을 쌓고 이에 공포하여 가로되 내일은 여호와의 절일이니라"(출 32:4-5)한 말에서도 알 수 있다. 하지만 그의 목적과 결과는 창조주 하나님을 피조물의 형상으로 전락시킨 우상숭배에 불과했다. 특히 애굽의 노예로 있을 동안 당시 애굽의 황소 신(*Hapi*)을 연상하여 금송아지를 만들었었던 것으로 추측되는 것이기에 더욱 그러하다.[4]

하나님을 가시적으로 나타내는 것은 그릇된 예배와 마찬가지로 우상숭배이자 헛된 예배의 실체이다. 하나님은 결코 형상화 될 수 있는 존재가 아니다. 영이신 하나님은 그 어떤 형상으로도 표현되어질 수 없기 때문이다. 더구나 하나님은 인간의 생각과 의도 속에 구속되어질 수도 없다. 하나님은

"나는 스스로 있는 자니라"(출 3:14)라고 말씀하신 그대로 존재하시는 분이다. 어떤 형태를 통해서든 하나님을 상징화 혹은 형상화 하는 것은 영이신 하나님을 물질로 끌어 내리려는 죄악에 속한다. 예배를 위한 목적과 방법이라 하더라도 이는 하나님으로부터가 아니라 인간에게서 나온 것이므로 하나님의 말씀에 철저히 상반된다. 그 어떤 명분에서도 이에 대한 변명의 여지조차 전혀 없는 것이다.

또 다른 헛된 예배의 예는 하나님의 계시에 대한 응답을 인간 스스로의 판단과 의지로 행하는 것이다. 이는 하나님 말씀에 대한 무지와 무관심을 넘어선 불순종에 기인한다.

나답과 아비후는 구약의 첫 제사장인 아론의 아들들이었다. 이들은 성소 안에서 하나님을 섬기도록 거룩하게 구별된 제사장들로 일상적인 규례에 따라 예배를 행해왔다. 이스라엘을 대표하여 예배하는 지도자들이었기에 예배가 삶처럼 친숙할 만큼 가장 잘 알고 있던 그들이었다. 하지만 충격적인 사건이 발생하였다. 예배에 하나님의 저주가 임하였던 것이다. 그들의 예배가 영이신 하나님을 향한 것이었고 그분만을 위했던 것이었음에도 불구하고 재앙이 임하였던 것이다. "아론의 아들 나답과 아비후가 각기 향로를 가져다가 여호와의 명하시지 않은 다른 불을 담아 여호와 앞에 분향하였더니 불이 여호와 앞에서 나와 그들을 삼키매 그들이 여호와 앞에서 죽은지라"(레 10:1-2). 나답과 아비후는 분향을 위해 반드시 번제단의 불씨를 가지고 했어야 했다. 이것은 예배에 관한 하나님 주권에 속한 명령이었기 때문이다. 그러나 그들은 전혀 다른 불을 가지고 분향했던 것이다.

하나님이 직접 정하신 규례와 달리 인간의 생각과 의지대로 하는 것은 예배의 미숙함 차원이 아니라 하나님께 대한 불복종을 의미한다. 이는 하나님 말씀에 부주의한 행동일 뿐만 아니라 근본적으로 하나님 중심이 아닌 자기중심적인 관습과 타성에 젖은 불신앙의 실체이다.

누구보다 나답과 아비후는 분향을 위한 방법을 잘 알고 있었을 것이다. 자신들의 아비인 아론으로부터 성소 안에서 행해야 할 규례와 절차를 매우 엄격하게 교육 받지 않았으리라고는 만무하기 때문이다. 하나님이 이들의 죽음 직후 아론에게 "…회막에 들어갈 때에는 포도주나 독주를 마시니 말아서 너희 사망을 면하라"(레 10:9)는 음주 금령이란 경고의 말씀까지 주셨던 것을 보면 이 사건과 깊은 연관이 있었던 것으로 이해된다. 아마도 나답과 아비후는 이러한 금령조차 무시한 채 안일하게 자기 중심적 사고로 예배의식을 대했던 것으로 보인다.

헛된 예배를 야기하는 것은 사실상 인위적인 예배의식 방법도 있겠지만 그보다는 먼저 하나님 말씀에 철저한 무관심과 불순종에 있다. 예배는 언약 가운데 세우신 하나님의 주권적인 성역이다. 그래서 하나님은 예배를 받으시기 전부터 예배자의 마음, 생각, 의지 이 모두 다 자신의 말씀에 전적으로 따르고 있는지 살피신다. 아무리 하나님을 향한 예배였다 하더라도 이를 세우신 하나님의 주권과 말씀의 소중함을 깊은 경외감 속에 순복하며 믿음으로 하지 않았다면 이미 예배행위로서의 정당성은 없다. 그것은 헛된 예배일 뿐이다.

이러한 사례는 사울 왕에게서도 발견된다. "사울이 사무엘의 정한 기한대로 이레를 기다리되 사무엘이 길갈로 오지 아니하매 백성이 사울에게서 흩어지는지라 사울이 가로되 번제와 화목제물을 이리로 가져오라 하여 번제를 드렸더니"(삼상 13:8-9). 번제로 드리는 예배방법이 문제가 아니었다. 다만 번제를 행한 자가 사울이었다는 것이 잘못이었다. 이는 하나님의 율례를 무시하고 제사장의 권한을 침해하는 죄임을 보여준다. 제사는 제사장을 제외한 그 누구도 대신할 수 없음에도 불구하고 사울은 자신의 권력과 왕의 신분으로 자의적인 제사를 했던 것이다. 비록 긴급함에 따른 변명의 여지가 있었어도 그것은 하나님 말씀에 대한 정면적인 도전이며 인간적인 상황판단에서 행동한 교만이었다.

하나님 말씀보다 인간의 생각, 신념, 가치관, 윤리 등을 앞세운 그 모든 것들이 결코 앞설 수 없다. 인간에 주체를 둔 인본주의는 사실상 일시적이고 상대적이며 이기적인 속성을 지닌 것이기에 그 어떤 상황에서도 하나님의 절대적인 말씀 권위에 굴복하는 신본주의로 향해야 한다. 사울이 행한 예배는 하나님과 관계 없는 철저히 자아중심적인 종교의식이었다.

신약에 나타난 바리새인들에게서도 특히 인간의 유전과 제도를 하나님 말씀 위에 두고 행하였던 인본주의 예배관을 볼 수 있다. "바리새인과 서기관들이 예루살렘으로부터 예수께 나아와 가로되 당신의 제자들이 어찌하여 장로들의 유전을 범하나이까 떡 먹을 때에 손을 씻지 아니하나이다"(마 15:1-2). 이에 대한 예수님의 즉각적인 반응은 엄중한 책망 속에서의 냉담함이었다. "너희는 어찌하여 너희 유전으로 하나님의 계명을 범하느뇨… 외식하는 자들아 이사야가 너희에게 대하여 잘 예언하였도다 일렀으되 이 백성이 입술로는 나를 존경하되 마음은 내게서 멀도다 사람의 계명으로 교훈을 삼아 가르치니 나를 헛되이 경배하는도다"(마 15:3, 7-9). 아무리 격식, 형식, 의식을 엄격히 갖춘 것이라도 하나님 말씀보다 인간이 만들고 세워 놓은 전통 속에 예배를 넣는 것은 결국 헛된 예배로 되게 하는 것임을 알게 한다.

예배는 하나님의 절대주권에 속한다. 이 안에서 인간은 오직 하나님의 말씀을 향한 믿음과 순종의 길에 서있는 것이다. 예배가 하나님에 대한 이해와 관계에 의해 결정되어지는 것이어서 여기엔 반드시 믿음이 따른 순종이 전제된다. 그러므로 하나님 말씀의 무지와 불순종의 예배는 아무리 외적인 흠모함을 갖추었어도 하나님께 받아들여질 수 없는 헛된 예배일 뿐이다.

### 3) 참된 예배 true worship

참된 예배의 원리는 "신령과 진정으로"(요 4:24)에 있다. '신령과 진정으로' 시작되어 그로 말미암고 그로 인해 마쳐져야만 하나님이 기뻐 받으실 참된 예배가 된다. 예수님이 말씀하신 '신령과 진정으로'는 구약의 예배가 오직 그리스도이신 자신을 통하여 완전하게 갱신되고 성령의 역사하심에 속한 더 이상 변할 수 없는 참된 예배의 선포이다.

"신령(pneuma)으로… 예배할지니라"는 예배가 영으로 이뤄지는 것임을 알리는 말씀이다. 다시 말해 예배자가 예배하기 위해선 반드시 성령의 인도하심에 전폭적으로 의존될 수밖에 없음을 나타낸다.

예배의 대상이신 하나님이 영이시기에 예배하는 자 역시 영적 존재로서 영적 헌신 속에 예배를 행해야 한다. 신령으로 행하는 예배는 모든 순간이 영적 범주 안에서 행하는 과정임으로 그만큼 성령의 역사하심이 절대적일 수밖에 없다.

이에 반하여 "진정(aletheia)으로… 예배 할지니라"는 주관적 감상주의가 아닌 '진리(aletheia)' 안에서 행해야 하는 것임을 가리킨다. 곧 '진정으로' 행하는 예배는 진리 되신 예수 그리스도를 통해서만 성립되며, 그분의 말씀 안에서 온전하게 이뤄져야 하는 것임을 말해준다. 그래서 이 때의 '진정으로'는 인간의 감정인 '진심으로'를 의미하지 않는다. 실제 '진심으로'란 말을 깊이 들어가 보면 인간의 경험과 습득에 따라 형성되어온 유전적인 속성을 담고 있다. 심지어 진리의 말씀보다 인간 자아중심적인 감정에 더 민감하고 소중함까지 두는 심각함이 있다.

특별히 예수님은 '진정으로'를 언급하시기 전에 먼저 "너희는 알지 못하는 것을 예배하고 우리는 아는 것을 예배하노니…"(요 4:22)라고 하셨다. 이 말씀은 진리 되신 예수 그리스도 안에서만이 참된 예배가 이뤄질 수 있는 것임을 깨우쳐 주시는 교훈이다. 그렇기에 참된 예배는 하나님을 알고 있어야만 가능한 것이다.

이와 관련하여 로버트 레이번(Robert Rayburn)의 "하나님께 대한 그의 계시에 일치하는 방법으로 하나님께 예배하는 것"5)이란 말은 중요하다. '진정으로' 행하는 예배가 진리 안에서 이뤄지는 것이기에 그러하다. 그래서 진리에 대한 참 지식 없이는 참 예배가 불가능함을 아무리 강조해도 지나침이 없다. 구약시대에도 "나는… 제사를 원치 아니하며 번제보다 하나님을 아는(daath: 지식) 것을 원하노라"(호 6:6) 하신 말씀처럼 하나님을 온전히 알지 못하는 사람은 결코 하나님이 원하시는 그 모든 일 뿐만 아니라 예배도 온전히 행할 수 없는 것임을 알게 한다.

물론 인간이 하나님을 완전히 이해하거나 그분의 본질을 파헤치는 것은 불가능하다. 또 그분이 어떤 분인지 인간에게 완벽하게 전달될 수 없다. 그것은 그분에게 어떤 한계가 있기 때문이 아니라 피조물인 인간의 한계 때문이다.6) 단지 하나님을 앎이란 말씀을 통해 계시된 진리, 그리고 그 분의 뜻과 의지를 알아가려는 신실한 열망을 가리킨다.

뿐만 아니라 하나님을 아는 것은 하나님에 대해 아는 것 이상의 인격적인 교제를 가리키며 언약의 동반자로 삼아주심과 하나님의 동역자(고전 3:9)이자 개인적 친구(요 15:15)까지 되는 관계로 들어가는 것을 의미한다.7) 이 모든 과정은 처음부터 끝까지 하나님의 주권에 속한 전적인 은혜이다. 이는 인간이 하나님과 관계를 맺고 알아가는 것이 아니라 하나님 스스로 자신의 사랑을 인간에게 깨닫게 하심으로 말미암아 자녀 된 자로서 하나님을 알고 사귐을 갖게 되는 것임을 말해준다.8) 바로 이에 따른 예배는 이미 예수 그리스도 안에서의 거듭남(요 14:6), 하나님 말씀에 순종과 준행, 그리고 순전한 믿음(히 11:6)이 겸비된 온전한 앎을 통한 관계성을 전제한다.

그래서 예배자는 언제나 하나님 말씀의 인도함을 받는 자들이다. 이러한 예배자가 행하는 예배는 단회적인 행동이 아니라 이 세상에서 하나님을 알고 있는 증거로써 나타나는 삶의 연속이다. 하나님 말씀 안에서 검증된 실천적 삶인 것이다. 이런 의미에서 하나님을 안다는 것은 곧 하나님으로 말미암아 바뀜을 뜻한다.9)

마이클 프로스트(Michael Frost)는 하나님을 아는 것에 대한 구체적인 행동을 다음과 같이 설명하였다.

> 첫째로, 하나님의 말씀에 귀를 기울이고 성령께서 그것을 해석해 주시는 대로 자신에게 적용시키는 것, 둘째로, 하나님의 말씀과 사역이 드러내는 하나님의 본질과 특성을 주목하는 것, 셋째로, 하나님의 초청을 받아들이고 하나님이 명하시는 일을 행하는 것, 넷째로, 하나님이 이처럼 당신에게 가까이 오사 당신을 이러한 신적 교제로 이끌어 들인 것에서 나타내 보이신 사랑을 인식하고 그것을 기뻐하는 것 등을 포함한다고 할 수 있다.10)

하나님을 아는 범주인 실제적 삶 속에서 그리스도의 성품을 닮아가는 자들은 성령의 인도하심에 따라 또 다른 예배를 경험한다. 사랑, 희락, 화평, 오래 참음, 자비, 양선, 충성, 온유, 절제에 이르는 성령의 열매들과 더불어 행하는 예배가 '진정으로' 행하는 예배이다. 이는 진리 되신 예수 그리스도 안에서 행하는 예배가 성령의 역사로 온전해지며 완성되기 때문이다.

결론적으로 참된 예배는 인간의 그 어떤 것으로 설명되거나 이행될 수 없는 하나님의 절대 주권 속에서 새 언약(New Testament) 위에 세워진 것임을 천명한다. 예수 그리스도로 말미암아 하나님 아버지의 말씀(요 17:17) 안에서, 그리고 성령의 역사하심에 속에 이끌리도록 자신을 내어 드리는 영적 예배자가 되어야만 비로소 하나님께 열납 되는 참된 예배가 된다. 바로 이것이 '신령과 진정으로' 행하는 예배이다.

### 3. 시간과 장소에 제한받지 않는 참된 예배

　마틴 루터(Martin Luther, 1483-1546)는 "하나님은 초자연적이며 측량될 수 없는 분이며 곡식의 알갱이 하나하나의 핵심에까지 임재해 계신다"[11])라고 했다. 하나님의 임재는 시공간을 초월하는 속성에 속한다. 그럼에도 불구하고 하나님 임재의 상징인 예배가 특정한 장소에서 혹은 특정한 절기와 안식일 등의 규례를 통해서 이뤄져야만 했던 구약의 시대가 있었다. 모세의 성막이 그랬고 다윗의 장막, 솔로몬과 그 이후의 성전 시대들이 그러하였다. 예배 장소와 때는 하나님의 인도하심 가운데 주어진 규례였던 것이다.

　특별히 예배의 장소와 때에 관한 예수님의 말씀이 요한복음 4장에 기록되어 있다. 사마리아 여인과의 만남 속에 나누신 대화 중 선언하신 말씀이다. 여기에서 사마리아 여인은 먼저 예배장소를 어디에 두는 것이 옳은지를 물었다. 사실 이러한 질문은 이상한 것이 아니었다. 당시 사마리아인들은 세겜 근처 그리심산에서인 반면 유대인들은 예루살렘 시온산에서 예배 해왔던 전통으로 인하여 어느 곳도 잘못된 예배 장소가 아니라고 믿었기 때문이다. 더구나 그리심산은 하나님께서 자신을 모세에게 계시하셨던 곳이었고, 시온산은 다윗에게 이곳에서 예배하라는 말씀이 주어졌던 역사적 배경을 갖고 있었다.

　그러나 이제는 예배가 더 이상 제한된 어느 장소나 시간에 제한받지 않는 것임을 예수님이 선포하셨다. 새 언약에 따라 참된 예배의 길이 무엇인지에 관한 문제로 그 본질을 바꾸신 것이다.

예수께서 가라사대 여자여 내 말을 믿으라 이 산에서도 말고 예루살렘에서도 말고 너희가 아버지께 예배할 때가 이르리라 너희는 알지 못하는 것을 예배하고 우리는 아는 것을 예배하노니 이는 구원이 유대인에게서 남이니라 아버지께 참으로 예배하는 자들은 신령과 진정으로 예배할 때가 오나니 곧 이 때라 아버지께서는 이렇게 자기에게 예배하는 자들을 찾으시느니라 하나님은 영이시니 예배하는 자가 신령과 진정으로 예배할지니라(요 4:21-24)

하나님이 어느 특정한 장소나 때에 예배 받으시는 시대는 지났다. 진정한 예배 처소는 하나님의 영이 거하시는 바로 그곳이다. 물론 구속됨이 없는 공간의 초월성이 전제된 임재를 가리키는 그곳이다. 더욱이 이 장소는 영적차원에서 이해되어져야 할 하나님 자녀들의 몸으로까지 확대된다. "너희가… 성령의 전인 줄을 알지 못하느냐"(고전 6:19), "너희는… 주 안에서 성전이 되어가고 너희도 성령 안에서 하나님의 거하실 처소가 되기 위하여 예수 안에서 함께 지어져 가느니라"(엡 2:20-22). 그러므로 참된 예배는 예수 그리스도를 통하여 '신령과 진정으로' 행하는 그때와 그곳이다.

장소나 시간에 구속되는 신은 물질적인 존재인 우상에 불과하다. "나 여호와가 말하노라 나는 가까운데 하나님이요 먼데 하나님은 아니냐 나 여호와가 말하노라 사람이 내게 보이지 아니하려고 누가 자기를 은밀한 곳에 숨길 수 있겠느냐 나는 천지에 충만하지 아니하냐"(렘 23:23-24). 전능하신 창조주 하나님은 무소부재하시기에 그 어떤 때와 장소에 제한될 수 없으며 또 그렇게 예배 받으시지도 않는다. 시공간을 충만하게 채우시는 영이신 하나님께 올릴 참된 예배는 그분의 초월하심과 영원하심에 따라 그와 동일한 속성을 지닌다.

### 4. 구속의 열매인 참된 예배

이스라엘 민족의 출애굽 목적은 단순히 정치적인 해방이 아니라 하나님의 다스림을 받는 신정국가가 되는 것이었다. 이는 하나님 주권 속에 맺어진 언약관계로 인하여 이스라엘이 하나님을 섬기는 자녀가 되고 하나님의 특별한 보호를 받게 되는 은혜를 의미한다. "나는… 너희 하나님이 되고 너희는 나의 백성이 될 것이니라"(레 26:12). 무엇보다 하나님을 예배할 수 있는 특권이 이스라엘에게 주어졌다는 것이다.

하지만 이스라엘의 불순종에 따른 언약 파기로 단절된 하나님과의 관계성은 참된 예배를 더 이상 기대할 수 없게 하였다. 이러한 결과는 그 모든 회복의 길이 인간에서가 아닌 오직 하나님께만 있음을 암시한다. 곧 유월절 양이신 예수 그리스도의 희생을 통한 구속(Redemption)밖에는 아무런 해결의 방법이 없음을 가리킨다(고전 5:7).

그래서 예배엔 하나님과의 관계성 회복을 위한 화해를 전제한다. 예배는 죄인 된 인간과 하나님 사이에 화해의 통로가 오직 예수 그리스도이심을 확고히 하면서 하나님의 함께 하심이란 약속의 증거이기 때문이다.[12]

하나님과의 화해를 위한 완전한 완성은 예수 그리스도의 구속 사역인 "잃어버린 자를 찾아 구원하기 위하여"(눅 19:10)에서 비롯된다. 죄로 말미암아 하나님과 단절되었던 인간을 거듭나게 하여 다시금 회복된 관계로 변하게 함이다. 이는 궁극적으로 인간의 죄 값을 치르시고자 십자가에서 죽으신 예수 그리스도의 대속으로 이어졌고 하나님께 참된 예배로 향할 수 있는 예배자들을 낳게 하였다.[13]

그러므로 참된 예배는 그리스도께서 이루신 구속의 열매이다. 하나님의 완전한 구속의 완성이신 예수 그리스도만이 참된 예배로 향하는 유일한 문이다. 그 이름 안에서만 하나님을 발견하며 하나님께 나아갈 수 있다. 그래서 예배의 본질적 요소의 핵심이 예수 그리스도의 이름으로 행하는 것에 있는 것이다.14) "내가 곧 길이요 진리요 생명이니 나로 말미암지 않고는 아버지께로 올 자가 없느니라"(요 14:6)의 말씀처럼 예수 그리스도를 중심으로 그분을 통해서만 하나님을 향할 수 있고 만날 수 있으며 하나님의 계시에 대한 응답인 대화가 가능할 수 있다.

## 5. 참된 예배 시대의 도래

참된 예배는 예수 그리스도가 이루신 구속사에 의해 도래되었다. 이는 "때(*kairos*: 어떤 시점, 정해진 때)가 찼고 하나님 나라가 가까웠으니…"(막 1:15)와 "때(*kronos*: 기한, 시기)가 차매 하나님이 그 아들을 보내사 여자에게 나게 하시고…"(갈 4:4)에서 '때'를 나타내는 두 단어 사용으로 구약의 예언 성취시기가 완전하게 되었음을 확증해 주었다. 곧 하나님이 세우신 구속에 대한 경륜의 시점에 이른 것과 그 기간이 다 찬 것을 의미한다. 그 구속은 예수 그리스도의 성육신(incarnation)으로 실현되었고 이로 인한 참된 예배의 시작이 이루어진 것이다.

"아버지께 참으로 예배하는 자들은… 예배할 때가 오나니 곧 이때라"(요 4:23). 미래이면서도 현재를 가리키는 예수 그리스도의 말씀이다. 옛 언약을 갖고 있으면서도 한편으로는 새 언약을 갖고 있는 상황을 그려주고 있다. 구약의 예배인 희생제사는 옛 언약의 상징이었지만 이제는 '신령과 진정으로' 행하는 예배인 새 언약의 시대가 되었음을 선포한 것이다.

새(*kaine*: new) 언약(*diatheke*: testament)은 구약에서 맺은 언약을 갱신한 유언(will)으로서의 약속이며 불변성을 나타내는 협약(arrangement)이다. 다시금 세우지 않을 확정적이고 단회적인 유언의 속성인 언약(히 8:8)임과 동시에 예수 그리스도 자신의 생명을 걸고 맺은 변하지 않을 약속(마 26:28)이다. 이러한 새 언약에 기초하여 참된 예배의 시대가 도래하였음을 예수 그리스도께서 선언하신 것이다.

## 6. 참된 예배의 인도자 되신 성령

헨리 나우웬(Henri Nouwen)은 "사랑의 주님… 주님을 향한 섬김 가운데서 사역하고자 하는 강한 욕구와 의지를 가질 그 때조차도 성령을 선물로 받지 않으면 저는 아무것도 할 수 없습니다"[15]라고 했다. 이는 그리스도인의 삶 속에 성령의 역사하심이 별개로 생각될 수 없듯이 예배에서도 절대적임을 알게 한다. 예배의 모든 행위들은 성령에 의한 깨우쳐주심과 인도하심으로 말미암은 것이기 때문이다.

특별히 오늘날 예배의 가장 심각한 문제 중의 하나는 예배자들 스스로 자신들의 죄를 깨닫지 못하는 것에 있다. 이는 예배가 성령 안에서 행해지지 않는 결정적인 증거로 볼 수 있는 것이다.[16] "성령으로 봉사(*latreuo*: 예배)하며"(빌 3:3)와 같이 예배는 성령으로 말미암는 거룩한 섬김이다. 성령의 임재와 역사하심이 없다면 예배도 없다.

예수 그리스도는 죄인들을 위해서 오셨지만 성령은 의인들을 위해서 오셨다. 그리스도를 주라 시인하고 주로 영접할 수 있음이 오직 성령에 이끌림 없이는 될 수 없는 것처럼 예배에서도 그리스도를 통해 의인된 하나님의 자녀들이 성령의 인도하심을 받아 영적예배로 들어갈 수 있는 것이다. "그 후에 내가 내 신을 만민에게 부어 주리니 너희 자녀들이 장래 일을 말할 것이며 너희 늙은이는 꿈을 꾸며 너희 젊은이는 이상을 볼 것이며"(욜 2:28)

의 예언의 말씀처럼 하나님 나라의 새 시대를 열게 하신 예수 그리스도에 의한 구속사는 이제 성령에 의해 예배가 이뤄지는 것임을 명백하게 보여준다.[17]

그러므로 예배자의 예배 동기나 성향은 성령의 역사로 말미암는 내적충동이다. 이는 하나님의 주권에 속한다. 예배는 사실상 인간을 향한 하나님의 구속과 사랑이 결과적으로 하나님을 향한 인간의 헌신을 불러일으키는 것이기에 인간 스스로 먼저 할 수 없는 수동적인 특성을 갖는다. 이처럼 능동적인 예배행위를 가능하게 하는 것 또한 성령의 역사이다.

더구나 예배를 신비주의적이고 감상주의적인 것 혹은 샤머니즘적인 것으로 변질될 우려로부터 완전히 벗어나게 할 수 있는 것은 성령의 역사하심을 온전히 인식함에 있다.[18] 인간 중심주의로부터 떠나 하나님 중심주의로 향할 수 있는 예배의 참된 원동력이 바로 성령이기 때문이다.

예수 그리스도께서 약속하신 '보혜사(*parakletos*: called to one's aid)' 성령(요 14:16)은 '파라(*para*: 옆에)'와 '불리운 자'라는 의미인 '클레토스(*kletos*)의 합성어이다. 이는 곧 옆에 거하시어 모든 필요를 돕기 위하여 부름을 받은 자로서 '중보자' 혹은 '남을 돕기 위해 불려온 자'임을 나타낸다. 그런 까닭에 예배에서 성령은 진리로 인도하시는 교사로서(요 14:26), 참된 기도를 위해 친히 간구하시는 중재자로서(롬 8:26), 죄에 대하여 깨닫게 하시는 영으로서(요 16:8), 돕는 자로서(벧후 1:21) 임재하신다.

특히 에이든 토저(A. W. Tozer)는 성령에 대해 "다른 존재 방식으로 존재하시는 분일뿐만 아니라 인격체이시다. 그분은 가질 수 있는 모든 성품과 능력을 소유하고 계시다… 사람들은 종종 그분이 교회에 불어와 유익을 주는 '바람' 내지 '호흡'으로 생각한다면 그분을 인격체로 믿을 수 없게 된다. 그분에게는 의지, 지성, 감성, 지식 그리고 동정심이 있다. 우리와 똑같이 그분은 보고 듣고 말하고 생각하고 사랑하신다"[19]라고 한 것처럼 지(고전 2:10), 정(엡 4:30), 의(고전 12:11)의 전인격적인 안내자로서 내주하신다.

*Chapter 5*     **예배과정에서 예배자가 가져야 할  
8가지 필요조건들**

Worshiper's 8 Prerequisites in the Worship Process

예배는 하나님과 하나님 백성들 간의 만남이다. 이는 아무 부담 없이 만나 헤어지거나 혹은 사무적인 목적을 둔 만남(meeting)의 차원과 내용과는 전혀 다른 것으로써 한 인격이 상대방의 인격 속으로 들어가고, 들어오는 깊은 교제의 인격적 만남(encounter)이다. 이것이 현대 예배학의 이해이다.

하나님과의 만남인 예배는 하나님 계시에 대한 인간의 응답이기에 필연적인 대화의 과정을 낳는다. 그로 인해 예배의 모든 순서들은 예배자로 하여금 하나님과의 인격적인 교제와 대화에 참여하게 하는 일들로 되어 있다. 비록 의식이 강조된 예전이라도 그것은 예배자가 하나님의 백성으로서 갖는 관계(relationship)에 따른 깊은 인격적 만남의 시간이다.

브루스 리프블래드(Bruce H. Leafblad)는 예배양식이 전통적이든 현대적이든 혹은 그 둘의 내용 모두를 수용한 것이든 관계없이 그 안에서 이뤄지는 대화에 예배자가 과연 무엇을 하고 있으며 어떻게 행해야 하는가를 본질적 차원에서 다음과 같이 설명한다. "예배는 하나님과의 영적 교제(communion)인데, 그 안에서 은혜(grace)로 인하여 믿는 자들(believers)이 정

신(mind)과 마음(heart)의 애정을 쏟으며 그분의 위대하심, 그리고 그분의 말씀에 응답(response)함으로써 겸손히(humbly) 하나님께 영광을 돌리는 것(glorifying)이다."[1]

이 말은 진정한 예배자로서 행해야 할 예배 과정에 필수불가결한 요인들을 다음과 같이 8가지로 설명할 수 있게 한다.

## 1. 예배는 하나님과의 영적 교제 communion 이다.

영적 커뮤니언(communion)이란 말에는 예배가 영적 범주 안에서 이뤄지는 매우 친밀한 교제임을 말해 준다.

### 1) 영적인 범주 spiritual category

예배의 대상이신 하나님은 영이시다. 영이신 하나님과의 만남은 물질적인 차원에서 이해될 수 없는 신비함을 갖는다. 예배는 예배자가 자신의 속사람을 가리키는 영으로 영이신 하나님과의 만남과 대화 속에 응답하는 것이다. "내가 내 심령으로 섬기는(*latreuo*: 예배) 하나님이…"(롬 1:9), "내 영혼아 여호와를 송축하라 내 속에 있는 것들아 다 그 성호를 송축하라"(시 103:1)와 같이 예배자는 자신의 심령으로부터 하나님을 향하고 그분께 반응해야 한다.

예배가 물질적으로 흠이 없고 정성스러이 갖춰지는 것은 마땅하다. 하지만 이것으로 예배의 규범이 되거나 설명되어질 수는 없는 것이다. 마치 이를 대변해주듯 물질적인 완벽함으로만 갖추었던 구약시대 예배의 종국적인 결과가 여지없는 실패로 끝났기 때문이다. 이러한 사실은 성전예배를 통해 알 수 있다.

성막 이후 처음으로 지어진 솔로몬 성전에 15만 명의 전문가(역대하 2장 17-18절의 기록은 8만 명의 벌목공, 7만 명의 운반인, 3천 6백 명의 감독자; 열왕기상 5장 13-16절에선 감독과 전문 인력이 18만 3천 3백 명으로 기록되어 있음)가 동원되었다. 만 7년 6개월간의 기간에 걸쳐 완공(B.C. 959년)된 솔로몬 성전은 그야말로 심미주의의 극치를 보여주는 것이었다.

> "또 보석으로 전을 꾸며 화려하게 하였으니 그 금은 바르와임 금이며 또 금으로 전과 그 들보와 문지방과 벽과 문짝에 입히고 벽에 그룹들을 아로새겼더라 또 지성소를… 정금 육백 달란트로 입혔으니 못 중수가 오십 금 세겔이요 다락들도 금으로 입혔더라 지성소 안에 두 그룹의 형상을 새겨 만들어 금으로 입혔으니… 이 두 그룹의 편 날개가 모두 이십 규빗이라 그 얼굴을 외소로 향하고 서 있으며 청색 자색 홍색실과 고운 베로 문장을 짓고 그 위에 그룹의 형상을 수놓았더라"(대하 3:6-14)

솔로몬의 성전은 화려함과 아름다움 그 자체였다. 이를 위해 쏟은 솔로몬의 노력은 매우 깊었다. 성전 건축이 그가 왕으로 등극한 해에서부터 시작된 것이 아니라 4년이 지날 때까지 더 좋은 재료들을 모으는 기간으로만 삼았던 것을 보더라도 알 수 있다(왕상 6:1). 더구나 이미 그의 부친 다윗 왕에 의한 5년간의 준비가 있었음에도 불구하고 성전건축에 뛰어난 재질의 백향목, 잣나무를 충분히 공급하고자 수입을 위해 부를 축적하고 외교적 노력까지 총 동원했던 솔로몬의 예비과정이 그만큼 철저했다(왕상 5:3-12).

그러나 하나님의 말씀을 버린 이스라엘에 대한 결과는 심미감으로 쌓여 있던 성전의 완전한 파괴(B.C. 586년)로 이어졌다. 그것도 하나님을 대적한 바벨론 나라에 의해 일어났던 것이다. 사실 이것은 하나님이 성전 건축에 이어 솔로몬 왕궁 완공 직후 그에게 주셨던 "만일 너나 너희 자손이 아주

돌이켜 나를 좇지 아니하며 내가 너희 앞에 둔 나의 계명과 법도를 지키지 아니하며 가서 다른 신을 섬겨 그것을 숭배하면… 내 이름을 위하여 내가 거룩하게 구별한 이 전이라도 내 앞에서 던져 버리리니…"(왕상 9:6-7)란 말씀에 따른 보응인 셈이다. 하나님이 "내가 이미 이 전을 택하고 거룩하게 하여 내 이름으로 여기 영영히 있게 하였음이라 내 눈과 내 마음이 항상 여기 있으리라"(대하 7:16)고 약속하신 성전이었음에도 언약을 파기한 그들 앞에는 준엄한 심판만이 임했던 것이다. 비록 이 후에 다시금 세워진 스룹바벨 성전(B.C. 516년)이 있었으나 세월의 흐름 속에서 쇠하여졌으며 헤롯 성전으로 이어진 확장 보수에도 불구하고 결국엔 완전한 파괴(A.D. 70년)로 인해 지금까지 성전은 존재하지 않게 되었다.

물론 성전이 지속될 수 없는 것은 예수 그리스도로 말미암아 더 이상의 희생제사가 필요하지 않게 되었으며 제한된 장소에서 행해지는 예배의 시대가 끝났음에 기인한다. 더욱이 교회라는 새로운 공동체의 출현으로 성전의 존재론적 의미와 기능 및 정당성이 상실되었음에도 그 이유가 된다.

다만 솔로몬 성전의 역사적 사실을 통해서 알 수 있는 것은 외형적인 심미감, 세련됨과 고상함, 그리고 장엄함과 같은 물질적 차원의 완전함에서 예배의 핵심과 본질을 논할 수 없다는 하나님의 교훈이다. 아름다움의 깊이에 따라 예배의 온전함에 비례하는 것으로 생각하는 것은 지극히 성경적인 관점에 상반될 뿐이다.

특히 예배에서 사용되는 음악도 같은 맥락으로 적용된다. 곧 예배음악의 본질과 기준이 그 어떠한 외적인 형식과 심미적인 내용, 혹은 어느 양식적인 탁월함을 근거로 한 것이 될 수 없음을 시사해준다. 아무리 인간의 고상함과 고귀함을 느끼게 해주는 것들이라 하더라도 이들 자체가 예배자로 하여금 예배를 더욱 영적으로 만드는 것은 아니기 때문이다.[2]

혹자는 종종 예배를 행하는 모든 것에 뛰어나야 한다고 말함으로 그에 대한 갈망을 미화시킨다. 뿐만 아니라 탁월함의 추구가 하나님을 영화롭게 하는 것처럼 합리화시키기까지 한다. 하지만 이는 사실상 탁월함이 존재해야 하는 본질적인 문제보다 그러한 것들에 마음을 집중함으로써 예배 그 자체를 예배하는 오류를 범할 수 있는 것이다. 사물들을 통해 전달하는 진리보다 그 사물들의 외형과 느낌에 예배가 있는 것이 결코 아니다.[3]

장자크 폰 알멘(J. J. Von Allmen)은 예배에서의 아름다움에 대해서 다음과 같이 설명한다. "예배를 아름답게 하는 것은 우리가 그것을 풍부하게 해야 하는 것이 아니라 정결하게 해야 하는 것이다. 참 아름다움은 정화의 도장이며 자기중심적인 모든 것을 반대한다. 그것은 심미적 자기중심주의의 미사여구와 비정상적 성장에 대해 엄격히 규제하는 우아함과 조화이다."[4] 하나님 앞에서의 아름다움은 외형적 감각을 강조하지 않는다. "아름답고 (hadarah: '존경하다,' '높이다,' 혹은 '공경하다'의 의미인 하다르(hadar)에서 유래된 말) 거룩한 것으로 여호와께 경배할지어다"(시 96:9)의 문자적인 의미에서처럼 물질적 범주에서의 아름다움이 아니라 거룩함을 인한 내적 아름다움이다.

거룩함은 오직 하나님의 속성으로 말미암는다. 하나님의 말씀과 그분의 임재 안에 들어가는 것을 인하여 거룩함을 경험할 뿐이다. 이에 알프레드 깁스(Alfred P. Gibbs)는 "신자들의 모임을 거룩하게 하는 것은 그들을 수용하는 건물의 종류가 아니라 그분의 백성 가운데 계신 그리스도의 임재이다. 인간들이 세운 거대한 장식물과 값진 건축물들은 그 안에서 드려지는 예배의 가치나 만족도에 아무런 기여도 하지 못한다. 사실 여러 건물들은 단순히 시간과 정력과 재물의 엄청난 낭비를 보여줄 뿐이다"[5]라고 했다.

궁극적인 하나님의 뜻은 아름다움의 거룩함이 아니라 거룩한 아름다움이다. 창조주 하나님을 예배함에 최고이신 하나님의 가치를 표현하며 고백함에 있어 심미적 극치를 이루는 아름다움은 마땅하다 하더라도 그것이 참된 예배의 본질이 아니라 예배에 자연스럽고 당위적인 표현의 한 모습이자 결과에 불과하다.

예배는 본질상 물질적인 범주에서 설명될 수 없듯이 정신적인 범주에서도 설명될 수 없다. 다른 한편으로 말하면 생각의 혼란스러움, 고통, 불안, 두려움, 낙담, 절망 등을 초래할 정신적인 요인이 예배에 장애는 될지언정 예배를 아예 포기해야할 만큼의 문제로 치부될 수는 없는 것임을 가리킨다. 예배는 정신세계를 뛰어넘는 영적 범주이기 때문이다.

예배에 관해 예수님이 "예배하는 자가 신령과 진정으로 예배할지니라" (요 4:24)고 선포하셨다. 처음이자 마지막으로 이 말씀을 전해 받은 사람은 제사장, 족장, 혹은 율법학자도 아니었다. 다만 인생이 매우 곤고하여 몸과 마음뿐만 아니라 정신적 고통에 갇혀 있었던 사마리아 여인이었다. 다섯 번의 이혼 후에 만난 또 다른 남자조차도 남편이 아닌 것처럼 느끼며 사는 참담한 여인이었다. 그러한 삶 속에서 영적 갈급함으로 예배 장소에 관한 물음에 예수님이 답하셨던 말씀이다.

예배는 '신령으로' 행하는 것이다. 오직 성령에 의해 예배가 가능한 것임을 직시하게 함으로써 물질과 정신세계를 뛰어 넘어 '영에 의해 인도되어' 행해지는 것임을 나타낸다. 단순히 정신적인 온전함과 지적인 상황에서의 의식이란 차원이 아니라 영적 범주에서 '신령으로' 모든 예배행위를 이행하는 것이다.

그런 까닭에 예배자의 영적상태는 참으로 순결하고 거룩해야만 한다. 그래서 다윗은 "하나님이여 내 속에 정한 마음을 창조하시고 내 안에 정직한 영을 새롭게 하소서… 주는 제사를 즐겨 아니하시나니 그렇지 않으면 내가 드렸을 것이라 주는 번제를 기뻐 아니하시나이다 하나님의 구하시는 제사는 상한 심령이라 하나님이여 상하고 통회하는 마음을 주께서 멸시치 아니하시리이다"(시 51:10, 16-17)라고 했다.

예배는 정결한 영을 요구한다. 그렇기에 예배자는 참회를 통하여 성령께 사로잡혀야 하는 것이다. 예배자 안에 성령이 계셔서 그 마음을 자극하고, 움직이시며, 깨끗하게 하시어 가르치시고 인도하시지 않는다면 예배는 결코 이뤄질 수 없기 때문이다.[6] 하나님과 영적인 깊은 만남의 대화 속으로 들어가기 위해서 예배자는 마치 이사야가 하나님 앞에 자신의 죄를 고백하자마자 하나님께로부터 화저에서 취해진 핀 숯이 그의 입술에 대어 정결하게 되었던 것처럼 속죄를 갈망하며 죄를 토해내어야 한다(사 6:6-7).

영적 범주인 예배는 예배자 안에 성령이 거하실 때, 하나님께로 집중된 마음으로 그분의 말씀을 발견하고 묵상하면서 그 안에 거할 때, 그리고 예배하는 자의 전인격과 영이 오직 성령에 이끌려가게 될 때에야 진정한 영적 교제의 만남과 대화로 이뤄질 수 있다.[7]

### 2) 친밀한 교제 intimate communion

구원은 영혼만이 아니라 전인격을 다 포함한 거듭남이다. 이렇게 거듭난 사람들은 예배 가운데서 영혼뿐 아니라 인격이 하나님과 마주치도록 하는 전인적인 경험의 현장에 들어간다.[8] 그래서 예배는 하나님과 그의 백성 간에 깊은 친밀감 속에서 이뤄지는 인격적인 만남(encounter)이다. 바로 그 때의 예배는 현재시간 속에서도 변함없이 지속되어 왔던 하나님과의 친밀한 관계(intimate relationship)로부터 분출되는 것이다.[9]

성경에 "정직한 자에게는 그의 교통하심이 있으며"(잠 3:32)란 말씀이 있다. 여기서의 '교통'이란 원어는 쏘드(*sod*: 비밀, 사적인 대화, 친밀함 등)

이다. 이것의 어근은 '꼭 끼다, 든든하다, 꽉 누르다'의 의미로 침대나 소파에 있는 베개나 쿠션 등이 이 말의 파생어이다. 특히 은밀한 대화를 위해 서로 바짝 붙어 있음을 암시하는데, 보통 베개에 머리를 나란히 대고 누워 조용히 깊은 얘기를 주고받는 연인들, 소파에 붙어 앉아 생각을 나누는 친구들, 혹은 텐트에 모여 머리를 맞대고 전략을 의논하는 장군들의 대화에 이르기까지 사용되는 말이다. 이러한 정도가 어떠한 것인지를 규명해 주고자 영어성경(NIV)에선 '신뢰,' 혹은 '속내의 말'을 뜻하는 비밀(confidence)이란 단어를 사용하고 있다.

종교의 본질이 살아있는 대화 속에서 표현되는 관계(relationship)인 것처럼 만남과 대화인 예배는 하나님과의 관계성에 직결된다. 그 때문에 은밀하고 비밀스런 교제 안에서 이뤄지는 대화의 친밀함은 그만큼 하나님과의 현재 진행형인 관계성의 깊이에 있음을 알 수 있다.[10]

모세가 회막을 짓고 하나님과의 만날 때의 상황이다. "…모세가 회막에 들어갈 때에… 여호와께서 모세와 말씀하시니… 사람이 그 친구와 이야기함 같이 여호와께서는 모세와 대면하여 말씀하시며"(출 33:9-11). 여기서 피조물인 모세와 창조주 하나님과의 만남이 마치 친구와의 만남으로 묘사 되었다. 지극히 두렵고 경이감으로 떨고 있어야 할 모세의 모습은 오히려 친구의 다정함과 친밀함 속에 있었다. 그것도 모세의 편에서가 아니라 하나님이 친구와 같은 관계를 직접 친히 보여주심에 의미가 크다. 신약시대에서도 그 관계성은 매우 확고한 것임을 약속해 주셨다. "너희가 나의 명하는 대로 행하면 곧 나의 친구라 이제부터는 너희를 종이라 하지 아니하리니 종은 주인의 하는 것을 알지 못함이라 너희를 친구라 하였노니…"(요 15:14-15).

이러한 친밀감속에서의 '친구와 같이'는 곧 '대면하여(*panim*: face to face; 얼굴, 앞, 목전)'라는 상황으로 구체화된다. 얼굴과 얼굴을 맞대고 이야기하는 것과 같은 대화처럼 그 친숙함의 깊이가 더할 나위 없다. 이는 하나님과의 '영적 교제'로써 '하나가 됨(com: together, union: oneness)'을 뜻하는 '교제(communion)'로 향하는 것이다.

윌리엄 바클레이(William Barclay)가 "참된 예배엔 영적으로 하나님과 친밀한 사귐이 있다… 참된 예배는 예배자의 영이 영원하시고 보이지 아니하시는 하나님의 영을 만나 이야기하는 때이다"11)라고 하였듯이 예배는 하나님과 깊고 친밀한 사귐의 교제를 갖는 대화이다.

## 2. 예배는 믿는 자들 believers 이 믿음으로 행하는 것이다.

예배는 실천적인 믿음의 결과이다. 하나님의 백성으로서 온전히 믿는 사람들만이 그분을 예배할 수 있기 때문이다. "예배란 우리 인간을 위하여 그리고 우리의 구원을 위하여 역사하신 바 있는 하나님을 믿는 믿음의 표출(the outcome)이다"12)라는 말처럼 예배자는 믿음이 있어야만 하나님에 대한 계시적 지식을 얻는 참예배의 자리로 나아갈 수 있는 것이다.13) 그런 가운데 예배자가 성부, 성자, 성령 하나님이 말씀으로 임재 하시고, 선포되는 말씀에 약속하시는 것을 믿음으로 받아들여 행해야 예배는 그만큼 더욱 역동적으로 된다.14)

특히 예배(worship)란 말 자체가 예배를 받으시는 분의 가치(worthiness)를 드러내는 행위이기에 그 가치를 알고 인정해야만 진정으로 그 최상의 가치를 그분에게 돌리며 선포하고 예배할 수 있다.15) 더구나 예배는 하나님, 그리스도, 죄, 구원, 교회, 기독교의 윤리적 삶과 사회적 관심에 대한 교리적 가르침을 제공하려는 것에 머무는 것이라기보다 사실상 예배 공동체 안의 믿음을 경험하게 하려는 것이기에 '예배는 움직이는 믿음이다'라고 함이

더 명확한 표현이다.16)

그런 까닭에 예배의 모든 순서 순서들 안에서 행하는 예배자에게 주어진 필수 조건은 믿음이다. 이것이 없으면 예배는 단순한 종교적 의식(rite)일 뿐이다. 하나님의 임재가 상실된 종교의식이다. 이는 예배가 하나님과의 만남이고 그 만남은 믿음이란 창을 통해서만 가능한 것임을 분명히 해준다.

예배에서 하나님을 향해 행하는 모든 일들은 오직 믿음 위에 세워질 수밖에 없다. 이는 "…내가 곧 길이요 진리요 생명이니 나로 말미암지 않고는 아버지께로 올 자가 없느니라"(요 14:6)의 말씀처럼 하나님과 관계성을 맺기 위해 반드시 먼저 예수 그리스도를 믿어야 함과 동일하다. 모든 예배자에게 항상 변함없이 요구되는 것이 믿음임을 히브리서 기자는 선포한다. "하나님께 나아가는 자는… 반드시 그가 계신 것과 또한 그가 자기를 찾는 자들에게 상 주시는 이심을 믿어야 할지니라"(히 11:6). 그러므로 예배자의 참된 요건은 섬기는 대상의 존재와 역사를 과거만이 아니라 현재와 미래에서도 확고함과 결단적인 믿음을 선행시키는 데서 출발함에 있다.

매트 레드맨(Matt Redman)은 예배자에게 두 가지의 선택이 있음을 다음과 같이 설명하였다.

> 항상 신뢰하고, 항상 소망하고, 항상 인내하며 삶의 폭풍우를 여전히 불타는 마음으로 통과하는 그런 부류의 예배자가 있다. 이런 예배자는 이따금씩 단순한 선택을 해야 한다. 우리는 사방에서 힘들게 어려움을 당하고, 지쳐서 하나님을 느낄 수 없을 지도 모른다. 그러나 그 때, 우리는 선택에 직면한다. 우리의 시선을 환경에만 고정하든지, 아니면 심지어 이 선택이 고통스럽더라도 하나님께 매달려 그 뿐께 경배하든지 선택하는 것이다.17)

비록 이해할 수 없는 고통으로 말미암아 어려움에 억눌림을 받는 예배자라 하더라도 오히려 하나님의 은혜 속에서 더 깊은 감격으로 압도당할 수 있다. 이는 예배가 우리를 가장 잘 아시는 전능하신 하나님과의 만남인 것을 믿기 때문이다.

> "주께서 나의 앉고 일어섬을 아시며 멀리서도 나의 생각을 통촉하시오며 나의 길과 눕는 것을 감찰하시며 나의 모든 행위를 익히 아시오니… 내가 주의 신을 떠나 어디로 가며 주의 앞에서 어디로 피하리이까 내가 하늘에 올라갈지라도 거기 계시며 음부에 내 자리를 펼지라도 거기 계시니이다 내가 새벽 날개를 치며 바다 끝에 가서 거할지라도 곧 거기서도 주의 손이 나를 인도하시며 주의 오른손이 나를 붙드시리이다… 나를 지으심이 신묘막측 하심이라"(시편 139:2-10)

비트겐스타인(Ludig Wittgenstein)은 "하나님을 믿는다는 것은 이 세상의 사실들이 이 일의 결국이 아니라는 것을 보는 것이다. 하나님을 믿는다는 것은 삶이 의미 있다는 것, 이 의미가 세상속이 아니라 밖에 있다는 것을 보는 것이다"[18]라 했다. 예배는 예배자에게 이러한 믿음을 가지고 인간의 이성을 초월한 영적 차원인 하나님의 임재 속으로 들어가게 한다.

### 3. 예배는 하나님의 은혜 grace 로 이뤄진 것이다.

예배는 하나님의 전적인 은혜이다. 예배로 나아갈 수 있는 길이 오직 한 길을 통해서만 가능하기에 더욱 그러하다. "우리가 예수의 피를 힘입어 성소에 들어갈 담력을 얻었나니 그 길은 우리를 위하여 휘장 가운데로 열어 놓으신 새롭고 산 길이요"(히 10:19-20). 하나님과 인간사이의 파기된 관계를 예수 그리스도의 성스러운 피 흘림의 속죄로 완전히 회복하신 것이다.

독생자 예수 그리스도의 대속은 하나님 은혜의 구체적인 증거이다. 예배 속으로 들어가게 할 유일한 길인 그리스도의 피를 힘입어 예배자의 온전한 회개가 이뤄질 때 하나님은 그만큼 더 가까이 예배자에게 다가가신다. 하나님 임재로 나아가는 것이나 임재로 가까이 오시는 것이나 이 모두는 다 하나님 은혜이다. "너희가 그 은혜를 인하여… 구원을 얻었나니 이것이 너희에게서 난 것이 아니요 하나님의 선물이라"(엡 2:8-9)의 말씀처럼 거듭남으로 이르게 하신 것이나 회개 가운데 깊은 영적만남으로 나아가게 하심도 하나님의 은혜이다.

그러므로 하나님과의 회복된 관계를 드러내는 예배에서의 강조는 예수 그리스도의 구속사에 두어야 한다. 이에 로버트 웨버(Robert E. Webber)는 "예배의 초점은 인간 경험이나 강연 혹은 종교적인 즐거움이 아니라 예수 그리스도의 생애, 구속을 위한 죽으심과 부활에 있다"[19]고 강조했다. 이는 예배의 근원이 예수 그리스도의 희생적 죽음을 인한 구원에 있으며 하나님께 받아들여질 수 있는 예배의 근거임을 명확히 한 말이다.[20] 예배는 하나님의 완전한 은혜위에 세워진 것이다.

### 4. 예배는 하나님을 향해 정신 mind: 생각 을 집중하는 것이다.

하나님과의 인격적 만남인 예배에서 예배자의 중심은 참으로 중요하다. 예배자의 생각이 하나님께로 집중되지 않는다면 만남을 통한 대화가 온전해 질수 없기 때문이다. 하나님과의 대화에 참여하는 예배자의 생각이 개인의 일상적인 문제들이나 예배 이외의 일들로 채워져 있다면 이미 대화로서의 기능이나 의미도 없다.

예배는 예배자에게 시간과 에너지를 쏟게 하며 산란하게 하는 모든 문제들을 완전히 제쳐놓고 오직 예수 그리스도와 그분의 이름으로 되어진 것들에만 집중하도록 요구한다. 그래서 예배자의 생각은 자기 자신이나 자신의 문제 혹은 다른 사람이나 그 어떤 환경에 속해 있지 않는다. 오직 하나님 아버지, 예수 그리스도, 성령에 있다.[21]

구약시대에 언약궤 앞에서 찬양하며 예배하던 레위인들의 모습은 "하나님을 칭송(*zakar*: 기억, 생각)하며"(대상 16:4)였다. 문자 그대로 예배를 행하는 예배자의 생각이 하나님께로 집중되어 있음을 알게 한다. 신약시대 예배에서도 찬송을 부름에 있어 사도 바울도 "내가 영으로 찬미하고 또 마음(*nous*: 정신, 이성, 이해)으로 찬미하리라"(고전 14:15)하였다. 음악언어로 표현하는 찬송은 이처럼 하나님을 깊이 생각하는(thinking) 예배 행위이다. 그래서 제임스 화이트(James F. White)는 "기독교인과 유대인은 추상적으로 하나님을 찬양하지 않는다. 그들은 하나님이 이루신 일을 말함으로써 찬양하는 것이라 생각하여 감사하는 과정에 의해 하나님이 이루신 일을 기억하고 그를 영화롭게 한다"[22]고 했다. 이미 찰스 스펄전(Charles H. Spurgeon)도 "우리는 입술로만이 아니라 머리로도 찬양해야 한다"[23]고 하면서 "분명 '감사(thanks)'의 바닥엔 '생각하다(think)'가 있다… 생각하지 않는다면 어찌 감사할 수 있겠는가?"[24]라고 했다.

생각과 기억에 의한 집중의 중요함은 하나님이 이사야 선지자를 통해 분명히 나타내셨다. "이 백성은 내가 나를 위하여 지었나니 나의 찬송을 부르게 하려 함이라"(사 43:21). 여기서 '부르게(*saphar*)'는 '노래를 부르다'를 뜻하지 않고 '차례차례 생각하며 이야기하다,' 혹은 '전하다'란 의미를 갖는 말이다. 다시 말해 예배자가 찬송을 부를 때에 단순히 노래하는 음악행위가 아니라 그 안에 담긴 가사의 내용을 깊이 생각하며 이야기하듯 하는 지적

(mental: 정신적인) 섬김을 가리킨다. 이는 패트릭 카바노프(Patrick Kavanaugh)가 "크리스천 화음, 크리스천 리듬, 또는 크리스천 멜로디가 없는 것처럼 크리스천 음악은 그 자체로써 존재하지 않는다. 오직 순수하고 단순한 음악과 결부된 크리스천 가사만이 있을 뿐이다"[25]라고 지적하여 사고(thought)의 집중함이 음악에 있음이 아니라 가사에 있다는 사실을 알 수 있게 한다.

그러므로 예배의 깊이는 예배자의 생각을 하나님께 얼마나 쏟고 있는가에 달려있다. 언어나 음악을 통해 예배하는 순간마다 하나님 갈망, 그리고 성령님을 향한 사모함으로 사로잡힌 생각에 결코 소홀함이 없어야 한다. 예배 시작 전부터 이미 하나님을 바라보고 그의 말씀을 듣고자 심령 깊은 데에서부터 정신적 집중을 위한 내적 노력을 다해야 하는 것이다.

## 5. 예배는 마음 heart 을 다한 애정으로 행하는 것이다.

태아의 생성 과정은 뇌와 중추 신경계가 만들어진 직후 심장, 눈, 귀의 순서로 생겨나기 시작한다. 그런데 인간에게 필요한 수많은 장기가 있지만 그 중에서 생명활동에 중심 되는 곳이 바로 심장이다. 심장이 생명체인 혈액공급의 주된 기능도 있겠지만, 무엇보다 그곳에 정신이 깃든 자리로 이해되기도 하고 특히 모든 정서적 감정반응이 나타나는 곳이다.

이스라엘이 40년의 광야생활의 종지부를 찢고 약속의 땅으로 들어가기 직전에 모세를 통해 받은 하나님 말씀의 핵심이 '사랑'이었다. "너는 마음(*lebab*: heart; 심장)을 다하고 성품을 다하고 힘을 다하여 네 하나님 여호와를 사랑하라"(신 6:4-5). 특히 하나님은 사랑을 요구하심에 그것이 마음, 심장에서부터 나오는 것임을 강조하셨다.

유대의 전통적인 회당예배에서 항상 봉독되는 말씀인 이 쉐마(*Shema*:

신 6:4-9)에서 하나님을 사랑함에 인간의 '마음'을 그 우선순위로 삼으심은 매우 중요하다. 아버지를 향해 예배하는 것이 사랑에 기초한 관계를 나타내기 때문이다. 그래서 마바 도온(Marva J. Dawn)은 "예배가 하나님과 그의 백성들 사이에 오가는 사랑의 언어이다"라고 했다.[26]

예배가 무엇보다 예배자의 마음에서부터 우러나오는 것임은 구약이나 신약이나 한결같다. "내가 전심(*lebab*: 심중)으로 주께 감사하며 신들 앞에서 주께 찬양하리이다"(시 138:1), "…너희 마음(*kardia*, 심장)으로 주께 노래하며 찬송하며"(엡 5:19). 설사 언어를 통한 예배라 하더라도 이는 교리적 진리에 대한 단순한 이성적 동의가 아니다. 그것은 하나님을 향한 신앙에 뿌리박힌 마음의 애정 깊은 표현이다.

이와 관련한 좋은 증거가 사도신경(Apostle's Creed)이다. 교단에 따라 예배내용으로 삽입유무가 다르긴 하지만 회중 모두가 외우며 고백하는 기도문인데, 여기서 '신경'이란 말인 라틴어 크레도(*Credo*)는 두 가지 어근, *cor*(heart)와 *dare*(to give)의 합성어로 '자신의 마음을 주다(to give one's heart)'라는 의미를 갖는다.[27] 이는 비록 교리적인 진리를 읽거나 암송한다 하더라도 그 순간만큼은 거룩하신 하나님께 예배자 자신의 '마음(heart)을 드리는 행위'임을 강조한 것이다. 그러므로 인간 내면의 감정인 마음이 하나님의 놀라우신 은혜와 사랑에 지극한 찬양과 감사를 표출할 애정과 열망으로 나아가지 않고서는 진정한 예배를 드릴 수 없다.[28]

마음 깊은 곳에서부터 우러나오지 않는 예배에 대해 존 맥아더 2세(John MacArthur, Jr)는 다음과 같은 말을 전한다. "마음이 없으면 예배가 있을 수 없다. 그것은 무대에서 하는 연극과도 같다. 진정 그 사람이 되지 않고 그 사람 역할을 하는 것, 그것은 위선이다. 우리는 완벽하지 않은 상태라도 진정 하나님을 예배한다고 말할 수 있을 것이다. 하지만 우리에게 진지함이 없다면 우리는 예배를 드린다고 할 수 없다."29) 칼 바르트(Karl Barth)도 이와 같이 예배에서 "…선율과 가사들을 무의미하게 반복해서 노래한다거나 진정으로 마음을 다해 노래하지 않고 단순히 마지못해 중얼거리듯 입만 벌리는 공동체는 그 자신의 존재 목적에 대한 확신이 없는 것이며… 문제의 공동체일 뿐이다"30)라고 했다. 이 때문에 진정한 예배가 되기 위해선 다른 무엇보다 아버지 하나님에 대한 깊은 애정이 예배자의 가슴 속에 있어야 하고 그것을 적절한 방법으로 기꺼이 표현해야 한다.31)

예배자의 마음 상태에 대하여 하나님의 교훈은 매우 단호함을 보여준다. 한 예로 구약시대의 이스라엘은 하나님께로부터 완전히 외면 받을 만큼 진실하지 못한 내면을 가졌던 때가 있었다. 그들의 예배가 외식적이며 형식적으로 행함으로써 종교적 위선과 허세, 율법적인 의식과도 다를 바 없이 순전한 마음에서 나오지 아니하였다. "만군의 여호와가 이르노라 너희가 눈먼 희생으로 드리는 것이 어찌 악하지 아니하며 저는 것 병든 것으로 드리는 것이 어찌 악하지 아니 하냐 이제 그것을 너희 총독에게 드려보라 그가 너를 기뻐하겠느냐 너를 가납하겠느냐"(말 1:8). 이들의 제사는 하나님을 향해 드리는 예배가 아니라 일종의 행사로 전락된 종교의식에 불과했을 뿐 의무적으로 마지못해 때워버리기 식의 일로 처리해 버렸던 것이다.

하나님께 올릴 제사엔 제물을 바치는 자의 진정한 마음은 필수 조건이다. "나 여호와는 심장을 살피며"(렘 17:10)라고 말씀하셨다. 하나님이 정작 원하시는 것은 제물보다 제사 드리는 자의 마음이기 때문이다.

초대교회 시대 직후에 예배시작을 알리는 예전으로써 수르숨 꼬르다(*Sursum Corda*: Lift up your hearts!)가 있었다. 예배가 예배자의 마음을 하나님께 올려 드리는 것에서부터 시작되는 것임을 인식하였던 증거였다. 이것은 예배자의 마음이 그 만큼 예배의 깊이와 풍성함을 더욱 심화시켜주는 촉진제임을 알려준다. 마음은 인간의 정서가 자리하여 애정으로부터 하나님을 때론 감격스럽고 혹은 매우 친근한 아버지로서의 감정을 갖도록 돕는 속성을 소유하고 있기 때문이다.

예배에서 예배자의 마음을 아무리 강조해도 지나치지 않다. 그러나 종종 예배에서 마음의 표현을 돕는 방법으로 인해 얻게 되어 질 수 있는 감정 자체가 목적이 되어 버린다면 이는 감각적 예배를 추구하는 오류를 낳게 할 수 있다. 이는 마치 '좋은 감정'이 곧 '좋은 예배'와 동일시하는 문제에 직면할 수 있게 한다. 이에 대해 게리 토마스(Gary Thomas)는 다음과 같이 설명한다.

> 순전한 예배는 하나님께 충성과 찬양과 감사를 드리는 우리 의지의 행위이다. 단지 예배 시간 중 기분이 좋았다고 해서 적절한 방식으로 우리 의지를 올려 드렸다는 뜻은 아니다. 거꾸로, 단지 기분이 가라앉거나 '덤덤하다'고 해서 제대로 하나님을 예배하고 있지 않다는 뜻도 아니다. 감정이란 있다가도 없어지는 것이다. 열정주의자들이 감정을 즐기는 것은 잘못이 아니다. 다만 감정에 의존하는 것을 경계해야 한다.[32]

때때로 은혜로운 예배를 위해 무릎을 꿇거나 손을 들기도 하겠지만 이러한 방법보다는 오히려 예배자 마음가짐이 소중한 것이다. 예배행위의 외적 표현이 하나님을 기쁘게 해드릴 요소가 될 수 있기는 하지만 진정 하나님이 찾으시는 것은 예배자의 마음상태이다.[33] 그래서 "참(alethinos: sincere) 마음… 으로 하나님께 나아가라"(히 10:22)고 했다.

'진정한(sincere)'이란 말의 유래를 보면 다소 흥미로운 사실을 발견할 수 있다. 이는 원래 고대 그리스 시대 때에 석공들이 석상들을 만들어 시장에 내놓고 물건을 팔기위해 외치던 '밀랍이 없는(sine cere)'이란 말에서 유래된 것이다. 당시 일부 정직하지 못한 석공들은 완성된 것들 중에 틈이 벌어진 불량한 석상들을 따로 모아다가 밀랍으로 정교하게 덧입힌 후 사람들의 눈을 속여 팔았던 사례들이 있었다. 그래서 대부분 석고상인들은 이러한 오해가 없도록 하기 위해 자신들이 파는 물건들은 온전한 석고상임을 알리고자 'sine cere'라고 했던 것이다.34)

예배는 마치 '밀랍이 없는' 것처럼 순수하고 깨끗함을 담고 있는 마음의 진실함으로 행해져야 한다. 하나님 임재 앞에 있는 예배자의 마음엔 그 어떤 외식과 적당함 그리고 속임이란 존재할 수 없는 것들이다. 마음의 순결은 영적 순결로 이어진다. 영적 순결은 곧 그리스도의 보혈로 거듭나게 하신 성령의 인치심을 받은 마음의 상태이다(엡 1:13).

그래서 그저 순수하고 정직한 마음에서만 참된 예배가 이뤄지는 것은 결코 아니다. 이것은 예배가 인간의 그 어떤 공로에 따른 행위에 의해서가 아니라 하나님의 새 언약의 말씀에 근거하고 하나님의 역사하심에 철저히 의존되어지는 절대주권에 속한 것이기 때문이다. 하나님의 부르심에 예배자는 오직 예수 그리스도를 통하여 성령의 인도하심에 따라 응답해 가는 과정 속에 그 내면의 마음을 성령에 합해질 만큼의 순결함을 지녀야 한다.

이는 마틴 루터의 1542년판 *장례식 찬송가(Burial Hymns)* 서문에서도 볼 수 있다. "아름다운 찬송노래를 통하여 우리 마음(heart)에 성령을 모셔 들임으로 믿음이 성숙하고 강하게 하옵소서"35)란 기도문이다. 찬송음악이 때론 아름답고 좋은 느낌을 불러 일으켜도 부르는 사람의 마음은 그 소리에 젖어있기보다 오히려 성령을 사모하는 열망으로 가득해야 함을 알게 하는 말이다. 비록 예배자의 감정이 매우 가치 있는 것이라 하더라도 얇은 감정에 호소하면 하나님과의 만남이 경험중심주의로 향하게 할뿐더러 예배의 깊음이 그에 좌우되는 것으로 왜곡된 인식마저 낳을 수 있다. 예배자의 마음은 온전히 성령의 인도하심으로 이끌려야 할 것이다. 그래서 요한 웨슬리(John Wesley)는 "바른 찬양을 드리기 위해서라도 마음에 할례를 받아야 하며 동시에 성령의 역사에 의하여 변화된 마음으로 찬양해야 한다"[36]고 역설하였다.

결론적으로 하나님을 향한 사랑 표현인 예배는 구원의 은혜에 대한 자연스런 반응이며, 하나님으로부터 사랑과 인정을 얻기 위해 하는 것이 아니라 이미 하나님의 사랑받는 자녀가 되었기 때문에 하는 것이다.[37] 여기엔 성령 안에 거한 예배자의 인격으로부터 마음 깊은 애정을 다한 예배만이 있을 뿐이다.

### 6. 예배는 하나님 앞에서 겸손히 humbly 자신을 낮추는 것이다.

에이든 토저(A. W. Tozer)는 "하나님 임재 앞에서 겸손해지지 않는 사람은 결코 하나님을 예배하는 자가 될 수 없다. 교회의 모든 규칙과 훈련에 순종하며 십일조도 하고 모임에도 참석하더라도 먼저 자신을 깊이 낮추지 않는 사람은 절대로 예배자가 될 수 없다"[38]고 했다. 그렇다! 하나님의 임재란 상황만큼 인간을 겸손하게 하는 것은 아무것도 없다. 영적으로 하나님을 본다는 것 자체는 인간이 가질 수 있는 최상의 겸손을 전제해야만 가능하기 때문이다. 이는 예배자가 하나님 앞에서 철저히 의존적인 존재임을 의미한다.[39]

피터 부르너(Peter Bruner)는 독일어인 '예배(Gottesdienst)'란 용어를 사용하여 예배의 두 가지 개념을 제시하였다. 이는 주격적 속격인 '하나님의 봉사(Gottes Dienst)'와 속격적 목적격인 '하나님을 봉사'의 두 가지 핵심적 의미를 내포하는 말이다.40) 곧 '회중을 향한 하나님의 봉사'와 '하나님을 향한 회중의 봉사'를 뜻한다. 이에 대해 장자크 폰 알멘(J. J. Von Allmen)은 성부, 성자, 성령을 기독교 예배의 주체요 동시 객체라 하면서 하나님은 섬기는 분이며 동시에 예배의식을 통해서 섬김을 받는 분이라고 하였다.41) 그래서 예배를 뜻하는 불어 *culte*나 이태리어 *culto* 모두가 '주고받는 관계에서의 사귐'를 나타낸다.42)

구약시대 때에 모세를 부르시고 만나는 하나님의 모습을 성경은 이렇게 묘사하고 있다. "여호와께서 시내산 곧 산꼭대기에 강림(*yarad*: 낮추다, 낮아지다)하시고 그리로 모세를 부르시니 모세가 올라가매"(출 19:20). 이 만남은 전능하신 하나님과 피조물과의 신분 속에서 이뤄진 것임에도 불구하고 하나님은 자신을 먼저 '낮추신' 겸손으로 행하시고 나서 부르셨다는 사실에 기초하고 있다.

예배는 하나님의 봉사로부터 시작되고 성립된다. 겸손으로 행하신 하나님의 봉사가 없었다면 예배는 불가능하다. 이는 이미 예수 그리스도를 통하여 하나님의 극적인 겸손을 증거 해주셨다. "그는 근본 하나님의 본체시나 하나님과 동등 됨을 취할 것으로 여기지 아니하시고 오히려 자기를 비어 종(*doulos*: slave)의 형체를 가져 사람들과 같이 되었고 자기를 낮추시고 죽기까지 복종하셨으니"(빌 2:6-8). 예수 그리스도께서 구속의 역사를 이루시기 위해 '목숨'도 기꺼이 드렸던 완전한 희생의 봉사였다. 이는 인간을 향한 겸손의 극치이다.

예수 그리스도에 의한 하나님의 봉사, 곧 종의 형체를 가지시고 죽기까지 복종하신 그 은혜 앞에서 행하는 예배자의 응답인 섬김(봉사)은 그야말로 예배의 구약 언어인 샤하아(*Shachah*: '엎드리다,' '굴복하다')처럼 하나님을 향해 무한한 겸손으로 자기를 낮출 수밖에 없는 것이다. 이는 그 분 앞에서 '육체적인 겸손의 자세'나 '물질적인 희생으로서의 봉사 행위'를 나타내는 외적 표현뿐만 아니라, 내면적으로도 자기희생을 포함한다. 로버트 레이번(Robert G. Rayburn)은 이에 "예배자들은 예수 그리스도가 보여 주었던 대로 순종하는 종의 자세로 하나님께 자신을 바치는 것이어야 한다"43)고 강조하였다.

그렇다고 하여 하나님의 봉사에 대한 인간의 봉사가 신인협동설(synergism)적인 속성을 띠는 것이 아니다. 다만 하나님의 봉사에 대한 상응행위라기보다 지극히 자연스러운 반응인 찬양, 감사, 기도, 순종, 헌신의 응답일 뿐이다.44) 그러므로 하나님의 봉사를 향한 하나님 백성의 봉사는 '겸손'의 본질을 닮아가는 응답으로써 종의 신분 속에 온전한 낮아짐의 섬김이다.

### 7. 예배는 하나님께 영광 glorifying 을 돌리는 것이다.

마바 도온(Marva J. Dawn)은 "하나님이 우리를 그의 임재 안으로 초대하시고 그리스도의 구속을 통해 그의 거룩한 성도로 구별해 주셨기에… 어떻게 우리가 가진 최상의 것으로 가능한 한 온전히 하나님을 예배하지 않을 수 있겠는가? 어떻게 우리의 삶을 낭비하는(세상적인 말로) 제한 없이 드리는 전적인 헌신으로 그분께 반응하지 않을 수 있겠는가?"45)라고 말했다. 더구나 예배가 인간을 위한 구원하심과 거룩한 자녀로 구별시켜주신 이유만으로 제한되지 않는다. 그에 대한 이유조차 그 어느 것으로도 구속될 수 없는 무한한 속성을 갖는 것이다. 이는 곧 하나님이 스스로 존재하시는 분이시기에 예배 받으시는 것임을 말해준다.

이에 성경은 하나님의 영광을 선포하고 있다. "우리 주 하나님이여 영광과 존귀와 능력을 받으시는 것이 합당하오니(*axios*: 가치 있는, 마땅한) 주께서 만물을 지으신지라 만물이 주의 뜻대로 있었고 또 지으심을 받았나이다 하더라"(계 4:11). 하나님은 예배 받으시기에 스스로 합당하신 분이다. 본질적으로 예배란 하나님이 해 주셨을 뿐만 아니라 하고 계신 일, 혹은 심지어 모든 외적 환경과 처지에 놓여진 것과 상관없는 마땅한 행위이다.46) 예배는 그야말로 지극히 높고 영광스러운 하나님의 가치를 드러내는 당위적 헌신의 응답인 것이다.

성경은 하나님께 영광을 돌리는 예배의 당위성을 다음과 같이 기록하였다.

> 여호와는 광대하시니 극진히 찬양할 것이요 모든 신보다 경외할 것임이여 만방의 모든 신은 헛것이요 여호와께서는 하늘을 지으셨음이로다 존귀와 위엄이 그 앞에 있으며 능력과 아름다움이 그 성소에 있도다 만방의 족속들아 영광과 권능을 여호와께 돌릴지어다(시 96:4-7)
>
> 저희가 여호와의 도를 노래할 것은 여호와의 영광이 크심이니이다(시 138:5)
>
> 다 여호와의 이름을 찬양할지어다 그 이름이 홀로 높으시며 그 영광이 천지에 뛰어나심이로다(시 148:13)

예배 내용들인 찬송, 기도, 신앙고백, 성시교독, 말씀선포(설교), 헌금, 봉헌, 헌신으로의 다짐 등의 모두가 하나님의 영광으로 말미암은 구체적인 예배행위들이다. 이렇듯 영광스런 하나님의 가치를 최상으로 드러내며 선언하는 예배에서 예배자는 과연 어떠해야 하는가?

이에 대한 실제적인 모습은 하나님은 올라가고 하나님의 백성들은 내려가는 것이다. 사실상 "하나님을 드높인다는 것은 그분을 우리의 힘으로 크게 만든다는 의미가 아니라 예배를 통해 하나님의 크고 위대하심을 깨닫게 된다는 뜻이다."47) 그러한 가운데에서도 비록 편안한 의자에 앉아 예배하는 상황이지만 전능하신 창조주 하나님 앞에 완전한 순종과 사랑의 대화 속에서 가장 낮아진 자세를 취하고자 최선의 섬김으로 나아갈 때에야 진정 하나님께 영광을 돌리는 예배로 들어갈 수 있다.

## 8. 예배는 하나님의 계시 revelation 에 대한 인간의 응답 response 이다.

예배는 모노로그(monologue)가 아니라 다이얼로그(dialogue)다. 곧 예배의 대상과 예배자 쌍방간의 만남 속에 의사소통 과정을 낳는다. 물론 이 대화는 전적인 하나님의 주도적인 인도하심과 은혜에 따른다.

본질적으로 예배는 인간 스스로가 아닌 하나님의 뜻대로 시작하신 주권적 영역이기에 인간의 아이디어와 종교적 욕구에 의해서 움직여질 수 있는 성격이 아니다. 그래서 예배는 오직 하나님의 무한하신 은혜로 시작하심에 의한 인간의 반응일 뿐이다. 그러한 인간의 반응은 이미 하나님의 역사하심과 임재로 유발된다.

이사야 6장 1절에서 11절까지의 내용은 하나님과 인간의 만남을 잘 묘사해 주고 있다. 대화란 한 쪽에서 일방적으로 하는 것이 아니라 쌍방간의 교통(communication)이기 때문에 이 말씀 속에서도 하나님은 지속적인 계시를 통해 인간의 응답을 고무하고 야기 시킨다. 이 거룩한 드라마에선 하나님의 행하심(action)과 인간의 응답적인 행함(action)이 교차하며 대화가 이뤄지고 있음을 알 수 있다.

예배의식을 통한 하나님과의 대화과정에서 발생되는 인간의 응답에는 다음과 같은 세 가지의 내용을 포함한다. 그 첫째는, 하나님은 누구이신가 하는 것이며(Who is God?), 두 번째로는 하나님의 행하심에 관한 것이다

(What has God done?). 구약의 예배들은 이스라엘을 위한 하나님의 구속사로 말미암는 그들의 응답이다. 이는 하나님이 누구신가에 대한 것만이 아니라 우리에게 지금까지 행하셨던 인도하심에 대한 응답으로 이끄신다. 하나님의 위대하심은 예배와 우리의 인생 전체를 통해서도 응답을 일으키기 때문이다.48)

마지막 세 번째는 하나님이 무엇을 말씀하시는가(What does God say?)에 따라서 하나님의 명령과 위임에 대한 반응으로 나타난 순종과 헌신의 결단이다. 이는 예배의 진정한 목적이 예배자를 위한 것이 아니라 예배의 대상에 있는 것임을 밝혀주며 그로 인해 예배자의 헌신에 이르는 것임을 알게 한다. 그래서 예배는 예배당에서만 머물지 않고 세상 안에서 여전히 또 다른 예배현장을 낳게 하는 연속성을 갖는다.

결론적으로 예배는 말씀으로 계시하시는 하나님께 그의 백성들이 예수 그리스도를 통하여 성령의 인도하심 속에서 행하는 응답이다. 여기엔 만남을 전제하며 하나님의 임재 안에 들어가는 감격이 있다. 영광스런 하나님 앞에서 영적 교통(communion) 가운데 예배자는 심령에서부터 우러나오는 순종과 믿음의 응답으로 나아가는 것이다.

Chapter 6

# 성경적 예배의 모형
The Biblical Worship Pattern

## 1. 성경에 계시된 예배의 형식

공적예배는 하나의 형식을 갖추고 있다. 외적인 형식은 실제로 하나님의 구속사, 예수 그리스도의 성육신, 공생애, 십자가에서의 죽으심과 부활 및 성령강림 등을 입증하고 그 뜻을 전달하는 데 중요한 역할을 한다. 사람들도 형식이나 의식을 통하여 원활한 소통과 표현의 방식을 취한다. 비록 예배가 영적 차원에 속한 것이지만 이를 드러내고 나타내는 데엔 그 어떤 형식을 가져야 한다. 그래서 이를 표현하기 위한 구조적인 방식은 불가피하다.

물론 예배형식에 관하여 지양되어야 할 것은 형식주의(formalism)이다. 내용적 측면을 경시하고 형식 그 자체를 목적으로 하며 중시하는 것은 예배의 본질과는 거리가 멀기 때문이다. 다만 형식과 자유로움에 관해서는 양자택일의 문제가 아니라 양자 모두의 문제로 다루어져야 한다. 형식과 자유는 참된 예배를 돕는데 서로 결합하며 균형을 이뤄가야 하는 것이다. 자유로움이 없는 질서는 활기가 없는 것에 반하여 질서 없는 자유로움은 주관적이고 방종이 된다. 성경에 있는 예배는 질서와 정신적 자유, 이 양자 모두를 다

포함하고 있음을 인식해야 한다.[1])

이 둘의 균형에 따라 질서 속에 자발적인 참여로 이끌게 하는 틀을 갖추는 것이 바람직하다. 실제로 이러한 외형적 구조 안에 있을 때 예배자는 그에 속한 순서마다의 의미와 상황을 이해하며 능동적인 참여로 들어가는 안내를 받을 수 있다.

그런데 만약 예배자가 예배형식에 대해 구체적인 인식이 없다면 관행으로 습관적인 예배에 빠질 수 있다. 아무런 생각 없이 절차에 따라가는 무의식적인 참여태도가 예배의 역동성을 잃게 하고 생명력마저 약화시키는 문제마저도 야기하는 것이다.

이러한 현상은 예배 형식 자체만이 아니라 이것을 형성하게 한 내용과 순서의 이유나 배경에 대한 인식부재에 기인한다. 그렇기에 왜 하나의 형식이란 배열로 예배가 진행되는지 혹은 그 안의 내용들 간에 관계성(relationship)과 그 근거(rationale)가 무엇인지를 분명하게 밝혀주어야 한다. 다음은 이에 대한 근거로 제시된 예배 신학적인 설명이다:

예수 그리스도는 성육신하심으로써 세상에 오시어 세상을 구원하셨다. 바로 탄생과 수난과 죽으심과 부활 그리고 승천을 통하여 주님은 구원을 성취하신 것이다. 이 신학적 원리는 예배에도 반영된다. 이는 곧 기독교의 예배가 영적인 차원의 것을 세상적인 차원의 것으로 표현할 필요가 있다는 것을 뜻한다. 예배의식은 그것이 성육신을 반영하는 것이기 때문에 형식화되어야 하는 것이다.
예배의 형식화를 위한 또 다른 근거로는 예배가 구원사의 요약이라는 사실에 있다. 예배는 단순히 성육신만이 아니라, 주님의 공생애, 수난, 십자가, 부활, 영광스러운 재림 등 예수 그리스도 안에서 행하신 하나님의 전능하신 구원의 행위 전체가 예배 안에서 요약되고 반복되고 극화되는 것이다. 그러므로 이 모든 사건이 행해진 순서에 따라 질서정연하게 배열되고 예배의식을 통해 실행될 때, 그 예배는 하나님의 구원의 은총을 가장 잘 기억하고 감사하고 칭송하는 행위가 될 것이다.[2]

예배의 형식과 그 안에 담겨진 각 순서를 살펴보기 전에 먼저 예배 전체적인 구조가 어떠한지를 살펴보아야 한다. 칼빈이 채택했던 예배 순서의 종합적 구조는 세 가지 원리를 갖고 있었는데, 그 첫째는 죄의 고백과 용서의 부분이고, 둘째는 하나님의 말씀 선포이며, 셋째는 삶 속에서의 헌신과 세상을 향한 선교적인 파송이다.[3]

이처럼 예배의 틀에는 다음과 같이 크게 3가지로 구분될 수 있는 핵심적 내용으로 요약 된다.

> 예배의 전반부는 하나님의 영광을 찬양하는 부분으로써, 이 부분에는 죄 고백과 용서의 선언이 중심을 이룬다. 그리고 두 번째 부분은 하나님의 말씀 곧 그의 언약 가운데서 말씀을 들음과 함께 하나님과 깊은 교제의 시간이 이루어짐을 뜻한다. 세 번째 부분은 그 말씀 가운데서 우리가 세상에서 행하여야 할 사명이 무엇인지를 상기하고 실천을 위한 우리의 헌신의 결단이 그 중심을 이루며, 동시에 모든 성도들을 세상 가운데로 파송하는 의미가 표현되는 부분이다.[4]

신약성경에선 비록 예배형식에 관한 구체적인 언급을 하지는 않지만 그 대신 예수 그리스도를 통하여 "신령과 진정으로"(요 4:24)의 새로운 언약에 세워진 예배 갱신과 함께 예배내용(고전 11:24-25, 14:26)의 풍성함을 전한다.

그러나 위의 인용된 내용이나 칼빈이 취했던 예배의 구조는 사실상 이사야 6장 1-9a절에 기인된 것이다. 이 말씀은 예배가 체계적인 아이디어 속에서 순서 하나하나에 부여된 예배 신학적인 깊은 의미들을 포함하고 있음을 의미한다. 전체적인 모형뿐만이 아니라 그 특징은 하나님과 하나님 백성 간에 나타난 대화체 형태를 나타낸다. 이를 위해 브루스 리프블래드(Bruce H. Leafblad)는 아래의 도식으로 이사야 6장에 계시된 예배 모델을 설명하였다.

〈이사야 6장 1-9a절에 근거한 예배모델〉[5]

| 하나님의 행하심 | | 하나님 백성들의 행함 |
|---|---|---|
| | 첫 번째 장면<br>(이사야 6:1-4) | |
| 계시(Revelation) | | 경배(Adoration) |
| | 두 번째 장면<br>(이사야 6:5-7) | |
| | | 참회(Confession) |
| 속죄(Expiation) | | |
| | 세 번째 장면<br>(이사야 6:8) | |
| 선포(Proclamation) | | |
| | | 헌신(Dedication) |
| | 네 번째 장면<br>복음서<br>(고전 11:23-26) | |

성찬식이 거행될 때

다섯 번째 장면
(이사야 6:9-11a)

간구(Supplication)

명령 및 위임(Commission)

하나님의 계시와 인간의 응답으로 이뤄지는 교차 형태를 통해 나타난 일련의 순서에 보다 더 구체적인 내용의 모습은 아래와 같다.

〈하나님의 Action〉  〈하나님 백성의 Action〉

1) 계시(Revelation) – 하나님 자신을 계시함으로 하나님 백성을 자신에게 이끄심(1-2절)

2) 경배(Adoration) – 인간은 놀람, 경탄, 그리고 경외감으로 하나님을 인식하고 인정함(3-4절)

3) 인간의 죄를 깨닫게 하시는 거룩하신 하나님(3절)

4) 죄의 고백(Confession) – 하나님께 죄의 고백으로 용서를 구함(5절)

5) 죄의 용서(Expiation): (6-7절) 모든 죄에 대한 하나님의 속죄

6) 중보(intercession)와 기도(prayer)로 모든 짐들을 주님께 의뢰함

7) 모든 기도를 받으시고 응답하시는 하나님

8) 감사 찬송(response with gratitude) – 하나님의 은혜와 자비로우심에 감사 찬양을 드림

9) 선포(Proclamation) – 하나님 백성을 향한 하나님 자신의 뜻을 나타내심(8절)

10) 헌신(Dedication) – 하나님께 굴복하

11) **명령 및 위임(Commission)** – 하나님의 뜻을 이뤄갈 임무를 명령하심과 위임(9-11절)

여 그분의 뜻에 순종함으로 응답함 (8절)

12) 해산(Dismissal) – 하나님으로부터 새로운 힘을 얻고 세상으로 나아감.

〈이사야 6장 1-9a절에 나타난 예배의 기본 구조〉

1. 계시 (Revelation)
2. 경배 (Adoration)
3. 고백 (Confession)
4. 속죄 (Expiation)
5. 선포 (Proclamation)
6. 헌신 (Dedication)
7. 명령 및 위임 (Commission)

이러한 도식의 예배 모델은 하나님과 하나님 백성들간의 만남 속에서 계시와 응답으로 이뤄지는 대화(dialogue)의 형태를 나타낸다. 위의 각 항목들 중 크게 나뉘어 지는 7가지 단계의 항목들에 대하여 이사야 6장 1-9a절까지의 말씀 내용은 다음과 같다.

1) 계시 Revelation

"웃시야 왕의 죽던 해에 내가 본즉 주께서 높이 들린 보좌에 앉으셨는데 그 옷자락은 성전에 가득하였고"(1절)

"스랍들은 모셔 섰는데 각기 여섯 날개가 있어 그 둘로는 그 얼굴을 가리었고 그 둘로는 그 발을 가리었고 그 둘로는 날며"(2절)

### 2) 경배 Adroation

"서로 창화하여 가로되 거룩하다 거룩하다 거룩하다 만군의 여호와여 그 영광이 온 땅에 충만하도다"(3절)

"이같이 창화하는 자의 소리로 인하여 문지방의 터가 요동하며 집에 연기가 충만한지라"(4절)

### 3) 참회의 기도 Confession

"그 때에 내가 말하되 화로다 나여 망하게 되었도다 나는 입술이 부정한 사람이요 입술이 부정한 백성 중에 거하면서 만군의 여호와이신 왕을 뵈었음이로다"(5절)

### 4) 속죄 Expiation

"때에 그 스랍의 하나가 화저로 단에서 취한 바 핀 숯을 손에 가지고 내게로 날아와서"(6절)

"그것을 내 입에 대며 가로되 보라 이것이 네 입에 닿았으니 네 악이 제하여졌고 네 죄가 사하여 졌느니라 하더라"(7절)

### 5) 선포 Proclamation

"내가 또 주의 목소리를 들은즉 이르시되 내가 누구를 보내며 누가 우리를 위하여 갈꼬…"(8절)

6) 헌신 Dedication

"… 그 때에 내가 가로되 내가 여기 있나이다 나를 보내소서"(8절)

7) 명령 및 위임 Commission

"여호와께서 가라사대 가서 이 백성에게 이르기를 너희가 듣기는 들어도 깨닫지 못할 것이요 보기는 보아도 알지 못하리라 하여"(9절)

## 2. 이사야 6장 1-9a절에 근거한 예배구조에 따른 순서와 내용의 개관

1) 계시(Revelation): 전주(prelude)와 예배로의 부름(Call to Worship)
2) 경배(Adoration)와 찬양(Praise): 하나님을 높이는 찬송과 성시교독
3) 죄의 고백(Confession)
4) 죄의 용서(Expiation): 속죄의 선언을 나타내는 성경말씀 선포
5) 속죄하신 하나님의 은혜에 대한 감사의 찬송
6) 기도
7) 말씀 선포 전의 찬양: 찬양대의 찬미의 제사
8) 말씀 선포(Proclamation)
9) 헌신(Dedication): 말씀에 대한 헌신의 봉헌 및 찬송
10) 명령 및 위임(Commission): 선포된 말씀의 위탁 및 명령과 헌신한 성도들을 위한 복의 선언인 축도
11) 해산(Dismissal): 후주(Postlude)

# Chapter 7    대화체 예배 속의 7가지 사실들
### Seven Facts in Dialogical Worship[1]

### 1. 하나님 중심의 예배:
**대화체 예배에선 하나님이 중심이다.**

예배는 하나님이 시작하신 만남에 따라 발생되어지는 대화이다. 이러한 속성 때문에 궁극적으로 예배에서 인간의 생각이나 감정에 의해 추구하는 그 어떤 내용들이 강조될 수 없고 오직 하나님의 뜻 안에서 이뤄지는 주권적인 대화의 중심을 이룬다.

이는 예배 그 자체가 하나님을 목적으로 함을 분명히 한다. 하나님의 영광, 하나님의 즐거움, 하나님이 원하시는 모든 내용들로 행해지는 것이다. 하나님 중심으로 한 예배는 "만약 찬양곡이 하나님에 관한 것이 아니면 그것은 찬양이 아니다"란 성 어거스틴(St. Augustine)의 말과 다를 바 없다.

예배를 위해 모인 공동체의 모든 이유와 의도가 하나님으로 말미암은 것이기에 그분이 중심에 서 계실 수밖에 없다. 예배 속에서 이뤄지는 예배자의 응답도 하나님의 말씀에 근거하여 행해지는 것이므로 처음부터 끝까지 그분의 주도하심에 달려있다.

그렇기에 하나님의 대화로 이끌리는 예배자의 응답 방향도 하나님께 향해 있다. 설사 예배 내용 중에서 서로의 권면, 위로, 신앙 강화, 예배자를 향한 선포의 내용들조차도 실은 오직 하나님을 드러내기 위함이요 하나님께 더욱 헌신의 단계로 나아가게 하기 위한 목적의 응답이다. 대화체 예배 안에는 이처럼 인간중심주의(anthropocentrism)에서 철저히 하나님 중심(theocentrism)에 의한 구조를 나타낸다.

### 2. 예배자의 능동적인 참여:
대화체 예배에선 예배자는 자발적인 참여자가 된다.

대화체 예배의 정 반대 모습엔 방관자 사고방식(spectator mind-set)이 자리한다. 예배는 우리에게(to) 혹은 우리를 위해서(for)가 아니라 우리에 의해서(by) 행해지는 것이다.[2] 예배는 동사이다. 능동적인 행동을 거부하는 예배자는 예배자가 될 수 없다. 예배가 본질상 성령의 인도하심에 의존된 것이라 하더라도 응답을 위한 자발적인 참여의 열망은 있어야 한다.

대화체 예배의 속성은 회중으로 하여금 하나님과의 대화에 능동적이면서 역동적인 참여로 유도한다. 하나님과의 대화라는 구조는 예배자들 각자가 하나님 말씀에 귀를 기울이고 말씀으로 계시하는 하나님께 응답이란 능동적인의 관계를 이뤄가게 하기 때문이다. 이는 마치 밀물과 썰물의 흐름처럼 하나님과의 만남을 통한 계시와 응답의 과정이 더욱 심화되어 간다.

### 3. 다양한 매체를 통한 하나님의 계시:
대화체 예배에서 하나님의 말씀은 다양한 매개체를 통해 표현되어질 수 있다.

복음주의 예배에서 전통이 되어 왔던 사실은 성경과 설교에서만 하나님 계시 차원인 하나님 말씀을 듣는 것으로 생각되어 왔다. 그러나 예배 상황에서 하나님 말씀을 나타낼 수 있는 것은 설교 이외에도 가능하다. 하나님 말씀에 기초해 기록된 신앙고백이나 찬송가의 시 또한 하나님 계시로서의 기능과 성격을 가질 수 있다.

이는 더 나아가 외형적인 성물들을 통한 영적 상징으로 말미암아 하나님과의 인격적이면서도 영적 만남을 향할 수 있도록 도움을 주는 것에까지 확장된다. 예를 들면, 성찬상 및 성찬기구, 성찬식에 사용되는 포도주와 떡, 세례(침례)에 사용되는 물, 십자가, 설교단(강대상), 찬양대 가운, 예전 색깔을 나타내는 목회자의 드림천(stole), 혹은 예배당의 색 유리창에 그려진 조각 따위의 형태 등이다. 비록 영적인 성숙도와 개인적인 경험에 따른 인식의 차이가 있다 하더라도 이 모두는 상징으로써 예배자에게 지적이며 정서적인 움직임도 주어 예배를 원활하게 고무하는 매개체가 될 수 있는 것이다.

사실상 예배 표현은 그 어떤 상징이란 형식을 통하지 않고는 생각할 수 없을 뿐만 아니라 상징적인 매개체 또한 하나님과 인간의 대화란 의사소통의 전형적인 방식 속에 중요한 요소가 된다.[3] 하나님을 '신령과 진정으로' 예배한다는 것이 감각적인 모든 것을 버려야 한다는 것을 의미하지는 않는다. 하나님이 인간에게 주신 오감의 모든 것들을 사용하여 그분을 예배해야 한다는 것은 마땅한 일이다.[4] 하나님이 주신 모든 것을 통해서 예배할 수 있는 것은 하나님의 말씀과 기도를 통해 모든 것이 거룩하게 되고, 그분을 섬기기에 알맞은 것으로 변화될 수 있기 때문이다.

그러나 이러한 상징의 정당성은 그것들로 예배 분위기를 조성하고 예배로 들어가는 상황에 직간접으로 영향을 줄 수 있는 것에 그 가치가 있을 뿐이다. 상징을 너무 많이 사용하거나 눈에 두드러지도록 하여 강조한다면 상징 그 자체에 주의를 빼앗겨 예배에 혼란을 주고 예배의 원래 목적에서 빗나가게 할 수 있음을 명심해야 한다.[5]

하나님의 계시가 본질적으로 하나님 말씀에만 근거한다는 사실은 변함없다. 다만 이 외의 것들을 통한 매개체들은 그 상징으로 인한 기능 때문에 대화체 예배의 현장 속으로 예배자의 동참을 보다 더 고무하고 용이하게 해줄 수 있는 가치를 갖는다.

### 4. 수직과 수평적인 관계성:
대화체 예배는 하나님과의 관계성뿐만이 아니라 예배자들간의 관계성에 영향을 미친다.

예배는 하나님과 하나님 백성 간의 수직적인 관계와 그의 백성들 간에 수평적인 관계성 모두를 포함한다.

회중은 예배의 최우선 순위로써 하나님을 향한 응답의 대화로 수직적인 방향을 탄다. 찬송, 기도, 신앙고백, 봉헌, 설교를 듣는 중 아멘으로의 화답 등이 이에 속한다.

그러나 동시에 회중은 자신들의 영적 갈급함의 표현과 영적 관심을 나타내며 수평적으로 회중 간에 자신들의 믿음을 확언하고 영적성숙의 개별적인 도전과 권면을 서로 받음으로 그리스도 안에서 한 공동체의 연합을 견고하게 한다. 이러한 예배내용은 찬송, 성시교독, 교제 등이 있지만, 수직적인 성격의 내용이라 하더라도 이를 통한 성령 안에서의 수평적 교통함은 존재하는 것이다.

### 5. 예배음악의 예배 기능:
대화체 예배에서 음악의 주된 기능은 대화의 용이함을 갖게 하는 것이다.

음악의 미학적인 특성에 의한 공헌과 음악사역 속에서 경험할 수 있는 은사의 기쁨이 따른다 하더라도 음악은 예배의 핵심이 아니라 단지 예배행위로서의 가치가 있는 것일 뿐이다.

음악의 구체적인 예배행위는 감사와 찬양, 신앙고백, 영적 헌신(spiritual devotion), 봉헌(offering), 그리고 하나님 말씀의 기념과 선포인 계시적 매개물이 되는 것에까지 이를 수 있다. 그래서 사실상 예배음악은 단순한 음악행위에 머물지 않는다. 아무리 감각적인 속성을 갖는 음악임에도 불구하고 영적행위로 승화되어 예배에서 이뤄지는 영적대화의 한 부분이자 대화를 깊게 하는 조력자이기도 하다. 만약 예배음악이 그러한 대화 과정에 의미 있는 기여를 할 수 없다면 음악은 생략되는 것이 좋다. 예배 전체적인 흐름 속에서 각 순서 간에 대화를 약화시킨다거나 그 흐름을 끊고 방해하는 음악은 있는 것보다 없는 것이 낫기 때문이다. 이는 궁극적으로 음악이 예배행위로서의 정당성과 가치를 가지고 있어야 함을 강조한 것이다. 그만큼 예배에서 음악은 계시와 응답을 구체적으로 표현하고 심화시켜주는데 매우 용이한 예배 언어임엔 분명하다.

### 6. 대화체 원리에 따른 예배순서:
대화형식의 틀은 예배순서의 역동적인 흐름을 촉진한다.

마치 건축물에서 그 어떤 주된 구조물의 하나가 제거된다면 건물이 붕괴될 수 있듯이 대화체 예배에서 대화의 주된 원리들 중 하나가 없어진다거나 어느 하나만 집중되어 강조된다면 전체적인 예배의 흐름은 매우 약화될 수밖에 없다.

이사야서 6장 1절부터 9a절에 나타난 예배 구조의 모형을 나타내는 일곱 단계인 계시, 경배, 죄의 고백, 속죄, 선포, 헌신, 그리고 명령 및 위임은 어느 한 단계라도 생략될 수 없는 예배모형의 핵심요소들이다. 이들은 각기 서로가 밀접한 관계성을 가지면서 대화체 원리를 제공해준다. 이들은 예배의 실제적인 내용과 순서를 구체화 시키는데 핵심적 틀이 된다.

만약 이들 중 어느 하나만을 부각시키거나 강조한다면 원활한 대화의 전체흐름이 끊어질 수도 있다. 예를 들면, 선포에 초점을 두어 나머지 단계들 중의 어떤 것들이 축소되거나 생략되어진다면 예배의 불균형을 낳게 할 수도 있고 대화체란 구조상 그 특성이 희석될 수 있게 된다. 비록 예배에서 선포유형을 가리키는 설교가 주된 요소인 것은 사실이지만 그 이전과 이후의 순서들이 이를 위해서만 존재하는 것이라고는 볼 수 없기 때문이다.

예배에서 대화 구조의 양식은 예배순서 상호간의 깊은 관계를 갖게 하며 지속적인 응답을 유발하게 하는 역동성을 준다.

### 7. 삶과 예배:
**대화체 예배는 예배가 삶의 모든 영역과 연관된 대화임을 나타낸다.**

예배는 모이는 교회(gathering church)와 흩어지는 교회(scattering church)의 두 가지 개념을 포함한다.[6] 이는 함께 모여서 경배하고 교회에 위임된 사명을 완수하고자 세상 속으로 빛과 소금이 되고자 나아감을 의미한다. 이에 루이 기글리오(Louie Giglio)는 "당신을 향한 하나님의 부르심은 당신의 인생을 경배(worship)의 장소로 바꾸는 것이다"[7]라고 했다. 곧 예배가 삶이며 삶이 예배현장이다.

헤럴드 베스트(Harold M. Best)는 예배와 삶은 분리 되어질 수 없는 것임을 다음과 같이 설명하였다.

우리의 예배는 단순히 간헐적이고 의식적이며 심지어는 거룩하신 하나님을 진지하게 예배하는 것에만 머물지 않고 개인적이며 지속적으로 그리스도를 따라 열심히 따르고자 애씀과 그 분을 모방하는 데에 있다. 이는 거룩함과 속됨, 교회와 일상생활을 분리하는 이분법적인 거룩함이 아니다. 곧 진리의 범주 안에서 성령의 인도하심에 의한 하루 24시간, 구원받은 상태, 그리고 산제사로써 계속되어지는 것을 말한다. 더구나 일상적인 삶으로부터 분리되어져 행해지는 단속적인 예배의 거룩함을 의미하지 않는다… 참된 그리스도인에게는 삶의 단편이 아닌 삶 전체가 신실하게 행해지는 행동과 행동의 연속이다.[8]

예배는 신앙과 삶이 하나의 완전한 결합을 이룬 총체적인 표현으로써 끊임없이 하나님을 닮아 가는 과정(becoming)인 것이다.[9] 이미 성 어거스틴(St. Augustine)은 "일은 기도이고 기도는 일하는 것이다(*Laborare est orare, orare est laborare*.)"[10]라는 비유로 예배와 삶은 연합된 것임을 강조하였다.

예배는 결코 의식으로 끝나 버리는 예전만으로 설명될 수 없다. 인간의 실존적인 삶과 변함없이 연결되어서 역동적으로 표출되어져 나와야 하기 때문이다. 그래서 예배는 모이는 예배와 흩어지는 예배의 두 가지가 합쳐진 통전적 개념으로 모두 포함한다.

이러한 인식의 토대는 교회와 세상이라는 성(sacred)과 속(secular)의 이분법(dichotomy)적 사고에서 벗어나게 한다.[11] 그로 인해 참된 예배의 여부는 예배자인 자신의 삶 전체를 통하여 하나님께 응답하고 있는가에 달려 있다. 곧 예배가 하나님을 향한 믿음과 순종을 증거하는 응답이기에 그러하다.

하나님은 '예배'를 찾으시는 것이 아니라 '예배자'를 찾으신다고 했다(요 4:23). 정작 하나님이 원하시는 것은 참된 예배의 삶을 사는 참된 예배자이다. 예배가 우리의 삶을 바꾸게 하지만 우리의 삶도 예배를 바꾸어야 한다. 이는 "영적 예배"(롬 12:1)가 요구하는 것처럼 '동행하는 예배(worship-as-walk)'[12]의 원리로써 우리 몸을 살아있는 '산제사'로 드려야 하는 것을 강조함이다.

존 로빈슨(John A. T. Robinson)은 자신의 저서인 *삶과 가까워지는 예배*(*The Liturgy Coming to Life*)에서 예수 그리스도가 최후의 만찬 시에 보여주신 3가지 행위, 즉 '취하시고,' '축사하시고,' '떼어 주셨다'는 예배와 삶의 완전한 결합을 확증한 것이라고 하였다.[13] 이는 주님의 만찬이란 의식으로만 끝날 것이 아니라 십자가상의 죽으심이란 대속과 영원한 소망을 위한 부활로 이루시겠다는 약속까지 포함한 것이었음을 주목하게 한다.

예배는 예배당 안에서 머물지 않고 밖에서도 계속해서 이뤄지고 확인되어져야 할 하나님과의 대화이다. 그래함 캔드릭(Graham Kendrick)의 "우리가 예배를 어떤 모임이나 주일 예배로 격하시킨다면, 우리 생활의 더 많은 부분이 주님께 드려지지 못하게 눈과 입과 귀를 막고 있듯이 영적 치매와 같은 위험한 삶을 살 수 있다. 주님은 우리의 모든 생활에 충만하시기 때문이다"[14]란 말처럼 예배는 삶에서 더 깊고 실제적인 대화로 이어가야 한다. 이는 삶의 영역이 예배에서 구체화되는 것임을 반증한다.

이러한 예가 초대교회 예배에서 잘 나타난다. 특히 성만찬을 위한 떡과 포도주의 준비과정을 인하여 예배가 삶의 연장인 것임을 실질적으로 보여준다. 중세 중기엔 거룩한 것을 속세에서 만들 수 없다고 하여 수도원에서의 대량 생산으로 바뀌었던 것에 반해 초대교회 시대엔 예배자들 스스로가 직접 떡을 만들고 포도주를 빚어 준비함으로써 예배가 삶의 연속임을 밝혀주었다. 예배자들은 땀 흘려 노력하여 생산한 산물을 가공해 하나님께 바침과 동시에 자신들의 정성어린 결실이 예배의 중요한 재료로 쓰였다는 사실

로 말미암아 삶을 통한 예배를 체험하였던 것이다.15)

성만찬의 준비만이 아니라 이를 예배에서 실행함이 삶과 직결된 예배의 연속임을 알게 하는 역사적인 실례가 있었다. 이는 종교개혁 이후 칼빈이 제네바에 있을 때에 실시했던 배찬금지(excommunication: 성찬참가 정지)였다. 물론 초대교회에서부터 성경적인 규례로 이것이 지켜졌지만 중세로부터는 점차 왜곡된 성찬신학으로 인하여 배찬금지라는 조항과 같은 전통이 없었기에 매우 강한 이슈로 떠오르게 되었던 문제였다.

이것은 예배와 삶을 철저히 연계시키기 위해 성찬식 전에 회중 모두 다 공개적으로 죄를 고백하는 시간을 갖게 하여 죄로 인해 거리낌이 있다면 스스로 성만찬에 참여하지 않게 하는 내용이었다. 이것을 강조한 칼빈은 당시 제네바 시의회 의원들과 깊은 갈등마저 겪게 되었다. 시의원들에겐 이 규례가 매 주마다 공적인 예배에서 실시된다는 것이 부담스럽게 작용되었던 것으로 추측된다. 그로 인하여 결국에 가선 칼빈의 주장대로 매주 성만찬 시행이 관철되지는 못하고 대신 1년 중 4회로 그치게 되는 전통까지 남게 되었다.16)

이러한 역사적 사실들의 배경은 생활과 예배가 분리될 수 없는 것임을 역설해 준다. 진정한 예배자는 삶의 현장 속에서 예배의 경험을 구체화하여 상호 연속적인 관계를 지켜가야 하는 자이다. 예배는 삶의 모든 영역과 구별되어질 수 없는 것이기 때문이다. "경건치 않은 것과 이 세상 정욕을 다 버리고 근신함과 의로움과 경건함으로 이 세상에 살고"(딛 2:12)에서 '경건함(eusebos)'이란 말은 유(eu: well)와 세보(sebo: to worship)의 결합형으로 '예배를 잘 행하다'이다. 다시 말해 '경건'은 삶 속에서 드려지는 실천적 예배를 가리킨다.

이와 같이 생활 안에 예배가 있고 예배 안에 생활이 있어야 한다. 거룩한 하나님을 향해 예배의식을 행하는 시간인 정규적인 주일 예배만이 아니라 그리스도인으로서의 삶을 영위하는 것 자체 역시 예배이다. 그래서 마바 도온(Marva J. Dawn)이 "온전한 예배는 우리 삶의 모든 면을 포함 한다"[17]고 했다. 어떤 의미에선 생활의 모든 영역이 하나님 나라, 그분의 주권에 속한 것이기에 그 안에서 일어나는 모든 경험이 하나님의 임재를 실현하는 것으로도 이해될 수 있는 것이다.[18]

그러므로 하나님 임재를 의식하면서 살아가는 것은 그분과의 끊임없는 대화에 달려 있다. 예배에서 행해지는 하나님과의 대화가 풍성하면 풍성할수록 삶 속에서의 대화도 풍성할 수밖에 없다. 그와 마찬가지로 삶의 현장 곳곳에서 하나님과의 대화가 깊고 온전하면 온전할수록 예배에서의 대화도 그만큼 깊고 온전할 수 있는 것이다. 대화체 예배는 이러한 점에서 예배가 삶의 총체적인 표현으로 이뤄갈 수 있는 에너지이자 동기이며 기초이다.

# Chapter 8  예배의 각 순서에 따른 개념과 구체적인 내용들

## 1. 전 주 Prelude

예배의 시작을 알리는 시간까지 정해진 시간동안 음악연주로 행하는 것을 전주라 한다. 대부분 오르가니스트나 피아니스트에 의해 이뤄지지만 회중찬송, 독창 혹은 그 외의 악기에 의한 독주나 협주로도 이뤄진다.

종종 전주가 소위 예배개회 전의 배경음악이나 일종의 시간 채우기처럼 끼워 넣는 것으로 오해를 갖는다. 예를 들면, 그 주된 역할을 예배의 한 예비부분(a preliminary section)으로 생각하는 것과 같이 정서적인 워밍업(emotional warming up)의 효과를 위해 사용된다는 통념마저 들 수 있다.[2]

그러나 전주로 인한 이 시간은 예배 시작 전의 정서적인 준비에서 머무는 것만이 아니라 실제 '예배로 들어감'을 의미하고 상징한다. 그 본래의 목적은 예배를 시작함과 동시에 예배 공동체 형성을 돕는 데에 있다. 이러한 전주가 울려 퍼지는 동안 회중은 이미 하나님 앞에서 겸손히 자신을 열고 그분의 임재 안으로 들어가 깊은 영적 교통을 이뤄가고 있는 것이다.[3]

로버트 미첼(Robert H. Mitchell)은 이와 관련하여 전주에 대한 4가지 기

능을 다음과 같이 설명한다.[4]

① 신호로서의 전주(As A Signal)
② 분위기 조성으로서의 전주(As A Mood Inducer)
③ 아이디어를 통한 예배로서의 전주(As Worship Through Ideas)
④ 음악을 통한 예배로서의 전주(As Worship Through Music)

### 1) 신호로서의 전주 As A Signal

전주는 예배의 시작을 알리는 신호(signal)이다. 이 경우 전주음악에 주의를 집중하게끔 하는 반응을 요구하는 것이라기보다 예배를 위한 신호로서의 기능을 지닌다. 이 때문에 그 음악은 다소 심미적인 예술성을 나타내는 것을 지양하고 회중으로 하여금 예배로 향하게 하는 묵상에 도울 수 있을만한 적절한 내용이면 좋을 듯하다. 로버트 레이번(Robert G. Rayburn)은 이에 대한 견해를 다음과 같이 전한다.

> 능숙한 음악가가 자기의 재능을 주님께 바친다면 하나님께 예배하는 회중에게 많은 공헌을 하게 될 것이다. 그러나 자기 자신의 기술적인 기교를 나타내려고 생각하는 사람은 예배에 방해가 되는 음악을 공급할 것이다. 나는 여러 오르가니스트들이 전주곡을 연주하고 있을 동안에 어떤 분별력이 있는 사람이 들을 때 어려운 작품의 기술적 연주 밖에는 다른 아무것도 알 수 없는 것을 들은 일이 있다.[5]

그러므로 연주자는 전주가 음악연주 성격이 아니라 예배행위라는 측면에서 이행되어져야 하는 것임을 인식해야 한다. 전주는 곧 무엇보다 예배 신호로서의 가치를 가짐으로써 그 안에 있는 회중으로 하여금 하나님과 만남의 현장 속에 있다는 사실을 직시하게 하여 하나님 임재 앞에 나아가려는 갈망을 고무한다.

### 2) 분위기 조성으로서의 전주 As A Mood Inducer

정서의 언어라는 음악의 특성상 음향에 의해 반응할 수 있는 부분이 바로 분위기(mood)이다. 악기의 음색, 소리의 강약, 빠르기의 정도, 리듬의 유형, 화음의 색채 속에서 연주되는 선율에 따라 경험할 수 있는 느낌은 그만큼 강하게 다가온다. 그 때문에 전주곡에선 예배와 직결된 분위기 창출이 매우 중요하므로 연주자는 그에 적절함을 갖추도록 하는 음악을 만들어야 할 책임이 있다.

예를 들어 교회력에 따른 절기들인 대강절, 현현절, 성탄절, 사순절, 부활절, 성령강림절 등과 같은 때라면 여기에 적합한 음악으로 정서적인 특성을 잘 표출해야 한다. 물론 이것은 이로 인해 발생된 정적인 엄숙함이나 동적인 기쁨과 축제 등의 감정을 유발하는 소리 자체의 분위기를 목적하는 것만은 아니다. 오히려 그 음악으로 회중이 하나님과의 만남에 원활함을 갖는 데에 진정한 의미가 있다.

### 3) 아이디어로서의 전주 As Worship Through Ideas

여기에서의 음악은 예배의 흐름을 하나로 묶어주는 아이디어(idea)의 역할이 그 주된 임무이다. 그 날의 예배가 어떠한 주제를 갖고 있는 지에 대한 생각을 미리 회중에게 전해 주어 예배 시작부터 끝까지 일관성이 있는 흐름에 일조하는 것이다. 이를 위해 주로 가사 있는 음악을 연주하여 예배가 무슨 주제를 다룰지 미리 예시해 줄 뿐만이 아니라 회중으로 하여금 그것을 생각하고 묵상하도록 하게 한다.

### 4) 예배로서의 전주 As Worship Through Music

웨스트민스터 예배모범은 다음과 같은 기록을 남겨 주고 있다. "공중 예배를 드리기 위해 회중이 모이면 사람들은 모두 마음의 준비를 하고 예배 장소에 미리 참석한다. 태만이나 사적인 모임으로 인해 공중의식에 빠지지 않도록 한다. 회중은 공손하고 엄숙하고 정숙한 태도로 예배당에 들어가 특정 장소를 향해 절하거나 또는 서로 인사하지 않고 자리에 앉는다."[6)]

회중이 이와 같은 권면을 받는 이유는 예배 전의 시간 자체가 이미 예배의 한 부분임을 인식하지 못하는 데에 기인하기 때문이다. 그러다보면 그때에 연주되는 음악도 그 의도와 관련 없이 회중의 산만함마저 돌출되기까지 한다. 전주곡을 연주하는 자나 회중 모두 다 예배관점에서 프렐류드(prelude)를 이해하지 못한다면 이것은 결국 예술성을 띤 단순한 종교음악 감상 배경음악으로 끝내버릴 수 있게 된다.

그렇기에 전주가 예배로 향하는 시작 전 일종의 예비라는 편견에서부터 떠나 이미 예배로 들어간 것임을 의식해야 한다. 실제적으로 이것은 헤럴드 베스트(Harold M. Best)의 말처럼 "음악은 예배의 보조나 혹은 예배를 낳게 하는 도구도 아니다. 목적과 수단이 되시는 하나님께 바쳐질 하나의 봉헌(offering)일 뿐이다"[7)]란 요지에 적절하다. 결코 예배준비로서의 기능만을 띤 것이 아니라 전주곡 음악 그 자체가 봉헌이자 예배행위이다.

전주의 이러한 여러 가지의 기능 속에서 회중은 예배 시작까지 대부분 침묵으로 시간을 갖는다. 침묵은 단순히 말없는 상황을 말하지 않는다. 전주를 통하여 하나님을 경험한 삶의 '기억'과 함께 그분의 임재 앞에서의 잠잠함(합 2:20; 사 41:1; 애 3:26) 중에 하나님을 사모하고 기다리며 하나님과의 깊은 영적교통을 위한 내적 노력이다.

## 2. 예배로의 부름 Call to Worship

이 순서는 예배가 인간 스스로 예배하기 위해 모인 것이 아니라 하나님의 부르심에 의해 예배가 시작되고 행해지는 것임을 알리는 중요한 상징적 선포이다. 그래서 예배로의 부름은 예배의 주도권이 인간에게 있지 않고 오직 하나님께 속한 주권적 역사로 하나님의 일임을 나타낸다. 곧 하나님의 계시적 선언으로써 예배자에게 예배하라는 하나님의 부르심이다.

칼빈은 중세로부터 온 전통을 따라 "성부와 성자와 성령의 이름으로 아멘," 혹은 "우리의 도움은 천지를 지으신 여호와의 이름에 있도다"(시 124:8)란 말씀으로 예배로의 부름을 말하였다고 한다.8) 이는 지금도 유럽의 개혁파 교회에서 계속되는 전통이기도 하다. 이 외에도 대부분 시편이나 선지서의 말씀 중에서 아니면 예배를 행하도록 하게 할 내용을 인도자가 봉독하는 것으로 행한다. 아래의 말씀은 이에 적절한 성경구절들이다.

> 온 땅이여 여호와께 즐거이 부를찌어다 기쁨으로 여호와를 섬기며 노래하면서 그 앞에 나아갈찌어다 감사함으로 그 문에 들어가며 찬송함으로 그 궁정에 들어가서 그에게 감사하며 그 이름을 송축할찌어다 대저 여호와는 선하시니 그 인자하심이 영원하고 그 성실하심이 대대에 미치리로다(시 100:1-2, 4-5)

> 할렐루야 여호와의 종들아 찬양하라 여호와의 이름을 찬양하라 이제부터 영원까지 여호와의 이름을 찬송할찌로다(시 113:1-2)

> 여호와를 찬송할 것은 극히 아름다운 일을 하셨음이니 온 세계에 알게 할지어다 시온의 거민아 소리를 높여 부르라 이스라엘의 거룩하신 자가 너희 중에서 크심이니라 할 것이니라(사 12:5-6)

> 아버지께 참으로 예배하는 자들은 신령과 진정으로 예배할 때가 오나니 곧 이때라 아버지께서는 이렇게 자기에게 예배하는 자를 찾으시느니라(요 4:23)
>
> 하나님은 영이시니 예배하는 자가 신령과 진정으로 예배할지니라(요 4:24)

예배로의 부름은 찬양대에 의해서 시작될 수도 있다. 이는 위에 언급된 내용의 말씀을 담은 가사를 가지고 노래한다. 그렇지 않고 인도자에 의해 행해진다면 이에 대한 화답으로 찬양대가 송영(Doxology)을 부르기도 한다. 송영은 영이신 하나님을 칭송하는 의미로써 예배로의 부름에 화답하는 형식으로 행하는 짧은 송축의 노래이다.

### 3. 기 원 Invocation

기원은 성경 말씀의 봉독이나 회중을 위해 아뢰는 보편적인 간구, 혹은 죄 등을 참회하는 기도가 아니다. 더욱이 하나님의 임재를 구함도 아니다. 개혁교회에선 하나님의 임재를 바라는 것으로 이해하여 대체로 생략한다. 하나님이 선포하신 예배로의 부르심에 따라 소집된 예배 모임에 또 다시 임재를 구하는 기도는 적절하지 않다고 생각하기 때문이다.[9]

그래서 기원의 진정한 의미는 예배 속에 성령으로 오신 하나님의 영광과 현존하심을 온 회중이 깨닫도록 해달라는 성격의 짧은 기도이다.[10] 다시 말해 기원은 온 회중을 감동하여 예배다운 예배로 이끌어 가시는 분이 성령뿐이라는 것을 고백하며 하나님의 주권적 역사하심을 의지하고 하나님의 영광 안으로 들어가기를 갈망하는 기도이다.

## 4. 찬양과 경배의 찬송 Adoration in Hymn

예배로 부르심을 받은 예배자는 마치 하늘 보좌의 거룩하심 앞에 서서 경이감 속에 찬양하는 스랍들과 같이 경배한다(사 6:3). 이때의 경배는 지극히 거룩하시고 영화로우신 창조주 하나님 앞에 놀람과 탄복 혹은 경외감을 통한 응답이다. 물론 이것은 단지 외형적으로 높여드림을 상징하는 의미에 머물지 않고 절대자 앞에 피조물로서 철저한 '굴복과 엎드림'의 내면적 상황을 그려준다. 그렇기에 음악의 장중함과 화려함으로만 설명되지 않고 오히려 영적 헌신의 섬김이란 성격이 더 강하다. 주로 찬양가사는 객관적인 내용으로 하나님의 속성을 드러내며 선포하는 유형을 띤다.

## 5. 성시교독 Responsive Reading

회당예배로부터 물려받은 전통(눅 4:16)과 그 맥락을 같이 하는 것으로 볼 수 있는 이 성시교독은 구약에서부터 신약시대와 사도시대에 이르기까지 예배 가운데 찬양의 한 부분으로 지켜온 순서이다. 원래는 시편교독이라고 알려져 있는데 오늘날의 찬송과 같은 의미와 기능으로 이해된다.

칼빈에 의하여 사용되었던 시편찬송가(Psalmody)는 아이작 왓츠(Isaac Watts), 찰스 웨슬리(Charles Wesley), 생키(Ira D. Sankey) 등의 찬송가들로 인해 점차 사라질 위기에서나마 시편교독으로 바뀌어 찬송가집 뒤에 위치하였다. 현재는 '시편교독'에서 '성시교독'으로 불리게 되었고 이후엔 '교독문'으로 바뀌어 그 본래적인 고유한 뜻을 상실해 버렸던 것이다. 이러한 성시교독은 찬양시 성격보다 절기에 따라 사용되는 단순한 성구의 교독으로 의미가 축소되는 경향을 보여준다.[11] 그래서 '성시교독'이란 말보다 '말

씀교독 혹은 낭독'으로 불려야 한다는 의견도 있다.12)

성시교독과 관련하여 중요한 점은 예배 흐름의 내용과 상관없이 찬송가에 첨부된 교독문을 단순히 순서대로 사용하는 것은 지양되어야 한다는 것이다. 오히려 그 날의 예배 주제나 설교의 내용 혹은 전체적인 흐름에 적합한 것으로 확인 선별하여 선택함이 바람직하다.

### 6. 참회의 기도 Confession

스트라스부르크(Strasbourg)에서 발간된 칼빈의 예배의식(1537) 순서가 죄의 고백으로부터 시작된다.13) 이 후 대다수 개혁교회 예배의 한 모델이 된 칼빈의 *초대 교회의 예전 내용을 연구한 예식서(1542)*에 나타난 예배형태인 *제네바 예배의식서(Genevan Service Book)*에서도 참회의 기도가 포함되어 있다.14) 칼빈은 특히 이 순서에서 죄의 고백 후 십계명을 노래하는 순서를 가졌는데, 이는 죄책감을 야기하거나 책망의 의도가 아니라 참회자에게 하나님의 뜻을 가르치고 그 말씀에 순종을 권면함으로써 참된 경건에 이르도록 하기 위한 목적이었다.15)

하지만 역사적으로 영국 청교도를 비롯한 회중교회 등이 예식서에 나오는 문서화된 기도문에 대한 거부감으로 인하여 참회의 기도가 개신교 예배에서 사라진 주요 원인이 되었다. 그럼에도 불구하고 19세기의 예배복고 운동이 시작되면서부터 이에 대한 가치인정과 재평가가 이루어져 다시금 개신교 예배 속에 나타나고 있다.16)

예배에서 예배자가 필히 경험하게 되는 것은 예배의 대상이신 하나님의 거룩하심에 직면한다는 것이다. 그 때문에 참회는 불가결한 예배의 요소이다. 마치 이사야 선지자가 하나님을 뵈었을 때에 "화로다 나여 망하게 되었도다 나는 입술이 부정한 사람이요 입술이 부정한 백성 중에 거하면서 만군의 여호와이신 왕을 뵈었음이로다"(사 6:5)라고 한 고백을 주목할 수 있는 것처럼 하나님과의 영적 교통을 이뤄가야 함 속엔 반드시 참회가 전제된다.

거룩하신 하나님과 죄인 된 인간의 만남은 불가능하다. 그래서 구약시대는 희생제사로 신약이후로는 예수 그리스도를 통한 참회가 필연적으로 동반할 수밖에 없게 되었다. 세상 가운데 살아가는 그리스도인들로서는 거룩하신 하나님을 예배하기 위하여 예수님의 보혈에 의한 성결함으로 끊임없이 나아가야 한다. 이런 맥락에서 하나님의 임재의 처소로 들어가는 길을 여는 것은 예수님의 피지만 하나님이 오시는 길을 열고 하나님이 가까이 다가오시도록 하는 것은 회개이다.[17]

일반적으로 회개란 단어는 '다시 생각하다,' '한 번 더 생각하다'라는 의미를 가진다. 그러나 신약성경에 기록된 헬라어 메타노이아(*metanoia*)는 단순히 다시 생각하는 것만을 의미하지 않고 생각의 변화에 따른 결과들을 다시 생각하는 것을 뜻한다.[18] 이 말은 자기 마음이나 원칙 혹은 관습을 바꾸어 버리는 개혁을 가리킨다. 그래서 맥스 루케이도는(Max Lucado)는 "회개는 진심에서 우러난 후회다. 그 후회는 슬픔을 지녀온다. 우리로 잘못을 인정하고 더 나은 삶을 갈망케 한다. 회개는 내적 가책이 외적 행동으로 표현된 것이다… 그 깨달음이 우리에게 삶을 바꾸려는 의지를 심어준다. 그것이 회개의 본질이다"[19]라고 했다.

이러한 회개의 성격을 띤 참회가 "내 마음에 죄악을 품으면 주께서 듣지 아니하시리라"(시 66:18)라는 말씀 안에서 하나님과의 영적 만남과 대화의 끈이 끊어지지 않도록 매우 심각하고 거짓 없이 행해져야 한다. 주님 앞에 죄를 진심으로 고백하기 전까지는 결코 예배를 성령 안에서 행할 수 없고 예배가 하나님께 열납될 수도 없기 때문이다.

## 7. 용서의 선언 Declaration of Pardon: Expiation

이것은 참회의 기도에 대한 하나님의 용서하심을 확언케 하는 것으로 하나님 말씀을 통하여 사죄의 선포에 그 의미가 있다. 이 내용은 목회자로부터 행해지는 면죄의 선언이 아니다. 사람의 죄가 용서되었다고 선언하는 것이 어떤 사람의 특권이 아니라 오직 하나님께 속한 자비와 긍휼의 용서하심을 가리킨다. 그에 따라 회중이 그리스도 안에서의 구속과 하나님 말씀의 약속에 의해 확인된 하나님의 용서와 은혜의 보증을 받는 것으로 이해되는 시간이다.[20]

용서의 선언을 위한 말씀들은 다음과 같은 예에서 찾을 수 있다.

"내가 이르기를 내 허물을 여호와께 자복하리라 하고 주께 내 죄를 아뢰고 내 죄악을 숨기지 아니하였더니 곧 주께서 내 죄의 악을 사하셨나이다"(시 32:5)

"여호와는 자비로우시며 은혜로우시며 노하기를 더디 하시며 인자하심이 풍부하시도다 항상 경책지 아니하시며 노를 영원히 품지 아니하시리로다 우리의 죄를 따라 처치하지 아니하시며 우리의 죄악을 따라 갚지 아니하셨으니 이는 하늘이 땅에서 높음같이 그를 경외하는 자에게 그 인자하심이 크심이로다"(시 103:8-11)

"여호와께서 말씀하시되 오라 우리가 서로 변론하자 너희 죄가 주홍 같을지라도 눈과 같이 희어질 것이요 진홍같이 붉을지라도 양털같이 되리라"(사 1:18)

"악인은 그 길을, 불의한 자는 그 생각을 버리고 여호와께로 돌아오라 그리하면 그가 긍휼히 여기시리라 우리 하나님께로 나아오라 그가 널리 용서하시리라"(사 55:7)

"그러므로 이제 그리스도 예수 안에 있는 자에게는 결코 정죄함이 없나니

이는 그리스도 예수 안에 있는 생명의 성령의 법이 죄와 사망의 법에서 너를 해방하였음이라"(롬 8:1-2)

"만일 우리가 우리 죄를 자백하면 저는 미쁘시고 의로우사 우리 죄를 사하시며 모든 불의에서 우리를 깨끗케 하실 것이요"(요일 1:9)

## 8. 영광송 Gloria Patri

용서의 선언이 있은 후에 인간의 응답으로써 나타나는 것은 성부, 성자, 성령 되신 하나님께 용서받은 기쁨 속에서의 찬양이다. 이는 초대 교회뿐만 아니라 마틴 부처(Martin Bucer, 1491-1551)와 같은 개혁가에 의해서도 영광송이라는 이름으로 행해져왔다.[21]

영광송은 지극히 높으신 영광의 성삼위 하나님께 올리는 장엄한 시간이기에 회중 모두가 일어선 상태에서 행해짐이 마땅하다. 이를 적절히 진행될 수 있도록 하기 위해선 용서의 선언인 말씀선포가 끝나는 즉시 반주를 맡은 그룹이나 개인이 영광송의 전주를 시작하는 때에 맞춰 회중은 일어서고, 이후 반주와 함께 회중이 노래할 시 찬양대가 데스칸트(descant)를 가지고 부른다면 그 감격의 표현은 더 풍성하게 이뤄질 수 있을 것이다.

## 9. 기 도 Prayer

이 기도 순서는 칼빈을 비롯한 많은 개혁자들에 의해 계속되어 왔던 중요한 예전으로써 예배 인도자가 하나님 앞에 모여 예배하는 무리를 위해 행하는 사제적 기능의 기도이다.[22]

외국에선 현재 이것을 목회기도(pastoral prayer)라 하여 보통 목회자가

기도를 한다. 그러나 한국에선 장로 혹은 교회의 상황과 여건에 따라 집사에 의해 행해진다. 이를 맡은 기도자는 하나님 백성들을 위탁받아 섬기고 살피는 책임을 가진 목회자적인 위치에서 교회의 공적인 기도뿐만이 아니라 그들이 살고 있는 정치, 경제, 문화적 상황 중에 발생된 죄를 고하고 용서를 구하며 가난과 질병, 전쟁 등과 같은 억눌림의 세계로부터의 해방 등의 내용을 담은 포괄적인 간구로 기도를 올린다.[23]

이 기도의 전체적인 구성을 ACTS라고 부르는데 다음과 같은 4가지 순서와 내용에 따라 행해진다. 첫째는 경배(adoration), 둘째가 고백(confession)으로써 신앙고백이자 죄의 고백이며, 셋째는 감사(thanksgiving), 그리고 넷째가 기원(supplication)으로써 삶을 영위하기 위한 물질적인 필요만이 아니라 영적 승리의 생활을 간구함 속에 이뤄진 탄원이다.[24]

### 10. 말씀 봉독 Scripture Reading

말씀봉독은 교육이나 설교와 같은 성격이 아니다. 다만 그 본래의 목적은 하나님이 회중에게 직접 말씀을 전하시는 것이란 의도에 있다. 이것은 이후 강해나 설교를 통해 회중의 응답이 뒤따를 수도 있다.[25]

말씀봉독은 구약과 신약시대 예배에서부터 전해 내려오는 것이었다. 2세기 중반 순교자 저스틴(Justin Martyr)의 제 1 변증서(the First Apology, ca. 140년)에 따르면 말씀의 예전(The Liturgy of the Word)에서 사도들의 복음서와 선지자들의 글을 봉독하는 시간이 설교 전에 행해졌다. 3세기 때에도 여전히 그 전통은 이어져 율법서, 선지서, 서신서, 사도행전, 복음서, 혹은 감독들의 서신을 읽었다.

근대 개신교의 장로교회는 이러한 말씀 봉독을 더욱 강조하였지만 그것이 벙어리 낭독(dumb reading)이란 인상을 갖게 되어 주석을 단 낭독(commentary reading)으로 점차 발전시켰다.26) 이 때문에 그것은 주로 목회자나 성경 훈련을 받은 자들에 의해 행해졌다. 이 시간엔 봉독된 말씀에 대한 질의응답의 시간이 있었으며 곧 바로 설교가 이어졌다.

장로교 예식서의 뿌리가 된 웨스트민스터 예배모범(Westminster Directory, 1644)에서도 이미 구약과 신약을 각 한 장씩 읽는 순서가 있었다. 봉독되는 말씀 부분에 상세한 설명이 필요하다고 판단될 때엔 강해가 뒤 따랐다. 이는 설교나 다른 순서에 지장을 받지 않는 상황 속에서 주의 깊게 이행되었다. 종종 봉독되는 말씀의 장이 짧고 내용 연결이 불가피할 경우엔 더 읽었으며 반드시 순서대로 행하였다.27)

그러나 종교개혁 이후 자국어 성경 보급과 인쇄술의 발전으로 회중 모두가 성경을 지니고 자유롭게 읽을 수 있게 되어 말씀봉독의 중요성은 점차 약화되었다. 성공회와 루터교를 제외한 다른 개신교 교회에선 이 순서의 필요성을 느끼지 못하여 설교의 본문만을 읽는 단계로 변하였다. 그럼에도 불구하고 현재까지 교단에 따라서 말씀봉독의 순서가 지속되고 있으며 대체로 구약과 신약 각각 1장 전체가 아닌 발췌된 부분만 읽는다.

## 11. 찬양대의 찬양 Anthem

찬양대의 노래는 시대가 변해도 꾸준히 실천되어 왔던 중요한 예배내용이 되어왔다. 구약시대 예배의 희생제사는 "…오직 그리스도는 죄를 위하여 한 영원한 제사를 드리시고… 죄를 사하셨은즉 다시 죄를 위하여 제사드릴 것이 없느니라"(히 10:12, 18)처럼 이제 더 이상 존재하지 않는다. 하지만 이를 대신하여 초대교회 이후 다시금 부활된 찬양대가 "찬미의 제사"(히

13:15)로 그 희생 제사를 담당하게 되었다.

찬양대의 음악은 보편적으로 설교 시작 직전에 위치하여 행해진다. 그러나 한편으론 찬양대의 순서가 성경봉독과 설교 사이에 위치하는 것보다는 설교 뒤에 오는 것이 바람직하다는 견해도 있다. 그 이유로써 첫째가 성경봉독과 설교는 성격상 하나의 연결된 사건이란 사실이고, 둘째로는 '주신 말씀'에 대한 회중의 응답인 '감사'의 의미를 담고 있다는 차원에서이다.[28]

예배 중 찬양대의 찬양은 양방향을 띤다. 우선순위에 있어서 먼저 하나님을 향해 올리는 수직적인 섬김인 찬미의 제사이며, 또 하나는 회중을 향한 수평적인 섬김이다. 예를 들면, '감사'란 주제의 가사 내용일 때 하나님께 직접적인 고백이 되면서도 회중을 향하여 '감사하라'라는 선포의 노래가 된다.

찬양대 찬양의 그 우선된 목적과 기능이 회중의 즐거움이나 감동을 위해 음악적인 아름다움과 기술로 인상을 주려는 것이 아님은 아무리 강조해도 지나침이 없다. 회중 각자는 찬양대가 하나님께 드리는 찬양에 내면적으로 동일한 헌신 속에 동참하는 것이 예배자로서의 의무이자 특권이라는 사실을 깊이 인식해야 한다.[29]

## 12. 설교 전 기도 Prayer before Sermon

부처(Martin Bucer)나 칼빈 개혁자들의 예배 순서엔 말씀 봉독 전에 기도가 있었다. 이 기도는 설교자가 기도서에 모아진 기도문(collect)들을 읽는 것으로 바뀌었고, 최근에 이 기도의 활용이 없어진 대신 설교자의 짤막한 기도로 대치되었다.[30] 미국의 연합 장로교, 남 장로교, 커브랜드 장로교 공동으로 편찬된 예배서(The Worship Book, 1972)에서 제시한 예배 순서는 이것을 필수적인 요소로 명시하였는데 그 기도의 내용은 말씀 선포 전에 성령님의 임재와 회중의 마음을 열어 귀 기울이고 순종할 수 있게 해 달라는 간구이다.31)

설교는 인간 활동이 나타나는 곳이 아니라 성령님의 역사가 주관하는 거룩한 현장이다. 그래서 칼빈은 설교를 성령의 인도하심 속에 맡겨야 한다는 믿음을 가졌기 때문에 이것의 비중을 무겁게 생각하여 말씀의 예전(the liturgy of the Word) 가운데서 말씀의 시작과 끝에 갖는 기도를 소중히 하였다.32)

### 13. 설 교 Sermon

설교는 설교자가 성경으로부터 하나님을 대신하여 교회의 권위로 회중에게 전하는 것이다.33) 칼빈은 [교회론]을 통해 하나님의 말씀이 먼저 있고 말씀에 대한 예배자의 응답이 있는 것이라 하여 설교는 매우 중요한 예배의 핵심이자 정점이 되는 것이라 했다.34)

이러한 설교는 하나님 말씀을 회중에게 그들의 언어로 해석해 주고 생활 속에 구체화 시킬 수 있도록 하는 데에 의의가 있다. 교육적인 예배(pedagogical worship)를 지향하였던 근대 개신교 예배는 말씀에 대한 이해를 강조하여 설교를 보다 더 심도 있게 다루었다.

설교는 크게 세 부분의 구조적 특징을 갖는다. 첫째가 설교 본문에서 나온 교리적 내용(the doctrinal content), 둘째는 교리에 대한 이유(reasons for the doctrine), 마지막은 그에 대한 적용(application)으로써 이것은 교리가 본문에 나타나는 이유와 그 교리를 입증해 주는 논거를 담은 부분이다.

칼빈은 예배에서 말씀을 전하는 설교를 강조하는 중에 그에 관한 특징으로 다음과 같이 6가지로 설명한다.

1) 하나님과의 만남을 이루게 함
2) 하나님의 구속사건 속에 회중의 신앙의 초점이 모아지도록 함
3) 예배의 내용과 설교의 내용은 일치되어야 함
4) 은혜의 도구가 되어야 함
5) 설교는 예배의 한 부분임을 알고 정한 시간을 준수해야 함
6) 설교자는 메신저 역할에 불과하여 성령의 열매를 거둘 수 있도록 기도해야 함35)

20세기 복음주의 신학자 중 마틴 로이드 존스(Martyn Lloyd-Jones)는 설교에 2가지 핵심적 요소를 케리그마(kerygma: proclamation)와 디다케(didache: education)로 설명하였다. 곧 선포(keryama)는 하나님이 누구시며, 무엇을 행하셨고, 무슨 말씀을 하셨는지에 대한 것이며, 교육(didache)은 이 모든 내용에 담겨진 하나님의 교훈으로 이끄는 생명의 시간이다. 그렇기에 설교가 하나님 말씀보다는 각종 예화의 진열이라든지 설교자의 경험과 판단 등으로 하나님 말씀 선포를 대신한다면 이미 그것은 설교의 본질을 벗어난 것이다.36)

개신교 예배에서의 설교는 하나님과의 대화란 차원에서 매우 핵심적으로 강조된다. 그러나 주목할 사실은 예배의 근본적인 구조가 설교에 초점을 두어 다른 모든 순서의 내용들이 설교에 종속된다든지 혹은 예배와 설교를 동일한 것으로 간주하는 경향은 왜곡된 예배 모습을 낳게 할 수 있다는 것이다.37) "설교는 예배의 중심이지만 예배의 목표는 아니다… 설교는 예배의 흐름에 있어서 한 부분이다"38)라는 인식이 없다면 결국 설교 이전의 모든 예배 행위들은 단순한 예비과정(preliminary process)이 되어 버릴 뿐이다.

로버트 웨버(Robert E. Webber)는 이러한 것이 기존의 신학 교육과정으로 말미암는 문제점임을 다음과 같이 지적하였다.

> 신학 교육과정에서는 목사가 예배를 이끌어 갈 수 있도록 양육하지는 않는다. 신학 과정에서 예배 강좌나 훈련이 필수적으로 요구되는 것도 아니다. 목사가 받을 수 있는 훈련은 설교 기술이다… 불행하게도, 이런 설교 훈련 및 자신들의 은사 때문에 대부분의 목사는 설교가 예배의 필수라고 생각한다. 소수의 탁월하고 은사가 있는 설교자만이 설교로 교회를 세워 나가므로 꽤 성공적이라고 느껴질 수도 있으나 결국, 이것은 성서적인 것도 아니며, 좋은 예배를 위한 수단도 아니다.[39]

물론 이것은 과거의 미국 신학교 교과과정 현실을 그려주고 있는 내용이지만 여전히 국내외를 불문하고 대부분의 교회들이 예배를 설교란 틀에서 보려고 하려는 잠재의식이 지속되는 실정은 부인 못할 현실이다.

예배는 하나님과의 대화를 갖는 영적교제이다. 여기의 모든 내용들은 그 어느 하나에만 집중되어질 수 없는 영적 가치와 목적이 있다. 그렇기에 설교 전의 순서들 모두가 다 하나님과의 인격적이며 영적인 대화와 교제 과정임을 분명히 인식해야만 한다. 그래야 하나님의 계시인 설교에 대해서도 예배자의 깊고 헌신적인 응답을 기대할 수 있다.

### 14. 신앙고백으로서의 사도신경 Apostle's Creed

설교 후엔 보편적으로 신앙고백 대신 설교자의 기도가 행해지는데 이는 설교 결론의 되풀이가 아니라 순종과 헌신의 약속으로 향하게 하는 간단명료한 기도 특징을 이룬다. 설교 후의 기도는 원래 초대교회 때에 있었고 종교개혁 전통에서 부활된 것이기는 하나 대부분의 경우 성구를 하나 읽는 것으로 대신하기도 했다. 한편으론 설교 후의 기도보다는 그 말씀을 '묵상'하도록 유도하는 것이 보편화되고 있는 추세이다.[40]

그러나 이에 반해 말씀을 듣고 응답적인 순서로써 사도신경에 의한 신앙고백을 시행하기도 한다. 이와 관련해 제임스 화이트(James F. White)는 "교회를 하나 되게 만드는 신앙을 함께 고백할 기회를 주고, 특히 교리적인 설교를 한 후 말씀에 대한 적당한 응답으로써 중요한 역할을 할 수 있다"[41]고 했다. 그의 말처럼 본래의 의도가 그리스도의 지체로서 신앙 공동체임을 확인하는 것이다. 하나님, 예수님, 성령님이신 성 삼위일체 하나님을 향한 개인적 고백 신앙인 이 순서는 특별히 성만찬 순서와 연결시키는 것이 보다 적절하다.[42]

신앙고백의 내용인 사도신경(*Apostle's Creed*)의 유래는 2세기 말경 로마의 교회에서 소위 *구 로마 교회신경*(*the Old Roman Creed*)으로 거슬러 올라간다. 이는 세례(침례) 대상자들을 교육시키는데 사용한 것으로써 사도신경의 전신이라 할 만큼 매우 비슷한 내용을 담고 있다. 그 후 390년경엔 이것을 '사도신경'으로 불렀으며, 북 이탈리아 아퀼레이아 출신의 학자이자 장로인 루피누스(Rufinus of Aquileia, 345-410)에 의해 *사도신경 주석* (*Commentary on the Apostles' Creed*)이 나왔다. 하지만 오늘날 사용되고 있는 형태의 확립된 본문(established text)인 사도신경은 725년부터 시작된 것으로 전해진다.[43]

### 15. 응답 찬송 Hymn of Response

설교 후에 불리는 찬송은 선포된 말씀에 대한 회중의 응답으로써 받은 이의 감사와 순종을 나타내는 헌신의 성격을 띤다. 개혁자들은 예배에서 찬송가보다는 구제 헌금을 통해 이를 대신하였는데 19세기 이후엔 찬송의 중요성을 인식하여 설교 다음에 이어지는 응답의 과정으로 자리하게 되었다.[44]

## 16. 봉 헌 Offering

현대시대의 예배에선 헌금을 가리키지만 역사적으론 하나님 은총 앞에 성도들이 마음과 정성 속에 감사함으로 예물을 드리는 응답의 행위를 총칭하는 말이다. 무엇보다 봉헌은 공적행위에 대한 보상의 수단과 의도가 내재할 수 있는 가능성이 전혀 배제되어진 것으로써 제의적인 관점에서나 혹은 무속종교(shamanism)의 기복사상적인 목적을 지닐 수 없는 속성을 갖는다.[45] 다만 예배자의 삶 전체를 인도하시고 복 주심에 대한 감사로 응답하는 차원에서의 드림이다.[46]

구약 및 신약과 초대교회들은 헌물에 관한 내용을 예배 가운데 포함시키고자 하였으나 헌금은 원래 예배 순서에 속하지 않았다. 이는 사실상 4세기경부터 성찬에 사용되는 떡과 포도주 및 기타 필요한 것들을 예배 시간에 바치게 되었을 때 예전적 의미로써 헌금 또한 봉헌의 한 요소로 등장하였으나 11세기에 이르러서야 헌금만을 봉헌하는 일이 일반화되기 시작하여 지금은 완전하게 예배의 한 순서로 자리하게 된 것이다.[47]

구약에서 물질로 드리는 봉헌은 신약의 봉헌과는 현저히 달랐다. 구약시대에 성전을 찾는 이스라엘 무리들은 꼭 희생의 예물을 손에 들고 나아가는 것을 당연시 하였다. "여호와의 이름에 합당한 영광을 그에게 돌릴찌어다 예물을 가지고 그 궁정에 들어갈찌어다"(시 96:8)와 같이 말씀에 따라 예배자는 성전에서 예배를 위해 항상 물질을 드리는 전통 때문이었다. 특별히 헌물 중에서 십일조는 예배행위라기보다 생활규례로 드리는 규범이자 하나님 명령에 대한 의무이며 책임이었다.

　이에 반해 신약과 초대교회의 봉헌은 구약과 다른 완전히 새로운 개념과 의미를 갖고 있었다. 말씀과 성찬으로 되어 있는 2중 구조의 예배에서 첫 번째 순서인 말씀예전이 끝나고 난후 성만찬 예배 시작 때에 주님의 희생에 참여하기 위하여 빵과 포도주를 제단 위에 드렸던 것을 봉헌이라고 하였다.

　이러한 예전적 행위로서의 봉헌은 교회 역사적으로 동방교회에선 가져온 성물들을 성전 입구에 설치된 봉헌함에 넣어 성찬 예전이 시작되기 전 제단 앞으로 드려졌다. 서방교회에선 성례전 봉헌으로써 준비한 성물을 제단 위에 바치는 순서를 가졌는데, 이 봉헌의 근본 뜻은 희생의 예물을 대신해서 몸과 마음을 드리는 것을 상징하였다.[48] 물론 개신교 예배에서 이러한 성격의 성물 봉헌은 찾아볼 수 없다. 그것은 희생 제물 개념이 될 수 없을 뿐만 아니라 이미 예수 그리스도의 희생으로 완전히 끝났기 때문이다.

　봉헌은 현재 성물로 드리지 않고 돈으로 바치는 헌금 시간이다. 사실 헌금행위는 예배자의 "내적이고 개인적인 헌신의 외적이고 눈에 보이는 표시"[49]라고 할 수 있다. 이렇듯 물질로 드리는 봉헌인 헌금에 대해 2가지로 강조되어야 할 내용이 있다. 하나는 구약의 본질을 이어받아 예배자의 희생적 신앙위에 정성과 마음이 모아져 예물로 바치는 참된 봉헌의 정신이며, 또 하나는 하나님 나라와 의를 확장시키기 위해 선하신 뜻대로 사용하시도록 하는 목적의 드림이어야 한다는 점이다.

　봉헌하는 동안엔 찬양대나 독창자, 아니면 오르간이나 피아노, 혹은 악기들로 이뤄진 그룹이 연주할 수 있는데, 이 때 회중은 봉헌음악 속에서 설교로부터 받은 말씀묵상이나 혹은 헌신의 삶을 다짐하는 시간으로 들어갈 수 있다. 그래서 봉헌 중에 불릴 노래의 가사는 교회력을 제외한 예배일 경우 하나님 말씀에 대한 순종과 헌신 및 감사 등의 내용을 담고 있어야 함이 바람직하다. 악기만을 가지고 행할 때엔 그러한 가사를 갖고 있는 것을 연주함으로써 그와 동일한 성격의 묵상을 도울 수 있어야 한다. 만일 가사 없는 연주용의 음악이라면 가능한 잔잔함을 유지하여 회중으로 하여금 다짐했던 마음속에서 그날의 말씀교훈을 묵상함에 기여해야 한다.

## 17. 축 도 Benediction

축도는 '복의 선언'이다. 라틴어인 베네디코(benedico: 좋은 말을 하다)에서 유래된 말로써 '축복 기도' 즉 '복을 구하는 기도'라는 문자적인 뜻을 갖고 있기는 하지만,[50] 본질상 '복을 빎'이라기보다는 하나님이 복 내려 주심을 선포(declaration)하는 성격이기에 '복의 선언'이란 말이 더 바람직하다.

무엇보다 이때의 복의 선언은 주 예수 그리스도의 이름으로 세상을 향해 나가는 자들에게 책임을 맡겨주신 하나님의 의지를 담고 있다. 다시 말해 세상을 섬기신 예수님처럼 모든 회중도 그리스도인의 삶을 살며 지상명령을 준행하는 일에 동참할 것을 위탁하는 시간이기도 하다. 이러한 위임을 받은 자들에게 하나님이 그들과 동행하시면서 견고히 서도록 복을 베푸신다는 하나님의 약속이다.[51] 그래서 축도는 하나님이 내리신 복의 선언과 세상으로의 파송이란 의미를 동시에 지닌다.[52]

구약 시대에서 행해진 축도의 내용은 다음과 같다.

여호와는 네게 복을 주시고 너를 지키시기를 원하며
여호와는 그 얼굴로 네게 비취사 은혜 베푸시기를 원하며

> 여호와는 그 얼굴을 네게로 향하여 드사
> 평강 주시기를 원하노라 할찌니라 하라(민 6:24-26).

신약에 기록된 축도는 구체적인 복의 선언을 표현하고 있는데, 성삼위 하나님의 특징들을 구약 시대보다 훨씬 더 정확하게 이해할 수 있는 내용으로 되어있다.

> 주 예수 그리스도의 은혜와 하나님의 사랑과 성령의 교통하심이 너희 무리
> 와 함께 있을지어다(고후 13:13).

신약에 기록된 이 말씀을 인용하여 목회자가 축도를 행하면 이에 대해 찬양대는 아멘송이나 축도송으로 화답한다. 특별히 축도 직전에 세상 속으로 나아가는 예배자들이 하나님의 명령과 위임을 받은 존재이기에 '회중을 향한 위탁(charge to people)'의 순서를 삽입하기도 한다. 이는 하나님의 말씀에 대한 헌신과 결단을 다짐하게 하여 축도를 받을 수 있는 최종적인 준비에 의미가 있다.

## 18. 폐 회 Dismissal

축도 후의 시간은 예배의식을 마친 회중이 자리를 일어나 예배당에서 퇴실하는 것으로 되어있다. 하지만 여전히 예배는 지속되는 상황이다.

장자크 폰 알멘(Jean-Jacques Von Allmen)은 폐회에 대한 이해를 위해 '미사'란 말을 인용하면서 다음과 같이 설명한다.

미사(Missa)라는 용어는 해산(missio; dismissal)에서 온 'Mass'라는 용어가 형성된 것으로 보인다. 다른 말로 하면 그것은 예배의 마지막 부호이며, 신도들을 세상으로 파송하는 해산의 엄숙한 행동이다(눅 24:46-53). 이것은 아직 하나님 나라가 오직 않았다 해도 이 세상 안에서 기독교 예배의 정당성을 강조하는 전체로서의 예배를 표현해왔다. 이 말을 주장한 뮐러(A. D. Muller)는 '예배가 Mass, missio, dismissal로 이해되어야 한다. 그 안에서 세상을 비추는 등불이 켜지는 것이다'라고 명백하게 말했다.[53]

그래서 마바 도온(Marva J. Dawn)은 "예배는 우리가 하나님의 임재를 누리기 위해 모이고 그런 후에 그분의 임재를 나머지 세상에 전하기 위해 흩어지는 안팎으로의 움직임을 경험할 수 있게 해준다"[54]고 말했다.

예배란 그 자체가 끝이 될 수 없음을 알 때 폐회를 이해할 수 있다. 모든 예배는 마침표 대신 쉼표가 뒤에 따른다. 예배자들은 순례자로서 예배를 행하며 그들 모두가 소망의 여행을 지속하게 된다.[55] 폐회는 진정 예배가 종료했다는 신호 그 이상의 의미로 이 세상에서 또 다시 시작되는 예배를 알리는 것이기에 예배당의 문 앞에서 끝나는 것이 아니라 여전히 그들 모든 삶의 영역인 가정, 학교, 일터, 공공장소 등, 심지어 여가에 따른 시간들 안에서도 계속되어져 가는 것이다.[56]

## 19. 후 주 Postlude

폐회를 위하여 연주되는 예배음악을 후주곡이라고 한다. 대부분 후주곡이 오르가니스트나 피아니스트 혹은 찬양대 아니면 기악악기 연주자들에 의해 행해진다. 그런데 이것이 종종 일종의 친교(socializing) 차원의 배경음악인양 회중이 서로 인사하고 걸어 나가는데 필요한 것처럼 왜곡되는 경우가 있다. 비록 성도의 교제 그 자체가 문제될 수는 없겠지만 후주곡은 여전히 예배의 일부인 봉헌의 의미를 갖는 것이기도 하다. 그런 까닭에 회중이 끝까지 자리에 남아 앉아 그 날의 예배에서 하나님과의 만남을 깊이 되돌아보며 주신 말씀에 대한 헌신의 결단을 재 다짐하는 중에 후주곡은 예배행위로써 존재한다.[57]

이런 맥락에서 후주곡은 음악회장에서의 종교음악 작품을 연주하는 것처럼 화려하거나 너무 기교적인 연주양식은 지양되어야 한다. 본래 후주곡은 음악회의 연주목적을 둔 성격도 아니며 그 어떤 분위기용의 배경음악도 아닌 것이다. 다만 회중의 예배과정을 끝까지 돕는 데에 의의가 있다.

특히 후주곡은 파송의 의미를 갖는 폐회의 신호와 더불어 세상 속으로 예배의 또 다른 시작을 향해가는 회중을 향한 음악내용이어야 한다. 그런 까닭에 이 순서를 찬양대가 설교 전 찬미의 제사로 드렸던 찬양을 또 다시 부르는 것은 폐회송으로 적합할 수 없다. 찬미의 제사와 폐회송은 그 성격과 의미에서 전혀 다른 예배행위이기 때문이다. 만일 악기로만 행하려 한다면 가사를 담은 음악을 연주함으로써 대부분 예배 중에 받은 메시지를 상기할 수 있는 것이거나 혹은 예수 그리스도의 지상명령 속에 나타난 복의 선언인 "세상 끝날 까지 내가 너희와 항상 함께 하시리라"(마 28:20)라는 내용으로 하는 것이 바람직하다.

## Chapter 9     교회력

교회력(The Church Year)은 예배력(Liturgical Calendar)에서 온 말로 예수 그리스도의 생애와 구속사에 따라 주일(혹은 기간)을 구분하여 지키도록 만든 달력(calendar)을 가리킨다.

사실상 교회력은 독자적으로 형성되고 만들어진 것이 아니라, 구약성경에 뿌리를 두고 열매 맺는 과정에서 정착된 것이었다. 그렇다고 유대 민족의 종교적 절기를 그대로 답습하여 행해지는 것은 아니다. 오히려 새 언약으로 말미암아 갱신된 차원에서 예수 그리스도의 탄생, 생애, 고난, 죽으심과 부활 및 승천, 그리고 성령강림에 의하여 이루어진 교회를 중심하여 새롭게 재형성된 특성을 갖는다.[1] 이로 인해 유월절을 예수 그리스도께서 세우신 성만찬으로, 안식일을 주님의 부활하신 주일로, 그리고 오순절을 새 언약 속에서 조명하는 성령 강림절로 이해하게 한다. 그러므로 교회력은 예수 그리스도를 통해 행하신 하나님의 역사 안에서 그의 구속사적인 목적을 밝히 드러내는 특별한 사건들을 기념하는 것이다.

## 1. 교회력의 3가지 핵심요소

### 1) 성육신 incarnation

교회력의 첫 번째의 요소는 예수 그리스도를 통한 하나님의 성육신이다. 성육신에 의한 하나님의 임재는 구약의 예언에 따라 그대로 성취된 사건이다. "때가 차매 하나님이 그 아들을 보내사 여자에게 나게 하시고…"(갈 4:4). 하나님이 창세전부터 미리 계획하신 경륜의 시기와 기한이 다 찼기에 그의 독생자를 이 세상에 보내신 것이다. 인간의 몸을 입으신 성육신 사건은 하나님의 구속 사역을 위한 핵심이다.

### 2) 십자가상에서의 죽으심 dying on the cross

예수님의 구속은 인간의 몸을 입고 오신 성육신에서 멈추지 않으셨다. 십자가상에서 죽으심이란 사건으로 구속사의 획을 그으신 것이다. "기약대로 그리스도께서 경건치 않은 자를 위하여 죽으셨도다"(롬 5:6)라는 말씀 그대로 예수님은 대속의 피를 흘리시고 죽음을 맞이하셨던 것이다. 진정한 유월절 어린양의 영원한 희생제물이 되신 예수님에 의해서 죄로 단절된 하나님과의 관계성이 회복되고 하나님의 의와 희락과 화평함에 거할 영생에 이르는 참된 길이 열리게 되었다.

### 3) 부활과 승천 그리고 재림의 약속
resurrection, ascension and the promise of the second coming

"찬송하리로다 우리 주 예수 그리스도의 아버지 하나님이 그 많으신 긍휼대로 예수 그리스도의 죽은 자들 가운데서 부활하심으로 말미암아 우리를 거듭나게 하사 산 소망이 있게 하시며"(벧전 1:3)의 말씀은 그리스도이신 예수님이 죽음을 이기시고 부활하셔서 우리에게 영원한 산 소망을 안겨

주심을 확언하며 찬송하는 내용이다. 이에 바울은 만약 예수 그리스도의 부활이 없었다면 우리의 믿음이 헛되고 여전히 죄 가운데 있을 것이며 그리스도 안에서 잠자는 자도 망하였을 것이라고 했다(고전 15:17-18).

예수 그리스도의 부활은 죽은 자 가운데에서 다시 살아나시어 잠자는 자들의 첫 열매가 되신 참된 구속의 완성을 보이신 사건이다. 그래서 부활절이 다른 어느 교회의 절기보다 중요하여 교회력 전체가 이를 정점으로 진행된다. 절기가 해마다 바뀌어 지는 것은 부활절 날짜에 따라 정해지고 있음에 기인한다.[2]

"…우리에게 큰 대제사장이 있으니 승천하신 자 곧 하나님의 아들 예수시라"(히 4:14)의 말씀대로 예수 그리스도는 부활하신 지 40일 후에 승천하셨다. 승천은 예수 그리스도가 하나님의 백성들을 위한 참된 메시아이자 영원한 왕이심을 증거해 준다.

승천 이후 예수님이 하나님 보좌 우편에 앉아 계시다가 하나님 때에 다시금 돌아오시겠다는 재림의 약속은 믿는 자들에게 더욱 믿음으로 겸비함과 성결함을 촉구한다. "우리 주 예수 그리스도 나타나실 때까지 점도 없고 책망 받을 것도 없이 이 명령을 지키라"(딤전 4:16).

이와 같이 성육신, 대속을 위한 죽으심, 부활과 승천 및 재림의 약속이란 세 가지의 핵심사항들에 뿌리를 둔 교회력은 하나님이 우리를 위해 하신 일에 관한 것이며, 그 전체 구조가 우리의 일이 아니라 하나님의 일에 주의를 돌리게 한다.[3] 그 때문에 예배의 초점이 예수 그리스도의 구속사에 있는 것이지 인간 중심적인 차원에서 파생된 그 어떠한 내용을 지향하는 것이 아님을 알게 한다.[4] 예를 들어 '어린이 주일,' '어버이 주일,' '국경일' 등과 같은 성격으로 설명될 수 없는 것이다. 물론 그러한 주제들을 다룸으로 인해 하나님의 교훈과 뜻을 전달하는 것도 가능하다. 하지만 예배의 참된 핵심적 요소로는 볼 수 없을뿐더러 그것들이 너무 지나치게 강조되면 왜곡된 예배 현상마저 초래한다. 이에 비해 교회력은 예수 그리스도를 통해 이루신 하나님의 구속사에 집중하게 하며 그분 중심의 예배로 이끄는 강점이 있다.

결국 교회력은 복음사건을 재현하고 매년 기억되는 그 구속사를 인하여 예배자로 하여금 자신의 영성을 형성하게 한다. 예수 그리스도의 탄생, 공생애, 죽음, 부활, 승천과 성령의 오심 등의 경축과 기념 속에서 행해지는 교회력의 예배는 그것이 현재의 사건이 되어 예배자에게 출생, 삶, 고난, 죽음, 부활(새로운 삶으로 나아감), 성령 강림절(성령 충만으로 사는 삶)에 따라 지속적이며 역동적인 그리스도인의 삶으로 이어지게 한다.5)

## 2. 교회력의 역사적인 흐름

초대교회는 단지 부활절만을 맞이하기 위해 주님의 십자가를 회상하는 준비기간을 가졌다. 당시엔 성탄절이나 강림절과 같은 절기에 의한 예배가 없었다. 다만 유월절의 시작과 함께 사순절의 기간을 가졌고 부활절 후 오순절의 절기를 기념하였다.

그러던 중 4세기경부터 점차 대강절, 성탄절, 현현절이 추가되어 1년의 한 주기(cycle)를 이루었고, 1671년부터는 성 금요일이 추가 되었다. 하지만 이 후로 카톨릭 교회가 성모 마리아와 각종 성자의 성일을 합류시켜 교회력의 고유한 의미에 치명적인 손상을 가져다주었다.

이처럼 카톨릭에 의해 교회력이 너무 복잡해지고 심지어 왜곡되는 심각한 문제들이 생긴 결과 개신교는 교회력에 대해 상당한 부정적 시각을 갖게 되었다. 구체적인 예를 들면, 1년 52주에 성모 마리아를 비롯한 성자들의 축제일로 가득 차게 하는 가운데 날짜가 모자라 어느 하루를 택해서 만성절

(All Saints' Day)로 제정하여 모든 성자들을 기념하는 축제일로 삼기까지 했던 것이다. 이 때문에 16세기의 종교개혁자들은 이러한 교회력을 거부할 수밖에 없었다. 이에 따라서 장로교나 감리교와 같은 비 예전적인 교회들에서는 교회력에 대한 부정적인 시각으로 적극적인 수용을 하지 않는 경향을 보인다.6)

그럼에도 불구하고 루터란 교회는 마틴 루터가 카톨릭의 타락한 교회력의 문제들이었던 성모 마리아를 위시해 모든 성자들의 축일을 삭제하여 주일과 주님께 관계된 교회력을 지킴으로써 무조건 거부하지 않았다. 이는 예배에서 말씀과 성만찬의 균형을 이루고자 했던 의도를 보여준다. 이와 달리 쯔빙글리는 이전의 카톨릭 예전에 관계된 모든 것을 거부한 급진적인 태도를 취했으며, 칼빈의 영향을 받은 존 낙스의 스코틀랜드 장로교회에서도 이와 흡사한 입장을 고수하여 교회력에 적합한 주현절과 성탄절마저 거부하였다.

개신교회들 가운데 대강절과 사순절에 대해서조차 부정적 입장을 갖고 있었던 것은 고행과 금욕적인 색깔, 심지어 공로주의적 구원론으로 흐를 수 있어 중세와 같은 악용을 불러일으킬 만한 여지가 많다는 생각을 했기 때문이다. 그러나 19세기 후반 이후로 예배의식에 관한 복고운동(1940년)이 일어나 1960년대 초 제 2차 바티칸 공의회(The Second Vatican Council)가 내놓은 교회력 및 성무일과에 전 세계교회가 관심을 갖기 시작하면서 온전한 교회력의 회복과 함께 새로운 조명 속에서 점차 수용하는 추세에 있다.

## 3. 교회력의 의의7)

### 1) 주제 제공 theme in worship

교회력은 매 주일 혹은 매 절기에 따라 예배에 주제를 제공한다. 그래서 예배 전체에 나타난 주제의 공통적인 내용과 성격을 볼 수 있다. 예배가 그 날의 성시교독, 찬송, 기도, 찬양대의 음악, 설교 등의 모든 내용들이 한 주제에 근거하여 행해지기 때문에 각각의 예배 순서는 연결고리를 갖는다. 그로 인한 동일한 아이디어와 색채를 갖는 예배행위들은 이에 준한 예배목적을 분명히 인식하게 하여 보다 깊은 예배로의 동참을 유도한다.

### 2) 통일성 unity

교회력에 의한 예배는 동일한 주제로 인하여 일관적인 흐름에 따라 통일감을 안겨준다. 그런데 만약 예배 순서의 내용들이 저마다 다양한 주제를 안고 개별적으로 존재해 있다면 회중은 충분한 이해 없이 다만 수동적인 태도에서 예배의식만을 따라가는 현상을 초래할 수 있다. 이에 반해 한 가지 주제로 말미암는 예배의 일관성은 그만큼 회중으로 하여금 예배에 보다 집중할 수 있고 예배참여에 고무적인 효과를 얻게 할 수 있다.

이런 맥락에서 교회력에 의한 통일성은 공통된 생각과 마음속에서 예배할 수 있는 장점을 지닌다. 더구나 지역적으로 흩어져 있는 모든 교회들마다 한 마음과 한 목소리의 소리를 낼 수 있는 교회공동체란 연합의 경험과 그에 따른 예배의 일치감까지 안겨다 준다.

### 3) 교 육 didactics

교회력은 예수 그리스도에 관한 복음의 핵심을 담고 있어서 구속의 사건들과 기독교 교리에 대한 기본 교육이 일반 신자들에게 자연스럽게 이뤄질 수 있다. 교회력은 초신자들이 교회력을 통하여 그리스도의 탄생과 공생애, 십자가상의 죽음과 부활 그리고 오순절 사건 등을 현 시대 상황에서 어떻게 이해하며 신앙적으로 받아들여야 하는지를 숙고할 수 있게 해줄 뿐만 아니라 이로 인해 영적인 성숙으로 진일보 할 수 있는 기회를 갖게 한다.

**4) 예배계획** worship planning

교회력은 1년을 주기로 하여 각 절기에 따른 특정한 주제와 성격을 띠고 있어 매 주일의 예배를 위한 조직적인 계획을 세울 수 있다. 이는 목회자들에게 적절한 도움을 줄 뿐만이 아니라 예배를 위해 사역하는 자들과의 협의 속에 나눔의 기회까지 갖는 장점도 있다.

체계적인 예배계획은 결과적으로 회중에게 예배내용이 어떠한 구체적인 의미와 목적을 지니며 왜 이러한 주제로 이뤄지는 지에 대한 인식의 폭까지 넓게 한다.

**5) 예배음악 계획** the plan of music in worship

교회력에 준한 주제를 표현하는 예배에서 음악이 차지하는 비율은 매우 크다. 예배 전반적인 흐름의 분위기가 음악언어의 사용과 직결되어 있기 때문이다. 이는 예배에서의 찬송가와 찬양대의 찬양, 봉헌송, 혹은 전주나 후주곡 등의 모든 음악들이 교회력에 의한 주제 설정으로 예배가 그만큼 연합 속에서 진행될 수 있게 한다.

교회력은 음악 목회자나 음악 사역자들에게 교회력에 따라 찬송가 색인 사용과 찬양대의 음악선곡 그리고 봉헌음악이나 그 외의 모든 예배음악 등이 한 주제에 적절하도록 계획할 수 있는 중요한 아이디어를 제공해준다.

그러나 한편으로 한 주제에 한정되어 있는 음악선곡에 있어서 다소 어려움이 있을 수 있다. 풍부한 찬양음악들이 있다면 문제가 없겠지만, 지정된 주제음악을 찾는 중엔 그 음악이 지 교회의 찬양대원들이나 음악사역자들의 규모, 음악적 능력, 음악악기들의 균형 등에 적절하지 않을 수도 있는 것이다. 이러한 단점을 극복하기 위해서 음악계획은 단기간이 아니라 장기간으로 이뤄져야 하는 것임을 인식해야 한다.

### 4. 교회력의 의미와 내용

**1) 대강절** Advent; 대림절, 강림절

4세기말에 처음 시작되었던 대강절(advent)은 라틴어 *ad*와 *venire*에서 온 것으로 '오심(to come to)'을 뜻한다. 이는 예수님이 이 땅에 오심을 나타내는데 여기엔 다음과 같은 세 가지의 '오심'에 대한 아이디어를 담고 있다.

그 첫째는, 이미 구약에 기록된 예언의 말씀대로 예수님이 이 세상에 인간의 몸을 입고 오셨던 과거의 사건을 가리킨다. 둘째는, 말씀과 영으로 오신 그리스도와의 만남을 통한 새로운 삶으로의 현재적 경험을 들 수 있다. 셋째로는, 마지막 때에 산 자와 죽은 자를 심판하시기 위해 영광 중에 제 2의 강림으로 오실 예수 그리스도를 기다리는 미래 지향적 경험을 나타낸다.[8]

대강절의 기간은 성탄주일의 4주 전부터 성탄 전야까지이다. 4세기와 7세기 사이에 3주에서 7주간으로 변동이 있었지만 4주간으로 고정된 시작은 6세기 때의 로마 주교에 의한 것이고 11세기에 이르러서야 교황 그레고리 7세에 의해 완전히 정착되어 지금까지 이르고 있다.[9]

이 4주간의 기간은 예수 그리스도의 성탄을 기다리며, 또 다시 오실 예수 그리스도를 맞이하기 위해 참회와 기도로써 준비하는 절기의 특성을 지닌다. 특히 처음 두 주간 동안의 예배는 예수 그리스도의 재림에 대해 가져야 할 성도로서의 준비에 강조를 둔다. 이때에 적절한 예배의 주제는 마치 이스라엘이 메시아를 기다렸던 것처럼 소망, 간절한 기다림, 사모함 등이다.

여기엔 베네딕투스(*Benedictus*; 눅 1:68-79)와 같은 내용으로 하는 송축의 찬송이나 말씀봉독이 적절하다.10)

이 후의 세 번째 주일부터는 기쁨으로 변화된다. 이는 구속을 완성하실 구세주 성탄의 가까움에 기인한다. 마지막 네 번째 주일은 주님의 탄생을 기리는 주일에 더욱 가까운 연유에서 성육신에 대한 묵상으로 인도한다. 그래서 이 때엔 마그니피카트(*Magnificat*)인 마리아의 찬가(눅 1:46-55) 내용의 찬양이나 말씀봉독 등이 적합하다.11)

대강절의 4주간 동안에 드려지는 예배는 대체로 차분한 분위기 속에서의 참회적인 성격을 담고 있기 때문에 예배음악에선 영광송은 사용되지 않는다. 4주간의 기간에 적합한 예전색깔은 보라색으로 한다. 보라색은 왕으로 오신 예수님의 위엄과 존엄을 가리키고, 다시 오실 심판의 주님을 기다리며 성결함을 위한 참회를 암시하기 때문이다.

특별히 대강절 기간엔 촛불점화를 행하기도 한다. 이는 예수 그리스도의 오심의 상징을 의도한 것이다. 이를 위해 대강절 예전 색깔인 네 개의 보라색 양초를 성찬상 쪽에 두고 4주간에 걸쳐 하나씩 점화해간다. 특히 대강절 직후인 성탄절엔 대강절 동안 점화되었던 4개의 보라색 초 사이에 예수 그리스도의 빛을 상징하는 가장 큰 하얀 색깔의 초를 놓아두고 그곳에다 점화하게 되는데 이것을 대강절 화환(Advent wreath)라고 부른다.

### 2) 성탄절 Christmas

성탄절은 하나님이 예수 그리스도를 통해 성육신 하시어 이 세상에 나심을 축하하며 기뻐하는 절기이다.

성탄절은 초대교회 때엔 실질적으로 지켜지지 않았다. 그들의 축제는 오히려 예수 그리스도의 부활에만 초점이 맞추어져 있었기 때문이다. 더구나 예수님의 출생날짜 조차 알 수 없었기에 성탄절에 관한 기념은 이루어질 수 없었다.

현재 12월 25일로 지키는 성탄절 날짜의 유래는 여러 가지 설이 있다. 그 중의 하나는 로마의 아우렐리안(Aurelian) 황제가 274년에 12월 25일을 에메사(*Emesa*: 시리아의 태양신) 숭배의 날로 제정한 것을 훗날 그리스도인들이 성탄절로 바꾼 것이라 전해진다. 또 하나는 3세기 초에 터툴리안(Tertullian)과 히폴리투스(Hippolytus) 교부들에 의해 정해졌다고 하고, 다른 하나는 요한 크리소스톰(John Chrysostom)이 386년에 12월 25일로 정하여 동방과 서방교회 모두가 지금까지 성탄절로 지키게 되었다고 알려졌다.

경건함과 참회 속에서 기다려 왔던 강림절과는 달리 성탄절은 "지극히 높은 곳에서는 하나님께 영광이요 땅에서는 기뻐하심을 입은 사람들 중에 평화로다"(눅 2:14)처럼 기쁨과 환희가 가득한 영광스런 날이다. 그래서 영광의 송가(*Gloria in excelsis Deo*)가 불린다. 그렇다고 이 날은 구주 예수님의 탄생으로 인한 정서적인 즐거움에만 머물지 않는다. 오히려 왕의 왕으로 오셨던 예수 그리스도를 오늘날에도 변함없이 우리의 진정한 왕으로 그리고 주님으로 영접한 삶이었는지 되돌아보고 구세주 탄생을 깊이 감사하며 기뻐하는 성스러운 절기이다.

성탄절의 예전 색깔은 성육하신 예수 그리스도의 탄생에 대한 기쁨과 빛으로 오신 구세주의 상징을 위해 흰색을 사용한다.

### 3) 주현절 현현절: Epiphany

주현이란 말은 '나타냄(manifestation)'을 의미하는데, "우리 구주 그리스도 예수의 나타나심으로 말미암아 나타났으니 저는 사망을 폐하시고 복음으로서 생명과 썩지 아니할 것을 드러내신지라"(딤후 1:10)에서처럼 어둠의 세상 속에서 빛과 하나님의 영광으로 '구주 예수님의 나타나심'을 가리킨다.

주현절은 초대교회 때의 이단이었던 그노시스(Gnosis)주의자들이 2세기 말에 소아시아와 이집트에서 활동하면서 경축일로 지켰던 것이 유래가 되었다. 주현절의 시작을 알리는 주현일(1월 6일)은 동방박사들이 하늘의 별을 따라 베들레헴에 이르러 아기 예수님을 방문하여 경배하였는데 이 별이 나타난 날이 1월 6일로 전해진 것에 근거한다.

실질적으로 주현절은 4세기 때까지 잘 지켜지지 않았다가 동방교회가 부활절 다음으로 중요하게 여기기 시작하여 서방교회에서도 4세기 말부터 교회의 절기로 받아들였다. 동방교회가 주현절을 원래 예수님의 탄생일로 지켰고 동시에 세례(침례) 받으심, 그리고 가나안 혼인잔치에서의 첫 기적을 행하신 날로 정한 것에 비해 서방교회는 동방박사들이 아기 예수님을 찾아간 사건에 초점을 맞추어 메시아이신 구원의 예수님이 이방세계에도 나타나셨음을 기림으로 그 의미를 더하였다.[12]

주현일의 날짜인 1월 6일은 7년 중 6년간 동안 항상 주중에 있기 때문에 잘 지켜지질 않고 있다. 주현절 절기는 이 날 이후로 사순절의 시작인 '참회의 수요일(Ash Wednesday)'까지의 기간을 일컫는다. 예전 색깔은 주현일 당일엔 빛, 영광을 나타내는 흰색을 그리고 주현절 절기 기간 동안엔 성장의 상징인 녹색을 사용한다. 이는 매 한 주간을 더해갈 때마다 하나님이 예수 그리스도를 통해 자신의 영광을 점점 더 드러내심을 상징함에 기인한다.

그러므로 주현절 절기는 예배 안에서 그리스도의 현현을 상기시키고자 예배자 자신에게 먼저 비추게 하고 세상을 향하여 드러내도록 증거하며, 그리스도 안에서 삶의 참된 의미와 소망을 발견하도록 하게 하는 행함의 영성, 나눔의 영성, 증거의 영성으로 이끌어 가는 시기이다.[13]

### 4) 사순절 Lent

사순절은 부활절 전까지 주일을 제외한 40일간의 절기로써 그리스도의 수난과 죽음을 기억하며 영적 성숙과 성결을 위한 기간의 성격을 띤다.

사순절은 원래 1세기 때엔 예수님께서 무덤 속에 계셨던 시간으로 추정되는 40시간으로 행해졌었다가 3세기경에 이르러 6일간으로 연장되었다. 그러나 이후에 36일간으로 늘어났고 731년경 샤를마뉴(Charlemagne) 대제 시대에 가서 40일간으로 확정되었다.

이러한 40일간의 사순절 시작을 알리는 날은 재의 수요일(Ash Wednesday)로써 1099년 교황 우르반 2세(Urban II)에 의해 명명되어 온 것이다.[14] 속죄일이란 명칭으로 알려진 재의 수요일엔 참회자의 이마에 재를 뿌리는 관습이 있었는데 그 재는 1년 전 종려주일에 사용된 종려가지를 태워 준비해 둔 것이었다.[15]

특별히 사순절의 40일이란 숫자를 성경은 매우 의미있게 증거하고 있다. 홍수의 심판(창 7:12), 시내산에서 40일간 모세의 금식기도(출 34:28), 이스라엘의 40년간 광야생활(민 32:13), 호렙산으로 진행한 엘리야의 40일 기간(왕상 19:8), 예수님의 40일간 금식과 시험기간(마 4:2), 예수님의 무덤 속에서의 40시간 그리고 부활하신 예수님께서 40일 만에 승천하신 사건(행 1:3) 등이다.

부활주일이 되기 전 사순절의 마지막 한 주간을 '거룩한 주간(Holy Week)'으로 지키는데 이는 4세기 중엽 예루살렘에서 시작되었다. 이 기간은 마치 예수님의 예루살렘 입성에서부터 십자가상에서의 죽으심과 무덤에 누워 계셨던 때까지의 6일간을 말한다. 그 중 목요일은 세족 목요일(Maundy Thursday)로 제자들과 함께한 예수님이 최후의 만찬 때에 제자들의 발을 씻겨주신 사건을 기억하는 날이며, 금요일엔 성 금요일(Good Friday)로 예수님의 십자가상에서의 고난과 죽으심을 묵상하며 기념하는 날이다.

고대 교회에서는 삼일 묵상(Great Triduum)이 고난주간의 중심을 이루었다. 즉 목요일 밤부터 토요일 밤까지 3일간 동안 예수 그리스도의 고난에 참예하는 시간으로 삼았다. 현재는 이것이 세족 목요일 예배(Maundy Thursday service), 성 금요일 예배(Good Friday service), 그리고 부활절 전날 밤 철야예배(Great Paschal Vigil of Saturday night)로 발전되었다.

예전색깔로는 재의 수요일(Ash Wednesday)엔 죄에 대한 죽음을 상징하는 검정색을, 세족 목요일엔 성결의 의미인 흰색을, 성 금요일엔 십자가 보혈을 상징하는 빨간색을, 그리고 사순절 기간 전체는 참회와 영적 성결을 가리키고자 보라색을 사용한다.

### 5) 부활절 Easter

부활절을 의미하는 영어 이스터(Easter)는 흥미롭게도 에오스트레(*Eostre*: 고대 튜턴족의 신중에서 봄의 여신이름)에서 유래된 말이다. 이 날의 축일이 해마다 춘분에 왔기에 생명의 시작을 알리는 의미를 지녔다. 이에 부활절의 시기도 봄의 시작 때일 뿐만이 아니라 예수 그리스도의 부활이 모든 죽은 자의 첫 생명의 열매인 시작을 상징하기 때문에 그러한 명칭으로 전해져 왔던 것이라 추측된다.[16]

사실상 부활절의 원래 명칭은 히브리어로 파스카(*pascha*)였다. 이스터(Easter)가 일반적인 말이 되기 전까지는 부활의 유월절(Paschal Day of the Resurrection)이라 불렀다. 이는 하나님의 백성들에겐 새로운 유월절로써 죽음 아래에 있는 노예 상태로부터의 완전한 해방을 이루었다는 뜻을 가리키는 것이었다.[17]

교회사적으로 교회력의 시작이 본래 부활절에서부터였다. 한 때는 부활절을 새해의 첫날로 지켰던 때도 있었다. 초대교회 시대에는 예수 그리스도의 부활과 이를 기념하는 부활절 축제가 그 전부였다. 부활의 날이 마침 일요일이었으므로 매 일요일은 부활 축제를 반복하는 '주의 날(Lord's day)'이 되었다. 부활절은 역사적으로 좀 뒤늦게 확정되었지만, 한 해에 한 번 맞게 되는 큰 '주의 날'이 된 셈이다.[18]

예수 그리스도께서 부활하신 날이 주일이라는 것 외엔 그 날짜가 실제로 정확하지는 않다. 원래 약력의 날짜로 알려지지도 않았으며 약력이라 해도 부활하신 주일이 후로는 항상 주일이 될 수 없기 때문이다. 처음 3세기 동안에는 의견이 매우 분분하였다가 결국 완전한 결정을 이루었던 때가 니케아 공의회(the Council of Nicaea, 325년)에서였다. 즉 춘분이 지난 만월 후의 첫 주일, 혹은 만월이 주일인 경우엔 그 다음 주일을 부활절로 삼는 것이었다. 그런 이유로 3월 22일부터 4월 25일 사이에 정해지게 되었다.[19]

부활절의 예전색깔은 부활의 승리와 기쁨, 축제의 상징을 나타내고자 흰색을 사용한다.

### 6) 성령 강림절 Pentecost: 오순절

일명 오순절은 원래 유대인의 유월절 둘째 날로부터 7주 후인 보리수확의 마무리와 밀 수확의 시작을 경축하는 칠칠절(출 34:22), 맥추절(출 23:16) 혹은 처음 익은 열매를 드리는 날(민 28:26)이란 농경절기를 지칭한 것이었다. 후기 유대교에선 이 절기를 시내산에서 십계명이 주어진 날로 재해석하여 기념하는 것으로 유대 민족의 전 생활과 정신을 새롭게 출발시키기 위해 율법을 받은 날인 언약 갱신의 축제를 의미한다.[20]

그러다가 오순절 날 성령 강림에 의하여 예수 그리스도의 몸 된 교회가 탄생함으로 새로운 교회 공동체의 시작을 알리며 이와 함께 성숙을 향한 성장을 기념하는 절기가 된 것이다. 그래서 그리스도인들은 오순절을 더 이상 모세의 율법을 기념하던 축제가 아니라 성령의 은사를 받은 것을 기념하는 축제인 성령강림절(Whitsunday)로 지켰다.[21]

초대교회에선 부활절부터 오순절 전의 50일간 동안 부활의 기쁨을 위해 금식과 무릎 꿇고 기도하는 일조차 금하였으나 오순절 기간이라 하여 축제적인 성격으로 특별히 지내는 것은 없다. 다만 교회 전통에 따라 오순절 후에 오는 주일을 '삼위일체주일'로 삼고 대강절 전까지 28번째 주일을 지속하여 지키는 것에 머문다. 단순히 '성령감림 후 주일'로 지칭하거나 아니면 일반 보통 주일로 해서 지킨다.

성령 강림주일엔 빨간색을 사용하여 마치 불의 혀처럼 강림하심을 상징하지만 이 절기의 전체 색깔로는 녹색이다. 이는 성령의 역사하심에 의해 교회가 성장해 감을 뜻한다. 그리고 성령강림주일 다음주일인 삼위일체 주일만은 모든 것의 근원이신 하나님을 상기하게 하고 영원함을 나타내고자 흰색을 사용한다.[22]

*For Worshiper's Renewal and Worship Leadership*
# Worship and Music

# 예배음악
*Music in Wosrship*

*Part* **2**

- I. 개괄적인 예배음악 역사의 흐름
- II. 예배음악의 목적
- III. 예배에서 음악의 6가지 기능들
- IV. 예배음악에 고려되어야 할 사항들
- V. 예배음악에 대한 왜곡된 시각들
- VI. 찬양대
- VII. 예배음악 사역을 위한 성악과 기악
- VIII. 찬송가
- IX. 회중찬송의 철학
- X. 전통적인 회중찬송을 위한 리더십
- XI. 현대적인 회중찬양을 위한 리더십
- XII. 예배음악의 패러다임을 향하여

Chapter *1*

# 개괄적인 예배음악 역사의 흐름

예배에서 음악을 사용하기 시작한 것은 이스라엘이 출애굽 하여 시내 광야에서 1년간 체류한 직후인 모세시대(B.C. 1445년경)부터였다. 이때에는 단순히 은으로 만든 나팔을 제사 드리면서 부는 것이 고작이었다. 노래를 부르는 것도 악기로 연주하는 양식을 띠는 것도 아닌 그저 나팔을 불어 소리를 내는 정도였다.

수백 년이 흘러서야 비로소 체계적이고 전문적인 예배음악 시대가 열렸는데 이러한 틀이 세워진 것은 이스라엘 왕정시대인 다윗 왕에 의해서였다. B.C. 1000년경인 이때엔 음악 구성에 있어 손색이 없을 만큼 노래, 현악기, 관악기, 그리고 타악기까지 갖춘 완벽함을 보여주었다(대상 16:4-6). 이러한 모습은 솔로몬 성전시대(B.C. 959년)의 시작과 함께 본격적인 예배음악 사역의 풍성함으로 이어져갔다(대하 5:12-13).

사실 이를 위해 다윗은 솔로몬 성전착공이 시작되기 5년 전(B.C. 971년경)에 이미 음악으로 사역할 노래하는 자들 사천 명을 세웠고(대상 23:5), 이들 중에서 탁월한 전문가의 기량으로 훈련된 288명을 배출하였으며(대상

25:7), 세 지도자인 아삽, 헤만, 에단(여두둔)을 세워 그들의 자녀들과 함께 매우 체계적인 조직을 갖추도록 하였다.

그러나 솔로몬 성전의 파괴(B.C. 586년)와 약 50년간의 바벨론 포로시기로 인하여 전문성을 지닌 예배음악 사역자들의 자취가 없어지는 상황에 직면하게 되었다. 이는 성전에서 주된 사역을 담당한 레위인들의 직분이 사라졌음을 의미한다. 특히 포로시기 때에 지어진 시편에서 그들의 고통과 슬픔의 내용을 보더라도 그 형편을 한층 더 짐작할 수 있게 한다.

"우리가 바벨론의 여러 강변 거기 앉아서 시온을 기억하며 울었도다 그 중의 버드나무에 우리가 우리의 수금을 걸었나니 이는 우리를 사로잡은 자가 거기서 우리에게 노래를 청하며 우리를 황폐케 한 자가 기쁨을 청하고 자기들을 위하여 시온 노래 중 하나를 노래하라함이로다 우리가 이방에 있어서 어찌 여호와의 노래를 부를꼬 예루살렘아 내가 너를 잊을진대 내 오른손이 그 재주를 잊을지로다"(시 137:1-5)

성전에서의 모든 직무를 박탈당한 채 이와 같이 갖은 모욕과 아픔을 겪고 있었으나 자신들에게 주어졌던 음악사역에 대한 소명만큼은 저버리지 않았다. 이는 하나님의 은혜로 고국에 돌아갈 기회를 얻게 되었을 때에 노래하는 자들인 아삽자손 128명이 합류했던 것을 통해 알 수 있다(스 2:41).

비록 다시금 세워진 스룹바벨 성전(B.C. 516년) 봉헌식에서 그들의 음악사역에 관한 구체적인 기록조차 없을 만큼 명맥만을 유지하는 정도였지만 성전에서의 업무는 꾸준하게 이뤄졌던 것 같다(스 6:16-18). 이것은 예루살렘 성벽 봉헌식(B.C. 444년) 때에 다소나마 규모를 지닌 체제 속에서 예배음악의 형태를 띨 정도의 발전을 볼 수 있기 때문이다(느 12:27-42). 당시에 다윗의 악기를 취하여 노래하는 자들을 인도했던 예스라히야란 인물이 단순히 지휘자만으로서가 아니라 감독(*paqid*: 대표자, 행정관)의 위치에서 행한 것을 인하여서도 짐작할 수 있다..

주로 성전에서의 노래 양식은 낭송(cantillation)이란 방법 속에 여러 악기들의 반주와 함께 행해졌다. 이는 헤테로포니(heterophony: 이음성)의 성격을 띤 것이다. 성부의 선율을 악기가 동시에 연주할 때 장식적으로 행함으로 이뤄지는 음악의 특징을 일컫는다. 특히 이들의 주된 노래방식은 교송(antiphonal singing)의 형태인데 이는 대부분 대칭적 구조(symmetrical structure)로 되어 있는 시편에 기인한 것이다.[1]

성전에서 음악으로 사역했던 레위인들은 어릴 때부터 훈련을 받고 5년간의 강도 높은 실습기간을 거쳐 30세부터 시작하여 50세에 끝맺었다. 그만두어야 할 나이의 결정은 대체로 음정의 불안함이 나타나는 연령이란 생각에서였다. 음악사역은 대략 12명 정도로 구성된 노래하는 자들에 의해 계속적인 교대로 이뤄졌다.[2] 당시 성전예배를 위한 이 그룹에는 여성들의 참여가 금지 되었다. 그 이유의 두 가지 중 하나가 이교도에서 행해진 여성들의 노래하는 관행을 배격하려는 의지였고, 다른 하나는 이 일이 제사의 기능과 함께하는 것이기에 제사장들 사이에선 긍정적이지 않은 신념에 따른 관례였다.[3]

성전에서의 이러한 예배음악은 헤롯성전(B.C. 9년) 시대를 지나 A.D. 70년까지 지속되어 가는 가운데 바벨론 포로시기 즈음 생성되었다고 추측되는 회당예배의 출현으로 인하여 예배음악은 상당한 변화를 겪는다. 이는 성전에서 제사장과 노래하는 레위인들이 악기들을 연주하며 시편 및 일부 모세 5경을 영창 했던 것과 달리 회당에선 무반주 찬양을 한 것으로부터 시발되었다. 기교적인 성전음악에 반해 회당예배의 음악은 지극한 단순함에 있었다.[4]

그 같은 결과를 가져다 준 가장 큰 이유는 음악을 인도하던 자가 더 이상 레위인이 아닌 것에 있었다. 이는 제사장의 리더십이나 레위인들에 의한 음악사역이 존재할 필요가 없었던 회당예배의 성격 때문이었다. 회당예배는 희생제사가 없고 말씀중심의 교육목적을 두었기에 총괄적인 리더십이 회중에게 주어진 특징을 지녔다.

이런 배경은 초대교회 시대의 예배음악에도 영향을 주어 회중만을 통해 찬송이 이루어졌다(고전 14:26, 엡 5:19). 예배음악은 무반주의 낭송식(chanting)이였으며 선창자(cantor)에 따른 회중의 응답창(responsorial singing), 혹은 회중 간의 교창(antiphonal singing) 등의 양식을 띠었다.

중세 때부터는 회중이 교회 내에서 찬송하는 것에 대한 이견이 있어왔다. 수차례에 걸친 공의회의 결정 – 비록 회중찬송 허락의 찬반이 엇갈리기도 하였지만 – 에 따라 결국은 성전시대 예배처럼 오직 전문성을 갖춘 음악인들로 구성되어진 합창단(choir)에 넘겨지게 되었다. 이것은 종교개혁 이전까지 오직 성직자와 전문적인 음악 그룹에 의해 회중의 참여 없이 독단적으로 행하는 전통을 남겨 주었다.

음악적인 특징은 성인 남성과 소년들로 구성된 합창단이 무반주 속에서 일정한 박자감 없이 가사에 따른 강세를 지닌 선율을 자유롭게 읊는 듯한 노래(cantillation)였다. 악기 사용에 있어선 4세기 이전까지 키다라(kithra)와 리라(lyre)만을 받아들였다가 이후로는 유일하게도 오르간만이 교회 안에 남게 되었다. 오르간이 교회에서 나타난 것은 6세기 경부터라고 알려졌고 미사(Mass)에서의 정식 사용은 13세기부터인 것으로 전해진다.[5]

16세기 종교개혁 시대로 들어와서는 예배개혁의 일환으로 회중의 예배 참여를 독려하고자 하는 강한 움직임이 일어났다. 이것은 곧 회중에 의한 예배음악이 대두된 회중찬송의 완전한 회복을 말해준다. 그로 인해 독일에

선 마틴 루터(Martin Luther)가 코랄(Choral)을, 프랑스에선 존 칼빈(John Calvin)이 시편가(Psalter)를, 18세기 영국에서는 아이작 왓츠(Isaac Watts)와 웨슬리(Wesley) 형제가 찬송가(Hymn)를 발전시켰는데 이것들이 예배음악의 근간을 이루었다.

이러한 배경 속에 구약시대의 노래하는 자들은 다시금 로마 카톨릭에 의해 부활되어 콰이어(choir)로 이어져 왔고, 그것이 종교개혁 시대를 거치면서 예전을 중시하는 루터란 교회(Lutheran Church)와 영국 성공회(Anglican Church)에 의해 수용 발전되어 현재의 개신교에까지 이르렀다.

특별히 이 그룹을 위해서 만들어진 예배음악은 중세로부터 시작된 것인 그레고리안 찬트(Gregorian Chant)였고, 단선율(monody)인 이것을 다성 음악(polyphony)으로 발전하여 오르가눔(Organum, 9c-12c)이 되었으며, 보다 정교하게 각각의 성부의 독립성을 강조하여 생성된 모테트(Motet, 13c-20c)가 그 뒤를 이었다.

하지만 영국에서 이뤄진 종교개혁으로 인해 발생된 성공회는 이전의 라틴어 예전을 폐기하고 영어로 예배(Service)하기 위해 기존의 모테트를 대치하고자 새로운 예배음악인 앤섬(Anthem)을 만들었다. 두 가지 형식을 띤 이것의 하나는 무반주의 합창으로만 되어있는 풀 앤섬(Full Anthem)이고, 다른 하나는 합창과 독창 및 악기사용이 포함된 버스 앤섬(Verse Anthem)이다. 앤섬의 음악 특징은 모방기법을 사용하기도 하였지만, 주된 작곡방식이 호모포니(homophony)였기에 분명한 가사 전달을 이룰 수 있었다. 이러한 앤섬이 현재 개신교 예배에서 찬양대(choir)에 의해 불러지는 예배 합창곡을 가리킨다.

이 외의 예배용 합창곡으로 칸타타(cantata)가 있다. 이것은 독창, 레치타티보(recitative), 중창, 합창 및 기악반주로 이뤄진 것인데 17세기 초 이탈리

아에서 발생한 예술적인 세속 성악곡 칸타타와는 달리 주로 17세기 후반 독일에서 나타나 발전된 것이 지금까지 전해진다. 독일의 바흐(J. S. Bach)에 의해 절정을 이루었던 칸타타는 고전주의 시대부터 현재에 이르러선 오라토리오(oratorio: 비예전 음악)와 규모차이 말고는 그 구분이 모호해졌다. 그런 가운데 개신교의 예배 때에 교회절기와 관련된 성경가사를 갖는 칸타타를 절기별로 연주하는 관례를 갖는다.

이와 함께 교회 내 악기 사용은 중세 시대에 카톨릭의 오르간이 전부였다. 종교개혁 시대엔 개혁가들 간의 이견들로 각자의 신념에 따라 루터는 오르간을 수용, 쯔빙글리와 칼빈은 거부하는 모습으로 나뉘게 되었다. 현재도 이와 같이 예배에 대한 목회자들의 비전과 목적에 의해서 오르간을 포함한 악기사용의 폭과 수용에 대해 서로 다른 양상을 보여준다.

현재의 예배음악은 매우 다양함이 공존하는 시대에 속해있다. 전통, 현대, 혹은 이 둘의 결합의 양상이 그것이다. 이러한 배경은 예배 신학적인 이해와 맞물려 예배 양식의 변화에 기인된다. 여기에는 람베르트 보댕(Lambert Beau-duin, 1873-1960)의 *예배, 교회의 생활*(*La Piete' de l'Eglise*, 1914)이란 책의 출판이 계기가 되어 20세기 유럽과 북미지역 교회의 예배에 초교파적인 영향을 주었던 예전운동(Liturgical Movement)과 함께 하는 전통적인 예배음악이 있다. 1970년대 초에는 미국 갈보리 채플(Calvary Chapel)에서 출발한 찬양과 경배(Praise and Worship) 및 마라나타 뮤직(Maranatha Music)으로 점차 현대적인 예배음악의 서막을 알렸으며, 그 이후 윌로우 크릭 교회(Willlow Creek Community Church)의 구도자 예배(Seeker Service)나 1980년에 세워진 새들백 교회(Saddleback Valley Community Church)에서 행해지는 대중적 경향을 띤 예배음악의 흐름도 함께 한다.

이러한 여파로 우리나라는 1980년 중반에 가스펠 송(Gospel Song)의 보급과 더불어 비슷한 시기의 찬양과 경배(Praise and Worship) 운동, 1990년대의 본격적인 CCM(Contemporary Christian Music)의 출현, 21세기에 들어서 워십리더(worship leader)라고 불리는 인도자에 의해 이뤄진 코러스(Chorus) 찬양과 이에 따른 CWM(Contemporary Worship Music), 그리고 CCD(Contemporary Christian Dance) 등에 이르고 있다.

주로 이와 같은 현대적인 음악들은 보다 생기롭고 살아있는 예배 표현을 이뤄가고자 교단에 따라서 혹은 개교회의 상황과 목회방침에 의해 젊은 연령층을 배려하여 수용하고 행해진다. 그런 중에서도 대체로 전통적 지향, 혹은 진보적인 방향, 아니면 진보와 전통의 적절한 혼합을 이뤄가는 예배음악의 세 가지 양상을 보인다.

Chapter 2

# 예배음악의 목적

예배음악은 예배가 존재하고 예배가 행해지는 순간에서만 그 진정한 정체성(identity)과 가치(value)를 지닌다. 이는 예배음악의 목적이 예배로부터 설명되고 이해될 뿐임을 강조한다. 이에 로버트 웨버(Robert E. Webber)는 "예배음악은 하나님의 속성과 그의 구속사를 드러내는 증거(witness)로서의 음악…, 예배의 태도를 갖게 하는 유도(inducer)로서의 음악…, 그리고 그리스도 안에서 한 몸으로서의 공동체를 이루게 하는 확언(affirmation)으로서의 음악"[1])이란 세 부분 영역으로 설명하였다. 이 말은 예배음악이 궁극적으로 예배에 대한 본질과 목적에 근거하여 규명될 수밖에 없음을 보여준다. 예배가 없다면 예배음악도 없다. 예배를 세워 갈 예배음악에 대한 성경적인 바른 시각과 리더십이 없다면 예배음악은 단지 종교적인 음악의 레퍼토리(repertoire)로만 남게 되는 성음악(sacred music) 혹은 종교음악(religious music)이란 말로 치부될 수 있다.

물론 예배음악이 성음악(sacred music)이란 차원이기는 하지만 성음악이 예배음악을 반드시 가리키지는 않는다. 예배상황이 아닌 가운데에서도 성음악은 세속 연주회장에서도 연주될 수 있을 뿐만 아니라 '성(sacred)'이란 단어의 본질적인 개념을 떠나서 기독교에서만이 아니라 이방종교에서도 사용되는 실정이다. 이러한 현실을 감안한다면 이에 대한 구별을 위해 성음악(sacred music) 혹은 성가(sacred song)라는 말은 새로운 말로 거듭나야 한다.

예술분야인 음악의 목적은 심미주의(aestheticism)에 있다. 그러나 예배에서 행해지는 음악의 목적이 음악 자체의 존재를 추구하지 않아야만 예배음악으로서의 타당성을 갖는다.[2] 그 이유는 예배음악이 '예술을 위한 예술(art for art's sake)'이란 심미주의에 있는 것이 아니라 하나님 중심(God-centered)인 예배본질과 예배를 행하는 매개체로서의 온전한 역할을 하는 것에 있기 때문이다. 그래서 예배음악은 예배자에게 음악미학적인 만족감(gratification)이나 취향(taste)에 근거하여 그 가치를 논할 수 없다.[3]

예배음악은 어디까지나 예배하기 위해 존재하는 것이지 예배음악을 위해 예배가 존재하는 것이 아니다. 이는 음악이 예배의 목적과 방향을 설정해준다거나 예배의 비전을 제시하는 근간이 될 수도 없는 까닭이다. 음악이 결코 예배에 중심이 아니라 예배를 표현하고 돕는 기능으로 있는 것임을 직시할 때에야 비로소 예배음악으로서의 정당성(validity)을 지닐 수 있다.

그러므로 예배음악은 하나님은 누구시며, 무엇을 행하시고, 또 무슨 말씀을 하시는지에 대한 기념(*anamnesis*)과 선포(*kerygma*), 찬양(*ainesis*)과 경배(*proskuneo*), 감사(*exomologeo*)와 예수 그리스도 안에서 한 몸을 이룬 공동체의 '믿음의 소리(*phone ek pistis*)'이다. 이러한 예배음악은 궁극적으로 예배자와 하나님과의 관계성을 확증해주며, 하나님을 기억하고 기념할 때에 과거에서부터 현재와 미래의 소망으로 이어지는 풍성한 축제의 소리인 동시에 전인적인 섬김과 영적 헌신의 예배 행위가 된다. .

# Chapter 3            예배음악의 6가지 기능들[1]

### 1. 예배를 고무함 to inspire worship

예배에서 음악은 무엇보다 일상적인 삶의 상황(daily life context)에서 예배의 상황(liturgical context)으로 옮겨가는 과정에 매우 직접적인 영향을 끼친다. 이 말은 이분법적인 차원에서 삶과 예배를 분리하려는 것이 아니라 공동으로 행할 예전적인 시간을 위한 음악이 그만큼 매우 실제적인 도움이 되는 것임을 가리키고자 함이다.

한 예로, 예배로의 부름 전에 연주되는 전주곡은 보통 예배참여를 고무시켜 준다. 만약 찬송가사가 담겨진 전주음악을 듣게 되면 음악 자체의 미적 기능을 넘어 예배자로 하여금 그 가사와 함께 하나님을 향한 생각, 하나님을 향한 정서, 하나님을 향한 응답의 의지로 나아가는 과정 속에 들어가게 된다. 이는 음악이 하나님 말씀과 하나님을 향한 응답의 특정한 방향으로 듣는 이에게 권면하는 기능에 연유한다. 물론 이것은 그 음악과 함께 한 신앙 고백적이며 하나님의 사랑과 은혜에 대한 감사가 담겨진 찬송시로 말미암는 것이다.

가사를 갖는 음악에 의해 회중은 이처럼 영적 갈망 속에 예배로 향할 수 있는 것과 같이 음악만으로도 정서적인 영향을 인하여 예배상황에 고무될 수 있다. 그래서 칼빈(John Calvin)은 예배에서 음악이 인간의 마음에 깊은 감동을 주고 불타오르게 하여 더 큰 열정으로 하나님을 찬양하게 하는 강력한 힘을 지녔다고 했다.[2]

이런 맥락에서 음악선곡엔 매우 사려 깊은 계획이 있어야 한다. 음악의 성격이나 내용에 따라 예배참여에 고무되거나 방해될 수도 있기 때문이다. 이때의 음악은 예배자로 하여금 예배 상황에 들어가도록 돕는 예배행위라는 점에서 그 정당성을 찾을 수 있다. 그렇기에 전주곡(Prelude)일 경우 성악, 악기들의 앙상블, 피아노, 혹은 오르간이든 간에 그 자체가 연주 지향적인 차원이 아니라 하나님께 나아가도록 하는 격려의 성격을 띠어야 한다.

## 2. 예배의 용이함 to facilitate worship

언어가 모든 사상이나 생각, 감정들을 나타내며 서술하는 능력이 있다 하더라도 음악은 박자, 음조, 음량, 선율, 화음, 리듬 등을 다양하게 함으로써 언어보다 사람의 감정을 훨씬 더 강하게 표현하도록 도와준다.[3] 음악이 갖는 정서적인 영향력은 그만큼 감정을 통한 표현에 힘을 실어준다. 그래서 회중찬송 음악은 예배 속에 하나님과의 만남과 대화의 깊이를 더해 갈 수 있도록 하는 강렬함을 끼친다.

뿐만 아니라 종교적인 정서를 표현함에 있어 음악이야말로 가장 강력한 집단적인 표현(corporate expression)의 장점을 지닌다. 특히 예배하는 회중 전체의 정서적인 표현을 이루는 데에 음악처럼 도움을 주는 것은 없다. 이는 혹이라도 예배자의 흩어진 마음들을 한 곳에 집중하게 하고 동일한 선율, 리듬, 가사의 소리를 내도록 하여 예배의 한 공동체를 형성하게 해주는 연합(unity)의 결과까지 가져온다. 그러한 과정 속에서 성령의 교통하심으로 회중이 마음을 여는 것을 용이하게 한다.

### 3. 예배 인도 to guide worship

로버트 웨버(Robert E. Webber)는 "나는 개신교의 예배가 너무나 많이 말로 인하여 고통을 당하고 있다고 느낀다. 비록 말로 의사를 전달하는 것이 커뮤니케이션에 있어서 보편적이고, 적절한 방법일지라도 모든 것을 설명해야 할 필요는 없는 것이다"[4]라고 했다. 이는 예배를 논리적인 언어 영역으로만 연관짓는 것에 익숙해져 있기 때문에 나올 수 있는 현상이다.

이와 달리 음악은 언어적인 설명이 없어도 예배자를 예배과정으로 원활하게 들어갈 수 있게 하는 탁월한 기능이 있다. 전체적인 예배의 흐름과 동일한 주제를 갖는 음악, 혹은 각 상황에 준한 분위기를 나타내는 음악으로 말미암아 예배자의 전인적인 반응을 야기하기도 하며 그에 깊은 영적 참여를 돕는다. 물론 이러한 결과나 영향력의 진정한 리더십은 음악 자체에 의해서가 아니라 그 배후에 예배하라는 하나님의 초대(인도)인 성령의 역사하심에 속한 것임을 전제한다.

특히 예배자는 예배음악이 지닌 음악적인 성격들로 인해 그에 상응하는 영향을 강하게 받을 수 있다. 예를 들어 부활절이나 성탄 절기 때라면 매우 힘차고 기쁨을 표현하는 음악 소리로 예배참여가 이뤄짐에 반하여 사순절 혹은 강림절 시기의 예배라면 다소 차분하고 묵상적인 음향에 의한 예배상황으로 인도될 것이다.

이처럼 음악은 마치 예배라는 드라마 내에서 한 장면에서부터 다른 장면으로 이어져 가도록 하는 안내자의 역할을 한다. 설교 후 찬송음악의 경우 설교 주제에 따른 응답으로 들어갈 수 있도록 한다든지, 혹은 찬양대를 통해 예배로의 부름이나 이에 대한 화답송, 기도송, 축도송 등으로 하여금 자연스럽게 예배자들 스스로가 그에 준한 예배행위에 반응하도록 충실하게 인도해준다.

### 4. 예배를 알림 to inform worship

회중이 예배를 공동으로 원활히 행할 수 있게 할 일정한 순서가 필요한 것처럼 그에 속한 예배 참여의 독려를 위해 내용들을 미리 알릴만한 그 무엇인가가 요구된다. 이는 대체로 가사와 결합된 음악 상황을 말한다. 물론 인도자의 짧은 말로 진행될 수 있으나 이를 음악으로 대신할 수 있다. 예를 들면, 전주곡으로 그날의 예배주제를 미리 전할 수 있고, 예배순서 사이에 공백을 채워 주는 간주곡으로 다음단계에 대한 준비를 알릴 수 있으며, 회중찬송 시 전주를 통하여 무슨 찬송가사와 음악으로 예배하는 것임을 인식하게 할 뿐만 아니라 후주곡(Postlude)으로 하여금 모든 예배순서의 마침을 공포할 수 있는 것 등이다.

특히 찬송가나 찬양대를 통한 찬양노래는 말씀의 내용, 말씀의 의미, 그리고 말씀에 대한 태도를 하나님 앞에서 행하도록 알리는 역할을 한다. 이는 전인적인 예배 반응을 유도하는 성격이기도 하다. 더욱이 찬송가에 실린 가사는 회중으로 하여금 그것을 부를 때에 복음의 진리나 신학적인 교리 내용까지 습득하게 하는 교육적 가치를 지닌다. 그래서 예배음악은 예배 순서에 나타난 개별적인 상황과 특성에 따라 적합한 내용의 소리를 가지고 알림으로써 보다 깊은 참여를 준비하게 하며 행하게 하는 기능을 한다.

## 5. 예배의 풍성함 to enrich worship

수도원의 사제이기도 했으며 낭만주의 음악의 대가였던 프란츠 리스트 (Franz Liszt)는 "음악은 우리의 감각에 의해 인지될 수 있는 감정 구현의 진수이다. 그것은 마치 감각 기관에 화살처럼, 빛처럼, 안개처럼 침투하여 우리의 영혼을 채운다"[5]고 했다. 음악의 정서적인 요인이 얼마나 강한 것인지를 잘 보여주는 말이다. 이러한 음악의 잠재적인 요인에 대해 요셉 애쉬톤(Joseph N. Ashton)은 "음악은 정서를 자극하는 매우 가치 있는 성질을 가지며 의식을 강하게 해주면서도 예술 안에 본질적인 부분과 균형감각을 통해 그것들을 통제한다. 그래서 음악은 종교적인 예배를 위한 이상적인 예술이다"[6]라고 했다. 곧 음악이 갖는 본질적인 아름다움과 인간 감정에 호소하는 작용으로 인하여 예배는 그 만큼 더 풍성하게 된다.

이처럼 음악이 매우 깊은 감정 표현의 중요한 가치를 나타낼 수 있음에도 불구하고 지극히 높고 전능하신 영광의 하나님께 드린다고 하는 음악에 매우 실망스러울 만큼의 진부함과 평범함으로 행하는 경우가 있다. 브루스 리프블래드(Bruce H. Leafblad)는 이 문제를 다음과 같이 설명한다.

> 우리는 교회에서 자주 너무나 평범한 찬양 음악들을 행하고 있는데, 이것은 먼저 우리의 주인 되신 하나님, 우리의 신학, 그리고 우리가 행하여야 할 모범에 얼마나 부끄럽게 반영하고 있는지 모른다. 교회가 무엇이고, 또 교회가 무엇을 대표하는지를 생각한다면 음악을 통한 섬김에 있어 최상의 것보다 덜한 그 어느 것도 정당화 될 수 없다. 이것은 순전함과 진실성에 중요한 역할을 하며, 회중으로 하여금 우리를 보다 진지하게 대할 수 있도록 이끌어 준다.[7]

구약 시대의 성전에서 이뤄졌던 예배음악은 그야말로 최상의 질을 암시하는 것들이었다. "찬송하기를 배워 익숙한 자의 수효가 이백 팔십 팔인이라"(대상 25:7), "찬송하는 자가… 골방에 거하여 주야로 자기 직분에 골몰하므로 다른 일은 하지 아니하였더라"(대상 9:33), "공교히 연주할찌어다"(시편 33:3) 등의 기록들은 당시의 예배음악이 최소한 평범함을 지양한 소리였음을 알게 한다.

이것은 하나님께 제사로 올릴 제물에 그 어떤 점이나 흠이 없는 것으로 선별하여 행하였던 것과 동일한 맥락을 갖는다. "무릇 흠 있는 것을 너희는 드리지 말 것은 그것이 열납되지 못할 것임이니라"(레 22:20), "…짐승이 흠이 있어서 절거나 눈이 멀었거나 무슨 흠이 있든지 네 하나님 여호와께 잡아 드리지 못할찌니"(신 15:21)처럼 제사의 온전함을 이루기 위해 헌납한 제물의 상태도 온전해야만 했음을 보여준다.

오늘날 드리는 예배엔 비록 구약의 희생제사는 없다 하더라도 찬미의 제사로써 전인격과 영적 헌신을 담을 만큼의 예배음악에 흠이 없도록 행함은 마땅하다. 하나님의 가치를 인정해 드린다는 예배(worship)에 적합한 경배 과정을 위해서 탁월함(excellence)을 아무리 강조해도 부족함이 없다. 하나님이 천지창조 시에 '보시기에 좋았더라'라고 하신 것처럼, 하나님 자녀들도 그분께 올리는 예배음악에 그것을 그대로 적용해야 한다. 이에 대해 탐 크라우터(Tom Kraeuter)는 "우리가 정말로 주님을 따르기를 원한다면 맡고 있는 모든 일에서 탁월함을 추구하는 것 외에 다른 방법이 없다. 탁월함은 우리가 섬기는 하나님의 본성의 일부이므로 교회 내에서 평범함(mediocrity)을 없애야 한다"[8]고 했다.

그러나 이때의 탁월함은 그 자체를 위한 것이거나 외적 결과에 따른 가치를 가리키는 것이 아니라 하나님을 위한 드림이란 과정에 관한 것이다.

더구나 이 탁월함의 가치는 인간경험과 이성적 판단 기준에 있지 않고 오직 하나님 주권적 판단에 있다. 그런 연유로 하나님 앞에서의 탁월함은 자신이 가진 것에서부터 최선을 다하는 헌신의 속성을 의미한다. 만약 적당히 행하는 것이면 결과적으로 평범함을 가리킬 뿐만 아니라 이는 마치 구약시대의 '흠이 있는 것'과 다를 바 없다.

그러므로 진정한 탁월함에 합당한 예배음악을 만들고 연주해 올리기 위해선 반드시 많은 땀과 노력이 따르는 연마와 연구가 있어야 한다. 이는 전능하시고 은혜로우신 하나님을 위한 것이기 때문이다. 할 수 있는 한 최상의 정성으로 행할 때에야 예배의 풍성함은 이뤄질 수 있다.

### 6. 예 배 to be Worship

음악이 기능적으로 예배에 공헌하는 바가 크다 해서 그것을 수단과 도구로만 인식해서는 안 된다. 오히려 음악은 하나님께 바쳐지는 봉헌이다. 비록 음악이 목회 사역이나 예배를 행하는 매개체들 중에 하나라고 볼 수 있다 하더라도 그 자체가 결코 도구로 전락될 수만은 없다.

음악의 도구화는 사실상 예배 리더십이 마치 음악에 따라서 이끌리는 것과 같은 오해를 낳게 할 수 있다. 다소의 영향은 있겠지만 실제적인 예배 과정과 그의 진정한 인도는 성령에 의해서 이뤄지는 것이다. 음악의 도구화는 예배에서 무엇을 하기 위한 수단의 가치로만 전락되기에 음악 그 자체가 예배행위로 인식되는 관점을 떠나 음악을 통한 능동적인 예배를 기대하기 어렵게 한다.

음악이 예배를 고무하고, 용이하게 하고, 인도하고, 알리고, 풍성하게 하는 효과가 있다하여 그것이 예배보다 앞설 수는 없다. 더구나 예배의 대상이신 하나님만이 강조되는 것이지 예배하는 방법과 통로가 되는 매개체에 중심을 둘 수 없는 것이다. 뿐만 아니라 음악에 의존하는 성향인 음악의 도구화라든지 그것에 집중되는 결과는 인간 경험에 의한 기준과 관습적인 틀을 낳기까지 한다.

그러므로 예배내의 모든 음악은 하나님을 향한 봉헌인 예배행위이다. 음악이 예배내용을 주관하는 것이 아니라 돕는 것이란 인식 속에서 이뤄져야 할 예배의 도구이면서 동시에 하나님께 응답하며 섬기는 예배이다.

*Chapter 4*

# 예배음악에 고려되어야 할 사항들

예배음악은 음악을 가지고 행하는 예배과정이기에 예배공동체와 예배음악 언어라는 2가지 문제에 직면하게 된다. 그래서 예배음악은 한 개인이 아니라 수많은 사람들이 모여 형성된 하나의 공동체에 의해 이뤄지는 것임을 기억해야 하고 그에 준한 음악 언어적인 특성과 성격으로 맞추어져 계획 되어야만 하는 것이다. 여기엔 직접 음악을 행하는 것과 음악을 대하는 것 모두의 상황을 포함한다.

사실 공동체에 속한 각 개인 모두가 예배 안에 제시된 음악언어만을 통해서 예배 표현을 하는 것임을 감안할 때 과연 공동의 언어로써 온전함을 이뤄가고 있는지 확신하기란 그리 쉽지 않다. 한 개인의 표현이라면 문제될 것이 덜하겠지만 함께 모인 모두의 표현이 되어야 하는 것이기에 그만큼 숙고해야 할 문제이다. 그래서 예배음악을 어느 한 개인의 소리가 아니라 공동체의 소리로 만들어 가기 위하여 목회적인 배려와 고려가 반드시 있어야 한다.

이에 따라 예배음악을 통한 공동의 예배 그리고 예배음악 언어로서의 기능적 가치가 충분히 발휘될 수 있도록 일관적인 예배주제에 적합한 음악, 음악적인 분위기와 예배 상황, 가사에 준한 음악성격과 영적깊이의 균형, 음악양식의 다양성, 음악의 난이도, 그리고 예배 전체에서 예배음악의 배치 순서 등을 심도 있게 다루어야 한다.

### 1. 예배주제에 적절함 appropriateness to the theme of worship

예배는 일정한 주제를 갖는다. 그러나 종종 예배순서 간에 서로의 관계가 밀접하지 못한 경우들을 볼 수 있다. 이것은 예배내용의 다양함에서 온 결과이거나 혹은 전반적인 아이디어로 상호간에 연결고리처럼 이어지는 예배 유형에 대한 인식 결여에 기인한다.

음악이 각 예배순서의 성격에 부합하도록 선곡되어야 하는 것처럼 일정한 예배주제의 흐름을 간파하고 이에 맞추어 전주곡과 후주곡, 회중찬송, 찬양대, 혹은 봉헌하는 음악들이 전체적인 주제에 따른 유기적 통일감을 견고하게 해주어야만 한다. 이것은 적어도 회중으로 하여금 예배과정 중의 혼란이나 무관심 속에 습관적 예배를 피할 수 있게 한다. 그러므로 예배음악 안에 담긴 음악적인 성격이나 가사가 예배의 정서적인 분위기와 내용을 충분히 표현하는 것이 되어야 하면서도 일관된 주제흐름에 적절함을 갖도록 선별되어야 한다.

### 2. 상 황 context

예배 순서엔 각 단계별로 특정한 예배의 아이디어와 정서를 담고 있다. 예를 들면, 예배로의 부름(call to worship)은 하나님의 임재를 상징함 속에 예배로 부르심이란 계시적인 상황을 표현함이 그 목적이다. 여기에 따른 음악적 특성은 다양할 수 있다. 소리의 음량(volume) 정도, 성부 움직임의 특징인 호모포니(homophony)나 폴리포니(polyphony) 혹은 이 둘의 결합, 화성에 의한 색채감, 그리고 리듬의 움직임 특징과 빠르기 등의 효과에 의해 회중으로 하여금 그에 따른 느낌을 갖도록 도울 수 있는 것이다.

예배음악은 이와 같이 예배순서 내용마다의 성격을 정서적으로 충분히 공감할 수 있게 하는 상황음악의 속성을 지닌다. 이는 단지 배경음악 차원에 머물지 않고 하나님을 예배하는 과정에 보다 깊고 역동적인 참여를 낳게 하기 위한 목적을 갖는다.

### 3. 균 형 balance

예배음악은 하나님의 계시에 대한 '응답'으로써, 감사와 찬송의 '드림'으로써, 그리고 하나님 말씀에 믿음을 통한 '헌신의 표현'으로서의 가치를 지닌 영적 예배행위이다. 이들 각각에 속하는 음악과 가사들이 비록 예배에서 다양함과 상이함을 갖는다 할지라도 전체적인 조화와 융합의 특성을 최대한 갖도록 하기 위한 균형은 필수적이다.

#### 1) 가사 주제 theme in text

예배가 일정한 주제를 갖는다 해도 그 안에서 이뤄지는 회중찬송의 가사 주제가 어느 정도는 다양함을 갖고 있어야 한다. 예배자를 통해 고백되어지는 내용들이 어느 한 부분에만 치우쳐져 있거나 지속적으로 때론 무의미하게 반복되고 획일화 되어 있다면 그를 통한 하나님과의 대화는 다소 협소해질 수 있기 때문이다. 그렇다고 하여 단지 광범위한 대화 성격을 의도함이 아니라 균형감 속에서 어느 정도의 다양함을 띤 대화의 풍부함을 지향한 것이다.

이에 따라 하나님의 속성을 나타내는 성삼위 일체, 창조주, 거룩, 전능, 광대, 자비, 신실, 공의, 초월, 내재, 영광, 존귀, 능력, 사랑 등에 있어서도 적절한 선택 속에 폭 넓은 영적 고백을 이뤄갈 수 있도록 선곡해야 한다. 이 뿐만 아니라 예수 그리스도, 성령, 도우심, 갈망, 신앙고백, 감사, 회개, 간구, 순종, 믿음의 분투, 헌신, 전도와 선교 등에 있어서도 그와 마찬가지로 어느 한 부분에만 치우침 없이 적절한 균형을 갖게끔 매 주일 찬송가 음악이 계획되어야 바람직하다. 물론 예배의 일관적인 주제의 유무를 떠나 내용상 예배순서 간에 상관관계가 너무 먼 것은 회피되어야 한다.

### 2) 방향성 direction

예배에서 불리는 찬송들의 가사에 객관적인 것들, 즉 하나님의 초월적이며 내재적인 속성들로써 성삼위 일체이신 하나님, 전능하신 창조주, 공의로우신 하나님, 인자와 긍휼의 신실하신 아바 아버지, 성육신 하신 예수 그리스도, 내주하시는 성령 등과 주관적인 것들, 즉 자비로우신 은혜, 예수 그리스도의 고난으로 보여주신 하나님 사랑에 대한 고백, 신앙적인 권면과 위로 등은 예배음악 전체 내용에 골고루 양 방향의 균형이 있는 선택이 이뤄져야 한다. 이는 궁극적으로 예배가 수직적(vertical)이며 수평적인(horizontal) 방향성 모두를 포함한 대화의 과정이란 속성을 지니기 때문이다.

### 3) 영적고백의 깊이 정도 a level of spiritual confession in hymns

예배에 참여하는 회중은 한결같은 믿음의 정도를 지니고 있을 수 없는 것이 현실이다. 초신자로부터 사역자에 이르기까지 신앙생활의 연륜에 따라 다르기도 하겠지만 그 내면의 영적인 상태나 믿음의 깊이들은 직분에 관계없이 차이를 갖기 마련이다.

이러한 문제를 안고 있는 공동체이기에 저마다의 영적고백을 이뤄가야 하는 찬송이 때론 부담스럽게 다가오거나 아예 무의식적으로 부를 수 있는 상황이 발생되기도 한다. 이는 음악 안에 담긴 가사내용의 영적인 깊이를 염두에 두고 한 말이다. 물론 이것은 가사를 충분히 받아 들이고 고백할 만한 회중의 영적 상태를 지적한 것이다.

특별히 헌신이란 주제를 다룰 때에, 예를 들어 "아골 골짝 빈들에도 복음 들고 가오리다…" 등과 같은 가사들은 목회자들, 혹은 믿음이 깊거나 전도와 선교에 헌신한 자들에게 적합하겠지만 초신자들이 과연 진정으로 심령과 마음으로부터 그러한 고백을 이뤄갈 수 있을까 하는 기대는 어려운 것이 사실이다. 예배가 개인적인 행위가 아니라 공동의 행위임을 여러 번 강조했듯이 모든 이들의 한 마음과 한 입으로 찬송할 수 있게 하는 것이 그만큼 중요하다.

비록 회중 모두의 영적 상태를 완전하게 감지할 수는 없다 하더라도 대체로 공감할 수 있을 만한 고백의 시들이 되도록 선별해야 한다. 이것은 '소명과 헌신,' '봉사와 충성' 등과 같이 헌신에 관련된 가사들이다. 이러한 내용을 담은 가사에 깊고 낮은 정도의 균형있는 선곡으로 회중에게 자신의 고백이 될 수 있도록 도움을 주어야 한다.

### 4) 음악의 양식 musical style

예배는 교회 전체의 신앙 실천행위로 나타나는 것이기 때문에 예배 공동체로서의 총체적인 표현이 요구된다.[1] 이것은 예배에서 음악계획이 그들의 영적예배 표현만이 아니라 이를 위한 그들의 문화와 전통, 경험 등을 이루고 있는 양식적인 흐름에 지각을 깊이하고 민감해야 비로소 역동적인 예배를 기대할 수 있게 함을 알게 하는 말이다.

사실 오늘날의 예배는 여러 장르의 음악을 폭넓게 수용하고 있다. 전 세계적으로 찬송 페스티벌(Hymn Festival), 시편송의 회복, 새로운 찬송가의 보급, 찬양과 경배(praise and worship) 및 CWM(Contemporary Worship Music) 혹은 CCM의 도입, 심지어는 고대 찬송의 사용 등으로 점점 그 범위와 표현양식을 넓혀가고 있는 실정이다. 그러나 현실적으로 어느 교회든지 이를 모두 수용할 가능성은 그렇게 많지 않다. 대신 이에 대한 해결 접근은 음악양식의 적절한 선택과 혼합에서 찾을 수 있다.[2]

그러므로 여기에 부응하여 심도 있게 고려되어야 할 부분은 바로 회중의 서로 다른 표현양식의 잠재력에 대한 인식이다. 회중의 다양한 연령, 성별, 문화, 교육배경, 음악적인 관행과 경험 등을 생각해야 하기 때문에 어느 한 개인의 취향에 따르기보다 공동의 취향에 부응해야 한다.

만일 어느 특정한 양식만을 고집한다면 획일적인 예배표현 속으로 이끌려질 수밖에 없다. 오히려 음악 양식의 다양함에 대한 열려진 사고가 필요하다. 이는 하나님의 충만하신 영광을 찬송할 유일한 예술적인 혹은 음악적인 양식이란 없다는 것에 주의를 끌게 한다.[3] 다시 말해서 그 어떠한 제한된 양식을 가지고 무한하신 영광의 하나님을 향한 예배언어를 속박해선 안 되는 것이다.

그러므로 고전, 전통, 현대, 단순 혹은 복잡, 호모포니(homophony) 혹은 폴리포니(polyphony), 무반주, 다양한 악기들의 사용 등을 통해서 예배 공동체가 폭넓은 표현의 기회를 가짐으로 예배를 모든 세대들과 함께 할 수 있어야 하는 양식의 다원론에 대한 이해와 이에 적합한 적용이 절실하다.

## 4. 상대적인 음악 난이도 the relative musical difficulty

예배음악은 음악언어에 따른 난이도 문제점이 대두된다. 회중찬송 음악의 경우는 주로 현대적인 성격의 음악사용에서 발생되는데 이는 노래 시 찬양팀의 조력과 인도자에 의한 지도력에 의해 다소나마 해소될 수 있다. 물론 이전에 회중의 음악적인 이해와 경험의 정도를 배려하여 선별하는 것은 필수적이다.

이에 반해서 찬양대와 관련된 문제로는 음악적 우월주의(elitism)와 심미주의(aestheticism)를 들 수 있다. 이 두 가지의 이즘(ism)은 찬양대원들의 역량이 소화해 낼 수 있을만한 음악인지에 대한 고려 없는 예술지상주의 성격과 회중의 미적인 이해수준이나 문화적인 배경과는 전혀 동떨어진 음악 만들기에 목적을 둔 것들이다.

찬양대 지휘자는 이러한 문제점들을 인식해서 음악을 선곡 할 때에 회중이 공감할 수 있는 가능성과 이해함에 무리가 없도록 해야 하고 그 음악을 부르는 찬양대원들 역시 자신들의 역량도 충분히 발휘될 수 있을 만큼의 상대적인 음악 난이도를 참고하여야 한다.

예배 봉헌이란 차원에서 지휘자들이 탁월한 음악 만들기를 통한 헌신과 열심이 문제될 수는 없다. 하지만 음악적 우월주의나 심미주의에 의한 열심은 오히려 찬양대원들이 행하는 예배를 방해할 뿐더러 그 음악과 함께 하는 회중에까지 음악언어의 괴리감으로 인해 그들의 예배에도 매우 부정적인 요인이 된다.

교회음악 지도자로서 정체성을 가져야 할 지휘자들의 비전과 리더십은 음악 세우기가 아니라 예배 세우기에 있다. 이는 결과적으로 예배가 공동의 모임이며 예수 그리스도 안에서 연합된 한 지체에 의한 예배행위임을 직시하게 하며 예배공동체로 말미암을 수 있는 예배음악을 만들도록 이끈다.

### 5. 다양한 배치 various arrangement

예배내용들 모두는 하나의 예술적 형태를 띤 것들로써 영적 축제와 다를 바 없는 역동성과 생기를 지닌다. 그런 까닭에 20세기 초 독일에서는 예배 갱신의 일환으로 예배를 개인의 교화가 아닌 회중의 축제라고 하여 단조로움을 피하고자 기도 및 예배의 고정 부분들을 수시로 바꿀 것을 제안하기도 했다.4) 이는 살아있고 축제적인 특성에 의해서 예배순서의 변화들이 때론 필요함을 가리킨다.

늘 고정된 순서의 예배는 안정감이 있지만 그 반면 회중으로 하여금 자신들도 모르게 타성에 젖는 문제마저 낳을 수 있다. 이러한 문제 해결을 위해 절기에 따라 바뀌어 질수 있는 고유내용(예: 성시교독, 찬송)과 통상적 내용(사도신경, 주기도문)의 순서배치에 변화가 요청된다. 매주일 일정하게 놓여있는 이들의 순서가 항상 고정되어 진행된다면 편안함만 있을 뿐 역동적이며 생동감, 그리고 보다 깊은 예배참여에 활력을 불어 넣어줄 수 있으리란 기대는 사실상 어렵다. 물론 너무 자주 바뀌는 순서는 낯설고 당황스러워 혼란을 일으킬 수 있기에 적절한 배치와 배치 변화의 빈도수가 주의 깊게 실천되어야 한다.5)

그러나 예배음악에서 언제나 똑같은 순서보다는 주의 깊은 예배계획에 따라 조화로운 배치를 고려함이 좋다. 예를 들어 부활절 예배 시 부활의 기쁨과 감격의 표현을 위해 예배로의 부름 후 찬양대의 힘찬 찬양과 함께 예배를 시작할 수 있다. 이때는 찬양대의 음악으로만 끝내지 않고 종결부에 가선 곧바로 이어질 찬송가의 전주로 이어져 회중이 찬송하게 하여 더 다이

내밀한 예배의 흐름을 이뤄갈 수 있다. 이 경우엔 설교 전의 찬양대의 찬양 순서를 솔로이스트나 중창 혹은 악기 연주로 대신하게 한다. 이 외의 방법들은 음악내용들에 근거하여 여러 가지로 나타낼 수 있다.

이러한 배치를 통한 변화를 위해선 예배 순서의 다양성에 대한 목회자의 포용력과 회중의 이해와 협조가 있어야 한다.

# Chapter 5  예배음악에 대한 왜곡된 시각들

예배음악은 오직 예배의 본질과 목적으로 말미암아 발생된 예배행위일 뿐이다. 이에서 다른 그 어떠한 의미와 의도를 가질 수 없다. 예배음악은 예배로써 그 이상도 그 이하도 그 외의 것도 아닌 하나님을 향한 봉헌이자 예배자의 보다 더 깊은 섬김으로 나아가게 하는 또 하나의 봉헌이다.

진정한 예배음악에 대한 관점은 하나님의 계시에 대한 인간의 응답이란 예배 과정에서 예배의 목적과 결과만을 낳게 하는 언어의 가치로 보는 것이다. 이러한 존재가치를 갖는 예배음악에 상반된 것은 예배가 아닌 예배 이외의 그 무엇으로 이해하려는 것이다. 이에는 음악적인 취향, 문화적인 가치 보전, 성스러운 오락, 그리고 음악 만들기 목적이란 왜곡된 시각들이다.

## 1. 음악적 취향

음악은 예배를 보다 풍성하게 할 기능적인 매개체이면서도 예배행위로서의 충분한 잠재적인 가치를 지닌다. 그렇다고 해서 예배가 음악으로 설명되거나 완전해 지는 것은 아니지만 예배에 기여하는 공헌의 역량과 예배를 위한 표현력에 있어서 만큼은 음악이 강력한 예배언어임엔 분명하다.

그러나 음악이 예배표현에 정서적으로 매우 직접적이며 깊은 영향을 끼친다 하더라도 음악을 마치 최고의 예배행위인양 주장하는 사고는 위험하다. 이는 소위 '종교적 심미주의(religious aestheticism)'로 빠지게 할 수 있어 진리 대신 인간 중심적인 취향으로 향하기 때문이다.[1] 그래서 칼빈(John Calvin)은 노래로 불려지는 전례(liturgy)에 보다 미학적인 흥미를 더하려는 음악인들의 모든 노력을 저지하였던 역사를 남겨주었다.[2]

예배음악이 온전한 예배가 될 수 있는 것은 그 음악을 만든 예배자나 만들어진 그 음악과 함께 하는 예배자의 내면에 달려 있다. 그렇기에 예배음악의 관점이 종교성을 띤다 해도 본질적으로 사람의 귀를 만족하게 하며 즐겁게 하고자 한 의도나 동기에 있다면 이미 예배음악의 가치를 잃은 것이다.

만약 어느 한 개인의 취향에 따라 특정한 종류의 소리, 특정한 조합의 악기들, 혹은 특정한 양식 등의 음악소리로만 예배음악을 행한다면 이 또한 마치 오디오의 음악 선곡을 위해 트랙(track)을 바꾸는 것과 다를 바 없다.[3]

뿐만 아니라 찬양대, 독창자, 혹은 기악으로 올리는 봉헌 음악이 자신들의 선호도에 맞춰진 것이라면 공동의 예배(corporate worship)와는 단절된 결과를 내게 할 수 있다. 이것은 영적인 목적과 목표를 향한 예배음악을 얼마나 황폐하게 하는지 자명하게 한다.

더구나 이러한 모든 예배음악 행위들은 하나님께 드림과 동시에 예배로 나아갈 수 있도록 회중을 격려하는 예배의 실천적 섬김이라기보다는 교회 내에서의 음악활동을 지속하고자 한 욕구들로 치부될 수 있다. 심지어 회중 가운데는 자신들의 만족감을 위해 예배에서 그러한 음악들이 불리거나 혹은 연주되기를 원하기도 한다. 하지만 이러한 동기의 그 어느 음악도 예배당 안으로 허락되어서는 안 된다. 이는 예배에 장애물일뿐더러 확실한 유해물이 될 수 있기 때문이다.[4]

예배음악은 하나님께 행하는 예배일뿐이다. 예배음악은 인간의 음악적 취향이나 선호도에 있는 것이 아니라 오히려 음악을 통해 헌신으로 나아가는 믿음의 영적행위이다.

## 2. 문화적인 가치보전

예배음악으로 사용되는 음악의 자료들은 교회의 문화유산 보존으로써 귀한 가치를 가진다. 교회에 속한 모든 음악유산을 후대에 전하여 줄 만큼 체계 있게 정리하고 보존한다면 또 다른 시대와 문화적 배경에서 다시금 거듭난 교회음악으로서의 역할과 열매를 맺어갈 수 있을 것이다.

그러나 예배음악을 포함한 교회음악 전체가 예술적 관점과 음악미학적인 차원에서의 동기나 목적 속에 하나의 문화적 의미를 두고 보존하려는 것은 마치 영적인 것과 무관한 일종의 예술 박물관과 다를 바 없음을 나타낸다.[5] 비록 과거로부터 전해져 온 값지고 훌륭한 음악들이 현재에도 하나님을 찬양하는 예배에 계속 사용되는 만큼의 영향을 준다하여도 위대한 음악예술의 보고(treasury)인양 지키고 살려 나가려는 것은 예배음악의 본질을 벗어난 것이다. 예배음악의 진정한 정체성은 예술을 지향한 문화적 가치보전 차원과 방향에서 설명되는 것이 아니라 예배 지향적인 실천적 섬김의 소리에 있기 때문이다.

## 3. 성스러운 오락

예배는 하나님만을 즐거워하고 기뻐함으로 행하는 것이다. 비록 예배에서 파생된 즐거움과 기쁨을 인간이 누릴 수 있지만 이것에 중점을 둘 수 없는 속성을 지닌 것이 또한 예배이다. 예배 목적의 그 처음과 끝이 오직 하나님의 영광을 위한 것이므로 그 어떤 다른 목적과 기대를 의도하는 것은 예배일 수 없다. 그리스도인은 궁극적으로 하나님의 유익, 하나님의 영광, 하나님의 목적, 그리고 하나님의 즐거움을 위해 존재하기 때문에 예배란 하나님께만 초점이 맞춰져야 한다.[6]

만약 예배에 사용되는 음악이 인간의 즐거움을 위한 것으로 생각된다면 '종교적 유흥(religious entertainment)'을 유발할 수 있게 할 뿐이다. 엔터테인먼트(entertainment: 유흥, 오락)는 '딴 데로 돌리다(divert)' 혹은 '마음이나 생각을 빗나가게 하다(distract)'라는 의미로써 삶의 진정한 문제들을 생각에서부터 빗나가게 하거나 떨쳐버리게 하기 위하여 잠시 동안 즐겁게 함을 목적한 말이다.[7]

이와 같은 맥락에서 예배음악을 종교적 유흥의 관점으로 익숙해져 있거나 기대하고 실행한다면 이는 이미 예배음악으로서의 정당성을 상실한 것이다. 예배음악은 예배자가 그 안에서 자신이 갖고 있는 문제들을 떨쳐 버리기 위해 누리는 것이 아니라 오히려 그것들을 하나님께 내어 맡기며 나아가는 믿음과 직결된 예배언어이기 때문이다.

그러므로 예배음악은 비록 기쁨과 즐거움을 유발하게 한다 해도 일종의 성스러운 유흥의 시각 속에서 안주하려는 것을 철저히 지양하고 오직 하나님 중심적인 예배로써 행하려 하는 영적 섬김이 되어야 한다.

## 4. 음악 만들기 목적

　예배음악은 저마다 양질의 차이가 있더라도 드리는 자의 정성에 있어서 만큼은 부끄러움이 없도록 해야 한다. 이는 구약시대의 제사에 있어서 "만군의 여호와가 이르노라 너희가 또 말하기를 이 일이 얼마나 번폐스러운고 하며 코웃음하고 토색한 물건과 저는 것, 병든 것을 가져왔느니라 너희가 이같이 헌물을 가져오니 내가 그것을 너희 손에서 받겠느냐 여호와의 말이니라"(말 1:13) 한 것처럼 온전한 제물이어야 했듯이 음악으로 올리는 예배음악 또한 다를 바 없는 것이다. 그렇다고 하여 온전한 제물이라 일컬을 수 있는 예배음악이 높은 질적인 소리, 세련되고 장엄함을 연상케 하는 그 어떤 심미적 탁월함(excellence)을 지칭한 것은 아니다. 다만 예배자가 할 수 있는 데에서 최선을 다하는 성실함(sincerity)의 과정을 의미한다.

　그러므로 분명한 사실은 예배음악이 예배의 표현이자 그 결과일 뿐 예배의 목적이 아니라는 것이다. 음악이 아름다움으로 예배에 공헌하고 상당한 위치를 차지한다하여 아름다움의 창조를 이루는 심미적인 관점 속에서 예배음악을 이루고자 한다면 이는 이미 예배로서의 의미를 잃은 종교음악 연주에 불과하다.[8]

　음악은 예배자로 하여금 예배에 집중하게 하고 예배순서들 간에 적절한 감각과 표현으로 기여할 때 진정한 미적 가치를 지닌 예배행위가 될 수 있다. 음악을 강조하게 되면 종종 고도의 예술음악 사용으로 인하여 어떤 미적 관조를 요구하게 되는 현상까지 나타날 수 있어 오히려 하나님 묵상을 혼란케 할 수 있는 여지마저도 줄 수 있는 문제점을 낳는다.[9]

　예배음악은 예배가 존재하기 때문에 가능하다. 예배음악은 하나님을 오직 예배하기 위한 이유로 발생되고 연주될 때에 그 역할의 진정성을 띤다.

이 과정에서는 예배음악이 음악 만들기의 목표인 음악에 의한 아름다움이라기보다 거룩한 아름다움을 이뤄가는 예배의 소리로 이뤄져가야 한다.

Chapter 6                                                     찬양대

## 1. 찬양대 역사의 개괄적인 흐름

찬양대의 기원은 다윗 왕 시대로 거슬러 올라간다. 다윗 왕은 예루살렘에 언약궤가 안치된 장막에서 행해진 예배를 위해 노래하는 자들을 세웠다. 찬양대의 유래인 이 노래하는 그룹은 레위인들로 정해졌다. 이들은 날마다 하나님 언약궤 앞에서 찬양하였으며(대상 16:37), 조석으로 번제 때마다 악기를 연주하였고(대상 16:40-42), 새벽과 저녁마다 서서 여호와께 축사하며 찬송을 행하였다(대상 23:30). 성전시대에 들어서도 그 주된 임무가 그날그날의 성전 업무에 따라 제사장들을 도우며 정해진 시간에 찬송을 올리는 것이었고 매년마다 행해지는 절기 제사 때에 음악을 담당하는 사역이었다(대하 8:14).

그러나 이들은 솔로몬 성전 이후 스룹바벨 성전의 완공이 있었지만 그 이전의 풍성함은 더 이상 찾아 볼 수 없었다. 더구나 헤롯 성전 시대도 마찬가지였다. 이는 헤롯 성전이 파괴(A.D. 70년)될 때까지도 찬양대는 발전보다 명맥만 유지할 정도였다. 여기엔 바벨론 포로시기에 생겨난 회당예배

가 한몫 하였다. 회당예배의 성격과 내용 속에 찬양대가 필요 없었던 배경이 그 한 이유이기도 했다.

이렇듯 다윗 왕 시절부터 신약시대까지 1000년이 넘는 오랜 세월 속에서 찬양대의 전통이 내려왔지만 시대가 변하면서 그 계보마저 사라지게 되었다. 이는 핍박받는 초대교회 시기에 형식을 갖추어 예배할만한 형편이 못 되었던 것도 있지만 성전파괴와 더불어 이젠 예배가 성전이 아닌 교회로 옮겨진 것에 기인된 것이기도 했다.

신약성경엔 구약시대와 같은 찬양대 그룹에 관한 언급이 없다. 다만 회중 찬송을 연상하게 하는 말씀만이 있다(골 3:16, 엡 5:19). 그래서 폴 웨스터마이어는(Paul Westermeyer)는 "초대교회가 기독교 박해로 인해 늘 집에서 모였던 것과 찬송함에 '한 목소리로'란 개념이 교회로 하여금 전 회중을 찬양대로 여기게 하였다"[1]라고 했다.

사실상 당시의 초대교회 예배가 회당예배의 전통에 영향을 받았고 구약 성전예배 개념마저 예수 그리스도로 말미암아 완전히 갱신되었기에 성전에서의 찬양대와 같은 존재는 무의미할 뿐이었다. 특히 이 때의 예배내용들은 고린도 교회에서 보여주었듯이 일정한 형식이 없는 가운데 가르치는 말씀, 성찬, 기도, 찬송, 감사의 고백, 아멘으로의 화답, 계시, 방언, 통역함 등이었다(고전 11: 20; 14:13-17, 26).

그러나 세월의 흐름과 변화 가운데 찬양대의 역사적인 부활이 시작된다. 로마의 콘스탄틴(Constantine) 황제가 반포한 밀라노 칙령(*The Edict of Milan*, 313년)에 의해 공인된 기독교는 이 시점에서부터 교회의 급성장을 이뤄가면서 예배의식도 규모 있는 발전에 따라 예전음악을 위한 전문 음악인들의 필요성 대두가 그 원인이었다.

이를 위해 교황 셀레스틴 1세(Celestine I, 재위 422-432년)는 스콜라 칸토룸(Scholar Cantorum: 노래학교)의 설립을 감독하고 발전시켰고, 교황 그레고리 1세(Pope Gregory I, 590-640)는 이것을 다시금 재정비하여 카톨릭 예전(미사)음악만을 위한 전문적인 기관으로 만들었다.[2] 이들은 회중을 대신하여 노래로 예전을 돕는 그룹인 콰이어(choir)였다.

이 콰이어는 7인의 성인으로 구성되었고 보강을 위해 소년들이 동원된 것으로 알려졌다. 스콜라 칸토룸을 모델로 하여 전 유럽에 세워진 대표적인 노래학교들은 뚜르(Tours), 멧츠(Metz), 성 갈렌(St. Gallen)에 있었다. 이들 기관에서 훈련된 학생들은 오직 미사를 위한 음악을 주관하고자 전문적인 교회음악인들로 배출되었다.

카톨릭의 주된 예배는 미사인데 그 안엔 일정한 가사를 가진 노래들이 있었다. 이 노래는 사제와 합창을 맡은 그룹, 그리고 회중에 의해 응답창(responsorial singing)이나 교송(antiphonal singing)이란 방식을 취하였다. 사실 이것들은 구약시대 때부터 전해 내려왔던 것으로써 그 이후에도 미사 때에 지속된 전통이었다. 특히 응답창에 있어 15-16세의 미사 중에 행해진 매우 보편적인 방법은 독창자에 의한 단성 찬트(plainsong)와 찬양대에 의한 다성부의 곡(polyphonic setting)을 가지고 서로 번갈아 가며 부르는 것이었다.[3]

교회사적으로 초창기 때엔 회중의 찬송 참여가 활발하게 이뤄졌다. 하지만 시간이 지나면서 예배 중에 회중찬송의 참여를 문제 삼는 분위기가 교회 내에 팽배해져갔다. 이는 회중 찬송의 자유로움 때문에 세속적인 성격의 노래가 교회내로 유입되는 문제를 차단하고자 하는 의지가 담겨진 것이었다. 또 한편으로는 성직자와 회중간의 성(sacred)과 속(secular)이라는 구별의 심화로 나타난 증상 때문이기도 하였다. 그러한 결과 라오디게아 공의회(Council of Laodicea: 343-381) 결정으로 인해 예배 시 회중의 모든 찬송참여는 엄격히 금지되어 버린다. 이는 그 공의회에서 결정된 13번째의 법규인 다음의 내용으로도 잘 알 수 있다. "설교대에 올라 찬트(chant)를 부르도록 지정된 노래하는 자들 외엔 그 누구도 교회에서 노래하지 말아야 한다."4)

이러한 역사적인 배경 때문에 회중은 점차 예배 시엔 아무런 소리를 낼 수 없이 듣고 보기만 하는 위치로 전락하게 된다. 이로 인하여 회중을 대신할 음악그룹의 활성화가 더욱 깊이 이뤄질 수밖에 없었다. 이를 위해 음악교육기관인 스콜라 칸토룸으로부터 엄격한 과정을 마친 합창대원들은 미사에서 주도적인 역할을 담당하였다.

미사에서 중요한 직무를 맡은 이들은 성스러운 신분임을 나타내고자 제단 가까운 곳인 휘장, 혹은 칸막이 뒤에 자리하여 함께 한 성직자들과 서로 마주보며 찬송하는 전통을 남기었다. 그 때문에 잘 보이지 않는 위치에 선 그들의 노래 소리만 회중은 들을 수 있었다.5) 이는 당시의 콰이어가 마치 구약 시대의 레위 사람들처럼 회중을 대표하여 독단적으로 직무를 담당했던 특징과 흡사하다. 구약시대 제사의 내용을 띠며 제사장과도 같은 권위를 가지면서 말이다.

카톨릭의 콰이어는 그 기능들이 구약 시대의 것과 거의 유사했던 반면 개신교에 나타난 콰이어는 다소 그 성격을 달리하였다. 이는 개신교에서 보여 주었던 모델에서 찾을 수 있다. 특히 카톨릭의 콰이어처럼 이들이 자리한 위치에서부터 그 역할을 이해하게 한다.

18-19세기 영국과 미국의 많은 교회의 콰이어는 예배당 뒤쪽에 있어 회중이 뒤로 돌아 콰이어를 바라보는 관례를 갖다가 점차로 회중과 함께 자리를 같이 하는 위치로 정착한다. 이것은 회중을 대표하여 찬미의 제사를 드림에 있으면서도 회중의 찬송을 보조하고자 한 목적이 있었다. 그 기능에 담긴 의미는 카톨릭의 경우와 같이 회중과 분리된 것이 아니라 한 몸을 이

루는 교회 공동체를 나타낸 것이었다.6)

　19세기부터 시작된 미국 대중 복음주의에 의한 콰이어는 음악을 통하여 복음을 증거하고 회중에게 회심 촉구와 권면 등의 선지자적인 개념을 나타낸다. 그래서 아예 콰이어의 위치가 강대상 뒤편에 배치되어 회중과 마주보게 하는 전례를 남겨 주기도 한다.7) 이러한 구조는 현재 많은 교회에서 성행되고 있는 형태이기는 하지만, 꼭 그와 같은 기능만을 위한 것은 아니다.

　이와 같은 변천과정에서 현재까지도 매우 중요한 예배음악 사역의 한 부분으로 자리하고 있다. 하지만 전통, 현대, 혹은 이 둘의 결합을 이루는 예배양식의 갱신을 꾀하는 흐름에 따라 이 그룹에 대한 정체성과 필요성마저 불분명해지는 문제를 야기하기도 한다. 이로 인하여 찬양대로서 인식되는 콰이어가 이제는 찬양팀이란 새로운 예배사역 그룹과의 협력이 이뤄져야 하기도 하고 때론 서로 긴장된 관계 속에 있거나, 혹은 아예 찬양팀으로 대치되는 현상마저 낳고 있다.

　그럼에도 불구하고 어느 그룹이 예배에 합당한 것인지에 대한 신학적인 규명은 사실상 어렵다. 성전예배에서 노래하던 그룹이 회당예배에선 사라졌던 것처럼 신약시대나 고대, 그리고 중세, 종교개혁, 근대와 현대에 이르기까지 예배의 표현 방식이 계속하여 변화를 거듭했기 때문이다.

　더구나 이것은 신학적인 문제가 아니라 예배양식의 전통과 경험에 맞물린 문화적 관점에 더 가까운 문제이다. 그렇기에 찬양대 혹은 찬양팀, 이 둘 중의 하나란 선택적인 차원을 내려 놓고 무엇보다 그 어느 것이든 예배사역 그룹으로서의 성경적 비전과 리더십을 온전히 갖고 있느냐 하는 것이 더 중요하다고 본다. 다만 여기에서는 오랜 기간 동안 지속되어 온 콰이어인 찬양대에 대해 그 정체성이 무엇이며, 예배에 과연 어떠한 성경적인 의미와 역할로 공헌하는 것인지를 살펴보고 이를 위하여 찬양대의 실무적인 과정에 도움이 되는 내용까지 다룸으로써 예배사역의 견고한 틀을 세워 보고자 한다.

## 2. 찬양대의 본질

찬양대는 성경에서 그 근원을 찾을 수는 있지만 본래 이러한 명칭을 갖고 있지는 않았다. '노래하는 자들'이란 말로 명명되었던 이 그룹은 장막에 안치된 언약궤 앞에서 혹은 성전시대 때에 행해지는 예배 중에 '노래와 악기 연주'로 섬겼던 무리들이었다. 이들이 행했던 노래들은 한결같이 "여호와를 찬송하는 자"(대상 23:5)처럼 하나님 자랑, 칭송, 경배, 감사, 송축, 찬양, 고백, 선포, 때론 탄원적인 간구의 노래(시편 5편, 56편, 69편…)와 기도(시편 6편, 13편, 20편, 40편, 41편…) 등의 내용이기에 종교적인 음악연주의 봉헌에 머문 것이라기보다 하나님을 향한 영적 헌신의 예배행위였다.

이에 근거하여 볼 수 있는 그들의 정체성과 본질은 희생제사와 같은 봉헌인 제사장적 기능에서만이 아니라 찬양의 심화된 의미들과도 직결된다. 이것은 예배행위의 속성에 적용되는 과정에서 예배의 대상과 예배하는 자-회중-에 따른 섬김의 수직 및 수평이란 양방향 사역 내용에서 구체적으로 나타난다. 이에 준한 그 그룹의 명칭은 찬양대이다.

## 3. 찬양대의 역할

예수 그리스도 안에서 한 몸을 이룬 공동체가 서로 각기 다른 은사로 교회를 위해 봉사하듯이 찬양대 또한 음악적 은사를 가지고 예배 안에서 찬양으로 봉사하는 지체이다. 이는 중세시대의 카톨릭과 같이 회중과 완전히 구분된 성직자 개념인 콰이어와는 근본적으로 그 성격을 달리한다. 회중과 분리되어 그들보다 더 높은 위치에서 예배를 이끌거나 대표하는 무리인 특권의식에 자리하는 것이 아니라 회중과 동일한 예배자이면서도 예배에서 일어나는 여러 가지의 일들을 감당하는 사역그룹이다.

특별히 찬양대는 예배사역 가운데 수직적인 기능과 수평적인 기능 모두를 포함한다. 이는 회중을 대신해 찬미의 제사를 올리는 독립적인 그룹에서만 머물지 않고 회중의 예배를 돕는 이중적 역할까지이다.

찬양대의 이러한 특성의 기능과 관련하여 윌리엄 후퍼(William L. Hooper)는 세 가지 영역, 즉 회중과 함께(with the people), 회중을 위하여(for the people), 회중을 향하여(to the people) 존재하는 그룹이라고 표현하였다.[8]

### 1) 회중과 함께 with the people

찬양대는 회중을 대표하여 맡겨진 음악사역이 매우 중요하다 하여 이에만 치중하다보면 종종 자신들이 회중과 동일한 예배자임을 간과할 때가 있다. 러브라이스(A. C. Lovelace)는 찬양대가 비록 예배의 기능적 차원에서 특별한 직무를 감당하는 자리에 있더라도 이들은 회중의 일원으로 똑 같은 위치에서 함께 하나님을 예배하는 예배자임을 강조했다.[9]

찬양대는 회중과 다를 바 없는 예배자의 신분임을 직시하고 있을 때에야 진정한 역할을 비로소 발휘한다. 그래서 예배 순서의 한 순간이라도 놓침 없이 사모하며 열망하는 가운데 하나님의 임재 속으로 들어가 그분의 계시에 응답하는 예배자가 먼저 되어야만 그 이후의 모든 예배과정을 온전히 이뤄갈 수 있다.

### 2) 회중을 위하여 for the people

'사람들의 일(*leitourgia*)'에서 유래된 말인 전례(liturgy)는 두 가지 속성의 일을 갖는다. 하나는 하나님을 위하고 또 하나는 하나님의 백성을 위하는 일이다. 이는 하나님께 드리는 경배의 행위가 다른 사람들을 위해 해야 할 구체적인 행동으로까지 확대되는 것에 기인된다. 곧 하나님을 섬김에 있어 종 됨의 관계를 통하여 다른 사람을 위해 쓰임 받을 수 있다는 것을 보여준다.[10] 그렇기 때문에 예배사역을 위해 존재하는 찬양대의 역할도 음악목회(music ministry)의 포괄적인 차원으로 설명된다.

마틴 루터(Martin Luther)는 찬양대를 예전적인 기능 차원에서 보다 더 회중의 종으로서 혹은 조력자로서 회중의 예배를 풍성하게 하며 생기를 불어넣어 준다고 믿었다. 다음은 이에 대한 생각을 루터교회(Lutheran Church) 전통 속에서 찾아볼 수 있게 하는 내용이다.

1. 찬양대는 예전의 회중찬송을 보조하며 풍요하게 해주는 역할을 한다.
2. 찬양대는 예전에서 맡겨진 찬양을 부름으로 예배에 다양함과 풍성함을 가져다준다.
3. 찬양대는 가능하고 적절한 것으로 수반되는 음악을 연주함으로써 회중의 예배를 비옥하게 해준다.[11]

이것들은 루터교회(Lutheran Church) 전통의 예전상황에서 이해되는 찬양대의 역할이지만 현시대의 찬양대 기능과도 크게 다를 바 없다. 현재 이뤄지고 있는 찬양대의 보다 더 구체적인 사역 내용들을 요약해 보면 다음과 같다.

1. 찬양대는 예배 중 다양한 찬송가들을 부를 때에 회중으로 하여금 노래

부르는 것을 확신 있게 이끌 수 있도록 격려하고자 힘찬 소리를 낸다.
2. 찬양대는 회중을 향하여 적절하게 새로운 찬송가들을 소개하고 그 가치들을 가르쳐 영적 찬양의 폭을 넓혀주는 도움을 준다.
3. 찬양예배 시에 찬양대가 회중과 함께 하는 찬송 페스티벌(Hymn Festival)과 같은 축제적인 표현으로 깊고 풍성한 예배를 드릴 수 있게 한다.
4. 찬양대는 회중이 익숙하지 않은 노래들이라도 예배 중에 회중으로 하여금 불안해하지 않도록 이끌어준다.
5. 찬양대는 회중이 예배에 사용될 새로운 노래를 배울 때에 회중의 참여도를 높여갈 수 있도록 고무해주는 역할을 한다.

이러한 일련의 사역들은 찬양대가 예배 합창음악(Anthem)을 부름이 그 임무의 모든 것이라고 말할 수 없게 한다. 단 한 번의 예배합창으로 찬양대의 주요 역할을 다 설명해버린다면 위에서 언급하였듯이 발생되어지는 또 다른 사역에 대하여 기대조차 하기 어렵다.

그렇기에 회중을 위한 사역 중에는 회중찬송 교육 시 인도자 및 조력자의 역할이 있고, 예배 때엔 예배로의 부름, 기도, 헌금기도, 축도, 및 폐회 등을 위한 짧은 노래들을 불러 예배를 돕는 것이 있다. 예배 내에서 좀 더 구체적인 찬양대 사역에는 감격스런 예배 표현을 위해 데스칸트(descant) 사용, 회중과의 교송(antiphonal singing) 혹은 찬송가 각 성부를 맡아 화성적인 색채를 갖고 부르는 것 등이다.

### 3) 회중을 향하여 to the people

성경시대 때에는 회당예배 중 랍비들이 말과 노래의 중간 형태인 낭송(chanting)이라는 전통을 갖고 있었다. 이것은 특히 회중을 향하여 성경 해석학적인 차원에서 높은 가치를 띤 아주 중요한 방법으로 행하던 것이었다.12) 이러한 상황처럼 찬양대도 마치 사람들을 향해 하나님 말씀 선포를 담당한 선지자의 기능을 갖는다.

구약시대 예배 때마다 레위인들은 성막에서 "신령한 노래"(대하 25:2)를 했다는 기록이 있는데 원래 이 말은 '예언하다(naba)'이다. 이 내용은 여러 악기들을 가지고 레위인들이 하나님을 찬양하는 것으로 이해될 수 있으나, 본질적으로 이들의 사역은 노래 부르는 것에 머물기보다 예언자처럼 '앞을 향해 말하는 자(forth-teller)'로서 예언적인(prophetic) 기능과 속성을 암시한다.13) 당시의 레위인들은 악기를 연주하며 찬양하고 있었지만 정작은 예언을 하고 있었다는 사실이다. 마치 살아계신 하나님의 말씀을 선포하는 선지자(prophet)들처럼 말이다.

찬양대 음악의 목적엔 이와 같이 하나님의 말씀을 전하는 선지자적인 역할이 있다. 이런 맥락에서 존 칼빈도 "음악은 하나님 찬양을 선포하고 전하기 위해 특별히 창조되었다"14)고 했다.

레위인들을 통해 비춰진 그들의 사역에 따라 현시대의 찬양대 또한 설교는 아니지만 하나님 말씀의 가사, 혹은 그에 근거한 찬송시들을 음악적인 표현 속에서 회중을 향하여 선포하는 '설교 기능'의 한 측면으로 볼 수 있는 것이다.15)

## 4. 예배 사역을 위해 찬양대원이 주지해야 할 내용들

### 1) 예언적인 섬김 prophetic ministry

구약시대부터 시작된 찬양대는 심미적인 음악연주로 봉헌하는 것을 그 주된 기능으로 하지 않았다. 음악 표현보다는 오히려 표현되는 가사에 그 우선순위를 두었다. 바로 음악과 함께한 하나님 말씀의 선포였다. 이미 언급하였듯이 '신령한 노래'를 하는 예언자적인 사역이다.

이 사역을 담당한 찬양대의 정체성은 단순히 성스러운 가사를 노래하는 종교음악 연주그룹이 아니라 노래로 앞을 향해 외치는 선지자이다. 가사 성격이 수직이든 수평이든 선지자적인 속성은 항상 함께 한다. 곧 수직적인 가사일 때에 영적인 찬미의 제사로 하나님께 올리지만, 때론 수평적인 가사로 인해 보다 직접적으로 회중을 향해서 선포(proclamation), 권면(exhortation), 혹은 영적 함양(spiritual edification) 등의 예언자적 기능을 띤다.

이러한 사역의 토대엔 음악의 전문성이 아니라 삶과 음악사역의 현장 어느 곳에서든 영적 리더십이 그만큼 절대적인 것임을 알려준다. 구약시대에 '노래하는 자들'의 지도자들인 아삽, 헤만, 여두둔(에단) 모두가 다 '선지자'였음은 이에 시사하는 바가 크다(대상 25:5, 대하 29:30; 35:15).

**2) 마음의 섬김** heartful ministry

성악적인 표현으로 찬양하는 것조차 금하였던 쯔빙글리(Ulrich Zwingli, 1484-1531)는 "입으로 시편가를 부른다 할지라도 입과 마음이 같이 가는지 주의하여야 한다"[16]고 강조했다. 이에 칼빈도 "… 노래는 심령의 깊은 느낌에서 솟아나는 것이 아니면 하나님 앞에 아무 가치나 유익이 없다는 것이다. 그것이 입술이나 목에서만 나오는 것이면 하나님의 진노를 격발시킨다. 이는 하나님의 지극히 거룩한 이름을 남용하는 것이며 하나님의 존엄성을 조소하는 것이기 때문이다"[17]라고 했다. 이러한 말들은 적어도 예배에서 찬양이 목소리의 외적표현보다는 내적인 중심으로 행해야 하는 것임을 강조한 것이다.

노래로 표현하는 찬양은 마음(heart)의 깊이가 깊을수록 온전해진다. "너희 마음으로 주께 노래하며"(엡 5:19)에서 마음(*kardia*)이 '심장,' 혹은 '심중'으로써 인간 내부의 중심인 양심, 감정, 충동, 애정, 욕망이 자리하는 곳을 가리키는 것은 그만큼 노래과정의 핵심이 무엇인지를 알려준다.

그래서 찬양대는 음악보다 가사에 더 민감해야 한다. 그로 인하여 내면의 움직임에 따른 심령의 소리를 내야 하기 때문이다. 더구나 회중을 돕고 인도하는 찬양대이기에 찬양함의 내면이나 심중으로부터 고백하는 섬김에 있어 전문가가 되어야 하는 것이다.

### 3) 지적 섬김 mental ministry

찬양을 노래로 행함은 마음(heart)의 정서적인 표현에서 머무는 것만은 아니다. 이미 그 이전부터 이성적인 이해과정을 거쳐 이뤄진다. 실질적으로 노래과정은 단순히 음을 부르는 것이 아니라 그 안에 담긴 아이디어(idea)를 부르는 것에 있다. 노래는 음악을 위해서가 아니라 가사를 위해 만들어졌기 때문이다.

때론 음악을 위해 가사가 있는 경우의 노래들이 있다. 알렐루야(alleluia)의 '야'에 수많은 음표를 붙여서 불렀던 멜리스마(melisma) 양식인 고대의 유빌라테(*Jubilate*), 중세 후기의 모테트(Motet), 르네상스나 바로크의 다성음악(polyphony)들이 그것이다. 그런데 본질적으론 이러한 유형의 가사가 없거나 가사보다 음악중심인 노래들조차도 찬양이라는 아이디어를 정서적인 표출로 나타낸 것이란 사실이다.

사도바울이 "내가 영으로 찬미하고 또 마음(*nous*: 이성)으로 찬미하리라"(고전 14:15)한 것은 찬양함이 가사를 머리로 이해해야 할 인격적인 행위임을 강조한 것이다. 이는 이미 하나님이 이사야를 통해 "이 백성은… 나의 찬송을 부르게 하려 함이니라"(사 43:21) 말씀하심으로 '부르게(*saphar*)'

란 원어의 의미처럼 찬송을 부르는 것은 '생각하며 차례차례 이야기 하다' 인 것을 가리키셨다.

그러므로 회중보다 더 앞서가며 더 깊은 찬양을 해야 할 찬양대는 내면으로부터의 고백을 위해 가사의 단어 한 마디 한 마디에 온 생각을 집중해 쏟는 내적 노력이 있어야 한다.

### 4) 영적 군사 Spiritual Soldier

예배는 거룩하신 하나님의 임재에 거하는 것과 동시에 영적 전쟁에 직면할 수 있는 양면성이 존재한다. 이것은 창조주이신 영광의 하나님을 향해 "내가 하늘에 올라 하나님의 뭇별 위에 나의 보좌를 높이리라 내가 북극 집회의 산 위에 좌정하리라 가장 높은 구름에 올라 지극히 높은 자와 비기리라"(사 14:13-14) 했던 타락한 천사장이 있기 때문이다. 그로 말미암아 음부에 떨어진 사단은 끊임없이 하나님을 예배하는 무리들을 향하여서 온갖 방해와 술수를 쓰고자 우는 사자같이 돌아다닌다.

전능하신 하나님의 임재 앞에 사단이 능히 함께 할 수는 없다. 그럼에도 불구하고 예배자의 마음과 영혼이 안일함, 거만, 교만, 시기, 질투, 미움, 욕심, 불안, 낙망, 두려움, 좌절, 불신 등 이루 말할 수 없는 부정적인 내면을 부추기는 사단의 계략과 속임수에 현혹될 수 있는 것이다. 찬양과 감사 그리고 헌신으로 이어질 깊은 영적 교제인 예배를 이처럼 내면적으로 사단이 공략하고 방해할 수 있다는 것은 부인할 수 없는 사실이다.

"회막문에서 수종드는 여인들"(출 38:8)에서 '수종드는(tsaba)'이란 말은 '봉사하다,' 혹은 '섬기다'를 뜻하면서도 동시에 '전쟁을 벌이다,' '싸우다'를 가리키는 군사적인 의미이다. 문자 그대로 번역하면 '회막문에 군대로 모인'이란 긴박한 상황을 나타낸다. 그런데 이러한 말이 성막의 제사장과 레위인들에게 변함없이 적용된 사실은 매우 주목할 만하다(민 4:23, 8:24). 거룩하신 하나님의 임재 장소인 성막에서 영적 전쟁이 치러지고 있음을 암시하기 때문이다.[18]

예배는 영적전쟁 속에서 치러지는 것이므로 영적 긴장감을 놓을 수 없다. 예배가 하나님을 열망하며 순종의 삶에 들어가야 할 믿음의 결단을 순간순간 요구하기에 더욱 그러하다. 바로 이러한 예배 속에 있는 찬양대야말로 진정한 영적군사가 되어야 한다. 마치 구약시대의 여호사밧 왕 시대에 군사들 앞에 서서 단지 예복만을 입고 "여호와께 감사하세 그 자비하심이 영원하도다"(대하 20:21)라는 노래를 부르며 적군을 향해 당당히 나아갔던 '노래하는 자들'처럼 말이다.

찬양대는 이와 같은 영성의 깊이와 믿음으로 무장된 그룹이다. 예배에서 찬양대는 영적 전쟁 중에 있는 회중의 예배를 돕고자 영적 최전선에 서있는 영적 군사이다. 이를 직시해야만 "만일 나팔이 분명치 못한 소리를 내면 누가 전쟁을 예비하리요"(고전 14:8)란 말씀에 흔들림 없이 승전의 전주곡을 외칠 수 있다.

### 5) 침착함 Composure

정서적인 언어표현을 이뤄가는 음악사역에 있어서 침착함은 매우 중요하다. 음악 연주행위에는 마음에 다소의 긴장감이 있기 마련이라 이를 위한 차분함과 여유로움을 갖는 내면의 상태는 필연적이다.

특히 찬양대는 찬미의 제사를 올리는 순간에 있어서 대원들, 반주하는 개인이나 그룹, 혹은 지휘자의 그 어떤 실수가 발생될 수도 있다. 그런 경우엔 결코 동요되거나 자신감을 잃어버려서는 안 된다. 어느 한 사람에 의한 갑작스러운 실수에 대해서도 나머지 모두는 마음의 흐트러짐 없이 지휘자의 인도 하에 따라 평정함을 잃지 않아야 한다. 여전히 지속되는 가사와 음악에 집중하여 음악적인 표현의 원만함과 깊은 찬양 고백을 이루기 위한 침착함을 유지해야 하는 것이다.

### 6) 민첩함 Agility

지휘자의 리더십에 따라 찬양대원들이 갖춰져야 할 행동중 하나가 민첩함이다. 이는 찬양 시에 일어섬과 악보의 펼침, 혹은 곡이 끝난 후에 회중의 아멘과 함께 지휘자의 사인에 의하여 동시에 앉는 것들이다. 실제 이러한 모습들에 무질서나 흐트러짐 등은 예배흐름과 분위기에 다소의 부정적인 영향을 줄 수가 있어 주의를 집중함이 요구된다. 그래서 찬양대원은 가능하면 항상 지휘자를 응시하여 그의 리더십에 따른 민첩함을 보여야 한다.

### 7) 공동 연대감 Common Bond

찬양대가 회중을 대표하여 부르는 찬양은 제사장적인 구별된 소리로서가 아니라 회중과 함께 하며, 회중을 위하고 회중을 향해 섬기는 것임을 이미 언급한 바 있다. 이러한 찬양대의 노래를 회중은 경청만하고 있더라도 그 시간 역시 찬양대원과 함께 전인적이며 영적인 연대감을 이룬 가운데에서 하나님께 공동의 예배행위를 하는 때이다. 그런 까닭에 진정한 찬양대의 사역은 '함께 함'이란 예배 공동체의 틀 안에서 이해된다.

이를 위해 찬양대원은 찬양을 올리는 그 순간에도 음악의 전체적인 흐름에 맞추어 맡은 성부의 역할을 위해 최상의 섬김으로 들어가야 한다. 전주, 간주, 후주, 혹은 독창자의 노래가 있는 부분이라든지 자신의 성부가 잠시 휴지부를 갖고 있을 때에라도 찬양대원들은 성령 안에서 회중과 더불어 마음과 생각 그리고 영적 교통을 이뤄가는 상황임을 직시해야 한다. 그렇기에 주의를 다른 데에 돌리거나 회중석을 의식하지 말고 오직 지휘자의 리더십에 따라 음악과 함께 호흡을 같이하며 집중하여 공동 연대감을 이뤄가기 위한 노력에 최선을 다해야 한다.

### 5. 찬양대의 예배합창 선곡법에 관한 제언

**1) 설교내용의 반영** the reflection on sermon contents

허브 밀러(Herb Miller)는 찬양대 음악에 있어서 음악이 아니라 음악을 통해 '강조된 예배'가 되어야 한다는 생각을 다음과 같이 설명 한다.

> 성숙한 교회의 찬양대 지휘자들은 예배를 음악 감상의 시간으로 만들지 않는다. 교회음악에 대한 가장 중요한 질문은 '누가 그것을 작곡했느냐?' 혹은 '그것이 무슨 스타일이냐?'가 아니다. 오히려 '사람들을 감동하여 하나님께 더 가까이 혹은 더 멀어지게 하느냐?'는 것이다.[19]

예배에서 음악에 의한 정서적인 감동은 중요하다. 예배가 영적이면서도 인격적인 하나님과의 만남이기에 그러하다. 하지만 찬양대의 찬양이 예배순서 전후의 관계성을 떠나 독립적인 가사와 음악으로 인한 정서적 감동만을 강조한 경우라면 예배요소로서의 그 가치는 매우 약화된다. 이는 예배 안에서 전체적인 흐름의 인식이 결여된 채 연결고리를 갖는 지속적인 대화과정을 이루지 못하기 때문이다.

결과적으로 찬양대의 찬양이 동떨어진 성격인 다양한 종교음악 연주라는 인상을 줄 뿐만 아니라 단절된 대화 속에 그저 감상의 순서로까지 전락될 수 있는 것이다. 이에 회중은 그 이후로 이어질 예배순서의 상관적인 공통점을 의식하지 못한 채 수동적인 예배참여마저 초래한다.

이를 해결하기 위해선 찬양대의 음악이 담고 있는 가사가 예배의 일정한 주제와 함께 하여 일관된 예배과정을 이뤄감이 바람직하다. 특히 설교 내용과 관련된 것이라면 그만큼 회중은 예배순서의 종반을 향해서까지 보다 깊은 참여로 고무될 수 있다.

한편으론 대부분의 교회 현실이 설교자의 설교내용을 미리 아는 것은 쉽지 않다. 그래서 지휘자는 이러한 문제를 설교자와 상의하고 협조를 얻어 가급적이면 그에 맞춰가도록 노력할 수밖에 없다. 다만 찬양대의 찬양이 예배에서 음악을 통한 강조된 예배가 되어야 하고 끊어짐 없는 역동적 흐름으로 가져가도록 도와야 한다는 것만은 분명하다.

**2) 교회력에 따른 선곡** the selection according to the church year

교회력은 1년을 주기로 대강절로부터 시작하여 예수 그리스도의 탄생, 주현절, 사순절과 성 금요일, 부활절 및 성령강림절 등을 기념할 수 있는 예배 주제를 제공한다. 여기에 사용될 찬양대의 음악은 각 절기에 맞는 주제를 다룬 가사와 그에 상응하는 정서적인 음악 분위기를 고려하여 선곡되어야 한다.

절기에 따라 선별되어지는 것은 물론 가사에 근거하는 것이 우선순위이다. 이에 적합한 음악적인 느낌도 중요하다. 예를 들면, 대강절과 사순절과 같은 기간엔 '영광송(*Gloria in Excelsis Deo*)'의 내용이나 액센트가 강한 엇박자의 리듬, 빠른 템포, 화려한 선율선 등의 음악적 특성들은 피해야 한다. 사순절은 예수 그리스도의 대속을 위한 고난과 죽으심을 기억하는 묵상적인 기간이며, 대강절은 부활하신 주님의 재림을 기다리는 성도들이 하나님 앞에서 흠 없고 정결하기 위한 준비 속에 참회의 시기(a penitential season)임을 나타내는 정서적 성격 때문이다.

### 3) 찬양대 수준에 대한 고려 the consideration on choir's level

찬양대가 부를 앤섬(anthem) 선정을 위해 예배 주제, 내용의 흐름과 상호간의 관계성, 교회력 등을 생각하여 아무리 잘 계획했다 하더라도 찬양대가 이에 대한 음악적인 수준이 따르지 못해 안정된 소리를 내주지 못한다면 오히려 역효과를 초래한다. 예배에서의 소리가 매우 중요한 까닭이다.

회중 모두의 침묵 속에 온 이목의 집중을 받는 찬양대는 그의 소리에 있어 어색함, 소음 같은 불협화, 잘 소화해내지 못해 듣는 이로 하여금 불안감 등을 야기하면, 예배로서의 온전한 과정에 상당히 부정적인 영향을 끼칠 수 있다. 물론 믿음의 공동체이기에 이해하고 넘어갈 수는 있겠으나 적어도 예배사역을 위한 책임감만큼엔 부끄러울 수 있는 것은 사실이다.

순간적인 실수도 존재하겠지만 이러한 문제 발생을 미리 막기 위해선 찬양대의 음악적인 수준이 어떠한지를 우선 냉정하게 판단하여 음악선곡이 이뤄져야 한다. 여기에는 반주자 개인이나 그룹도 포함되겠지만, 무엇보다 찬양대원들의 음악적 표현능력, 음악 난이도에 따라 대응할 수 있는 역량, 각 성부들의 균형 있는 인원수 및 전체 규모, 독창자의 유무, 혹은 오블리가토(obbligato)를 위한 독주 악기 등의 요구가 있는 음악 등에 있어서 얼마큼 그 앤섬(anthem)을 잘 조화롭게 소화해 낼 수 있는지를 살펴야 한다.

### 4) 대중성 popularity

찬양대의 노래가 찬미의 제사로 드리는 것이라 하여 '제물'이 강조된 최고의 음악을 드린다고 하는 심미주의 사고는 예배에 불협화를 낳게 할 수도 있다. 이는 회중을 포함해서 찬양대원 모두가 다 예수 그리스도 이름으로 모인 예배의 한 공동체이기에 적어도 서로 영적 교통을 이룰 수 있는 예배음악 내용이어야 하기 때문이다.

만약 찬양대의 음악이 마치 음악회의 것과 다를 바 없다면 이미 그 음악은 예배로서의 정당한 예배언어가 아니다. 음악회장에선 그의 화려함과 난해한 음악적 표현 등은 그 자체로 심미적인 목적 속에 타당함을 갖겠지만 이와 동일한 의도를 느끼게 하는 음악이 예배에서 행해질 때엔 회중의 공감대를 찾을 수 없을 뿐만 아니라 심지어 거부감마저 갖게 한다. 이의 결국은 회중이 관객의 입장으로 된 느낌 속에 있게 되고 찬양대와의 한 예배공동체에 균열이 생길 수 있는 심각함까지 발생한다.

하나님께 올릴 '제사'는 그 어떤 질적 수준의 높음을 가리키지 않는다. 구약의 제사를 보면 반드시 드리게 되어 있었지만, 제사로 올려질 제물 자체의 물질적 가치들은 각기 드리는 자의 여건과 능력에 따라 달랐던 것이다. 이는 어떠한 규모와 질적 가치가 예배의 모범이나 기준이 아님을 알려준다.

찬양대를 통한 '찬미의 제사'는 미학적인 목표에 있기 보다는 예배공동체의 견고함을 이룸에 그 우선순위가 있다. 최소한 회중이 이해할 수 있고 함께 함에 무리가 없는 예배언어일 때에야 간접적으로나마 동참하면서 이에 대한 아멘으로의 화답을 할 수 있다.

이를 위한 예배음악 언어의 선정은 대중성을 고려하도록 요청한다. 단지 음악적인 쉬운 난이도의 선호, 매너리즘(mannerism)의 옹호, 인간취향의 욕구를 채워 주고자 하는 의도가 아니다. 이는 마치 초대교회 예배 때에 방언기도만이 아니라 통변의 기도를 같이 하여 모두 다 이해하며 예배하게 하였던 사도 바울의 권면처럼 하나의 공동체를 이뤄가야 하는 예배관에 뿌리를 둔 것이다.

### 5) 가 사 text

예배는 하나님과의 영적 교제이다. 이러한 상황 속에서 사용되는 음악은 근본적으로 가사를 주도하기보다는 가사를 위해 봉사하는 위치에 있어야 한다.[20] 이는 정서적인 교감을 위해서가 아니라 말씀에 근거하고 말씀으로 발생되는 교제인 까닭이다. 이에 찬양대 음악의 역할도 영적 교제를 위한 정서를 도울 뿐만 아니라 회중으로 하여금 무엇을 하고 있는지를 분명히 이해하게 하며 전인적인 응답으로 나아가게 해야 한다.

이에 따라 그 가사에 의해서 예배자가 지적인 인식과정을 가짐으로써 그 안에 담긴 아이디어로 하나님과의 대화에 참여할 수 있다. 그러므로 음악의 훌륭함과 감정적인 느낌의 측면만을 가지고 선곡하기 보다는 하나님과의 만남이란 현장 가운데에 깊은 영적 체험 속에 들어가게 하는 영적 내용의 가사 선택을 우선해야 한다.

### 6. 찬양대 리허설 과정과 테크닉 Rehearsal Process and Technique

찬양대가 예배에서 회중을 대표하여 찬양을 부르는 시간은 대부분 3-4분 정도의 음악으로 이뤄진 합창곡이다. 하지만 이를 위한 준비과정은 그리 수월하지만은 않다. 보편적으로 중소교회들의 경우엔 찬양대원들이 다른 사역부서와 겸임되어 있거나 연습을 위한 안정된 장소 확보에 열악한 형편이 있을 수 있기 때문이다.

이러한 환경 가운데에서 합창음악을 조화 있고 익숙함이 있는 세련된 소리로 만들어 낸다는 것은 매우 어려울 수밖에 없다. 시간과 장소의 원만치 않은 것도 그렇고 찬양대원들의 음악적인 미숙함까지도 보완하고 해결해야 하는 과정은 버겁기까지만 하다.

그럼에도 불구하고 다음과 같은 일련의 리허설 테크닉과 그에 준한 사항들은 다소나마 효율적이며 효과적인 연습을 이뤄감에 도움이 될 수 있을 것이다. 찬양대의 규모나 여건에 따라 융통성 있는 적용을 전제하고 참고함이 좋을 듯하다.

### 1) 악보정리 Music Literature Arrangement

찬양대 연습을 위해선 반드시 악보가 미리 정리되어 놓여져 있어야만 한다. 그렇지 않을 경우엔 연습 순서의 원활한 진행차질과 함께 찬양대원들 스스로가 이로 인하여 악보정리에 불필요한 시간을 사용함으로써 그나마 제한된 연습시간의 부족만 가중될 뿐이다.

외국에선 악보가 단행본으로 된 책이 아니라 개별적인 피스(piece)로 되어 출판된다. 만약 외국의 경우처럼 낱개의 피스로 되어 있는 악보들을 사용할 경우엔 예배찬양을 드리는 주일 순서대로 파일에 철해 놓아야 한다. 단행본으로 출간된 악보를 가지고 있을 때엔 연습진행 순서에 따라 불려질 여러 권의 책들을 배부해서 연습 시작 전 악보 준비에 만전을 기해야 한다.

### 2) 연습시간 일정표와 계획 Rehearsal Schedule and Plan

연습 과정을 위한 체계적인 계획은 매우 중요하다. 연습이 즉흥적으로 이뤄진다면 일정한 흐름이 깨어질 수 있고 과정의 원만함도 약할뿐더러 효율적인 시간배분도 기대될 수 없다. 이는 개인시간이 아니라 공동체가 함께 가야하는 상황이기에 시간 계획은 그만큼 필수적이다.

연습은 무엇보다 총 연습시간 안에서 해야 할 찬양 합창곡의 수와 그 순서들을 정하는 것이 우선된다. 4-6주간 분량의 찬양 곡들을 가지고 하는 것이 보편적이다. 현실적으로 이 만큼의 예배합창 음악을 시간 내에 연습하기가 어려운 경우라면 굳이 강조할 수는 없겠지만, 외국에서 선호하는 방법이다.

이 때의 예배합창 음악 목록의 연습 순서는 역방향을 취한다. 예를 들면, 5주의 곡을 연습한다고 가정했을 때 5-4-3-1-2(미국교회의 선호도), 혹은 5-4-3-2-1 주간의 순서로 정한다. 후자의 경우는 마무리 곡이 다음 주에 불릴 곡으로써 완성 단계에 속한 찬양 음악이다. 이러한 위치로 놓는 이유는 대원들 모두가 비록 시간적으로 다소 지친 상태일 때이긴 하지만 마무리 단계에서 영적 감격을 품고 한 주간을 시작하려는 준비차원이기 때문이다. 이것이 끝나자마자 기도가 이어지면 연습 끝까지 역동적인 영적 흐름을 유지할 수 있다.

연습에 들어가기 전 지휘자는 찬양대원들에게 연습일정을 짤막하게나마 말로, 혹은 화이트보드(white board)나 칠판에 연습될 합창곡순서들을 적어놓아 참고할 수 있도록 한다. 휴식은 반드시 중간에 있게 하되 대략 언제 즈음 쉬게 되는지를 알게 하여 찬양대원들 스스로 연습에 지치지 않게 한다.

설정된 시간 안에서 지휘자가 계획 없이 즉흥적으로 이끌어 간다면 체계 없는 연습으로 인해 차분함 속에 집중할 수 있는 분위기를 잃게 만든다. 이는 지휘자 자신도 물론이려니와 대원들에게도 정신적인 산만함만을 주어 정작 중요한 부분들에 대한 연습까지 놓치기 쉬울 수 있다. 그래서 지휘자는 각 합창음악을 충분히 검토한 후에 연습에 들어가야 할 부분의 난이도에 따라 우선순위들을 정하고 대략의 시간도 예상하여 계획표를 세워둔다. 특히 가장 어렵게 느껴질 수 있는 곳을 악보 상에 기록해 둠으로써 연습과정에 순조로움과 시간배분에 효율적인 결과를 가져오도록 한다.

### 3) 이 완 Relaxation

주일 아침예배 전에 모여 연습을 하는 시간은 예배를 마친 이후보다 아름다운 소리로 노래하기에 몸이 준비되지 못한 상태이다. 이 때문에 경직되어 있는 근육들을 어느 정도 풀어 줌으로써 노래할 수 있는 좋은 자세 유지에 도움을 주어야 한다.

예를 들어 앉은 자세에 있는 경우라면 어깨 돌리기, 기지개 켜기, 목 운동, 얼굴 근육을 풀기 위한 마사지, 턱을 부드럽게 하기위해 껌을 씹는 흉내나 좌우로의 움직임, 입술을 풀기 위해 '푸~'하는 소리내기 등이 있으며, 서 있을 수 있는 경우엔 다리를 어깨만큼 벌리고 양 손을 바닥에 댄 후 다시금 뒤로 제치기, 몸을 곧게 선체로 왼 쪽의 팔을 들어 귀에 바짝 대고 오른쪽으로 서서히 구부림을 한 후 다시 원상태로 돌아가는 동작, 이에 다시 그 반대 방향으로 오른쪽 팔로 행하는 방법 등이 있다. 공간만 적당하다면 각 파트별로 한 줄씩 서서 뒤에 있는 사람이 앞 사람의 어깨를 주물러 주거나 가볍게 안마를 해줌으로써 몸의 이완과정을 도울 수 있는데, 이는 서로 섬기는 공동체란 마음을 갖게 한다.

### 4) 적절한 연습시간 Appropriate Rehearsal Time

아침예배 전에 모여서 연습하는 시간 길이는 보통 1시간, 여건에 따라선 1시간 30분, 혹은 그 이상까지 설정하여 시행하고 있다. 오후 시간대는 대체로 이보다 더 길다. 그러나 시간 길이 보다는 오히려 시간활용이 더 중요하다. 사실상 정해진 시간 내내 흥미로운 방법 없이 획일적인 방식의 노래만을 한다면 오히려 쉬 피로하고 연습의 역효과마저 낼 수 있기 때문이다.

효율적인 리허설 시간으로 만들기 위해선 반드시 먼저 근육이완을 위한 운동이 필요하고 적당한 발성, 일정한 계획 속에서 주의를 끌게 할 수 있는 연습으로 이뤄져야 한다. 아침예배 전에 할 때엔 오후 때와 같은 연습 성격보다는 확인과정 차원이 되는 것이 바람직하다. 5분 동안은 몸을 깨우는 간단한 운동, 5-10분간은 성대 워밍업을 위한 발성, 그리고 30-40분 정도의 노래연습을 마친 후 나머지 시간은 그 날 찬양 곡의 가사에 대해 말씀과 더불어 나누며 묵상하는 것으로 채워지면 좋다. 이는 지난주에 충분히 음악적인 연습으로 완성해 놓아야 함을 전제로 한다.

이에 반해 오후 시간에는 항상 큰 목소리를 냄을 지양하여 성대나 몸에 피곤함을 가져오지 않도록 유의해야 한다. 이를 위해선 전체적인 연습 동안 다양하게 부르는 방법을 취함으로써 노래하는 것이 매우 즐겁게 느껴질 수 있도록 유도해야 한다. 이러한 연습방법의 융통성과 변화들은 역동적인 흐름에 일조한다.

### 5) 발성연습 Vocalization

본격적인 노래연습 시간 전엔 발성은 필수적이다. 노래는 일상적인 말을 하는 방식과는 전혀 다르기 때문에 발성으로 노래하기 위한 바른 자세, 바른 호흡 속에서 행해지는 준비과정이다. 이 발성의 목적은 몸 전체와 성대의 원활함을 갖게 하여 아름다운 소리내기와 음역의 확장에 있다.

발성은 먼저 바른 호흡법과 호흡을 위한 근육사용, 두성, 바른 입 모양 등에 대해서 상기시켜 주로 '아, 에, 이, 오, 우' 등의 모음 가사로 간단한 음계유형(scale pattern)에 따라 조성을 옮겨가며 부르는 것이다. 이의 결과는 아름다운 소리를 만들게 해주고 동시에 음역이 확대되는 효과를 가져다 준다.

이상적인 발성 중에는 공명된 소리를 위해 허밍(humming)연습과 하품하기 직전의 입안의 상태, 자연스런 미소의 모습, 그리고 혀와 턱에 힘을 빼는 등의 내용들을 가지고 훈련한다.

### 6) 가사 없는 연습 Practice without Text

처음에 대하는 음악은 가사를 제외하고 대신 '두'나 '다'를 붙여 음을 읽게 함이 효과적이다. 가사 읽는 집중을 음과 리듬에 쏟게 하려는 의도이다. 음악이 적응될 때까지 가사 없는 연습은 음악적 준비에 매우 중요한 예비단계가 된다.

그리고 가사 없이 할 때에 악보상의 모든 음표에 스타카토(staccato)를 붙여 짧은 음가로 소리를 내게 되면 정확한 음높이(pitch)와 리듬의 명료함을 이뤄가는 데에 흡족한 결과를 가져다준다. 이것은 후에 가사를 붙여서 하게 되면 음악 완성도에 큰 힘이 되어 주고 연습에 많은 수고를 덜어주는 장점도 지닌다.

### 7) 느린 템포 연습 Practice at a Slow Tempo

다소 어려운 리듬유형, #이나 b이 붙여진 음들과 전조되는 부분, 그리고 성부 간에 협화음정이 아니라 비협화적인 울림인 2도, 증4도, 7도 등이 있는 부분에선 반드시 본래의 템포보다 느리게 연습을 해야 한다. 처음부터 원래의 빠르기로 한다면 대원들의 실수들을 무의식적으로 넘어갈 수 있으며, 혹이라도 그 중엔 아예 포기 하는 대원들도 발생할 수 있다. 이 때문에 원래보다 훨씬 느린 속도로 한 음씩 정확한 음과 리듬을 부르게 함으로써 익숙한 단계에 이를 때까지 반복한다. 이에 점차 속도를 높여가며 원래의 빠르기로 향한다.

### 8) 적은 성량의 목소리 A Voice of Little Volume

연습 시 악보 상에 기록된 강약(dynamic)대로 항상 똑같이 할 필요는 없다. 정확한 강약은 몇 주 후가 지난 연습 단계로 들어가는 시점에서 강조할 부분이다. 이는 다만 크게 내어야 할 부분마다 그와 같은 소리를 냄으로 인한 피로감을 없애게 하려는 목적이 있다.

리듬이나 각 성부의 음들에 익숙하기 전까지 음악 전체를 매우 적은 성량의 목소리를 내면서 몸의 에너지 낭비가 없도록 제어하게 해야 한다. 대원들 스스로 작은 소리에 서로 민감함을 가질 수 있는 효과가 있고 자신의 소리에 대해서도 전체적인 균형과 조화를 생각하는 경험도 될 수 있다.

특히 적은 규모의 찬양대에선 부족한 인원을 보완하기 위해 항상 큰 소리로만 불러야 한다는 생각을 갖기 쉽다. 하지만 그리 만족스런 결과를 가져다주지도 않으며 오히려 적은 수에서 나올 수 있는 합창소리에 따른 조화의 묘미를 방해할 뿐이다.

반면에 작은 볼륨에서 나오는 부드럽고 조용한 소리는 서로 듣는 데에 도움을 주며 소리의 균형 및 음색의 공통점을 찾아가는 데에 빠를 수 있다. 작게 부르는 방법은 진정으로 훌륭한 소리를 만들어 낼 수 있는 중요한 요인이 된다는 것도 인식해야 한다.

### 9) 빠르기의 결정 Tempo Decision

합창곡의 빠르기는 보편적으로 악보 상에 메트로놈(Metronome)의 기호가 나타내고 있기는 하지만 이를 정확하게 지켜가기는 그리 쉬운 편은 아니다. 지휘자는 가능하면 메트로놈을 미리 사용하여 정확한 템포를 확인하여 익숙하게 하는 것도 도움이 될 수 있다.

예배 중 찬양 시에는 악보상의 빠르기대로 부를 수 있기 위하여 연습 중의 상황을 차분히 기억하면서 그에 따른 감각을 집중해야 한다. 그리고 일단 반주하는 사람에게 보낸 사인으로 시작된 템포는 중도에서 바꿔지기가 쉽지 않기에 지휘자는 정확한 빠르기가 시작되고 유지되도록 첫 마디부터 분명한 예비동작을 통한 템포결정의 신중함을 가져야 한다.

빠르기 설정이 이뤄진 후 전주 부분을 위한 지휘에 있어서는 찬양대를 향하거나 쳐다보지 말고 대체로 작은 지휘 동작을 취해야 한다. 과장된 동작이 반주를 담당하는 이에겐 별로 도움이 되지 않을 뿐더러 예비 박에 의해 전달된 속도 속에서 반주자 스스로도 충분히 연주할 수 있기 때문이다.

더욱이 전주부분 전체를 작은 동작으로 지휘하는 것은 합창이 시작될 때 원래의 동작 크기로 인하여 전주와 합창부분을 명확히 쉽게 구분하려는 의도이다. 이에 찬양대원들도 이러한 동작의 차이에 따라 성부의 시작됨을 편하게 인식할 수 있다. 전주 때의 작은 지휘 동작의 크기는 오르간이나 피아니스트인 한 두 사람의 반주를 맡은 경우를 염두에 둔 것이지 오케스트라를 가리키지는 않는다.

### 10) 발 음 Diction

예배합창을 행할 때엔 단순히 음악을 연주하는 것이 아니라 그 안에 담긴 가사를 충분히 전달하는 것이다. 성악 독창의 어느 경우에선 음악적인 효과를 위해 가사를 정확하게 발음하지 않는 때가 있을 수도 있으나 합창 음악에선 적용되지는 않는다. 노래 부름에 있어 반드시 정확한 발음을 위한 훈련은 매우 중요하다. 가사가 전달되는 않는 노래는 아무런 의미가 없기 때문이다.

소리의 울림을 풍성하게 해주는 모음 중 소리를 낼 때 처음부터 끝까지 같은 소리로 소리 나는 10개의 단모음(아, 어, 오, 우, 으, 이, 애, 에, 외, 위)과 소리를 내는 동안 입술 모양이나 혀의 위치가 처음과 나중이 달라지는 11개의 이중모음(야, 여, 요, 유, 얘, 예, 와, 왜, 워, 웨, 의), 그리고 음악의 느낌, 표현, 뉘앙스를 섬세하게 표현해 주는 자음 중 발음할 때 목청이 떨어

울리는 4개의 유성자음(ㄴ, ㄹ, ㅁ, ㅇ)과 목청이 떨어 울리지 않는 15개의 무성자음(ㄱ, ㄷ, ㅂ, ㅅ, ㅈ, ㅊ, ㅋ, ㅌ, ㅍ, ㅎ, ㄲ, ㄸ, ㅃ, ㅆ, ㅉ) 등에 관련하여 지휘자는 이에 관한 발음방법을 인지하고 바르게 소리 낼 수 있도록 가르쳐야 한다.

이러한 훈련은 음악의 공명된 소리에 직접적인 영향을 주고 자음으로 말미암는 가사의 받침 처리로 인하여 가사전달에 매우 중요한 역할을 감당하게 해준다. 특히 벨칸토(bel canto) 발성에선 모든 가사의 받침들이 놓인 음에서 발음되지 않게 하고 다음 음 직전으로까지 가져가 발음시킴으로 하여 매우 부드러운 울림을 갖게 한다.

### 11) 음악용어 설명 Explanation of Musical Terms

작곡가의 의도를 그대로 나타내는 것은 연주자 본연의 의무이자 그 진정한 역할이다. 때론 연주가의 감성과 개성적인 해석으로 말미암아 연주 결과들이 다소 다를 수는 있다. 하지만 분명한 것은 작곡자가 자신의 생각을 기호로써 나타내고자 하여 악보 상에 음악용어들을 기록한다는 것이다. 그런 이유로 해서 연주자는 반드시 이에 관한 용어의 애해와 습득을 전제하고 정확하게 표현을 이뤄가야 한다.

연습과정에서 찬양대원들 모두는 이러한 음악용어에 대해 충분히 이해할 수 있도록 지휘자가 설명을 해주어야 한다. 간단한 것에서부터 다소 어려울 수 있는 용어들에 대한 의미와 그리고 왜 이러한 것들이 악보 상에 기록되어 있었는지를 마치 작곡자의 입장에서 해설해 줄 의무가 지휘자에게 있다.

### 12) 무반주 a cappella

연습의 매우 효과적인 방법 중에 하나가 무반주로 불러보는 것이다. 반주악기 소리에 의해 익숙해져 있는 대원들은 악보를 읽는 차원이 아니라 무의식적으로 따라서 부르는 예가 보통이다. 시창과 청음의 훈련을 전혀 받지 않은 대원들은 더 그럴 수밖에 없다. 이러한 문제해결을 위해 경우에 따라선 파트별로의 음정 연습 시에 모든 성부들이 함께 동참하도록 하여 부족한 시창과 청음의 훈련을 겸할 수도 있다.

어찌 보면 악기의 도움 없이 부르는 것은 상당한 도전적인 경험이 된다. 특히 소수 인원의 찬양대라면 대부분 자신감마저 잃을 수 있으며 큰 부담으로 다가올 수 있다. 하지만 이러한 과정을 통해서 무심코 지나갈 수 있는 부분의 실수들을 분명하게 교정할 수 있는 기회가 된다. 정확한 음정을 보다 지속적으로 유지하며 부르는 훈련과 각 성부들의 소리를 민감하게 듣게 됨으로 전체적인 소리의 균형까지 맞춰가는 감각도 체득할 수 있다. 어느 규모의 찬양대든 항상 반주의 큰 소리가 있어야만 노래를 잘 부를 수 있게 된다면 결코 발전을 이루기가 힘들다.

### 13) 위치의 변화 Changing Part Positions

연습이 완성단계에 이를 즈음 시도해 볼만한 좋은 방법은 각 성부를 담당한 대원들의 위치를 고정시키지 말고 자유롭게 섞어서 앉도록 하여 부르게 하는 것이다. 같은 좌석의 위치에서 부르는 것은 여러모로 자신감 속에서 소리를 내기는 하겠지만 개인적인 역량에 발전적인 도움은 약할 뿐이다.

다소나마 전체적인 음악의 융합을 돕고, 균형감각, 음정, 그리고 대원들 스스로가 보다 더 큰 자신감을 가질 수 있게 하는 매우 실제적이며 효과적인 방법은 위에 언급하였듯이 서로 섞인 위치의 변화를 경험해보게 하는 것이다. 물론 이러한 방식은 다소 숙련된 찬양대원일 경우에 바람직할 수 있다.

### 14) 성부들의 조화 The Harmony of Voice Parts

예배합창 음악구조의 전반적인 이해나 다소 어려운 리듬유형과 음정들에까지 익숙해져 있으면 성부들 간의 정확한 울림을 병행하는 것이 좋다. 이는 연습시간을 그만큼 최대한 활용할 수 있는 장점도 지닌다. 예를 들면, 외성(S, B)간 혹은 내성(A, T)간의 울림, 아니면 남성(T, B)간 혹은 여성(S, A)간의 소리를 내도록 하여 정확한 음정과 리듬 및 발음교정도 함께 이뤄가는 것이다. 경우에 따라선 AB, ST의 2성부간이나 혹은 SAB, STB, ATB 등의 3성부 연습도 가능하다.

### 15) 엄격함과 자유로움 Strictness and Freedom

교회 공동체의 가장 큰 어려움 중에 하나는 개별적인 행동들을 어느 정도의 규율로 통제해야 하는지에 대한 것이다. 사실 통제라는 의미보다는 질서 속에서 자발적인 참여와 협조가 이뤄지게 하는 인격적인 리더십을 가리킨다.

그러나 다소의 엄격함은 필요하다. 일방적인 자유로움은 공동체 유지 질서를 약화시키기에 어느 정도의 엄격함은 절실하다. 이러한 문제는 찬양대 연습과정에서 흔히 고민될 수 있는 부분이기도 하다.

그러면서 너무 경직된 분위기를 초래하지 않도록 찬양의 영적 즐거움을 경험하게 하는 자유로움을 갖게 해야 한다. 이는 자발적인 참여로 이뤄져야 한다. 그래야만 노래하는 감정의 풍부함을 즐겁게 표현할 수 있고 시간적인 낭비도 줄일 수 있다. 균형 있는 엄격함과 자유로움은 효과적인 음악적 결과를 내게 할 뿐만 아니라 교회 공동체의 성숙함에 이르는 주요 요인이다.

### 16) 시선 마주치기 Eye Contact

음악의 시작과 끝은 항상 지휘 동작(conducting gesture)에 따라 분명하고 명료하게 이뤄져야 한다. 그러나 팔과 손 동작, 혹은 지휘봉에 의해서만이 아니라 지휘자의 시선 또한 매우 중요하다.

대체로 대원들은 지휘자의 손이나 지휘봉의 움직임을 보면서 노래를 하지만 음악의 전체적인 흐름 중엔 지휘자의 시선을 의식해야만 할 때가 있다. 이는 지휘자의 시선이 큐 사인(cue sign)의 역할로써 잠시 쉬었다 나올 때의 성부가 안정감을 가지고 정확하게 시작할 수 있도록 하게 하는 지휘 표현이기 때문이다. 이를 위해선 대원들은 고개를 숙여 악보를 보면서 노래하기보다는 지휘자의 시선에 맞출 수 있을 만큼의 높이로 악보와 고개를 든 상태를 유지해야 한다.

그러나 이러한 문제점을 극복하기 위해 아예 암보로 하는 경우가 있다. 이것은 부르는 자들 스스로에게 고무적이면서도 회중과 더불어 찬양의 감격을 서로 깊이 나눌 수 있게 하는 상호간의 영적 커뮤니케이션(communicaion)을 이루게 한다.

### 17) 좋은 예비 동작 Good Preparatory Gesture

찬양대원의 아름다운 소리는 올바른 호흡과 직결되어 있다. 그래서 지휘자는 대원들로 하여금 바른 자세를 취하게 하고 동시에 아름다운 소리를 내도록 충분한 호흡을 준비하게 하는 동작을 취해야 한다. 이것은 예비 동작으로써 노래시작으로 들어가기 위한 직전의 단계인 알림의 신호이자 매 악구의 시작을 자연스럽게 부를 수 있게 하는 호흡준비를 위한 사인(sign)이다. 대체로 예비 동작이 취해지는 시점과 모습은 노래 시작을 위한 바로 직전의 박자에서 여유 있게 팔을 들어 올리는 것이다.

### 18) 분명한 신호와 끝냄 표시 Clear Cue and Cut-Off

큐(cue)의 지휘 동작은 찬양대원으로 하여금 호흡을 준비하게 하여 노래를 시작할 수 있도록 준비하게 해주는 예비 사인(preparatory sign)이다. 이는 시선 마주침(eye contact)과 예비 박자에서 행하는 지휘자의 예비 동작으로 팔을 들어올려 행한다.

이에 반해 컷오프(cut-off)는 악구나 전체 음악이 끝나는 부분에서 이뤄지는 것인데, 지휘자가 팔로 적당한 크기의 원을 그리거나 엄지와 집게손가락을 서로 붙였다가 약간 벌려 떨어뜨림, 혹은 손가락 끝의 움직임 등으로 나타내는 방법을 취한다.

찬양대의 음악은 독창이 아닌 많은 사람들이 함께 한 목소리로 내는 집단적인 연주이기 때문에 이러한 형태의 동작들은 매우 중요하다. 대원들은 지휘자의 큐나 컷오프 사인(cut-off sign)에 민감함을 갖고 항상 그에 따른 반응이 동시에 나올 수 있도록 훈련되어야 한다.

### 19) 간결함 Briefness

연습 중에 지휘자와 대원들 간의 의사소통은 매우 분명하면서도 짧게 이뤄져야 한다. 음정, 리듬, 악상(motif)의 변화, 조성변화를 이루는 부분, 분절법(articulation), 발음(diction), 음악형식 구조, 음악용어 등에 관한 의사를 전할 때에 지휘자의 장황한 설명은 대원들에게 오히려 혼란만 가져다 줄 수 있다. 긴 말은 연습의 흐름마저 끊게 한다. 또한 다뤄질 내용은 반드시 연습 과정의 상황에 직결되어 있을 때에 전하는 것이 좋다.

교정되어야 할 문제가 발생했을 시에도 체계성과 간결함을 염두에 두어야 한다. 이러한 예는 성부파트, 악보의 쪽수(page), 마디숫자, 문제점, 그리고 이에 대한 해결제시의 순서를 갖고 행하는 것이다.

### 20) 듣기 Listening

합창연습은 항상 부르는 것으로만 생각하기 쉽지만 종종 찬양대원들로 하여금 상대방의 소리를 들으면서 해야 하는 민감함도 길러야 한다. 이는 전체적인 소리의 균형(balance)과 혼합(blending)을 이뤄가기 위한 필수적인 요인이다. 적절한 볼륨의 조절과 음색의 조화를 이뤄가도록 같은 성부의 소리뿐만 아니라 다른 성부를 의식하고 소리에 집중하도록 하게 한다.

연습 중에 있는 합창음악을 전문적인 합창단에 의해 녹음된 테이프(tape)나 CD로 대원들에게 청취하게 하는 것도 또 다른 연습 효과를 갖게 한다. 이는 그와 동일한 소리를 요구하려는 의도라기보다는 음악적인 표현해석과 아름다운 소리에 대한 간접적인 교육을 위함이다.

### 21) 반주자를 위한 악보 준비 Score Preparation for Accompanist

예배를 위한 합창악보가 찬양대원들에게 전해지기 이전에 미리 반주자에게 전달되어 있어야 한다. 이는 반주자가 전문적인 기량을 가졌다 하더라도 결코 초견 차원에서 행하는 것이 아닐 뿐더러 반주의 역할이 독주가 아니라 합창성부를 어떻게 도와야 하는 지에 대한 충분한 검토와 연구가 요구되기 때문이다.

혹시라도 지휘자가 음악을 만들어 가는 과정에서 반주 소리에 민감하지 못한다면 합창소리에도 민감할만한 깊이 있는 음악 완성도의 역량이 낮음을 반증해 주는 것이다. 그렇기에 이에 대한 주의와 훈련으로 준비되어 있어야 한다. 그런 가운데 아티큘레이션(articulation)의 처리, 강약(dynamic)의 정도, 악구(phrase) 연주에서의 섬세한 터치감(touch), 연결 시켜주는 경과부(bridge passage) 연주 등에 대한 이야기를 지휘자는 미리 반주자와 의논하거나 요청한 이후에 연습에 들어가도록 해야 한다. 연습 중에 반주로 인한 문제 때문에 불필요한 시간낭비를 없애주어 찬양대원들의 주의를 산만하게 하지 않기 위해서이다.

### 22) 다양한 양식 Various Styles

예배합창곡을 선곡함에 있어서 고려되어야 할 것은 음악양식의 다양함이다. 편중된 양식을 고집하여 드리는 예배음악은 교회의 전통과 회중의 문화적인 배경에 따라 가능하기도 하다. 하지만 이는 다소 인간중심적인 선호도로 보게 하는 오해를 낳게 한다.

창조주 하나님은 인간의 이성과 정서를 초월하시는 분이시다. 그렇기에 지극히 제한된 인간의 경험과 전통에 매여 있는 분이 아닌 것이다. 하나님이 끝임 없는 다양성으로 상상하시고 창조하실 뿐만 아니라 창조된 모든 것에서 선하다고 말씀하신 것을 기억해야 한다.[21] 이러한 하나님의 창조적인 속성을 충분히 인식한다면 하나님을 향한 사역의 폭은 그만큼 넓을 수밖에 없다.

찬양대를 통한 사역 역시 예외는 아니다. 음악이 문화영역에 속한 언어이기에 참으로 다양함이 가득한 특성을 갖는다. 모든 문화적인 성격의 음악을 다루지는 않는다 하더라도 다양함에 대해 열려있는 사고는 필요하다.

만일 연습과정에서 찬양대원들이 항상 동일한 양식만을 대한다면, 예배음악에 대한 편견마저 낳을 수 있다. 전통적인 것에서부터 고전, 낭만, 현대, 영가, 찬송가 편곡, 국악적인 음악 등에 이르기까지 폭 넓은 양식을 통하여 풍성한 예배표현을 이뤄 가는 것은 대원들의 영적고백에 있어서 매우 고무적이 될 수 있다. 이는 이를 대하며 함께하는 회중에게도 예외는 아니다.

뿐만 아니라 음악적인 특징 또한 변화를 보이는 것도 역동성을 안겨다 준다. 차분한 분위기의 묵상적인 것, 힘차고 빠른 것, 리듬적인 특색을 갖는 것, 1인의 독창자 혹은 4인의 독창자들이 포함된 것, 폴리포니(polyphony) 아니면 호모포니(homophony), 아카펠라(a cappella)가 중간에 삽입된 음악, 또는 오블리가토(obbligato)가 곁들여진 음악 등의 다양함으로 인하여 매우 생기로운 예배를 이뤄갈 수 있다.

### 23) 좋은 연습실 Good Rehearsal Room

교회당 안의 일정한 연습실로부터 한 번 즈음은 예배본당에 위치한 찬양대 석으로 옮긴 자리에서 불러보는 것은 실제적인 효과를 안겨다 준다. 연습실과 본당에서의 음향 환경이 전혀 다를 수 있기 때문이다.

사실상 연습실에서의 느낌은 본당에서의 전혀 다른 소리의 울림으로 인한 갑작스런 변화에 다소 위축 받을 수 있다. 이것은 연습실의 음향적인 조건이 얼마나 중요한지를 알게 하는 사항이다. 그렇다고 해서 연습실을 꼭 본당과 동일한 환경 여건으로 만들 수만은 없는 현실이기에 다만 그 나름대로의 좋은 연습실이 예비 되어야 함을 강조한 것이다.

이를 위해서 연습실 장소는 언제나 적당한 조명, 잘 정리된 의자 배치, 청결한 상태로 유지되어야 한다. 가급적이면 소리가 흡수되지 않도록 하는 여건을 위해 바닥엔 카펫을 깔지 않고 창문엔 커튼 등을 설치하지 않는 것이 좋다. 연습실 크기에 따라 성부 소리와 반주 소리의 균형에도 영향을 줄 수 있기에 적합한 규모의 연습실 확보를 마련해야 한다.

Chapter 7

# 예배음악 사역을 위한 성악과 기악

## 1. 성악 독창과 성악 그룹을 통한 예배음악 사역

### 1) 사역의 본질

교회에서 성악의 사역은 매우 포괄적으로 다뤄질 수 있겠지만 여기에선 대체로 주일아침 예배를 위한 중창팀이나 솔로이스트(soloist)를 생각하고 설명하고자 한다.

먼저 이중에 찬양대원과 함께 한 솔로이스트는 공동의 노래를 만들어 가는 과정임을 반드시 인식해야 한다. 단순히 대표적인 위치에서 행한다는 생각을 갖기보다는 대원들과의 조화를 이뤄가는 섬김이라는 예배로 나아가야 한다. 결과(product)에 집중하지 말고 과정(process)에 더 깊은 관심과 애정을 쏟는 행동으로 모든 준비에 성실함을 보여야 한다. 이는 찬양대의 솔로 부분이 연주회와 같은 화려함을 드러내려는 의도가 아니라 보다 견고한 믿음의 소리를 만들어 가려는 데에 목적을 둔 것임을 알고 있어야만 가능하다.

예배 중 헌금시간에 독창자나 중창 팀에 의해 드려지는 봉헌송은 매우 각별한 준비를 연상하게 해준다. 이들에 의해 이뤄지는 음악은 보편적으로 행해지는 회중찬송이나 피아노 혹은 오르간의 찬송가 연주가 아닌 까닭에 무엇인가 특별한 의미를 주는 느낌을 갖게 할 수도 있기 때문이다. 찬양대의 솔로이스트 또한 마찬가지이다.

하지만 이것들은 어디까지나 모두 다 봉헌의 의미를 지녔을 뿐이지 예술성을 지향하는 연주회도 아니며 그와 같은 성격도 가질 수 없는 것임을 명심해야 한다. 그럼에도 불구하고 예배로써 섬기기 위한 실제적인 것보다 예배 내에서의 어떤 활동을 지속하고자 한 현상처럼 나타난다. 심지어 그와 같은 상황에서도 회중조차 자신들의 종교적인 만족감을 위해서 아무런 문제의식 없이 듣기를 원한다. 더 심각한 것은 회중이 경험하는 그러한 즐거움과 감동을 마치 하나님의 은혜요 진정한 예배인 것처럼 이해하고 평가한다는 사실이다.

그러나 음악으로 말미암는 아름다움이 예배행위로는 가능하지만 예배가 음악이 아니며 음악으로 설명될 수 없다. 아름다움에 의한 예배가 아니라 예배에 의한 아름다움이다. 그래서 솔로이스트나 중창단은 음악의 미적 감각 속에 기술적인 탁월함과 숙련함에 집중하거나 이것을 의존하여 노래하기보다는 영적행위로 승화시켜야 한다. 이것은 하나님을 경험한 삶과 성령의 도우심으로 올려 드리려는 예배자의 영성으로 말미암는다. 찬양할 때엔 "만일… 누가 봉사하려면 하나님의 공급하시는 힘으로 하는 것같이 하라 이는 범사에 예수 그리스도로 말미암아 하나님이 영광을 받으시게 하려 함이니…" (벧전 4:11)란 말씀에 견고히 서 있는 예배자의 열망이 불가결한 것이다.

### 2) 사역의 실제

찬양대의 솔로이스트는 전체연습 전 미리 지휘자의 지도 하에 반주자와 더불어 맞춰보는 시간을 가져야 한다. 음악적인 표현에 있어 섬세한 처리와 솔로의 역할을 충분히 이뤄가려는 의도에서이다. 전체 연습 때엔 합창부분과의 소리 균형을 유지하는 것도 의식하면서 부르는 것이 좋다. 지휘자는 솔로이스트가 찬양할 시에 나와 있어야 할 경우라면 위치가 어디가 되는지 적합한 곳을 지정해 주어야 한다. 서기 위해 나오고 들어가는 과정도 지휘자의 사인(sign) 속에서 차분히 진행될 수 있도록 인도되어야 한다. 솔로이스트를 위한 마이크 설치나 보면대(music stand)의 준비 또한 미리 살펴야 한다.

봉헌송 시간으로 행해지는 사역에서 중요한 것은 음악과 가사의 선택에 있다. 이는 전체적인 예배 흐름의 순서 성격상 적합한 음악적 분위기와 가사내용 선별에 신중함을 기해야 한다. 그 때문에 솔로이스트나 중창 그룹은 보통 약 4-5주의 기간을 미리 가질 필요가 있다. 이는 그 날의 예배 주제가 무엇이 될지 정확히 알 수는 없겠지만 교회력, 매월마다 갖는 교회의 표어, 혹은 찬양대 음악과 비슷한 주제 등으로 맞춰감과 아울러 준비를 위함이다.

그런 가운데에서 가급적이면 가사의 주제가 봉헌송의 원래 성격에 적절한 것이 되도록 해야 한다. 이는 감사, 순종, 헌신, 소명, 봉사와 충성 등과 관련된다. 반면 이와 다른 것들인 회개, 부르심과 영접, 시련과 극복, 성도의 교제, 혹은 간구 등의 주제와 관련된 가사가 정작 봉헌송에 적합한 것인지 고려되어야 한다.

봉헌송이 진행될 때엔 가능하면 교회의 여건에 따라 설치된 프로젝터(Projector), 혹은 OHP로 가사를 비춰 주어 어떠한 내용으로 하나님께 찬송을 하는지 회중이 이해할 수 있게 해야 한다. 이것은 회중으로 하여금 불려진 가사에 대해 아멘의 화답을 할 수 있도록 하기 위함이다. 예배는 공동의 예배이기 때문이다.

## 2. 기악을 통한 예배음악 사역

악기는 가사표현이 아닌 음악소리로만 연주되는 것이기에 아름다운 소리를 기대하기 마련이다. 하지만 이것은 음악회나 혹은 이를 연상하게 하지 않도록 해야 하는 예배이다. 더구나 예배 중에 일종의 그 무엇을 위한 예비나 휴식의 응접실(parlor) 음악, 혹은 감상하는 성격으로써 회중 앞에서의 연주라든지 아니면 헌금시간 가운데 이뤄지는 단순한 배경음악에 머무는 것도 아니다. 이는 어디까지나 예배공동체의 결집된 마음과 영혼의 헌신을 대신하여 표현하는 예배의식의 한 부분이다.

### 1) 사역의 내용과 실제

성악과 달리 기악은 그 특성상 음악 미학적인 부분에서 어느 정도로 부각되어야 할 기술은 필요하며 또 이에 대한 책임도 있다. 동일한 음역의 선율과 음색으로 반복되는 성악에 비해 악기는 여러 가지의 음색 혹은 다양한 음형에 의한 소리를 내주어 보다 섬세한 표현 속에 풍성함을 이뤄갈 수 있는 잠재력을 가지기 때문이다.

찬송가를 통한 피아노 독주 경우엔 성부를 위해 기록된 찬송가 악보를 그대로만 치지 말고 절의 반복 시 음색을 달리할 수 있는 음형들을 고려하여 양 손으로부터 올 수 있는 좋은 소리를 내어주어야 한다. 이 때는 선율을 분간하지 못할 만큼의 기교적인 음형과 음향을 가리키지 않는다. 반주의 적당한 볼륨과 음형 위에 분명한 선율 선을 유지 하면서 화성적 색채감을 이뤄감이 그의 한 예가 될 수 있다.

노엘 매지(Noel Magee)는 이 사역에 바람직한 연주와 선곡에 관련하여 다음과 같이 설명하였다. 이것은 대체로 떠올릴 수 있는 내용이지만 다시금 기억해볼 만한 사항이라 인용해본다.

1. 너무 어려운 곡을 선택하지 마라. 자기 능력에 맞는 것으로 연주하여 실수함의 위험부담을 없애는 것이 낫다.
2. 두드러지게 기교적인 음악은 피하라. 예배를 도와야 하는 음악이 연주홀에서 있는 독주회처럼 혼동을 갖게 할 수 있기 때문이다.
3. 만일 음악이 찬송가에 기초한 것이라면, 너무 과도한 반음계주의나 기술적인 연주로 인해 원래의 선율 자체 그리고 그 성격에 손상을 주지 말아야 한다.
4. 예배 상황을 벗어난 것임을 강하게 인상 줄 수 있는 그 어느 양식이든 삼가라.
5. 진부함을 피하라. 음악이 주님께 향한 봉헌임을 기억하여 그것을 가장 최상의 양식과 내용으로 해석하여 연주하여야 한다. 이는 판에 박힌 방식들에 안주함을 피하기 위해서이다.
6. 곡을 선택할 때 예배상황이 조용하고 묵상적인지 아니면 축제적인지를 판단하여 그에 적합한 음악을 고려해야 한다. 예배의 주제나 교회절기에 맞도록 음악적인 분위기와 가사를 담고 있는 음악으로써 그에 조화를 이루어야 하기 때문이다.[1]

오르간의 경우는 무엇보다 비례적으로 높거나 낮은 음높이의 스톱(stop: 음전)장치를 더함에 의해서 기존의 음위에 자유로이 음량과 음색을 쌓아가는 효율적인 연주방법이 중요하다. 이러한 음전조절(registration)과 관련한 지식과 경험이 많지 않은 연주자라면 오르간 악기의 존재는 유명무실하게 될 뿐이다. 특히 예배상황에 따라 적절하고 풍성한 소리를 내주기 위해 독주로 행하는 전주, 간주 및 후주, 회중찬송 반주, 독창자를 위한 반주, 혹은 찬양대를 돕는 반주 등에 이르기까지 다양한 음전조절과 음색 및 음량, 그리고 필요한 경우엔 적당한 변주적인 음형과 화성적인 색채감 속에서의 연주도 요구된다.

이 외의 악기들을 통해 이뤄지는 앙상블(ensemble)이나 오케스트라(orchestra)에 의한 사역에 있어선 각 아기들을 위한 파트보(part score)가 반드시 예비 되어야 한다. 이는 여러 악기들이 동일한 선율을 연주하는 것이 아니라 각 개개의 음색으로 서로간의 조합 속에서 화성을 이뤄내는 것이기 때문에 이미 계획된 악보가 필수적이다.

이를 위해 편곡된 음악은 각 악기의 특성을 충분히 고려하여 만들어진 것이라야 한다. 예를 들면, 찬송가 편곡에 있어서도 각 악기들의 음역과 음색에 따라 적합한 성부의 음들을 맡아서 연주하게 하는 것이다. 각 선율도 항상 같은 악기에서 주도되지 말고 번갈아 가는 방식을 취함이 좋다. 그런 중에 바이올린이나 플룻(flute) 등과 같은 선율악기는 종종 마지막 절의 찬송가 연주를 할 때엔 원래의 음역보다 한 옥타브 위로 연주하도록 하여 한층 밝은 음색에 의한 음악적인 절정을 갖는 효과를 갖게 할 수 있다. 이것은 회중찬송을 돕는 반주에도 적용되어지는 방법이다.

다음은 목관 악기의 조합에 있어 유니즌(unison) 및 옥타브(octave)의 중복, 그리고 목관악기와 현악기의 중복에 관련하여 권장하는 지침사항이다.

〈목관악기에 있어서 유니즌 중복〉
1. 플룻과 오보에: 오보에가 지배적이긴 하나 플룻에 의해 부드러운 음색이 된다.
2. 플룻과 클라리넷: 따뜻한 음색
3. 오보에와 클라리넷: 오보에의 강한 소리와 클라리넷의 연한 소리가 섞여 난다.

4. 클라리넷과 바순: 클라리넷이 낮은 소리를 낸다면 풍부하고 어두운 음색이 된다.
5. 플룻과 오보에와 클라리넷: 철저히 혼합된 소리로 들린다.

〈목관악기에 있어서 옥타브 중복: 흔히 사용되는 관례적인 조합〉

1. 플룻(상)과 오보에(하)
2. 플룻과 클라리넷
3. 오보에와 클라리넷

〈목관악기와 현악기의 중복〉

1. 유니즌 중복의 경우는 목관 악기의 음색이 현악기에 비해 조금 어두운 음색을 낸다.
2. 플룻은 보통 주선율에 둔다.
3. 클라리넷은 현악기에 따뜻한 음색을 제공하며, 낮은 음역에서는 어둡고 풍부한 음색을 준다.
4. 바순은 늘 첼로와 비올라와 결합한다.
5. 첼로와 호른의 유니즌은 노래하는 듯한 느린 템포의 선율에서 표정적이고 고상한 음색을 낸다.
6. 플룻을 바이올린 위에 두는 것은 좋은 효과를 낸다.
7. 클라리넷이나 오보에를 바이올린 아래 두는 것은 그리 만족스런 효과가 없지만, 클라리넷과 바순을 바이올린 밑에 두는 것은 좋다.
8. 목관 악기의 옥타브 중복과 현악기의 옥타브 중복을 함께 연주하면 강력한 효과를 얻을 수 있다.[2]

적절한 악기조합은 중요하지만 선율악기 사용도 심도 있게 고려해야 할 부분이다. 그 중 트럼펫의 경우는 그 자체의 음량이 크기 때문에 회중찬송

반주 시 모든 절마다 연주할 필요는 없다. 첫 번째 절과 마지막 절에서만 혹은 꼭 강조되어야 할 악구에서만 소리를 내주는 것이 효과적이다. 이는 바이올린이나 플룻 등이 찬송가의 선율을 연주할 때에 항상 연주하지 않고 전체에서 한 절 정도 쉬다가 마지막 절부터 옥타브 위로 연주되는 상황과 흡사한 것이다.

여러 악기로 개별적인 봉헌송을 행할 경우엔 성악으로 이뤄지는 것과 같이 적합한 가사가 있는 음악을 선택하는 것이 바람직하다. 영적으로 회중을 더욱 고무할 수 있기 때문이다. 이 음악들은 궁극적으로 청지기, 순종, 헌신 등의 찬송가사가 있는 음악을 연주하여 회중으로 하여금 그러한 삶에 대한 생각과 다짐의 기회를 갖게 함으로써 봉헌이란 예배 속으로 동참하게 하기에 그러하다.3) 이를 위해 연주되는 음악이 찬송가이든 그 외의 종교적 목적을 둔 가사 없는 음악이든 간에 그 제목을 주보에 기입해 놓음으로 회중의 이해를 도와야 한다.

또한 봉헌송의 연주는 대체로 2분 내외로 함이 적당하다. 이는 봉헌되는 물질을 모아 성찬상 앞으로 가져오는 시간을 가정한 것이다. 만일 너무 지나치게 연주가 길 경우엔 예배 흐름의 지연을 초래한다. 실제로 봉헌송은 연주 자체를 통한 봉헌이기도 하지만 회중에 의한 봉헌의 예배를 돕는 기능이 함께하는 것이기에 적절한 연주시간의 고려가 있어야 한다.

### 2) 악기 구성 및 구성원을 위한 조언

예배에서 악기로 사역할 수 있는 대원들은 대부분 초빙되는 관례를 갖는데, 사실상 교회마다 예산상의 어려움에 의해 충분한 악기들의 숫자나 악기군의 균형, 그리고 만족할만한 음악적인 음향을 기대하기 어려운 것이 현실이다. 그런 까닭에 조화롭지 못하고 불균형한 소리의 결과를 가져오기 마련이다. 물론 찬양대와 함께 할 때 그러한 문제를 어느 정도 극복할 수 있지만 불안정한 소리의 지속은 여전할 수밖에 없다.

악기 구성상의 어려운 문제점은 클래식 양식에서만이 아니라 현대적인 악기들도 예외는 아니다. 찬양 팀과 함께 하는 리듬악기들(기타, 베이스 기타, 피아노, 드럼), 선율과 화성의 음색을 동시에 내주는 보통 2대의 신시사이저 등의 적절한 결합을 이룰 악기들의 확보를 위한 예산도 그리 가볍지만은 않다. 이에 종종 악기의 미비로 서로 간의 불균형스런 소리의 부조화를 키워내기도 한다.

그런데 구성에 있어서의 문제점은 사실상 악기가 아니라 원만하게 다루고 연주해 낼 줄 아는 연주자들 확보가 더 시급하다. 아무리 고급스런 악기들을 장만했다 하더라도 악기에 대한 충분한 지식과 연주능력을 갖춘 재원들이 없다면 그저 장식품들로 남을 뿐이다. 만일 잘 구비된 구성원들이라면 악기 간의 미비한 점들을 스스로 극복해 낼 수 있음으로 경험 있는 연주자들이 그만큼 중요하다.

더구나 이 연주자들에겐 반드시 예배에 관한 지식과 예배 사역자로서의 뚜렷한 목적을 가진 비전이 있어야 함을 우선해야 한다. 단순히 연주 기량 때문에 사역자로서의 자질미달과 비전의 불분명함을 간과하고 세우는 것이나, 혹은 악기를 다루는 교인이라고 하여 많은 숫자를 선호해 전체 악기들 간의 부조화에도 불구하고 무조건 세우는 것들 모두 다 예배에 방해를 야기할 뿐이다. 이는 예배가 탁월한 연주기량을 위한 음악회도 아니고 학예회 발표회를 하는 성격의 친목회 또한 아닌 것임을 직시해야 한다.

그러므로 교회 자체적인 음악교육 프로그램을 마련하여 재능 있는 자를 찾아 예배를 위한 음악연주 기술교육뿐만 아니라 진정한 예배음악 사역자로서 세우기 위한 세부적인 내용 속에서 양육하는 것도 생각해 볼 만하다.

대체로 교회에 속한 교인 대상이기에 예배의 분위기와 성격 등을 잘 이해할 수 있는 터라 보다 더 대원들 간의 긴밀한 유대관계와 협조도 수월하게 이뤄질 수 있을 것이다.

# Chapter 8 찬송가

## 1. 찬송가의 정의

성 어거스틴(St. Augustine)은 시편 148편의 주석을 통하여 찬송가에 대한 정의를 다음과 같이 세 가지 요소로 설명하였다.

> 만일 하나님을 찬양하면서 노래를 부르지 않는다면 그는 찬송가를 입 밖에 내지 않는 것이다. 만일 사람이 노래는 하면서도 하나님을 찬양하지 않는 것은 그는 찬송가를 말하고 있지 않는 것이다. 그러므로 찬송가는 노래와 찬양과 하나님에 대한 것 세 가지를 포함한다. 따라서 노래(*Canticum*)로써 하나님(*Deus*)을 찬양(*Laudem*)하는 것이 찬송가라고 불리는 것이다.[1]

이것은 이 후에 스페인 톨레도 공의회(The Council of Toledo, Spain, 633년)에서 교회의 기본법으로 성문화된 내용이다.

그러나 실제로 성 어거스틴이 내린 찬송의 이러한 정의는 제한된 찬송의 의미로 다가가게 해준다. 이 말에 담긴 세 가지 요소로는 정작 찬송가의 정의로 충분하게 설명될 수는 없다. 왜냐하면 찬송가는 수직적(vertical)으로 성부 하나님, 성자 예수님, 그리고 성령 하나님을 향한 신앙고백의 노래를 담고 있을 뿐만 아니라 그리스도를 통한 구속, 성령의 역사, 하나님의 인도와 보호하심 등의 수많은 은혜들을 선포하며 서로 가르치고 권면하는 수평적인(horizontal) 개념의 속성 모두를 다 포함하고 있기 때문이다. 이는 이미 사도 바울이 "시와 찬미와 신령한 노래로 서로 화답하며"(엡 5:19) 함으로써 찬양의 성격뿐만 아니라 회중 간에 서로를 향한 성격과 기능을 위해서도 존재하는 것임을 분명히 하였다.

로버트 레이번(Robert G. Rayburn)은 "찬송가는 하나님이 현재 계신 모든 것과 창조와 구원을 이루신 모든 것을 위하여 하나님을 찬양하는 노래를 부르는 것이다. 그것은 구원 역사 안의 큰 사건의 실재로 신자의 체험을 찬양함을 포함 한다"[2]고 했다. 그런 까닭에 어거스틴의 찬송가에 대한 라우뎀(*Laudem*)의 개념은 수직과 수평 모두의 방향성을 갖는 것으로 폭넓게 해석해야 한다.

미국 찬송가 협회(The Hymn Society of America)는 다음과 같이 찬송가에 대한 정의를 내리고 있다.

> 찬송가는 인간의 삶 속에 하나님을 향한 그 분의 목적과 예배자의 태도를 표현해주도록 불리며 경건하게 짜여진 노래이다. 찬송가는 단순하고 운율적인 형식을 가져야 하며, 시와 문학적 양식 속에 정서적인 표현으로 영적인 속성을 나타내야 한다. 그리고 찬송을 부르는 동안 회중을 연합시켜주기 위하여 그 안에 담긴 아이디어는 매우 직접적이고 명확하여야 한다.[3]

찬송가는 연합이란 특징 속에서 함께 불리기 위해 의도된 그리스도인들의 노래이다. 그래서 그 주제는 그리스도인들이 공유하는 믿음을 표현하는 데에 그 가치가 있다. 창조주의 하나님, 전능하신 왕, 구원의 주님, 그리고 우리를 인도하시는 아버지 하나님 등 찬송가에 담겨진 이러한 내용들 외에 노래할만한 가치 있는 일은 그 아무것도 없을 것이다.

예배의 대상이신 하나님을 향하여 찬송시와 노래를 가지고 예수 그리스도 안에서 한 몸을 이룬 회중이 동일한 마음과 감격 속에 신앙을 표현한다. 그 안엔 찬양과 경배, 신앙고백, 감사, 회개와 영접, 성찬, 성도의 교제, 봉사와 충성, 청지기, 분투와 승리, 헌신, 전도와 선교 등의 하나님 백성들의 신앙고백이 담겨있다. 이 모두는 오직 하나님의 말씀에 기초하여 경험되어진 하나님 은혜의 과거와 현재 그리고 미래의 소망을 갖게 하는 신앙유산이다.

## 2. 성경에 나타난 찬송의 기능

### 1) 찬 양 the Canticles

시편을 제외한 성경에 기록된 하나님을 찬양하는 노래로써 기록된 시들을 가리킨다.

**구약의 칸티클:**
- 모세의 노래(출 15:1-18) – 출애굽 한 이스라엘이 홍해를 건넌 후 하나님의 구원 하심에 대해 부른 감사와 찬양의 노래
  (신 32:1-43) – 약속의 땅인 가나안에 들어갈 이스라엘 백성에게 하나님의 교훈과 약속의 말씀을 기억하며 상고하게 한 노래
- 이사야의 노래(사 26:1-21) – 새 왕국에서의 이스라엘의 찬양; 바벨론 포

로 귀환에대한 감사 찬양이자 새 하늘과 새 땅에서의 성
도들의 찬양을 계시한 내용(계 21장)
- 한나의 노래(삼상 2:1-10) – 하나님의 절대적인 주권과 구속사에 대한 찬양 노래
- 요나의 노래(욘 2:2-9) – 물고기 배안에서 하나님을 향한 감사와 기도
- 하박국 노래(합 3:2-9) – 하나님의 성품, 권능, 심판, 믿음의 복을 기리는 찬양

**신약의 칸티클:**

- 마리아의 노래(*Magnificat*: 눅 1:46-55) – 한나의 노래와 유사한 성격을 가지면서 가난하고 억눌린 자에 대한 하나님의 관심과 자비를 드러내며 특히 메시아 사상을 담고 있는 찬양
- 사가랴의 노래(*Benedictus*: 눅 1:68-79) – 메시아의 탄생으로 하나님의 언약성취에 대한 찬양과 세례(침례) 요한의 선구자적 역할을 축하한 노래
- 시므온의 노래(*Nunc Dimittis*: 눅 2:29-32) – 시므온의 고별송으로써 메시아를 목격한 감격 속에 이스라엘뿐만 아니라 이방의 빛으로 오신 구세주의 영광을 찬양한 노래

## 2) 증 거 witness

"이러므로 우리가 예수로 말미암아 항상 찬미의 제사를 하나님께 드리자 이는 그 이름을 증거하는 입술의 열매니라"(히 13:15)

"내가 주의 이름을 내 형제들에게 선포하고 내가 주를 교회 중에서 찬송하리라"(히 2:12)

### 3) 권면 exhortation 및 교육 education

"시와 찬미와 신령한 노래들로 서로 화답하며 너희의 마음으로 주께 노래하며 찬 송하며"(엡 5:19)

### 4) 성례 sacraments

"이에 저희가 찬미하고 감람산으로 나아가니라"(마 26:30)

"잠자는 자여 깨어서 죽은 자들 가운데서 일어나라 그리스도께서 비춰시리라"(엡 5:14)

"우리가 주와 함께 죽었더면 또한 함께 살 것이요 참으면 또한 함께 왕노릇 할 것이요 우리가 주를 부인하면 주도 우리를 부인하실 것이라 우리는 미쁨이 없을지라도 주는 일향 미쁘시니 자기를 부인하실 수 없으시리라"(딤후 2:11-13)

### 5) 영적 즐거움의 표현 the expression of spiritual joy

"…저희 중에 즐거워하는 자가 있느냐 저는 찬송 할지니라"(약 5:13)

### 6) 고난 중에서의 찬송 hymn in suffering

"밤중쯤 되어 바울과 실라가 기도하고 하나님을 찬미하매…"(행 16:25)

### 7) 선교 기능의 찬송 hymn as a foreign mission in function

"이러므로 내가 열방 중에서 주께 감사하고 주의 이름을 찬송하리로다"(롬 15:9)

## 3. 성경에 나타난 회중찬송

이미 구약시대 때부터 회중찬송의 전례들이 있었다. 회중이 불렀던 노래들은 시편만이 아니라 시편 이외의 찬양인 칸티클(Canticle)로 불릴 수 있는 시들이었다. 이러한 노래들은 예배의식 속에서 행해지지 않은 비 예전찬송과 예배의식 중에 행하였던 예전찬송 모두를 가리킨다.

비 예전찬송으로는 이스라엘이 출애굽 때에 홍해를 건넌 후 춤과 노래로 불렀던 것(출 15장)이라든지 언약궤를 다윗의 성으로 옮겨갈 당시에 노래하는 레위인들과 함께 백성들도 즐거이 찬송하는 내용(대상 13:8)을 들 수 있다. 이에 반해 예배의 형식을 갖춘 예전 찬송으로 회중이 참여하였던 기록은 솔로몬 왕의 즉위식(대상 29:20)과 솔로몬 성전 봉헌식 때의 회중찬송(대하 7:3) 등을 꼽을 수 있다.

## 4. 찬송가 가사의 조건들

### 1) 하나님 찬양 praise to God

찬양의 대상은 오직 하나님이시다. 성 삼위 일체이신 하나님 이외의 그 어느 누구도 찬양을 받을 수 있는 존재는 아무도 없다. "… 나는 내 영광을 다른 자에게 내 찬송을 우상에게 주지 아니하리라"(사 42:8)의 말씀으로 오직 하나님만이 창조주이시며 공의로우신 만유의 주님이시기에 찬송의 주인이 되신다.

찬송은 보편적으로 음악언어인 노래를 통해 표현되어 질 때에 경배, 경의, 존경, 자랑, 송축, 감사, 고백, 인정, 순종, 헌신, 간구, 갈망, 기다림 등의 가사를 가지고 선포하며, 하나님의 모든 것으로 인한 감격 속에서 드높이는 영적 차원의 신령한 고백이다.

찬송은 찬송할 이유와 목적을 주신 주 하나님께만 속해 있다. 하나님의 인간 창조 목적조차도 "나의 찬송을 부르게 하려 함이니라"(사 43:21)란 말씀처럼 하나님은 찬송 받으실 합당하신 분이시다.

### 2) 성경말씀에 충실함과 근거함 based on the Scripture

찬송은 하나님 말씀을 깊게 경험한 삶으로부터 나오는 믿음의 노래이다. 이는 찬송이 인간의 변화무쌍한 감정에 혹은 인간의 제한된 이성에 근거한 것이 아니라 변하지 않는 하나님의 말씀에 기초로 하여 나오는 고백임을 말한다.

설교단에서만이 아니라 찬송으로도 복음을 설교할 수 있다고 한 체코 보헤미아의 종교개혁자 존 후쓰(John Huss, 1369-1415)의 생각과 같이 찬송은 성경 말씀에 근거하고 충실해야만 신학적으로도 오류가 없으며 온전한 신앙으로 향할 수 있는 영성의 고백을 할 수 있게 한다.[4]

### 3) 주제의 통일성 unity in the theme

찬송은 찬송시의 전체적인 흐름에 있어 일관성이 있는 하나의 통일된 아이디어나 주제를 갖고 표현되어져야 한다. 일정한 내용을 지켜가지 않고 여러 가지의 주제를 담게 되면 통일성 없음을 인하여 회중은 노래할 때 다소 산만함을 경험할 뿐 아니라 한 가지에 집중할 수 있는 흐름을 잃어버릴 수도 있다. 더구나 찬송가사 주제에 의한 선별에도 어려움을 주고 규모 없는 내용의 혼란스러움만 낳게 되어 결국 찬송 시로써의 가치를 떨어뜨리게 하는 요인이 된다.

### 4) 교훈 및 권면 didactics and exhortation

19세기의 복음전도자인 무디(Dwight L. Moody)는 말하길 "찬양은 최소한 설교만큼 사람들의 심령에 하나님 말씀을 감명 깊게 새겨준다"5)고 했다. 찬송은 수직적인 방향으로 인한 경배의 성격을 가지면서도 동시에 예배자에게 깊은 영적 깨달음을 제공하며 의미 있는 교리적 진리를 전달하는 수평적 기능을 갖고 있다. 그래서 사도바울은 "시와 찬미와 신령한 노래로 서로 화답하며(*laleo*: 전하다, 가르치다)"(엡 5:19)라고 함으로써 성도 간에 권면과 교훈의 기능을 갖는 수평적인 성격도 있는 것임을 분명히 하였다.

### 5) 영적성장에 기여 contribution to spiritual growth

신앙의 연륜이 깊은 인생이라도 때론 낙망과 좌절, 실패, 실의, 마음의 상처로 인한 쓴 뿌리, 육체의 질병 등… 말할 수 없을 만큼의 영적 침체로 인한 상태에 처해 있다면 대부분 처음부터 감사와 찬송 혹은 경배가 마음속이나 입술에 떠오르지는 않는다. 그런 까닭에 온전하고 깊은 찬송을 하기 위해선 가능한 모든 도움이 필요하다고 했던 영성신학자인 리처드 포스터(Richard J. Foster)의 생각에 공감하지 않을 사람은 없을 것이다.6) 사실 깊은 번민과 탄식에서부터 과연 악기 소리와 함께 노래할 수 있기란 그렇게 쉽지만은 않은 것이 현실이다.

그러나 시편을 보면 상황이 달라진다. 시편이란 문자 그대로 악기를 가지고 노래하는 찬양시를 뜻한다. 그런데 마음의 즐거움과 감격스런 표현으로 불려야 할 시편 총150편을 살펴보면 51편에 이르는 것의 주제와 내용이 탄식 속에서 지어진 시들임을 알 수 있기 때문이다. 이는 깊은 번민과 탄식에도 불구하고 음악을 통한 찬송은 결코 끊어질 수 없는 하나님 백성의 믿음의 증거임을 알게 한다.

한 예로, 시편기자는 "내 혼이 사자 중에 처하며 내가 불사르는 자 중에 누웠으니 곧 인생 중에라 저희 이는 창과 살이요 저희 혀는 날카로운 칼 같도다"(시 57:4) 하는 탄식의 고통을 하나님께 아뢴다. 하지만 그는 "하나님이여 내 마음이 확정되었고 내 마음이 확정되었사오니 내가 노래하고 내가 찬송하리이다"(시 57:7)라고 했다. 이는 찢겨지고 상처받은 마음과 영혼 침체와 같은 상황에 빠져 있다하더라도 진정한 믿음과 영성이 찬송임을 증거하고 있는 것이다.

그래서 찬송은 노래의 차원이 아니라 주의 이름을 증거하는 입술의 열매이다(히 13:15). 이는 주님의 이름에 합당한 고백, 인정, 자인이란 믿음에 선결단이다. 찬송을 부르는 자의 영혼은 하나님을 향하고 마음에 하나님을 깊이 생각하며, 하나님의 전적인 주권적 역사에 감사와 믿음, 겸손, 순종으로 향하는 영적 헌신으로 이르게 한다. 그런 까닭에 찬송이야말로 온전한 영성을 낳게 하며 영적 성장에 깊은 도전과 고무를 가져다주는 하나님의 은혜이다. 이러한 맥락에서 찬송시는 깊은 영적 성숙에 이르게 하는 가치를 담고 있다.

### 6) 쉬운 단순문체 simple literary style

찬송가는 서로 다른 교육배경을 가진 청장년층과 노년층 모두를 포함한 예배 공동체에 의한 신앙고백이다. 이 때문에 찬송시에 있어 너무 긴 단어, 전문성을 띤 용어, 현학적인 표현, 문학적인 작품성을 위한 의도적인 노력이 들어간 어휘들을 포함하는 것들은 모두 피해야 한다. 이는 찬송가사와 절들이 마치 오케스트라의 수많은 악기들 모두 다 동시에 복잡한 구조 속에서 엮어간 것 같이 되어선 안 되는 것과 흡사하다. 즉 찬송은 매우 쉬운 내용이면서도 기술적으로 세련되게 그려주어야 한다. 가사 속에 표현된 아이

디어의 의미를 아주 명확히 나타냄으로써 회중 모두가 분명히 알 수 있어야 하기 때문이다.[7]

이처럼 찬송가가 비록 전능하신 하나님께 올려지는 영적가치와 문학적으로도 세련된 표현을 갖는다 하더라도 예배 공동체인 모든 회중이 이해할 수 있도록 단순하고 명료한 문체가 되어야 한다.

**7) 문학적인 짜임새 있는 운율** metrical structure in poem

찬송가는 개인에 의한 언어이기 보다는 예배공동체의 언어로써 사용되는 노래이다. 그래서 찬송시는 보편적으로 음악적인 일정한 리듬과 박자의 특성에 맞춰진 노래가사라는 특징을 갖는다. 이에 적합한 시의 방식은 산문체가 아닌 운문체로 만들어진 정형시(rhymed verse)에 속한다.

그러므로 찬송시는 규칙적이며 짜임새 있는 운율을 사용한다. 이 때의 운은 같은 소리, 또는 비슷한 소리의 반복을 가리키며, 율은 소리의 고저, 장단, 강약 등의 주기성을 의미하는 개념이다. 한 예로써, 음수의 반복을 통해 형성된 일정한 음절수의 규칙이나 동일한 길의 소리 묶음 단위인 음보의 반복 등이 있다. 단적으로 찬송가에 나타난 운율 표기는 작곡자 이름위에 숫자로 기록되어 있다. 이것은 각 행마다 시에 사용된 단어의 음절에 따라서 음악의 적절한 박자감과 리듬의 강세를 지니면서 자연스러이 나타나는 일정한 규칙을 보여준다.

## 5. 찬송가 음악의 조건들

**1) 쉬운 선율** easy melody

찬송가는 회중 모두의 언어라는 속성 때문에 음악의 평이함을 가져가야만 한다. 그렇다고 해서 그저 쉬워야 한다는 전제로 평범함을 의미하지는 않는다. 비록 기억하기 쉽고 부르기에 부담스럽지 않은 선율이라 해도 그 자체의 음악적인 아름다움은 있어야 한다.

우선 부르기에 자연스러움을 갖는 선율선의 특징은 동형진행(sequence)과 비슷한 음형으로 연속해서 움직이는 형태 등이 있다. 리듬(rhythm)에 있어서도 여러 가지 유형을 지양하고, 둘 혹은 많게는 셋 정도의 리듬동기를 반복하면 선율에 익숙해져 부르기에 수월하다. 이 때 동일한 반복만을 지속하게 되면 단조롭고 식상할 수 있기 때문에 역동적인 흐름을 위하여 서로 다른 리듬 동기의 적절한 대조를 이뤄가는 것이 필요하다.

### 2) 폭 넓지 않은 음역 narrow range

대체적으로 한 옥타브 정도에서 많게는 9-10도 내의 음역이 적당할 수 있다. 성악적인 음역의 폭을 회중 모두가 다 소유하지 않음을 고려해야 하기 때문이다. 이는 주로 연령의 차이에서 올 수 있는 문제이다.

특히 불려질 노래 선율에 높은 음들이 많이 있는 것도 고려되어야 할 사항이다. 너무 자주, 혹은 지속적으로 높은 음들로 되어있는 선율은 노래하기가 대체로 어렵다. 이는 테시투라(tessitura)에 관련된 것으로써 높은 테시투라가 자주 있게 되면 부르는 회중의 목에 큰 부담을 줄 수 있게 된다. 대체로 발성적인 경험과 훈련을 갖지 않은 회중은 목을 사용하기 때문에 이러한 부분에 대해 숙고하여 음악이 만들어져야 한다.

### 3) 도약적인 진행 속에 연접진행 지향 conjunctive progression-oriented

선율의 흐름이 화성 안에서 움직이는 도약진행은 부르기에 어렵지는 않다. 물론 옥타브의 도약과 같은 넓은 폭이 아니라 3-6도 사이의 움직임이 좋다. 하지만 음악 전체적으로 연접하는 선율진행에 가끔씩 도약하는 선율을 가져가는 것이 효과적이다. 연접하여 진행하는 선율은 부르기가 매우 자연스러운 반면 도약은 다소 음정을 분명하게 나타내야 하는 부담을 준다. 그런 까닭에 도약은 반드시 화성 안에서 이뤄진 음으로 이뤄져야 한다.

### 4) 쉬운 리듬과 반복 simple rhythm and repetition

음악에서 가장 어렵게 느껴질 수 있는 요소가 리듬이다. 이를 위한 리듬의 유형은 부점을 갖는 정도가 바람직하다. 당김음(syncopation)과 같은 것은 음악적으로 매우 역동적일 수 있겠으나 회중 모두가 한 목소리로 동일하게 부르기엔 다소 힘이 들 수 있다. 꼭 필요한 음악적 표현을 위해서라면 한두 군데 정도로 제한하는 것이 바람직하다.

일단 정해진 리듬의 한 유형이 있으면 선율선은 달라도 그 리듬을 반복적으로 사용하는 것은 좋은 예가 된다. 전체적인 통일감을 가져가는 강점으로 다가와 기억하기 쉽고 부르기 편할 수 있기 때문이다.

한편으론 한 가지 리듬 유형만으로 이뤄진 것이 진부한 느낌을 줄 수 있고, 시에 대한 시상(a poetical imagination) 표현을 충분히 할 수 없는 단점을 지닐 수가 있다. 이러한 단조로움을 피하기 위해선 아예 또 다른 유형의 리듬 사용으로 대조감을 이루는 것이 바람직하다. 물론 너무 많은 리듬 유형이 담겨 있다면 짧은 마디수를 갖는 찬송가로써 지나친 음악적인 표현으로 인한 어색함, 통일감의 결여, 혼란스러움, 공동으로 똑 같이 부르기에 어려움을 발생하게 하는 등의 문제점들이 발생하게 된다.

### 5) 적은 화성변화 slow harmonic rhythm

찬송가 선율의 움직임은 화성의 뼈대 안에서 움직인다. 대체로 한 마디 안에 보통 동일한 하나의 화성으로 되어지거나 경우에 따라선 두 마디까지도 지속될 수 있다. 이에 반해서 한 마디 안에 너무 많은 화성의 변화가 빠르게 이뤄지면 선율선의 자연스러움을 이뤄가기 힘들어진다. 이것은 시를 표현하기 위한 음악이라기보다 음악적 흥미에 더 관심을 보인 인상만 안겨줄 뿐이다.

비록 단순한 화성과 적은 화성 변화로만 되는 것이 이상적인 찬송가로써 규정될 요인이라 할 수는 없겠지만 종종 4부로 회중이 부르기에 안정감 있는 음악으로 다가갈 수 있다. 오히려 이러한 절제된 화성적인 움직임은 보다 깊은 음악적인 표현을 이뤄갈 수 있는 잠재적인 틀이 되어 편곡이나 데스칸트(descant) 등을 통해 보다 깊은 감정의 풍부함을 표현하는 찬송가의 장점을 지니게 할 수 있다.

### 6) 세련된 표현 refined expression

가사가 있는 음악은 그 안에 담겨진 가사의 정서(emotion)와 아이디어(idea)를 충분히 표출하는 언어로써 작용한다. 이는 음악이 가사와의 관계에 있어서 느끼는 정서와 시에 담긴 시상 표현이 그 주된 기능임을 나타낸다.

이를 위해 음악은 선율, 리듬, 화성의 기본적인 재료를 가지고 시에 담긴 단어 하나하나의 정서적 표현을 이뤄갈 수 있도록 해야 할 것이며, 그에 따른 적절한 분위기에 공헌할 수 있는 성격이 되어야 한다. 그래야만 아무리 짧고 단순한 음악이라 하더라도 집약된 시와 음악을 통하여 전인적인 경험과 함께 영적고백으로 행할 수 있다. 이러한 일련의 특징들은 세련된 표현을 이뤄가는 요소들이다.

### 7) 유절 형식 strophic form

찬송가는 반드시 절의 형식을 가져야 한다. 자유로운 리듬과 선율들을 요구하는 시라도 다시금 반복되야 하는 속성이 있는 만큼 짧은 마디의 찬송가음악은 꼭 동일한 음악의 반복으로 이뤄진 특징을 갖는다. 이에 규칙적인 운율을 갖고 있는 행의 형태를 유지한 시이기 때문에 일정한 절을 취한다.

절의 형식은 회중으로 하여금 각 절에 따른 시상과 아이디어의 점진적인 변화를 느끼게 할 수도 있으며 통일감과 일관성을 갖는 규칙적인 성격으로 인하여 부르기와 기억하기에 매우 중요한 틀이다.

## 6. 바른 찬송의 3가지 요건

찬송가는 예배에서 회중으로 하여금 직접적이며 능동적인 예배행위로 나아가게 할 수 있는 매개체이다. 이 때문에 회중이 부르는 찬송가에 관한 가치는 그만큼 높을 수밖에 없다.

그러나 종종 찬송가를 통한 회중의 예배참여에 있어서 다소 타성적이거나 습관적인 문제가 발생하기도 한다. 이는 현재만이 아니라 18세기 부흥의 시대를 갖고 있었던 영국에서 조차도 사람들이 고민하였던 문제였다. 그 당시 요한 웨슬리(John Wesley)는 예배에서 찬송가를 부를 때 어떻게 하면 딱딱함을 피할 수 있을지에 관해서 감리교 협의회(1744년) 때에 아래와 같이 건의하였다.

1. 설교 내용 중 가끔씩 그 문제에 대해 언급함
2. 적절한 찬송가의 선곡
3. 한 번에 너무 많은 절을 가진 찬송을 부르게 하지 않게 하는 것(예: 5-6절)

4. 종종 찬송 후에 다음과 같은 질문을 통한 교훈:
"지금 여러분이 무엇을 불렀는가?"
"느끼는 만큼 말하고 있는가?"
"주님을 향해 노래하고 있는가?"
"이해하면서 영으로 하고 있는가?" 등의 질문[8]

이러한 내용들은 사실상 찬송가 자체로부터 오는 것일 수도 있고 찬송가 선곡과 동시에 찬송가를 부르는 회중의 내면적인 상태와 맞물린 다소 복합적인 문제들을 안고 있음을 보여준다.

이에 관한 해결 접근으로 3가지 차원에서의 바른 찬송가 요건을 위해 에릭 루틀리(Erik Routley)는 '바른 작법(well written),' '바른 선택(well chosen),' '바른 가창(well sung)'이란 말로 언급하였다.[9]

### 1) 바르게 작곡된 찬송가 Well-Written Hymn

마틴 루터(Martin Luther)는 "음표가 가사를 살아 움직이게 해준다(*Die Noten machen den Text lebendig*)"[10]고 했다. 이 말은 음악이 그만큼 가사의 내용이나 그에 관한 아이디어를 풍성하고 강하게 표현할 수 있음을 가리킨다. 가사에 담긴 정서가 음악으로 하여금 더욱 깊은 느낌을 갖게한다는 것이다. 이를 위해 음악엔 리듬의 특징이나 화성적인 울림 혹은 빠르기의 정도와 선율선의 테시투라(*tessitura*) 등이 있다.

그래서 찬송가는 가사에 나타난 정서를 나타내고자 음악의 다양한 재료들을 가지고 적절하면서 효과적으로 잘 만들어져야 한다. 특히 가사의 자연스런 강세의 위치나 시의 운율에 따른 적절한 박자감은 중요하다. 이는 찬송가가 회중에게 가까이 다가설 만큼 친근하면서도 예배의 적합한 분위기와 감정 표현을 이뤄갈 수 있게 하기 위한 것이다.

만일 찬송가 음악이 회중의 음악적 수준을 넘어가거나 어려운 화음, 혹은 노래를 부를 때 부담스러운 유형을 지닌 것이라면 회중찬송이 목적하는 바를 성취할 수 없다. 비록 그것이 찬송가의 음악적 수준을 향상시키려는 노력이란 측면에서 변명의 여지는 있겠지만, 그 자체가 목적이 된다면 복음을 사람들의 마음에 심어주고 예배행위가 되는 것으로의 찬송은 달성되기가 어렵기 때문이다.[11]

이런 맥락에서 요셉 에쉬톤(Joseph N. Ashton)은 찬송가가 회중의 능력을 벗어나지 않는 단순한 것이 되어야 하면서도 동시에 매우 가치 있는 것으로서의 위엄(dignity)과 장엄함(grandeur)을 표현해 낼 수 있는 독특함(*sui generis*)을 가져야 한다고 강조했다.[12]

그렇다고 하여 찬송가의 위엄과 장엄함이 꼭 예술적인 심미감을 최우선의 과제로 삼는다는 것은 아니다. 찬송가의 진정한 가치는 회중을 하나님과의 만남 속에 대화로 참여하게 하는 이상적인 예배 언어이기 때문에 음악과 가사에서 음악이 주가 되지 않는다. 그렇기에 찬송음악은 가사를 섬기기 위해 있는 것이지 가사가 음악을 섬기는 것이 아니다. 이에 대해 데일 탑(Dale Topp)은 찬송에서의 가사가 음악 위에 있는 것임을 다음과 같이 강조하였다.

> 음악은 찬송가들의 목록 측면에서 마지막 순위가 되어야 한다. 찬송의 메시지가 첫 번째 순위가 되어야 한다. 바로 그 뒤에 메시지의 신학… 다음에 단어들의 효율성이 와야 되고… 이 모든 것 뒤에는 도움을 주는 하인과 같은 역할로 음악이 와야 한다. 비록 우리들 중 많은 사람들은 음악이 낮은 위치를 차지해야 한다고 하지만 실제로는 너무 종종 음악이 가장 높은 위치를 점하고 있는 것이 내게는 염려가 된다.[13]

찬송가는 회중의 영적 고백의 매개체이다. 그런 까닭에 찬송가는 가사와 음악의 관계 그리고 이에 따른 온전한 순서를 띤 가사의 우선순위 속에서 가사와 곡조가 마치 결혼한 것처럼 서로 잘 결합되어야 할 것이다.

### 2) 바르게 선택된 찬송가 Well-Chosen Hymn

예배에서 찬송가는 하나님 계시에 대한 인간의 응답 행위이다. 이는 예배 순서마다의 흐름에 적합한 선곡을 요구한다. 단순히 찬송하는 순서로써 아무런 생각과 의미 없이 선택된 찬송가는 하나님과의 대화 과정을 불완전하게 만들 수밖에 없다.

예배순서가 자연스럽게 진행될 수 있도록 찬송가는 전후의 순서와 서로 조화를 이루어야 한다. 이는 가사의 주제와 내용만이 아니라 이에 맞는 음악적인 분위기까지 고려되어야 하는 것이다. 예배의 일정한 흐름이 유지되기 위해선 순서간의 상호연결에 어색함이 없어야 하기 때문이다.

특히 선곡된 찬송가는 예배 전체적으로도 어느 한편에만 강조되지 않고자 수직과 수평적인 가사내용의 균형을 맞추어 회중으로 하여금 하나님과의 만남을 통한 대화의 폭이 제한되거나 편중되지 않도록 해야 한다. 프랭클린 지글러(Franklin M. Segler)는 이에 관하여 "단지 객관적인 내용의 찬송가만을 사용하는 것은 정서를 약화시키고, 주관적인 찬송가만을 사용하는 것은 지적인 면을 빼앗는다. 주관적 찬송가는 개인 예배에서 우리의 경험을 이야기하는 반면에, 객관적 찬송가는 하나님을 더욱 강조한다. 양자가 함께 한 자리에 있고, 균형을 취하는 것이 바람직하다"[14]고 했다.

### 3) 바르게 불린 찬송가 Well-Sung Hymn

찬송가에 담긴 선율의 가치와 역할은 적절한 음역과 선율선의 움직임 및 테시투라(*tessitura*)를 통해 가사에서 오는 정서적 표출을 효과적으로 잘 표현하는 것에 있다. 이러한 음악적 의도는 가사의 내적 표현을 돕기 위해서이다. 바로 이와 같은 찬송가를 개인적인 취향이나 습관대로 악보 상에 나타난 것과 달리 부른다면 공동으로 행하는 예배에서만큼은 바람직할 수 없다. 한 목소리와 한 마음으로 소리를 내야 하는 공동의 예배(corporate worship)이기 때문이다. 이에 음악적으로 바른 가창이 요구된다.

하지만 이것은 찬송이란 본질과 예배행위로써 이뤄지는 것이기에 영적 차원에서의 바른 가창이 보다 더 절실하다. 이는 노래 부르기로 끝나는 것이 아니라 하나님과의 대화 속에서 행해지는 믿음의 응답이이기에 더욱 그러하다. 이것이 영적 차원 안으로 들어가기 위해선 전인격적인 섬김을 요구한다. 찬송을 부르는 회중의 지·정·의의 모든 인격체의 섬김이다.

먼저, 지적 섬김의 찬송을 위해 사도 바울은 "… 내가 마음(*nous*: 이해)으로 주를 찬미하리라"(고전 14:15)하여 머리로 가사들을 이해해야 함을 강조하였다. 둘째, 정서적인 찬송으로 "…너희 마음(*kardia*: 심장)으로 주께 노래하며…"(엡 5:19)에서처럼 심중으로부터 애정을 담아낸 고백을 요구하고 있다. 셋째는 "…이스라엘 온 무리는 하나님 앞에서 힘을 다하여… 노래하며… 주악하니라"(대상 13:8)와 같이 에너지와 열정을 모두 쏟아 노래하는 모습이 있다.

전인격적으로 행하는 이러한 찬송이 궁극적으로 하나님과의 대화 현장 속으로 들어가기 위해선 '하나님에 대하여 노래하기(singing about God)'가 아니라 '하나님께 노래하기(singing to God)'라는 상황이 되어야 한다. '하나님에 대하여 노래하기'는 하나님과의 만남이 없음을 암시하여 하나님 임재의 상실감을 갖게 하고 심지어 하나님과의 관계성이 없는 비기독교인조차도 가능함을 말해 준다. 한편으론 가사에 의해 '하나님에 대하여 노래하기'라는 상황은 가능하다. 말씀 선포와 같은 특징을 갖는 것이라면 하나님을 향해서가 아니라 회중을 향한 것이기에 그러하다. 그러나 중요한 것은 선포이든 권면이든 간에 찬송 부르는 그 때에 하나님의 임재 앞에서 행하느냐 하는 것이다.

이에 반하여 '하나님께 노래하기'는 하나님의 임재를 강하게 나타내주는 모습이다. 이는 노래행위가 누군가에게 향하고 있으며 분명한 방향성으로 말미암아 만남이란 상황도 나타내준다. 그러한 만남의 현장 속엔 만남의 대상이신 분과의 관계성을 갖고 있는 자이어야 한다는 필수적인 조건이 따른다. 곧 찬송의 대상이신 하나님과 찬송할 수 있는 하나님의 백성들만이 가능한 것임을 증거해 준다는 사실이다.

참된 영성은 하나님의 임재 앞에서 살아가는 삶의 총체적인 존재방식을 가리킨다.[15] 이는 무슨 일을 하든지 하나님의 임재를 직시하며 행하는 것이야 말로 영성의 길에 서 있는 것임을 알게 한다. 이처럼 찬송을 부르는 것 또한 하나님 앞에 드리려는 가창이 될 때에야 비로소 영의 찬송이 되는 것이다. 이러한 과정은 찬송에 대한 바른 가창의 온전함을 이루는 본질이다.

# Chapter 9 회중찬송의 철학

회중찬송의 부활은 회중에게 종교개혁에 의한 예배개혁을 가장 절실히 피부로 느끼게 해 준 열매였다. 왜냐하면 그 이전까지 회중은 거의 예배의식에서 오직 성직자들에 의해 말해지고 콰이어에 의해 노래되는 것을 그저 지켜보고 듣고만 있어야 했기 때문이다.

그러나 종교개혁으로 말미암아 다시금 회복된 회중찬송은 회중 자신에게 있어 먼저는 영적 유익함과 아울러 아무런 동참이나 행함이 없었던 예배에서 이제는 하나님과의 직접적인 대화 속으로 들어가 응답 역할에 실제적이며 능동적인 참여를 요구하는 예배가 되게 하였다.

이러한 찬송의 기능과 가치에 대하여 다음의 내용들은 회중찬송의 철학을 구체적이고 견고하게 세워준다.

## 1. 하나님 백성들의 특권 Christian's privilege

찰스 스펄전(Charles H. Spurgeon)은 "하나님을 찬양하는 것, 이것이야 말로 진정한 자녀 됨의 표시이며 하나님의 은혜로 인하여 새로워진 마음의 증거이고 표시인 것이다. 찬양 받으시기 합당한 하나님의 이름을 찬양하지 않는다면, 우리는 하나님의 순수한 사랑의 확실한 증거들 중 하나를 잊고 사는 셈이 될 것이다"[1])라고 했다. 이는 칼빈(John Calvin)이 "찬송이야말로 하나님의 백성들이 할 수 있는 최고의 헌신이며, 그 믿음의 진정한 증거이다"라고 한 말에서 더 깊게 그것의 본질을 찾을 수 있게 한다. 결국 찬송은 오직 믿는 자들만이 누릴 수 있는 하나님의 은혜이자 특권이다.

"여호와는 나의 힘이요 노래시며 나의 구원이시로다"(출 15:2)와 같은 고백을 할 수 있다는 것은 이미 하나님의 구원을 경험한 하나님의 자녀 됨을 나타낸다. 다시 말해 영적으로 죽어있는 자들이 결코 할 수 없는 것 중의 하나가 바로 찬송임을 증명해주는 것이다. 그런 까닭에 하나님과 단절되어 있는 상태와 죽어있는 자들에게서 전혀 찾아 볼 수 없는 것이 찬송이다. 성경은 이렇게 선포한다. "죽은 자가 여호와를 찬양하지 못하나니 적막한 데 내려가는 아무도 못하리로다"(시 115:17). 그래서 사도 베드로도 "찬송하리로다… 우리를 거듭나게 하사 산 소망이 있게 하시며"(벧전 1:3)라고 했다. 찬송은 부활신앙과 영생의 소망으로 가득한 기쁨을 소유한 사람만이 할 수 있는 것이다. 이는 하나님 백성들의 진정한 특권임을 분명히 한다.

## 2. 참여의 기회 opportunity to participate

예전(Liturgy)이란 원래 의미의 '사람들의 일'이란 관점에서 알 수 있듯이 예배라고 하는 그 자체는 행동을 수반한다. 다시 말해 예배로 성립되기 위해선 꾸며주는 형용사나 행위가 없는 부사도 아닌 구체적이며 직접적인 능동적 동사가 되어야 한다는 것이다. 이런 맥락에서 찬송은 예배를 동사가 되도록 해주는 실제적인 내용이다. 예를 들면, 설교를 경청하는 것은 수동적인 경험을 갖게 하는 반면에 찬송은 회중을 적극적인 참여로 이끌어 주기 때문이다. 그래서 제임스 화이트(James F. White)는 "찬송가를 보고 노래하는 것은 보다 깊은 주의를 갖도록 해준다. 음악은 그것이 없을 때보다 더 깊이 예배에 참여할 수 있도록 해주기 때문에 음악은 예배에 있어서 중요한 요소라고 할 수 있다"[2]고 했다.

찬송이야말로 회중에겐 매우 충실한 예배행위의 동기가 되어 참여의 과정으로 들어가게 한다. 로버트 미첼(Robert H. Mitchell)은 "회중음악에 참여하는 것은 예배자들로 하여금 그 말이 암시해주는 바, 즉 진정으로 예배하는 사람이 되도록 격려하며 도와준다"고 했다.[3]

특별히 회중(congregation)이란 말은 '모이다'를 뜻하는 라틴어 *gregare*에서 나온 것인데, '함께'를 뜻하는 접두어 *cum*과 더불어 '함께 모인 무리'라는 의미를 갖는다. 그런 까닭에 예배 중 찬송을 대하는 회중은 '듣고 방관하는 무리'가 아닌 '함께 모인 공동체'로서 능동적으로 참여하는 예배의 공동 집례자(co-celebrant)이다.[4]

### 3. 하나님께로 향하는 경로 channel toward God

예배 순서 내용 중에서도 회중찬송은 하나님과 깊은 인격적인 대화창구의 역할을 한다. 말과 글로 단순히 외우거나 읽는 사도신경과 성시교독과는 달리 찬송은 음악을 통하여 아이디어와 정서 그리고 행함으로 표현되어지기 때문에 보다 더 회중의 지·정·의의 전인격이 하나님을 향해 나아갈 수 있는 경로가 된다. "하나님을 우러러 찬양하고자 하는 뜨겁고 열렬한 열심과 더불어 인간의 가슴을 강렬하게 움직이는 힘을 가지고 있는 것"[5]이 찬송이라 했던 칼빈(John Calvin)의 말처럼 그만큼 하나님을 향한 예배행위로서의 강점과 가치가 높은 것이다.

특히 찬송가에 담긴 찬송작가들의 신앙, 말씀에 대한 믿음, 감사, 헌신, 권면 등과 함께한 영성과 더불어 회중 또한 동일한 생각과 마음으로 하나님께 가까이 다가갈 수 있다. 찬송을 부르는 중에 회중은 그러한 찬송가사에 따라 오직 하나님만을 향하여 집중하게 됨으로 매우 역동적인 대화로 응답할 수 있는 것이다.

### 4. 연합 unifying

성 암브로우스(St. Ambrose of Milan, c. 340-397)는 "찬송(Psalmody)은 서로 다른 사람들을 하나로 묶어주고, 다투는 사람들을 친구가 되게 하고… 모든 사람들이 노래라는 한 행위 속에 동참할 때에 그 찬송의 노래란 매우 강력한 연대감을 형성해준다"[6]고 하였다. 이 역시 독일의 예배학자인 크리스토프 알브레흐트(Christoph Albrecht)가 "찬송하는 것은 공동으로 표현하기에 가장 적합한 형태이다"[7]라고 말한 것처럼 예수 그리스도 이름으로 모인 예배 공동체로써 더욱 하나로 연합하게 해 주는 역할을 한다. 곧 "한 마음과 한 입으로 하나님 곧 우리 주 예수 그리스도의 아버지께 영광을 돌리게 하려 하노라"(롬 15:6)의 말씀 속에서 비록 성이 다르고 연령이 다른 사람들의 다양함에도 불구하고 그로부터 생성된 조화와 융합의 '한 목소리'는 기독교 초기만이 아니라 끝없이 변하지 않을 예배 공동체의 속성이다.[8]

예배 중에 부르는 회중찬송의 기능은 이와 같이 예수 그리스도 안에서 한 지체가 됨을 더욱 견고하게 해준다. 이그나티우스(Ignatius A.D. ?-115)는 회중찬송을 통해 연합된 한 공동체의 모습을 다음과 같이 표현하였다.

지금 이 곳에서 불린 시편은 모든 목소리들이 함께 드린 완전한 하나의 찬송이었다. 젊은이와 노인들, 부자와 가난한 자, 여자와 남자, 노예와 자유인, 이 모든 사람들이 한 선율을 부른 것이었다. 사회적인 구별들이 여기에선 사라졌던 것이다… 완전한 평등 속에서 그들의 표현으로 이 지상이 천상을 모방하는 하나의 찬양대가 된다.[9]

예배 공동체의 연대감을 그만큼 강력하게 해주는 회중찬송은 그 안에 담긴 음악내용에 있어서도 똑같은 선율, 박자, 빠르기 그리고 동일한 가사와 주제로 말미암아 회중의 연합이 더욱 고무되고 심화된다. 이러한 음악적인 속성 때문에 회중이 찬송을 부를 때에 자신들의 전인격을 통한 표현을 한 마음과 한 입으로 행하여 예수 그리스도 안에서 한 몸을 이룬 예배 공동체가 되는 것이다.

## 5. 개별적인 고백 individual confession

회중찬송은 회중 개개인이 표현의 기회를 갖게 한다. 일리온 존스(Ilion T. Jones)는 "찬송가는 개인적으로 소리를 내어 말하는 기도이며, 그룹의 공동예배 행위로써 공동행위와 개인적인 표현을 가능하게 한다"[10]고 말했다. 이는 비록 동일한 찬송이라 하더라도 부르는 회중에게 있어 그 찬송가가 자신들 개개인의 감정과 생각 그리고 이와 함께한 영성의 고백으로 개별적인 또 다른 입술의 열매가 되는 것임을 가리킨다.[11]

찬송가는 작시자의 말과 작곡가의 음악을 빌어 회중 자신의 개별적인 신앙고백이 되는 노래이다. 그렇기에 찬송가는 원작자 한 사람의 소유가 아닌 모든 믿는 자들의 신앙유산을 낳게 하는 잠재적 가치를 지닌다.

## 6. 교육적인 가치 didactic value

찬송가학자인 해리 에스큐(Harry Eskew)는 찬송가가 특별히 복음과 교회의 신학을 전달하는 데에 매우 효과적이라고 하면서 그 이유는 보통 찬송가에 담긴 가사들이 성경말씀에 기초하거나 혹은 의역한 예들이 많기 때문이라고 설명하였다.12)

칼 바르트(Karl Barth)는 자신의 교회 교의학(Church Dogmatics)에서 찬송가에 대한 회고를 다음과 같이 적고 있다.

> 찬송가는 내가 어릴 때에 처음으로 신학교육을 받게 했던 적합한 교과서였다. 결코 잊을 수 없는 인상을 내게 심어주었던 것은 아주 단순한 구조 속에 작곡된 찬송가들이 크리스마스, 종려주일, 성 금요일, 부활절, 예수 승천일, 그리고 성령강림절 등의 이야기를 아주 의미심장하게 전달해주는 것으로 매우 소박하며 자연스러운 방법이었다. 역사? 교의? 교리? 신화? 그런 것이 아니라 현재 실제로 일어나고 있는 것 같이 우리가 직접 보고 듣고 느낄 수 있는 것들이었다.13)

찬송가의 음악은 단순하지만 이를 통한 교육적인 가치는 이처럼 매우 높다. 찬송가 가사에 성 삼위일체이신 하나님, 하나님의 주권과 역사하심 혹은 예수 그리스도의 성육신, 고난, 부활 등의 복음의 진리와 핵심적인 내용을 담아 교육시킬 수 있다. 주후 4세기 가이사랴의 주교였던 바실(Basil)은 이 점을 명확하게 다음과 같이 설명하였다. "의사가 환자들에게 쓴 약을 줄 때 컵 가장자리에 꿀을 발라주는 것처럼 성령은 음악의 기쁨을 교리의 진리와 혼합시키셔서 소리의 유쾌함과 아름다움을 통해 가사 속에 있는 의미를 우리가 무의식적으로 받아들일 수 있도록 역사하신다."14)

사도바울은 "시와 찬미와 신령한 노래로 서로 화답하며(*laleo*: 가르치다, 전하다)"(엡 5:19)의 말씀으로 찬송의 노래을 가지고 서로에게 권면과 동시에 교육적인 기능을 알려준다. 특별히 동방교회에선 에프라임(Ephraim, d. 373)이, 서방교회에선 성 암브로우스(St. Ambrose)가 당시의 이단들을 대항하고자 정통교리와 말씀 교육에 주력하고자 수많은 찬송가를 만들어 내었던 것은 이를 증거해 주는 역사적 실례들이다. 이때의 찬송가의 증가로 찬송가 역사에 발전적인 결과를 가져왔는데, 그 동기가 이러한 교육목적에 있었다.

예배에서 찬송은 회중이 하나님을 향한 예배행위로써 그 우선순위의 가치를 지닌다. 그럼에도 예배자인 자신에게 그리고 서로에게 하나님을 증거하며 권면과 하나님 말씀 교육이 동시에 이뤄지는 기능을 갖는다.

### 7. 선한 청지기 역할 the role of a good steward

"이 백성은 내가 나를 위하여 지었나니 나의 찬송을 부르게 하려 함이니라"(사 43:21)에서 나타나듯이 하나님 스스로 찬송은 분명 자신의 소유임을 밝히고 계신다. '나의 찬송(*tehillah*)'의 의미는 '할랄(*halal*: 자랑)의 노래'로써 하나님을 칭찬하며 자랑하는 노래임을 가리킨다. 이는 찬송의 대상이 오직 하나님이며 그 소유가 하나님께 속한 것이기 때문에 이 외의 그 어떤 목적에 의해 오용될 수 없다.

웨스트민스터 소요리 문답에서 "인간의 주된 목적은 하나님을 영화롭게 하며 그분을 영원토록 즐거워하는 것이다"[15]처럼 예배에서 찬송의 근본적인 목적은 하나님께 있으며 그분을 영화롭게 하기 위함이다. 그러나 찬송이 회중 자신들을 위한 위로나 권면 혹은 은혜라고 하는 감동을 받기 위한 의도와 우선순위로 둔다면 이는 이미 찬송의 본질을 잃어버리게 된 것이다.

이러한 사실로 볼 때 예배에서의 찬송은 예배자들이 찬송을 통하여 청지기의 역할과 그 의미를 구체화 하는 것으로 이해하게 한다. 청지기(*oikonomos*)는 신약언어로써 '관리자'란 뜻이다. 회중은 하나님의 찬송을 소유하는 것이 아니라 관리자의 위치에서 "내 찬송을 부르게 하려 함이니라"란 말씀의 찬송에 순종과 헌신으로 행해야 한다. "내 찬송"(사 42:8)이라고 말씀하시는 하나님의 것을 종이 된 신분 속에서 주인을 위해 찬송을 불러야 하는 것이다. 회중을 목적으로 한 것이 아니라 하나님만을 목적으로 하여 하나님의 것을 드리고자 하는 청지기적 섬김에서만이 찬송의 온전함을 이뤄갈 수 있다.

## 8. 영적 함양 spiritual edification

찬송가는 회중에게 신앙, 교리, 그리고 기독교인의 삶의 경험 등에 대한 믿음을 표현할 수 있는 기회를 제공한다.16) 찬송가의 주제들 중엔 회중을 위한 영성의 내용들, 예를 들면, 신뢰와 확신, 감사, 평안, 위로, 권면, 믿음, 소망, 순종, 헌신, 분투와 승리, 기쁨 등이 있는데 이것들은 영적인 성숙으로 교화시키는 기능을 지니고 있다.

믿음의 확신 속에서 불리는 이러한 찬송가의 모든 가사들로 인해 회중은 그만큼 더 영적인 권면과 영성에 고무되어 영적 함양의 영향을 받게 된다.

*Chapter 10*

# 전통적인 회중찬송을 위한 리더십

## 1. 회중찬송 인도를 위한 지침사항[1]

### 1) 철저한 준비와 기도 complete preparation and prayer

회중찬송이 종종 예배시작 전부터 행해지는 경우가 있다. 그러나 이것은 결코 예배 시작을 위한 준비단계의 성격을 가질 수는 없다. 예배전이든 예배 중이든 간에 찬송 그 자체가 예배임을 인식하도록 하기 위하여 인도자의 리더십이 필요하다. 비록 짧은 시간 속에 행해지는 회중찬송이라도 세심한 준비가 있어야 한다.

구체적으로 예를 들면, 찬송인도자는 회중이 찬송하고 있을 때 불러야 할 노래의 가사들을 알고 있어야 하고, 반복하거나 생략해야 할 찬송가 절수도 미리 예상해야 한다. 이는 찬송 오용을 가리킴이 아니라 예배흐름의 역동성을 돕기 위한 리더십을 말하는 것이다. 인도자는 처음부터 끝까지 찬송의 흐름에 민감하면서도 여유 있게 이끌어야 할 책임이 있다. 이는 음악과 영성 모두에 해당된다. 이를 위해 불려질 찬송가의 선곡은 그만큼 신중히 행하여야 한다.

특히 하나님을 위해 헌신하는 모든 사역들이 그러하듯이 회중찬송 인도 또한 늘 새롭게 찬양을 일으키고 부흥시키려 하는 열망 속에서 행하는 기도가 무엇보다 중요한 요소이다. 그 때문에 회중찬송에 임하실 하나님의 인도와 은혜를 위하여 기도로 철저히 준비하는 것은 마땅하다.[2]

### 2) 예배자의 자세와 열성 worshiper's attitude and enthusiasm

찬송인도자는 그 직분의 책임을 다하기 위해 회중의 상태나 분위기 흐름에 민감하고 집중을 하다보면 어느 새인가 자신이 하나님 앞에 선 예배자임을 잊기 쉬울 때가 있다. 회중으로 하여금 적극적인 참여와 동참 속에서 찬송하도록 돕고 인도하는 위치도 중요하지만, 이에 앞서 인도자 자신이 하나님께 예배하는 자임을 직시하고 이것이 모든 일에 우선순위가 되는 것임을 잊지 말아야 한다. 이는 진정한 인도가 찬송의 노래를 이끈다는 것이라기보다 온전한 예배자의 자세와 열성으로 하나님께 찬송함을 통해 회중 스스로 그와 동일한 예배자가 되려는 열성을 가져가게 하는 것이기 때문이다.

### 3) 회중과의 인격적인 관계성 personal relationship with the congregant

음악을 통해 예배를 인도하는 자는 대체적으로 음악의 은사를 받았기 때문에 매우 창조력이 있고 전문가적인 여유와 이해 속에서 충분한 음악리더십을 십분 발휘한다. 그러나 이보다 더욱 더 중요한 부분은 하나님에 대한 철저한 이해와 경험, 사람들을 다루시는 그분의 방법 등에 대한 인식이 결여되어서는 안 된다는 것이다. 인도자로서 이러한 기초와 토대가 제대로 세워져 있지 않게 될 때엔 종종 그 리더십의 빛을 잃게 하는 문제들을 초래하게 할 수 있다.[3]

사실은 하나님과의 수직적인 관계성에 온전함이 있어야만 수평적인 관계성 또한 온전해진다는 것을 명심하게 해준다. 그래서 회중을 대하는 인도자에겐 그들과 함께 라는 공동체 의식 속에서 이미 견고하게 서 있어야 한다.

이에 찬송 인도자도 그들과 동일한 공동의 예배 일원임을 직시하여 인도자의 위치가 사실상 섬김의 기능일 뿐 감독에 있는 것이 아님을 인식해야 한다. 이 또한 하나님과의 인격적인 만남으로 들어갈 수 있는 것을 인하여 인도자와 회중 간에 인격적 관계성을 되돌아보게 하며 찬송 시간 속에서도 경험할 수 있어야 한다.

그러므로 결국 찬송인도 시에 인도자 역시 찬송 가사마다 회중과 함께 그와 같은 정서, 생각, 의지, 그리고 영성의 동질감을 가지며 부르는 섬김이 깃들여야 한다. 이러한 과정은 회중과의 인격적인 교감과 영적 일체감을 갖는 관계를 나타낸다.

### 4) 명료한 지휘 모형 clear conducting gesture

특별히 정규예배 시에 회중 전체가 부르는 찬송음악이 지휘자에 의해 인도되기도 한다. 이때엔 반드시 명료한 지휘 모형을 보여주어야 한다. 이에 대한 리더십은 교회의 여건과 목회방침에 따라서 목회자에게, 반주자인 피아니스트나 오르가니스트에게, 혹은 찬양인도를 맡은 자에게, 아니면 이처럼 지휘자에게 직접 맡겨지는 경우들이 있다. 이러한 관례들은 사실상 분분하기 때문에 거론하지 않고자 한다. 다만 누구에 의해서이든 회중찬송의 통일감 있고 규모 있게 진행될 수만 있는 것이라면 다 고려될 수 있는 리더십이라고 본다.

이 중에서 지휘자에 의한 리더십의 경우라면 분명한 지휘 동작을 나타내주어 노래하는 데에 공동의 일치감을 갖도록 도와주어야 한다. 이를 위해선 찬송 각 마디의 시작 부분마다 정확한 다운비트(down beat)가 이뤄져야 한다. 찬송 중에 일정한 흐름이 지연되거나 빠르게 되는 것을 방지할 수 있는 것은 다운비트의 일관성이 있는 지휘로 말미암는다. 그리고 일반 합창단의 기술적인 지휘 모형과는 달리 매우 명료한 지휘 모형을 그려주어야 하는 것은 전문 음악인이 아닌 회중이란 그룹의 특수성과도 관련이 있음을 명심해야 한다.

**5) 상황에 따른 지휘모형** conducting gesture according to situation

지휘모형의 크기는 사실상 회중 숫자의 크기와 비례한다. 찬송을 부르는 회중이 작은 경우엔 작은 모형으로 회중이 대체로 많은 경우라면 지휘의 반경도 적당히 커야 한다. 물론 회중의 규모와 상관없이 음악적인 분위기에 따라서 팔 동작의 크기와 범위가 다소 융통성 있게 움직이도록 해야 한다.

**6) 알맞은 빠르기와 리듬** appropriate tempo and rhythm

많은 인원이 한 목소리로 동일하게 소리를 내기 위해선 빠르기가 바르게 설정되어야 한다. 여기엔 빠른 속도에 따라 노래 부르는 것이 불편할 수 있을 회중 연령층의 다양함에 대한 배려도 있어야 한다. 물론 너무 처지지 말고 적절한 속도를 유지함을 전제로 하면서 말이다.

이와 함께 찬송노래 분위기가 어떠한 성격을 갖는 지에 대한 바른 감각으로 적당한 템포(tempo)를 설정해야 한다. 현재 사용되는 찬송가의 음악엔 소화하기 어려울 만한 것은 거의 없기 때문에 염려할 필요는 없다하더라도 만일 그러한 상황에 부딪히게 되는 경우엔 약간의 여유로움 속에서 인도함이 좋다. 특히 리듬에 있어 당김음(syncopation) 등과 같은 음악을 노래해야 할 때 등이다.

이를 위해선 예배 시작 전에 한두 번 즈음 회중으로 하여금 부르게 하는 기회를 가져봄도 도움이 될 수 있다. 아니면 아예 연습과정을 가져봄직도 하다. 이미 이전부터 오후예배나 기도회 등과 같은 시간을 통하여 함께 노래하는 경험을 갖게 하는 것은 권장 할만하다.

### 7) 선율 중심의 인도 pitch-oriented guidance

회중찬송 때엔 항상 선율을 부르며 인도해야 한다. 경우에 따라선 가끔씩 선율에 대한 화성적인 다른 성부나 화음으로 노래할 수는 있으나 이것이 지속될 경우엔 회중이 원래의 선율을 놓치거나 인도자의 소리를 따라하는 혼란도 발생할 수 있기에 신중하면서 민감하게 이끌어야 한다.

그러나 궁극적으로 인도자는 회중의 노래를 돕는 차원에서 원래의 선율의 소리를 분명히 내 주어야 하는 일차적인 책임이 있다. 그러면서도 음악적인 아름다운 보조의 역할을 통해 성도들이 영적고백을 할 수 있도록 고무하고 격려하는 리더십도 있는 것이다.

### 8) 악구 시작을 위한 분명한 예비 clear preparatory beating gesture for the beginning

찬송가에서 처음이나 중간 중간에 악구의 시작부분엔 인도자는 성악적으로 혹은 지휘모형으로 분명하게 해주어야 한다. 회중 대부분은 앞에서 인도하는 사람의 소리를 의식하기 마련이며 지휘 동작에도 민감하게 반응할 수 있다.

이를 위해선 먼저 인도자 자신이 명료한 소리를 내어야 하면서도 동시에 함께 시작하도록 지휘 모형으로 그려주어 소리를 같이 낼 수 있도록 도와주어야 한다. 특히 성악적으로 인도자가 소리를 내는 중에 자신의 목소리를 강하게 내 주려고 하려다가 목쉰 소리를 낼 수 있는데, 그러지 않도록 적절한 볼륨을 내면서 조절하는 것이 중요하다.

### 9) 절제된 말 controlled utterance

찬송을 인도하는 자는 설교자와 전혀 다르다. 이는 찬송 노래가 다른 곡조로 이어지는 형식으로 인도될 때에 간주가 있는 상황이라 하여 그 사이마다 말들을 넣어서 이야기하는 것은 회중에게 도움보다는 방해를 줄 때가 더 많다. 실제적으로 찬송노래 안에 담긴 가사 자체가 많은 의미들을 전달해 주기 때문에 말로써 전하고자 하는 권면이나 격려 등을 가급적이면 짧게 혹은 아예 절제하는 것이 바람직하다.

### 10) 활기찬 성악적인 소리 vivid vocal sound

찬송인도자는 성악적인 소리로 이끌 때에 매우 생기롭고 여유있게 그리고 확신에 찬 소리를 내주어야 한다. 사실상 노래의 흐름은 한 사람의 소리가 아니라 회중 전체와 반주악기 소리의 조화로 이뤄가는 것이 가장 바람직하다. 그럼에도 불구하고 대부분의 찬송인도가 한 인도자의 마이크 소리에 있는 경우들이 많기 때문에 이를 위한 조언일 뿐이다.

그리고 찬송가의 장수를 전달해야 할 경우가 있다면 최소한 두 번 정도로 또렷한 목소리를 내면서 알려야 한다. 인도자의 목소리는 그 사람의 인격을 표현하는 중요한 요소라는 사실을 기억해야 할 필요가 있다.

### 11) 인도자의 말 표현과 태도 leader's expression and attitude

찬송인도자가 때때로 말을 할 때에 문법에 어긋나거나 과장된 문구를 사용함으로 생기는 혼란이나 진부함을 느끼도록 해서는 안 된다. 또한 발음상 문제가 없도록 이해하기 분명한 음성을 내주어야 한다. 이와 함께 밝고 온

화한 표정도 전해지는 말의 느낌이 그에 상응하게 된다. 그러므로 인도자의 말의 명료함이나 좋은 표정은 회중으로 하여금 마음에 생명력 있는 분위기를 느끼도록 해준다.

### 12) 적절한 찬송시간 appropriate singing time

찬송을 메들리(medley) 형식으로 계속하여 하는 경우가 있는데 너무 지나치게 오랫동안 쉬지 않고 많은 노래를 하게 하는 것은 회중을 지치게 할 수 있다. 찬송의 역동성과 활기찬 분위기를 유지하기 위해 음악이 끊어지지 않고 계속하여 부르는 것은 필요하지만 때론 중간 중간에 휴식을 취할 수 있도록 기회를 주어야 한다. 이를 위해선 도중에 새로 시작하는 찬송음악의 전주로 들어가 악기의 반주로 선율을 듣게 하면서 가사를 낭송하는 방법도 좋은 한 예이다. 전체적인 찬송시간 계획은 각 교회의 예배진행 상황과 맞물려 있기에 목회자와의 협의 속에서 그에 적절한 시간의 비율을 내어 조정하면 될 것이다. 물론 정규예배가 아닌 시간대를 가리키는 것이며, 이에 적합한 찬송시간은 대략 보통은 20분, 많게는 30분 내외도 가능하다.

### 13) 타성으로부터 도피 escape from force of habit

회중찬송은 어떤 습관이나 틀에 얽매이지 않도록 해야 한다. 이는 언제나 아무 생각 없이 늘 부르던 찬송가만을 사용함으로 해서 타성에 젖게 될 수 있기 때문이다. 이에 생동감을 갖기 위해선 인도자는 찬송가를 미리 계획할 때에 회중의 영적 관심이 무엇인지를 헤아려 그들로 하여금 영적 갈망 속에서 고백할 수 있도록 하게 한다. 이는 항상 이끌려 노래하는 것이 아니라 자발적으로 노래하려는 내면적 충동을 갖게 하는 것이다.

찬송을 시작할 때에나 새로운 노래를 소개할 때에도 동일한 방식으로 접근하지 않는 것이 좋다. 예를 들면, 인도자의 목소리만이 아니라 다양한 악기들을 통한 선율연주, 혹은 여러 사람으로 구성된 팀의 조화로운 소리를 통해서, 아니면 인도자 혹은 찬양대나 찬양팀과 회중 간에 서로 주고받는 형식인 응답창(responsorial singing) 등의 변화 있는 시도들로 인하여 신선하게 다가갈 수 있다.

**14) 지 교회에서의 찬송음악 전문가** an expert of praise songs in a local church

찬송 인도자는 특히 자신이 속한 교회 회중이 잘 부르는 것들은 모두 다 완전하게 알고 있어야 한다. 거의 모든 찬송음악을 암기하고 있어야 함을 가리킨다. 이럴 때의 찬송리더십은 그만큼 안정감을 가질 수 있고 회중 전체의 흐름도 살펴갈 수 있는 여력도 가능하다. 그뿐 아니라 어떠한 성격의 예배나 집회라 하더라도 이에 가장 적절한 찬송가 내용을 잘 계획하고 준비할 수 있게 해준다.

**15) 새로운 기술과 아이디어** new techniques and ideas

타 교회에서 효율적으로 사용하는 새로운 기술들과 아이디어들을 찾아보고 시도해 보는 것도 도움이 된다. 이는 단순한 모방 차원이 아니라 속해 있는 교회 여건에서나마 최대한으로 회중찬송에 활력을 불어넣어 주고자 한 노력의 일환이다.

하지만 가장 중요한 것은 찬송인도자 자신으로부터 먼저 자연스러이 새로운 변화에 익숙해야 할 것이다. 여기엔 리더십의 변화만이 아니라 회중찬송의 다양한 음악적인 방법들이 추가될 수 있고 여러 음향시설들과 영상매체 등의 기술이 포함될 수도 있다.

### 16) 신중한 진행 prudent progression

색다른 느낌과 분위기로 찬송을 시도한다고 하여 세심함 없이 행하는 것은 오히려 역효과를 낳게 할 수 있다. 이로 인해 혹이라도 누군가를 당황하게 하거나 불편함을 초래하는 원인을 제공해서도 안 된다.

이러한 찬송인도 실제 중엔 다음과 같은 것들을 포함한다. 갑작스런 멈춤, 예기치 않은 빠르기의 변화, 어떤 음을 사인 없이 길게 부르는 것, 사전에 예고 없는 교창(antiphonal singing), 서로 마주보며 노래하는 방법, 원형으로 하여 합창하는 것, 일방적으로 손뼉 치게 하는 것, 두 손 들게 하거나 일어서서 노래하기 등이다. 물론 수용이 가능할 수는 있다 하더라도 각기 다를 수 있는 회중의 수용과 적응문제를 고려하며, 자유로운 집회 같은 시간대의 모임에 제한을 두고 행하는 신중함이 필요하다.

### 17) 목회자와의 협력 partnership with pastor

예배 전체가 강조하는 공통된 주제를 향하여 모든 노래의 내용들이 동일한 목표를 갖고 진행되어야 한다. 이는 이미 협의를 거쳐 목회자의 생각과 비전이 공유된 사역의 일환이어야 한다. 찬송의 흐름이 어떠한 주제를 가지며 궁극적으로는 어떠한 방향으로 가야할지 찬송인도자 스스로 결정하기보다는 목회자와의 상의와 협력 후에 이뤄져야 한다.

### 18) 영적 민감성 spiritual sensitivity

찬송을 통한 예배는 음악적인 성격으로 설명될 수 있는 것이 아니다. 그 자체가 예배행위이기에 무의식적이거나 시간대에 늘 하듯 하는 노래란 인상을 갖게 해선 안 된다. 더구나 찬송이 인도자의 일이 아니라 회중의 일이 되도록 하게 하는 의식과 능동적인 참여로 이끌기 위해서도 영적인 민감함 속에 인도해야 함을 요구한다. 이는 인도자에게 음악이 아니라 먼저 깊은 영성을 요구하며, 찬송가사에서 오는 영적 의미를 충분히 숙지하고 불러야 한다는 것이다. 사실 찬송은 가사를 노래하는 동시에 그 이면에 있는 영성도 함께 공유하며 고백하는 시간이기에 더욱 그러하다.[4]

그리고 인도자는 회중찬송 중 절정에 다다를 때를 대비한 준비도 필요하다. 여기엔 인간의 생각을 접고 오직 성령이 역사하실 수 있도록 영적 판단 속에 그분의 인도하심을 의뢰해야 한다. 전폭적인 의지는 항상 하나님 자신의 능력을 드러내실 기회가 되는 것이기 때문에 찬송 인도자는 성령에 민감할 수 있는 영적 상태가 매우 중요한 리더십의 기초가 된다는 사실에 주목해야 한다.[5]

그래서 회중찬송 순간마다 성령이 역사하실 수 있는 여지를 의식하고 행하는 융통성도 중요하다. 그렇기에 상황에 따라 인도자는 찬송가마다 모든 절을 다 부르게 하지 않고 생략 혹은 반복으로 이끌 수 있다. 사실 이러한 결정은 인위적인 목적과 즉흥적인 차원에서가 아니라 회중의 마음을 성령이 역사하시도록 맡기고 또 인도되어지길 바라는 믿음에서 온 것이어야 한다.

### 19) 여성 인도자들 female leaders

여성은 찬송인도 시에 부드럽고 섬세한 여성적인 특성을 유지함으로 큰 장점을 가질 수 있다. 대부분 남성에 의해 이뤄지는 전통으로 다소나마 제약이 있는 현실도 있지만 충분히 찬송의 안정감과 풍성한 표현을 이끌어줄 수 있는 또 다른 분위기의 연출도 가능하다. 그러면서도 열성적이며 분명한 리더십으로 회중전체의 통일된 흐름을 이끌기 위해 부드러움 속에서도 강함을 보여주는 것이 바람직하다.

**20) 회중에 대한 정서적 배려** emotional consideration for congregation

예배 중 회중이 느끼는 정서는 중요하다. 점진적인 정서의 원활한 움직임을 통해 찬송의 깊이가 이뤄지기 때문이다. 이를 위해 가능하면 앙상블(예를 들면, 현악기들과 플릇 혹은 클라리넷 아니면 오보에 등)과 함께 하여 회중으로 하여금 풍부한 정서와 안정된 마음을 갖을 수 있도록 돕는 것이 좋다. 예배당을 가득 채운 앙상블로 이루어진 조화의 소리는 그만큼 찬송의 깊은 경험을 할 수 있도록 회중을 고무하기도 한다. 만일 앙상블을 이룰 악기가 없다면 여러 음색의 오르간 연주나 신시사이저의 음향 등으로 대신할 수 있다.

## 2. 찬송 부르기를 위한 10가지 제언[6]

1) 다양한 찬양그룹 혹은 인도자와 회중의 구성원들로 하여금 노래의 성부들을 교대로 노래한다. 예를 들면, 회중의 남성과 여성, 찬양대와 회중, 독창자나 인도자와 회중, 찬양대의 독창자들로 이뤄진 그룹과 찬양대 및 회중과 함께 하는 것 등이다. 이러한 유형의 방법은 각 그룹의 위치에 따른 변화 속에서 다양하게 진행될 수 있다.[7]
2) 메들리(medley) 사용 – 일련의 여러 노래들을 계속하여 연결하는 것으로써 이는 회중이 자발적으로 응답과 참여하도록 하는 목적을 가져 보다 역동적인 찬송흐름을 이뤄가기 위한 방식이다.
3) 노래에 대한 배경과 이야기를 설명하는 것은 회중으로 하여금 찬송에 더욱 주목하게 하는 장점을 지닌다. 예컨대 찬송작가의 생애나 그것이 만들어졌던 에피소드, 혹은 과거에 그 찬송과 관련하여 일어났던 흥미로운 사건들도 포함할 수 있다.

4) 가끔 반주 없이 목소리로만 노래하게 한다.
5) 회중에게 찬송 가사를 단지 읽게만 하거나 가사가 읽혀지는 동안 허밍으로 하게 한다든지 혹은 독창자가 그 가사를 읽거나 독창으로 부르는 것 등이 있다.
6) 찬송의 반복 시엔 한층 더 고조된 정서적 효과를 가져가기 위해 반주자는 반음올린 조로 전조한다.
7) 때때로 회중이 선호하는 찬송을 하는 것이 도움이 된다. 이 때엔 개개인이 좋아하는 다양한 찬송가들을 모아 노래하는 중엔 각 찬송가의 한 두절 정도씩만 해도 무난하다.
8) 한 달에 한 두 곡 정도의 새롭거나 생소한 찬송을 회중에게 가르친다. 이는 그만큼 찬송 고백의 폭을 넓혀 가게하고 찬송 생활화를 이뤄가게 하기 위함이다.
9) 가끔씩 찬양설교로 예배를 한다. 예를 들어 '천국소망,' '평화,' '구원의 확신,' '믿음,' '순종,' '헌신' 등에 관한 것이라면, 이와 동일한 찬송가 시에 쓰인 노래들을 주보나 순서지에 넣는 것이다.
10) 찬송을 부르기 전이나 이후로 그에 적절한 시나 영적 교훈이 담긴 유머러스한 (humorous) 이야기 혹은 신앙적인 일화를 적당한 때에 사용한다.

## 3. 회중찬송에 있어서 가사이해를 돕는 7가지 방법들[8)]

### 1) 예배순서에 적합한 가사

예배의 다양한 순서를 충족시킬 때엔 순서 상호간에 분명한 관계성을 인식하여 적절한 내용의 가사를 담은 찬송을 사용해야 한다. 이것이 일관성

있게 이뤄지게 되면 회중이 그 찬송가 사용의 이유를 이해하게 되고, 위치한 찬송순서의 전후 문맥으로 찬송가 가사의 의미에 흥미를 가지고 습득하게 해준다.

### 2) 전체적인 가사를 통한 찬양

찬송가는 가급적이면 전체를 다 불러야 한다. 찬송 가사의 시는 그 구조 안에 완전한 한 아이디어를 전달하고 있다. 그래서 무의미하게 그 중 어느 절을 생략한다면 가사 내용을 왜곡시킬 수도 있다. 물론 경우에 따라선 각 찬송가의 하나 혹은 두개의 절만을 사용해 이어 부르는 메들리(medley) 찬송이 보편적인 의미전달의 효과적인 방법도 될 것이다. 하지만 이것은 가사의 흐름이 하나의 찬송가 안에 압축되어 있기 때문에 서로 다른 찬송가들끼리의 연결에 있어선 매우 신중한 선택을 요구한다.

### 3) 예배내용에 적절한 가사선택

예배 주보에 여러 순서들을 하나의 그룹들로 나눠 소제목으로 기록한 것이 있다. 이러한 관례를 갖고 있다면 그 범주(category)안에 들어갈 찬송가가 적절한 것인지를 확인해야 한다.

회중찬송의 제목들은 찬양과 경배, 주일, 성부 하나님의 창조와 섭리, 예수 그리스도, 성령, 구원, 천국, 성경, 교회, 성례와 예식, 절기와 행사, 그리고 성도의 삶에 관한 찬송고백 등의 다양함으로 분류되어진다.

이러한 찬송가들은 예배의 각 섹션(section)을 구분해 주는 제목이라든지 혹은 그러한 제목은 없어도 자연스러이 나눠지는 영역 속에 적합한 가사 내용을 갖는 것으로써 그 순서에 위치해야 한다.

### 4) 찬송가에 대한 각주

가능하면 불려지는 찬송가의 목록을 주보에 짧은 설명과 함께 기록하거나 혹은 그 내용에 대한 도움의 실마리를 실어 소개하는 것이 좋다. 예를 들어 '만유의 주재'란 찬송이라면 다음과 같은 내용으로 할 수 있다. "예수 그리스도에 관한 찬송 - 인간의 몸을 입으신 하나님, 순결하신 어린양, 빛으로 오신 구세주 예수"라는 글을 기록할 수 있는 것이다. 주보의 지면 사용은 개 교회의 사정과 여건에 따라 다를 수 있음으로 적절하다 판단되는 데로 이행함이 바람직하다.

### 5) 가사와 어우러진 음악적인 찬송선택

드문 경우이기는 하지만 찬송가가 운율적인 특성을 갖기에 가사와 시의 운율만 맞으면 다른 찬송가의 음악을 가져와 부르기도 한다. 이럴 때엔 반드시 가사에 담긴 뜻을 앙양해주는 찬송가의 선율을 취해야 한다. 음악이 오래된 것이든 새로운 것이든 이 모두를 사용함으로써 그 안에 담긴 좋은 가사들이 음악보다 가사가 더 중요함을 보여주어야 하고, 또 그것을 부르는 회중의 모든 세대들에게 다가갈 수 있는 음악이어야 한다. 여기엔 다소 음악적인 리더십이 요구되고, 찬송 문화의 개방적인 수용능력이 뒷받침 되어야 하는 것임을 말해둔다.

### 6) 찬송 부르기의 창의적인 방법

찬송가를 남성과 여성, 회중과 찬양대와 같이 각 그룹으로 번갈아 가면서 행하는 여러 가지의 방법들을 따르거나 혹은 새로운 방식을 창안해 보는 것도 도움이 된다. 이는 음악적인 효과를 위함이라기보다는 각 그룹들이 이루는 조화로움과 협력, 그리고 그들 생각의 집중을 가사 의미에 보다 더 둘

수 있게 되는 장점을 지닌다.

### 7) 신앙 강화를 주는 찬송사용

가사가 너무 감정에 호소하는 것이거나, 혹은 동일한 가사로 지나치게 반복되는 현대적인 찬양 노래(예를 들어 Gospel Song이나 CCM 중에서)들보다는 현대어로 된 복음적인 찬송가를 부르는 것이 훨씬 이상적이다. 이것은 신학적으로 온전하고 영적함양에 그만큼 도움이 되어 신앙적인 고무와 격려가 더 크기 때문이다.

# Chapter 11   현대적인 회중찬양을 위한 리더십

## 1. 다섯 단계 phase 를 갖는 현대적인 찬양 예배흐름 구조[1]

전통적인 찬송가를 포함하면서도 주로 현대적인 감각과 특성을 지닌 찬양음악의 주류가 되어지는 예배(예를 들면, 청년들이 드리는 예배, 주일 오후예배, 금요 기도회, 찬양집회 등)흐름 구조는 대체적으로 다음과 같은 다섯 단계의 구성을 이루고 있다:

1. 초대 invitation
2. 동참 engagement
3. 찬양 exaltation
4. 경배 adoration
5. 친밀함 intimacy

이것은 구약의 시편 95편 1-7절에 나타난 말씀에 근거하여 설명할 수 있다.

1. 초대 단계 – "오라 우리가 여호와께 노래하며 우리 구원의 반석을 향하여 즐거이 부르자"(1절)
2. 동참 단계 – "우리가 감사함으로 그 앞에 나아가며 시로 그를 향하여 즐거이 부르자"(2절)
3. 높임 단계 – "대저 여호와는 크신 하나님이시요 모든 신위에 크신 왕이시로다 땅의 깊은 곳이 그 위에 있으며 산들의 높은 것도 그의 것이로다 바다가 그의 것이라 그가 만드셨고 육지도 그의 손이 지으셨도다"(3-5절)
4. 경배 단계 – "오라 우리가 굽혀 경배하며 우리를 지으신 여호와 앞에 무릎을 꿇자"(6절)
5. 친밀함 단계 – "대저 저는 우리 하나님이시요 우리는 그의 기르시는 백성이며 그 손의 양이라 너희가 오늘날 그 음성 듣기를 원하노라"(7절)

현대적인 찬양예배 흐름에 특징지어진 이러한 단계들의 구조는 끊어짐 없이 자연스럽고 부드럽게 연결되도록 하게 하는 리더십이 요청된다. 이것은 각 단계에 속한 찬양 노래의 성격과 연결 과정이 매우 민감함을 지니기 때문이다.

여기엔 특별히 구조적인 특성을 이뤄가는 단계별 심리학적인 상황을 갖는다.

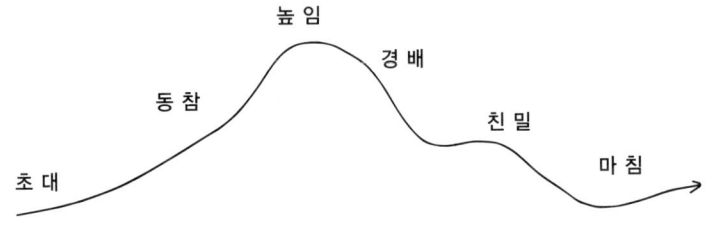

〈심리적인 상태를 나타내는 5단계 찬양과정 곡선〉

이를 위한 찬양 리더십은 개별적인 단계로 이어가는 중이거나 혹은 절정을 향해 계획된 단계로 나아가는 때에도 그 어떠한 인위적인 조작(manipulation)과 같은 의도가 반영되어서는 안 된다.

### 1. 초대 단계 Invitation Phase

이것은 예배로의 부름과도 같아 예배 안으로 이끄는 단계이다. 이때의 느낌은 경축(celebration)과도 같이 경쾌하나 반드시 수직적인 찬양 내용만을 갖지는 않는다. 가능하다면 박수를 동반할 수도 있다. 이 단계에서의 초점이 되는 노래의 가사는 믿는 사람들을 향한 것으로써 그들이 하나님을 향해 무엇을 행하여야 하는 것을 말해 주어야 한다.

이제 하나님의 임재로 들어갈 하나님의 부르심에 응답을 위하여 부르는 노래로 이뤄지나 경우에 따라선 점차 차분함으로 들어가 다음 단계로 넘어가기 직전엔 '예배로의 부름'을 나타내는 성경말씀을 선포할 수도 있다. 이때엔 반주소리가 조용히 지속되어 말씀에 집중함을 갖도록 하고 중단 없는 흐름을 유지해야 한다..

### 2. 동참 단계 Engagement Phase

회중은 동참 단계부터 하나님께 가까이 이끌리기 시작한다. 찬양의 가사들도 이제는 회중이 서로 화답하는 내용들이라기보다 하나님께 이야기하는 성격을 띤 것들이다. 이때는 마치 결혼식을 앞두고 약혼(engagement)을 행하는 것과 같이 주의 깊고 완전한 동참을 이루는 시간이다. 교회의 사정과 성향에 따라 초대의 단계를 생략하고 여기서부터 직접 시작하기도 한다.

## 3. 높임 단계 Exaltation Phase

높임 단계에서는 보다 직접적으로 하나님께 수직적이며 객관적인 가사의 노래를 부른다. 예를 들어, 하나님의 초월적인 속성들을 나타내는 가사들을 갖는다. 음악에 있어서도 음역이나 테시투라(tessitura)도 이전과 비교해 매우 높고 리듬의 힘찬 특징을 갖는다. 초청, 동참 단계에서부터 계속하여 서 있는 상태로 노래를 할 수도 있지만 특히 높임 단계에서부터 모두 일어나 찬양을 한다면 경배 단계 전 매우 강력하고 역동적인 표현의 절정과 정점을 이룰 수 있다.

## 4. 경배 단계 Adoration Phase

경배 단계에선 회중 모두 자리에 앉아 할 만큼 다이내믹한 분위기가 점차 가라앉는다. 선율의 음역에 있어선 주관적인 견해이기는 하지만 대략 다섯 내지는 여섯 개의 음들 사이로 축소된다. 가사는 높임단계처럼 하나님을 향한 직접적인 표현으로 지속된다. 여기엔 하나님의 초월성(transcendence)과 동시에 우리와 함께 계심을 나타내는 내재성(immanence)이란 속성의 두 가지 양면 모두를 포함한다. 이들의 표현은 절정에 이르렀던 지금까지의 정서를 차분함으로 이어지게 한다.

## 5. 친밀감 단계 Intimacy Phase

모든 과정을 끝나기 전 이 마지막 단계는 가장 조용하고 매우 개별적인 특성을 띤다. 그래서 하나님을 '아바 아버지'란 표현으로 하나님께 직접적인 고백을 낳기도 한다. 성경의 예배용어인 프로스퀴네오(*proskuneo*)처럼 '손 등에 입을 맞추다'와 같이 매우 깊은 친밀감을 나타낸다.

여기에선 이전처럼 공동체를 강조해 주는 '우리'라는 가사보다는 '나,' '내가' 등의 1인칭의 대명사를 사용하여 하나님을 향해 개인적이며 인격적인 관계성을 강조한다. 현대적인 찬양 노래일 경우 '주님'을 '그분,' '그를,' '그의,' '그에게,' 등이 아니라 '당신,' '당신을,' '당신의,' '당신에게'란 말로 되어 있는 것들이다.

이제 회중이 하나님과 깊은 영적 친밀감을 갖는 찬양노래를 부른 후, 다음의 예배단계로 들어가기 위해 마쳐야 하는 때에 부를 노래의 주된 가사는 사모함, 갈망함을 갖는 것으로써 특히 설교자의 메시지와 관련된 주제를 암시하는 것이면 좋다.

결론적으로 다섯 단계를 나타내는 이 모든 일련의 찬양과정은 그 무엇을 준비하는 예비단계(preliminary phase)가 아니라 하나님을 섬기는 예배이다. 더구나 이것으로 예배의 끝이 아니라 예배전체 중에 한 부분일 뿐임을 명심해야 한다. 그래서 만일 찬양에 너무나 많은 시간과 비중을 두어 에너지를 다 쏟게 된다면 다음에 있을 예배에 참여할 회중이 지쳐버릴 수도 있다. 예배의 진정한 목적은 찬양만이 아니다. 하나님의 말씀을 듣고 그것을 삶에 적용하려는 헌신과 하나님의 명령 및 위임을 받는 것에까지 이르는 것임을 깊이 인식해야 한다.

## 2. 현대적인 찬양예배 인도자를 위한 지침사항들[2)]

### 1) 예배자 worshiper

영국의 작곡가 겸 예배 사역자로 알려진 데이브 펠링험(Dave Fellingham)

은 "찬양인도란 찬양을 준비하는 것이 아니라 자신을 준비하는 것이다"[3]라고 했다. 이는 찬양예배가 음악언어를 통해 이뤄지는 과정이라 해도 음악적인 기술과 찬양노래의 풍성한 레퍼토리, 그리고 뛰어난 가창력에 의해 인도되는 것이 아님을 말해준다. 이들 모두는 반드시 갖춰져야 할 리더십 내용에 속한 조건들임엔 분명하다. 하지만 영적행위로 승화되어져야 할 예배내용의 한 부분일 뿐이며 예배의 모든 것이 아니다.

예배에서 하나님이 찾으시는 것은 더 나은 음악이 아니라 더 나은 예배자이다.[4] 그렇기에 인도자 자신이 먼저 예배에 깊은 동참을 하지 않는다면 다른 사람을 결코 예배로 인도할 수 없으며, 예배자의 열망이 없는 인도자는 리더십커녕 오히려 인도받는 자들에게 이끌림을 당할지도 모른다.[5]

또 한편으론 '찬양 인도자'는 '인도하는 찬양자'이다.[6] 이는 곧 찬송의 삶으로 예배를 인도하는 것과 단순히 음악으로 예배를 인도하는 것에 대한 분별력과 성찰을 낳게 하는 말이다. 이와 관련하여 탐 크라우터(Tom Kraeuter)는 '인도하는 찬양자'의 진정한 모습을 다음과 같이 설명한다.

> 찬양과 경배를 인도하는 것은 주님과의 지속적인 교제를 요구합니다. 워십리더의 역할에 있어서 가장 중요한 것은 음악이 아닌 영성입니다. 하나님과의 개인적인 예배의 교제를 갖지 않는다면, 당신은 장기적인 예배인도를 효과적으로 할 수 없을 것입니다. 이것은 지속적인 성경공부와 기도를 의미하며, 또한 주님을 구함, 당신의 삶과 가족, 사업과 사역의 여러 결정들을 위한 그분의 인도하심을 구하는 것을 의미합니다.
>
> 당신 자신이 가 본적 없는 곳으로 사람들을 데리고 갈 수는 없습니다. 개인적으로 하나님을 예배하는 정기적인 헌신의 시간을 갖지 않는다면, 궁극적으로 다른 사람들을 예배 안으로 인도할 수 없습니다. 하나님과의 교제가 당신의 예배인도를 가능하게 만들며, 삶의 한 부분으로서의 예배 없이는,

굉장한 재능, 연습 또는 정신적, 물질적인 준비도 아무런 도움이 되지 않을 것입니다. 찬양과 경배사역에 관계된 사람들은 말과 모든 행동이 곧 예배에 반영되는 삶을 살아야 합니다.[7]

그러므로 찬양 인도자는 인도자이기 전에 하나님과의 깊은 교제와 동행하는 삶과 더불어 먼저 자신이 예배자이다. 이럴 때에야 비로소 영성으로 찬양음악을 만들면서 이끌어 갈 수 있으며, 그와 함께하는 회중도 예배 속에 운행하시는 성령의 인도하심으로 들어갈 수 있다.

### 2) 섬 김 ministry

21세기에서부터는 예배인도자(worship leader)란 말이 현대적인(contemporary) 예배에 국한되어 사용되고 있지만 매우 보편화 된 것이 사실이다. 그러나 사실상 초대교회에 예배인도자는 없었으며, 구약시대의 회당예배에서도 제사장이란 성직자들조차 인도자로서의 리더역할이 없었다. 시대가 변하고 예배의식의 발전에 따른 여러 양상으로 인해 현시대는 그만큼 보다 전문화된 리더들의 출현이 당연할지도 모른다. 그러면 과연 예배에서 리더라고 하는 위치에 선 사람들의 모습과 그 기능에서의 본질은 어떠한 것인가? 일리온 존스(Ilion T. Jones)는 이에 관해 다음과 같이 설명하고 있다.

> 신약시대 초기 예배에서는… 아무도 스스로 예배를 집행할 권리와 특권을 행사할 권한이 없었다. 그러나 경험에 의해 예배를 인도하는 사람이 있어야 할 필요성을 느끼고, 이를 선출하여… 그에게 직함이 주어지게 되었다. 이 절차에는 일반 사람과 예배 인도자를 구별하고 있지 않으며, 특별한 은혜나 능력 또는 권위도 보통 사람과 다를 바가 없었다. 다만 자체 그룹에 의해 그들을 대표하는 임무를 수행하도록 공식 인정되었을 뿐이었다. 그들은 하

나님과 인간 사이의 중재자가 아니었다… 예배드리는 이들에게 영혼이 비밀히 하나님께 가까이 갈 수 있도록 서로를 격려하는 데 있었다.[8]

찬양 인도자는 이러한 맥락에서 이해된다. 곧 노래를 이끄는 자라기보다 회중으로 하여금 찬송하도록 하는 영적 격려자이다. 이는 하나님 임재 앞으로 나아가게 하는 길잡이의 위치에 있는 것일 뿐, 자기 자신의 인격이나 재능을 드러내는 것과는 거리가 멀다. 비록 인도자가 눈에 가장 잘 띄는 곳에 있다 하더라도 그의 가슴은 회중이 하나님께만 집중하여 예배로 들어갈 수 있도록 하는 것에 큰 열망으로 가득하다. 사실 찬양 인도자에게 가장 중요한 것은 음악을 어떻게 효율적으로 활용함이 아니라 어떻게 해야 회중이 예배를 이해하고 하나님을 사모하며 더 깊은 영적 만남 속으로 나아갈 수 있는 가에 있기 때문이다.[9]

소울 서바이버(Soul Survivor)의 예배 인도자로서 21세기 새로운 세대의 찬양과 경배 문화를 이끌어 가는 매트 레드맨(Matt Redmann)은 인도하는 찬양자로서의 참된 모습을 다음과 같이 설명하고 있다:

> 우리가 다른 사람들을 거룩한 곳으로 안내하려고 한다면, 우리는 깊이 내려가 아직도 사람들의 관심 집중을 받기 원하는 우리 안에 아무것도 없다는 것을 확신해야 한다. 그분은 커져야 하고, 우리는 작아져야 한다. 주님은 더욱 위대해져야 하고, 우리는 더욱 하찮아져야 한다.[10]

이처럼 인도자 위치의 본연의 역할은 겸손을 통한 섬김이다. 경우에 따라 찬양의 노래 선율과 음악적 감각을 회중에게 가르쳐서 이끌고자 자신에게 주목하도록 해야 할 상황이 있다 하더라도 프람프터(prompter: 격려자,

고무자)의 역할에서 벗어날 수는 없는 것이다. 이것은 예배자로서 만이 아니라 또 다른 예배자들을 위해 사역해야 할 책임이 있음을 상기하게 한다.

인도자 옆에서 함께하는 팀원들도 이와 동일한 직분임을 기억하면서 회중이 찬양 속으로 깊이 들어갈 수 있도록 돕는 행위들, 예를 들면, 기도할 때, 노래할 때, 손을 들 때, 손뼉을 칠 때 등등의 모든 경우에 모범을 보여주어야 한다. 사실 이러한 섬김의 본이 인도자로부터 먼저 행해져야 그와 함께한 팀원들로부터 나올 협력의 소리도 든든하고 사역의 온전함을 이뤄갈 수 있다.

### 3) 탁월함 excellence

찬양 인도자나 그를 협력하는 팀원들은 성악이나 악기를 다룸에 익숙해야 한다. 비록 엄격한 어떤 기준을 세울 수는 없다 하더라도 어느 정도의 음악교육은 가능한 필수적으로 요구된다. 음악적인 훈련과 능숙함으로 준비되지 않는다면 찬양을 음악으로 표현함에 풍성함을 줄만한 기대는 매우 어렵기 때문이다. 더구나 이는 회중찬양을 충분히 도울 수 없을 만큼의 역량 미숙이란 문제점도 안고 있다.

진정한 찬양 인도자는 개인적인 음악 기량으로만 갖춰지는 것에 머물지 않는다. 이보다는 회중의 찬양을 격려하고 고무하는 역할에서의 탁월함을 겸비해야 한다. 다시 말해 음악적으로 미숙할 수 있는 회중을 도와 연합된 소리의 조화를 이뤄가며 잘 표현하도록 훌륭하게 도울 수 있는 능력이다. 그래서 인도자나 그와 함께하는 팀원들도 노래할 때 보면대(music stand) 없이 악보를 외워서 행하여 자신감을 가지는 것은 훨씬 효과적인 협력을 가능하게 한다.

뿐만 아니라 인도자는 좋은 목소리로 질적인 가창자가 되는 것이 바람직하면서도 다방면에서의 음악적 훈련과 깊은 경험까지 갖추고 있어야 한다.[11] 여기엔 회중이 지니고 있는 음악언어의 다양함과 상이함 가운데에서 한 마음과 한 입으로 이뤄갈 수 있도록 하게 하는 지도자의 자질도 포함된다. 이는 회중의 음악 언어에 있어 현 시대의 찬양음악 문화를 포괄적으로 수용할 만큼의 범위가 클 수 있기 때문에 이에 대한 깊은 관심과 인식을 갖고 사역할 수 있는 능력까지도 발휘해야 함을 가리킨다.

성악적인 교육을 정규적으로 대학 등지에서 마친 찬양 인도자들 중엔 음악적인 면에서 뛰어난 기교와 소리의 세련됨 등을 갖추고는 있지만 사실상 다양한 장르의 음악, 즉 가스펠 송(Gospel Song)으로부터 해서 CCM이나 CWM 혹은 회중의 젊은 연령층에 따라 그 이상의 양식을 접함에 다소 어려움들을 갖는 경우들이 많다.

어느 교회의 오페라 성악인은 교회에서 찬양 인도 시, 대단한 소리를 갖고 있지만 사람들은 대부분 그 소리를 잘 이해하질 못할 수도 있다. 그의 발음과 비브라토 등은 찬양 소리를 마치 이태리 아리아와 같게 만들어 회중 찬송을 고무하기 보다는 오히려 방해가 될 때가 있기 때문이다.[12]

물론 모든 찬양인도자에게 반드시 현대적인 찬양음악 소리의 음색과 발성만을 꼭 요구할 수는 없다. 그러나 자신만의 음악적 역량에 그 기준을 갖고 인도하기 보다는 오히려 회중과 함께하는 찬양공동체 일원으로서 소리를 낼 만큼의 융통적인 탁월함을 갖추고 있어야 한다.

### 4) 영적 분별력 spiritual perception

하나님께로부터 음악사역의 부름을 받았다고 하는 그리스도인들 가운데서도 맡겨주신 사역을 할 때 테크닉과 방법들에 의존하려는 성향이 의외로 많은 것을 볼 수 있다. 하지만 찬양이 음악언어로 이뤄진다 하더라도 이는 결코 음악연주가 아니라 예배임을 분명히 해야 한다. 찬양 리더십의 속성상 노래를 이끌어가는 뛰어난 음악 기술보다는 회중으로 하여금 노래를 통한 영적 고백이 되게 하는 영성이 더 필수적인 요소로 작용한다. 이는 종교적인 노래 차원이 아니라 영적행위이기에 그만큼 인도자는 영적 민감성을 갖고 성령의 인도하심을 의식할 수 있는 영적 분별력이 있어야 한다.

매트 레드맨(Matt Redman)은 "어느 때든지 성령님이 당신을 새로운 곳으로 인도하도록 당신의 사고방식에 그분과 속삭이는 공간을 두라"[13]고 말하면서 더 구체적으로 다음과 같이 설명하였다.

> 우리는 어떻게 곡들을 연결하고, 어떻게 잘 연주해서 훌륭한 경배를 드릴 것인가 하는 실질적이고 외부적인 측면을 너무 많이 듣는다… 이런 많은 요소들은 중요하다. 그러나 핵심은 결코 하나님의 성령을 대체할 수 있는 것은 없다는 사실을 명심하는 것이다. 그분이 관여하지 않으시면, 우리는 그 어떤 탁월한 음악적 재능이나 편곡 기술로도 전혀 그 공간을 메울 수 없다는 사실을 알게 될 것이다.[14]

이는 찬양의 리더십에 반드시 성령의 기름부음을 받기 위한 기도가 절대적인 것임을 알게 한다. 성령의 함께하심이 없다면 그 어떤 일도 하나님 앞에서 무의미할 뿐이다. 회중이 찬양의 아름다운 조화와 때론 열정적인 분위기에 정서적으로 영향을 받기는 하겠지만 실제로 마음의 진정한 감동 속에 예배의 깊음과 영적 변화를 이루게 하시는 이는 오직 성령이시다.

영국에 소재한 크리에이티브 미니스트리(Creative Ministry)의 책임자이면서 뉴 라이프 크리스쳔 펠로우쉽(New Life Christian Fellowship)팀 사역자이자 워십리더(worship leader)로서 유명한 크리스 보와터(Chris A.

Bowater)는 이 부분에 대해서 매우 강하게 다음과 같이 강조하였다.

> 노래를 부를 적마다 하나님의 기름 부음을 받도록 기도하라. 기름 부음을 받지 않고는 우리는 아무것도 할 수 없으며 우리는 아무것도 아니다(요 15:5). 진정으로 생명에 영향을 끼치는 것은 우리의 마음속을 흐르는 성령 뿐이다. 많은 사람들이 훌륭하게 부르는 노래에 감명 받고 흥분되고 정서적으로 감동된다. 그러나 사람을 실제로 변화시키는 것은 우리들 안에서 일하시는 성령이다.[15]

종종 음악으로 인해 감동받는 것과 성령에 의해 감동받는 것 사이에 착각을 일으키기도 하지만 이 둘은 결코 동일하지 않다. 이는 감정의 움직임을 통하여 영혼에 영향을 주는 음악의 과정과 영혼에 직접적이며 진정한 변화를 이루게 하시는 성령 하나님의 역사하심과는 전혀 다른 차원임을 명백하게 한다.[16] 더구나 정서적으로 깊이 와 닿는 음악이 때로는 예배를 방해할 수도 있는데, 이것은 그 음악으로 인하여 초점이 하나님에서 인간의 감정으로 옮겨지기 때문이다. 이런 상황에 있어서 때론 예배 중 가장 장애적인 요인이 예배음악 사역자 자신이 될 수 있다. 회중이 자기 자신에 대해 어떻게 느끼고 생각하는지에 대한 관심과 걱정으로 말미암기에 그러하다.[17]

찬양을 통한 예배의 감격과 예배깊이는 결국 음악으로 인한 감정에 의존되는 것이 아니라 성령의 인도하심에 달려있다. 음악을 통한 정서적 느낌 속에서라기보다는 성령의 역사에 대한 민감함 속에서 찬양이 이뤄져 가야 함을 아무리 강조해도 지나치지 않는다. 하워드 스티븐슨(Howard Stevenson)은 이에 대한 생각을 다음과 같이 서술하였다.

감정은 그 자체가 목적이 아니다. 그것은 참된 예배의 부산물이다. 나는 언젠가 처음부터 손뼉을 칠 것을 요구하고 음악으로 감정을 움직이려고 하는 인도자들이 인도하는 예배에 참석한 적이 있다. 그들은 기쁨이나 축하를 체험하도록 인도하지 않았다. 그들은 단지 우리가 감정을 표현하기를 바랐을 뿐이다. 그 기술들은 기쁨을 표현하는 수단이 되는 대신에 기쁨을 산출하려고 시도하는 수단인 것처럼 보였다. 나는 조작을 당하고 있다고 느꼈다. 사람들은 반응할 대상과 그 반응을 표현할 적절한 방법을 부여받을 때 기쁘게 반응한다.[18]

이러한 문제에 관련하여 탐 크라우터(Tom Kraeuter)도 자신의 지난날의 과오를 고백하였다.

나는 예배에 대해 충만한 마음으로 예배를 인도하지 못하고, 단지 테크닉만으로 인도했다. 하나님께서 예배를 효과적으로 인도하라고 공급하신 도구들 자체가 목적이 되어 버렸다. 하나님을 기쁘게 해드리고자 하는 열망을 갖기보다 다른 사람들의 반응이 내겐 더 중요했다. 나는 진정으로 예배를 인도하고 있지 않았다. 실제로 나는 나와 예배에 함께 참여한 사람들의 감정을 가지고 장난을 치고 있었던 것이다.[19]

음악사역자라면 이와 같은 그릇된 모습을 누구나 한 번 즈음 자책하며 고민해 보았을 것이다. 사실 회중을 하나님께 집중할 수 있도록 인도자가 정력을 쏟을 때 그들의 내면적 움직임의 고조는 자연스럽게 일어날 수 있다. 그러나 인간정서의 흥분을 마치 하나님의 임재와 혼동해서는 안 된다. 예배 속에 흐르는 영성은 결코 인위적인 감정자극에서 시작될 수 없는 것이기 때문이다. 인도자는 회중 각자의 자발적인 찬양에 오직 성령의 역사하심 안에서 이뤄질 수 있도록 고무하고 돕는 데에 머무는 것임을 명심해야 한다.

이러한 생각에 반하는 인위적인 노력의 행동은 삼가야 한다. 예를 들면, 극적인 효과를 기대한 어떤 의도에서 갑작스런 찬양의 멈춤, 그리고 필요 이상의 말들을 하는 것 등은 오히려 예배흐름의 상승 곡선을 저해하게 하는 결과를 초래한다. 찬양으로 회중이 하나님과 깊은 교제의 시간을 갖고 있을 때에 제 삼자의 개입 또한 방해가 된다. 하나님께 가까이 가면 갈수록 다른 사람을 덜 의식하게 되기 때문에 '해설 삽입(voice-over)'과 같은 것은 피해야 한다.[20] 꼭 해야 될 격려와 권면 등의 말들이 있어야 할 때를 결정함은 성령의 인도하심에 대한 인도자의 영적 분별력에 있다. 그런 가운데에서도 실상은 회중의 마음을 인도자가 아니라 성령이 이끌어 주시고 있음을 알고 절제함 속에서 행해야 한다.

### 5) 찬양 순서와 내용의 준비
preparation for the order of praise and worship contents

찬양은 음악과 함께한 영적 언어로써 특히 지적인(intellectual) 이해가 수반된다. 그렇기에 찬양곡 순서를 정함에 있어 시작에서부터 마무리 단계까지 일련의 다이내믹(dynamic)함에 따른 내용이 어떻게 진행되어야 하는지를 생각해야 한다. 이는 찬양의 모든 과정이 '여정'이라는 개념으로 인식하여 전체적인 예배의 흐름과 방향을 고려해서 그 가운데 도달하려는 목적지가 어디인지를 분명하게 알고 있어야 함을 뜻한다.[21]

그러므로 음악과 함께한 가사의 아이디어는 통일감과 점진적인 영적 고백의 깊이를 이뤄가도록 해야 하며, 현대적인 찬양예배의 흐름구조에 나타난 것처럼 각각의 단계들에 적절하리만큼 가사내용과 일치하도록 하는 배려 속에 찬양 곡의 순서를 정해야 한다. 물론 여기엔 가사만이 아니라 음악적으로도 정서적인 움직임의 역동성을 예상하여 볼륨의 크고 작음, 템포의 빠름과 느림, 음역의 고저, 악기들의 결합과 신시사이저(synthesizer) 등을 통한 음색 등의 계획도 포함된다.

### 6) 악기, 음향 및 모든 시설 준비
preparation for instruments, sound facilities, and all equipments

찬양을 인도함에 있어 마련되어야 할 것들은 교회의 여건에 따라 다를 수 있겠다. 그런 가운데에서 대체로 각 악기들의 조율이나 전자악기 등의 상태, 마이크 시설과 적당한 볼륨조정, 프로젝터(Projector)의 준비상황, 혹은 OHP의 화면과 비춰지는 찬양가사의 크기, 주변을 어느 정도 어둡게 하여 OHP에 띄운 가사를 잘 보이게 하는 조명조절, 찬양 순서와 동일하게 배열된 OHP의 필름순서 등으로써 예상될 수 있는 점검사항들이 있다. 이러한 과정은 찬양예배로 들어가기 이미 최소한 30분전에 끝낸 상태로 있어야 한다. 그래야 미리 와서 앉아 있는 회중으로 하여금 안정감을 갖게 할 수 있으며 묵상 속에 찬양으로 동참할 마음의 시간을 가질 수 있다.

특히 시설들의 준비 가운데 중요한 사항은 각각의 위치에 관한 설정 문제이다. 예를 들어 찬양의 가사를 비춰주는 OHP나 프로젝터가 설치 시에 회중 모두 볼 수 있도록 해야 하며, 혹이라도 잘못된 위치설정으로 그 기기에 의한 불빛 때문에 앞에 서 있는 찬양팀원들과 인도자의 시야를 방해하지 않도록 하는 세심한 배려가 있어야 한다. 이와 함께 현재는 예배당의 규모에 따라 프로젝터 설치와 음향시설의 복잡함도 현실화 되고 있어 이에 관한 전문적인 사역자 양성이 시급한 실정이다.

이 뿐만이 아니라 악기들의 위치로 인한 배열의 문제도 고려되어야 한다. 이 중에서 리듬 밴드로 분류되는 피아노, 기타, 베이스, 그리고 드럼 등은 서로 너무 떨어지지 않도록 배치되어야 한다. 이는 음악적인 울림에 있어

밀접한 리듬의 상호작용이 원활하게 되게 하고 동시에 어느 템포의 상황에도 분명한 리듬처리가 가능할 수 있도록 하기 위해서이다.

그러나 무엇보다 중요한 것은 악기 연주자들의 위치가 인도자와의 시선을 주고받을 수 있도록 시야가 확보되는 지점이 잘 정해져야 한다. 왜냐하면 인도자는 자유롭게 진행될 템포의 변화의 지시, 혹은 찬양 곡의 조성이나 분위기의 변화 등을 민첩하게 알릴 수 있는 위치에 있어야만 되기 때문이다.

### 7) 인도자의 분명한 의사소통 clear communication

인도자가 찬양 시작 전이든 중간이든 간에 짧은 말들을 할 기회가 있을 때에는 분명하고도 명료한 목소리로 짧게 해야 한다. 모호하고 서툰 말을 하게 되면 회중으로 하여금 어색함, 때론 긴장감마저 갖게 하여 인도자 자신도 위축되고 경직된 분위기를 초래할 수 있기에 신중하면서도 주의 깊게 언어를 사용해야 한다.

찬양을 통한 예배의 점진적인 단계를 지나가면서 어떠한 상황에 있는지를 설명해야 할 때엔 흐름이 깨지지 않는 안정감 속에서 신속하고도 정확하게 전달해야 한다.

뿐만 아니라 인도자는 함께 사역하는 팀원들과의 의사소통도 매우 깊은 상태를 항상 유지해야만 한다. 예를 들어, 찬양 전체의 반복, 후렴 반복 시 조성의 상향 이조, 무반주, 연주되는 특정한 악기의 독주를 위한 다른 악기들의 연주정지 요구, 혹은 전체연주에 의한 찬양 흐름의 다이내믹 등의 변화들을 이끌어가기 위해 미리 약속된 적절한 수신호를 통해 원활한 흐름을 가져가야 한다.[22]

### 8) 파라 메시지 para-message

회중 앞에서 말을 할 때에 말 이외에 함께 전달되는 것을 '파라 메시지'라고 한다. 다시 말하면 목소리와 병행한 모든 의사소통의 형태를 가리킨다. 예를 들면, 인도자의 어조뿐만이 아니라 그가 입고 있는 옷, 얼굴 표정, 손짓, 혹은 자신도 자각하지 못하는 이상한 버릇 등도 있다. 다소 부정적일 수도 있는 군더더기의 말인 '에…,' '저…,' 혹은 마이크를 만지작거림으로 불필요한 소음 등을 일으키게 하는 것은 자신이나 회중에게 긴장감과 어색한 마음을 갖게 할 수 있다.

인도자는 회중에게 안정감 속에서 찬양을 할 수 있도록 하는 긍정적인 파라 메시지 훈련으로 모든 산만함과 불편함들을 줄여야 한다.

### 9) 시선 마주치기 eye contact

한 마음과 한 입으로 행하는 공동체의 모습을 이뤄가는 책임은 무엇보다 인도자에게 있다. 그러한 맥락에서 찬양을 인도할 때에 회중과 '시선 마주치기'는 매우 중요하다. 만일 인도자의 시선이 악보대만 쳐다 보거나 혹은 천장, 아니면 아예 눈을 감고만 한다면 회중과의 교감은 그만큼 멀게만 느껴질 것이다. 이 때의 회중은 앞에서 인도자와의 공동체적인 감정을 갖고 하기엔 어렵다. 물론 묵상적인 가사일 경우라면, 모두가 다 함께 똑 같이 눈을 감은 채 노래할 수 있다. 더구나 항상 회중을 인도자의 시선에 집중하게 할 수는 없다. 다만 혹이라도 흩어져 있는 회중의 마음들을 주님께 하나로 이뤄갈 수 있게 격려하고 고무하기 위해선 인도자는 그들 모두의 얼굴들을 둘러보며 시선을 마주치는 것이 필요하다. 그런 가운데에 주님의 감격을 함께 나누고 있다는 감정을 느낄 수 있는 것이다.

### 10) 자발적인 참여 유도 voluntary participation guidance

찬양은 회중의 자발적인 동참으로 이뤄져야 한다. 인도자의 그 어떤 명령식의 압박감 등을 느끼도록 하는 일체의 행동은 찬양의 본질과 전혀 어울리지 않는다. 다소의 강제성을 띤 요구들, 예를 들어 '손을 들게 함,' '박수를 침' '일어섬' 등과 같은 것들은 어떤 면에선 외적으로 좋아 보일 수 있겠지만 실제론 회중 중엔 그러한 행동들에 자유롭지 못한 사람들도 있다. 이런 경우를 위해선 오히려 그들 스스로의 문화적인 행동양식에 맡겨 참여를 유도하여 인격적인 관계 속에 찬양 공동체를 만들어 가는 것이 바람직하다.

성경은 찬양이란 용어 중에 율로기아(*eulogia*: 헌금, 고후 9:5; 계: 5:12)로 표현한다. 이는 찬양이야말로 자발적인 드림과 헌신에 기초한 것임을 직시하게 한다. '찬양하라' 등의 명령형으로 되어있는 성경 말씀들은 사실상 강압적인 구속력을 나타내지 않는다. 이는 맹목적인 복종을 요구하는 것이 아니라 주님의 은혜에 감사하여 최상의 공경함 속에 자원함으로 행하여야 하는 당위성을 가리킨 선포이다.

이 때문에 인도자는 회중으로 하여금 하나님을 예배할 수 있도록 고무하며 동기 부여의 역할을 담당한 자이다. 특히 예배가 하나님의 임재하심 앞에 나아가는 만남과 대화의 과정이기에 인도자는 회중이 그 안에서 주께 능동적인 반응으로 나아갈 수 있도록 북돋아야 한다. 물론 그 만남이 인위적일 수 없는 하나님 주권에 속한 것이므로 성령의 역사에 절대적인 의존함 속에서의 격려이다.

그러므로 인도자는 누구보다도 성령을 갈망하는 자가 되는 데에 전문가가 되어야 한다. 늘 말씀묵상과 기도, 순종의 삶, 찬송의 생활화 가운데 하나님과의 깊은 영적관계로 인한 경험이 있어야만 비로소 다른 사람들을 인도할 수 있기 때문이다.[23] 찬양으로 들어가는 회중은 바로 이러한 리더십에 의해서 영향을 받는 것이지 인도자의 자의적이거나 인위적인 요구에 따르지 않는다. 리더십의 핵심은 예배자로 하여금 성령에 이끌리어 자발적인 찬양 고백 속에 들어가도록 돕는 것이다.

### 11) 음악적인 고려 musical consideration

찬양인도 시 이에 수반되는 음악적인 특성들 즉 선율, 리듬, 화성, 박자, 빠르기, 조성, 음역, 악기들의 배합, 전자 악기음색 등을 고려해야 한다. 찬양이 끊이지 않고 불려질 때엔 음악 선곡의 세심함도 기울여야 한다. 연속적인 진행을 위해선 같은 조성, 동일한 박자, 비슷한 리듬과 음악적 분위기가 있어야 하며 힘차든 차분하든 그에 따른 통일감이 따라야 하기 때문이다.

만약 음악적인 감각과 민감함이 없는 연주로 이뤄진다면 찬양의 흐름을 갖는 각 단계마다 회중이 몰입하는 것에 방해를 받을 수 있다. 특히 음악의 점진적인 다이내믹함을 이루가기 위해서 조용한 음악의 시작에서 점차 동적인 리듬의 변화라든가 박자의 빨라짐, 반음 혹은 온음으로 상향되는 조성의 전조 등을 활용할 수 있어야 한다. 물론 계속 이어지는 찬양에 모든 악기들이 항상 반주를 하기 보다는 종종 무반주나, 오직 리듬악기로만, 아니면 솔로악기의 오블리가토(*obbligato*)의 적절한 사용은 권장할 만하다.

그리고 회중이 부르기에 부담이 없는 음역(보통 높은 Db이나 D까지, 혹은 D이나 Eb까지)에 대한 배려로 선곡하거나 아니면 악기 연주팀들이 이조를 해서 그에 맞추어 반주하는 것도 가능하다. 뿐만 아니라 찬양곡 선곡에서 친숙한 음악과 가사 사용의 배려도 있어야 한다. 회중에겐 그 친숙함이 하나님과 만나는 데 중요한 역할을 하기 때문이다. 이미 알고 있는 가사로 부르기 쉬운 노래를 할 수 있다면 스크린에 시선을 고정할 필요 없이 예배에만 집중하여 하나님과의 만남이 깊어질 수 있게 된다.

예배 참여를 보다 격려하고 고무할 수 있는 음악적인 고려는 노래 부르는 방법에서 찾을 수 있다. 이는 단순히 제창(unison)만이 아니라 2성, 3성 혹은 4성부의 합창으로 한다거나 만약 화성의 나눔으로 부를만한 음악적인 능력이 되지 않는다면 제창으로 하는 교창(antiphonal singing)형식인 남성 대 여성, 찬양팀과 회중, 아니면 응답창(responsorial singing)형식인 인도자 한사람 대 그 외의 모든 회중 간의 노래로 진행할 수 있다.

이러한 방법들은 단순히 음악적인 흥미만이 아니라 찬양의 역동적인 흐름과 서로 간에 가사를 들으며 깊이 음미 할 수 있는 장점을 갖게 한다. "시와 찬미와 신령한 노래로 서로 화답하며"(엡 5:19)의 말씀처럼 서로에게 하나님을 증거하며 영적인 화답으로 말미암아 성령 안에서의 코이노니아(koinonia)도 이룰 수 있게 하는 예배 공동체의 견고함을 가져다준다.

## 3. 예배 찬양팀원들의 자질[24]

### 1) 음악적 기술 musicianship

찬양은 음악언어로 표현되어지는 것이기에 반드시 음악성과 기술을 바탕으로 해서 찬양흐름을 도와야 할 만큼 음악적인 능력을 겸비해야 한다. 이는 대부분 반주로 돕는 악기 연주자들에 관한 사항들이다.

키보드(keyboard)를 담당한 연주자는 최소한 찬양음악 선율 위에 적힌 화성코드 표기 하나만으로 화성을 채울 줄 알아야 하며, 종종 이보다 변화된 화성까지 만들어냄과 탁월한 애드립(ad lip)을 할 수 있을만한 음악적인 감각, 그리고 주선율에 어울릴 만한 대선율도 지어 낼 수 있는 기량을 소유해야 한다. 리듬악기는 정확한 박자감과 템포를 유지하는 가운데 음악의 흐름을 바쳐주고 전체 소리의 균형을 위해서 크기 조절에도 민감할 수 있어야 한다. 이 외의 악기들은 각자의 음색을 통하여 반주악기 혹은 독주악기로의 역할을 적절하게 판단하여 찬양그룹의 조화로운 소리에 공헌해야 한다. 또한 찬양음악이 진행되는 동안 갑작스런 즉흥적인 반주의 요구가 있을 때에 악보 없이도 민첩한 음악적 판단 속에 청음으로 연주할 만큼의 능력을 갖춰야 한다.

### 2) 그리스도인의 성품 Christlike temperament

찬양팀원으로서의 찬양사역을 논할 때 단순히 음악적인 역량만을 논할 수는 없다. 실제적으로 교회 안에서 무엇을 하느냐 보다는 교회 안에서 어떠한 성품을 갖고 있느냐가 더 중요하기 때문이다.[25]

예배 공동체를 위한 사역은 무엇보다 그룹 원들 간에 서로 섬기는 태도에서부터 시작된다. 여기엔 그 어느 누가 더 앞서는 리더자가 될 수 없다. 오직 각자가 맡은 위치와 역할에서 최선을 다하며 서로를 위한 배려 속에 조화를 이뤄가는 것이다. 이는 깊은 신뢰감 안에서 자신을 낮추는 겸손으로 행함이 전제되어야만 상대방과의 아름다운 하모니를 낼 수 있다.

교회에서의 그 어느 사역이든 서로 짐을 짐으로 그리스도의 법을 성취해야 하는 말씀이 전제한다(갈 6:2). 이는 하나님에 의해 거룩함과 사랑하심을 받은 사람들 같이 긍휼, 자비, 겸손, 온유, 오래 참음, 용납, 용서, 그리고 사랑을 공급하는 순전한 그리스도인의 성품으로 덧입혀져야 함을 요구한다(골 3:12-14).

### 3) 관계성 relationship

예배는 하나님과의 만남이기에 일상적인 삶에서부터 하나님과의 온전한 관계를 지속하지 않았다면 예배 역시 온전해질 수 없다. 하나님과 깊은 영적 친밀감을 갖는 삶의 흔적이 없이는 예배에선 그저 종교적인 음악을 연주하는 공연에 불과할 뿐이다. 그 때문에 찬양팀원들 각자가 예배에서 하나님과 영적 대화로 들어가는 것만이 아니라 그들이 회중과 더불어 동일한 대화 속에 들어가는 자들임을 명심해야 한다. 이는 찬양예배 사역이 수직적인 방향만이 아니라 수평적인 관계성에 배경을 두고 있음을 다시 한 번 강조하게 한다.

이와 관련하여 이미 초대교회를 통해 나타났듯이 하나님 말씀 따라 온전한 교제(*koinonia*)가 이뤄지고 나서야 마음을 같이하여 성전에 모이기를 힘쓰고 찬미(*letourgia*: 예배)에 이르렀던 것으로 인하여 수평적 관계성의 중요함을 볼 수 있다(행 2:42-47). 그래서 켄달(R. T. Kendall)은 "교제란 예배와 분리할 수 없는 주제이다. 여러분이 다른 그리스도인과 올바른 관계가 아니라면 여러분은 영으로 예배할 수 없다"26)라고 했다.

"…성령 안에서 하나님이 거하실 처소가 되기 위하여 예수 안에서 함께 지어져 가느니라"(엡 2:22). 이 말씀은 결국 함께 세워지지 않는다면 그 어떠한 내용으로의 영적 희생제사도 불완전한 것일 수밖에 없음을 밝힌다.27) 그 때문에 예배는 그리스도 안에서 지어진 한 공동체가 성령에 의해 형성된 코이노니아를 이뤄간 삶의 연장선으로부터 이어져가는 것이다. 바로 그러한 연장선에 있는 찬양팀원들일 때에야 비로소 회중의 마음을 읽어가며 그들의 갈급한 심령과 교통하는 중에 도울 수 있다.

더욱이 팀원들 간에도 깊은 신뢰감과 애정으로 서로 섬기며 배려하는 상황 안에 있어야만 온전한 찬양의 음악 소리를 함께 만들어 갈 수 있다. 이는 단순히 음악적 리더십만이 아니라 인격적으로 서로 존중되어야 어느 순간이든 연합된 소리를 창출해 낼 수 있기 때문이다. 그리스도 안에서 팀원들 간의 영적인 교제와 인격적인 관계성이 바르게 서게 되면 언제라도 리더의 지시에 자원해서 따르고 섬기려는 마음이 조성되는 것이다.

### 4) 참 여 participation

찬양사역 팀원들은 교회 안에서 행해지는 모임들에 적극적인 참여도를 보여야 한다. 이러한 참여는 교회의 전반적인 흐름과 비전을 알아갈 수 있는 기회를 구체적으로 갖게 하고, 교인들의 영적 상태를 다소나마 짐작할 수 있으며 팀원들 자신에게도 영적훈련 경험으로 다가올 수 있다. 교회에 깊은 관심을 갖고 동참하면 무엇보다 담임 목회자로부터 신뢰를 받게 되어 교회의 전반적인 사역에도 안정감을 가질 수 있다.

### 5) 공정성 equity

예배를 돕는 그룹의 구성원들 모두가 다 하나님의 구별된 사람으로 세움 받았다는 인식은 매우 중요하다. 그것이 자원이든 혹은 권면에 의해서든 간에 이 사역은 하나님의 부르심이란 차원으로 이해되어야 한다. 그래야만 각자가 한결 같이 사명자의 직분의식 속에서 사역하게 되고 이를 위해 선별해야 할 단계에 있어서도 객관적이며 공정함을 가져갈 수 있다.

찬양팀원을 선별하는 과정 중 교회내의 친분관계 혹은 단지 봉사활동을 잘한다는 이유 하나만으로 이 그룹의 특성에 적절하지도 않는 사람을 무리하게 배치시킨다면 사역현장에서 예기치 않은 어려움들을 만날 수 있다. 그로 인하여 함께할 수 있을만한 연주자의 음악적인 자질만이 아니라 예배 공동체를 위한 사명과 영성에 훈련된 적임자를 찾아야 한다.

그러므로 팀원들과 함께 할 재원을 영입하기 위해선 인간 중심적인 생각과 편견을 지양하여 교회 앞에 사역자라고 모두가 인정할 수 있는 사람들을 세워 공정함을 이뤄가야 한다.

### 6) 섬 김 ministry

예배를 위해 결성된 찬양팀이 행하는 연주와 일반 음악인들의 연주와의 상이한 차이점 하나를 든다면 그것은, 곧 공연(performance)이냐 혹은 예배(worship)냐 하는 것이다. 공연은 청중 앞에서 원숙함을 보여야 하는 중에 자기성취를 목표로 한다. 이에 자신의 음악적 역량을 다하기 위한 노력으로 자유로운 표현 속에 가치를 두고 모든 기교를 스스로 선택한 음악연주를 하는 것이다.[28] 이에 반하여 찬양팀의 연주는 하나님과의 대화를 위해 존재하는 통로에 그 가치를 띤다. 연주 자체가 목적이 아니라 예배자로 하여금 보다 깊은 영적 대화를 이뤄갈 수 있도록 돕는 소리를 내는 것이 목표이기 때문이다.

악기에 의한 반주도 음악을 지배하는 것이 아니라 회중이 행하는 찬송을 위해 있는 종의 위치에 있다. 물론 그 자체로써 봉헌의 의미를 갖는 것이지만, 무엇보다 노래의 양식과 메시지에 따라 적절하면서도 각양의 음색을 내어주는 역할을 잘 감당하려는 책임이 있다. 그렇기 때문에 성악과 악기가 함께 어우러진 찬양팀은 연주 소리에 실력을 우선하고 기교로 그 중심을 두지 않는다. 다만 하나님을 향해 영적 감각의 풍성함을 실은 최상의 음악역량을 내어서 회중으로 하여금 보다 살아있는 예배로 고무하려는 섬김에 있다.

### 7) 협 력 teamwork

찬양팀의 사역엔 '시너지(synergy: 협력 작용, 공동 작업)'가 필수적이다. '동시에 여러 다른 요소들이 행동함으로써 개인적인 노력의 총합보다 더 큰 효과를 거두는 것'을 가리키는 사전적 정의에서처럼 혼자보다는 여러 구성원이 팀워크(teamwork)를 이뤄 일하는 것이 효율적이며 탁월함으로 이뤄갈 수 있다. 이는 "너희 다섯이 백을 쫓고 너희 백이 만을 쫓으리니 너희 대적들이 너희 앞에서 칼에 엎드러질 것이며"(레 26:8)의 말씀의 배경과 동일하게 적용되는 원리이다.[29]

찬양팀원들 개개인의 음악적인 역량은 필수적인 조건이다. 하지만 이것은 공동의 협력으로 말미암는 시너지 효과를 최대한 이뤄가야 할 책임을 지닌다. 특히 실제적인 사역 내용인 음악은 공동의 소리 만들기란 토대를 갖추어야 하므로 균형(balance)과 조화(harmony)가 이에 매우 중요한 요소이다. 그래서 팀워크는 사역의 핵심적인 토대이다.

그러므로 음악사역을 하는 팀원들은 인도자에 따라 시너지 효과를 항상 염두에 두어야 한다. 예를 들면, 점점 강하게 혹은 점점 약하게 연주해야 할지를 재빨리 알아야 하고, 그들 스스로가 서로의 소리를 들으며 상황을 주시하는 가운데 신호에 의한 의사소통으로 어느 악기의 간주가 있을지 등등의 순발력까지 동원해야 한다. 이러한 일련의 과정은 어느 한 사람에 주도되는 것이 아니라 공동의 협력이 전제되는 팀워크에 기초하여 이뤄가는 것임을 분명히 해준다.


### 8) 헌 신 commitment

찬양사역은 예배사역이다. 예배자로서 하나님께 봉사함과 동시에 예배하는 회중에게 봉사하는 것이다. 곧 하나님께 최상의 음악으로 드리는 봉헌과 음악을 통해 회중으로 하여금 예배하게 하도록 도움의 소리를 내는 두 가지 영역의 사역을 포함한다.

그러다보니 종종 팀원들 중에 자신의 역량 부족으로 인하여 두렵거나 의기소침해지는 경우가 있다. 마이클 스미스(Michael W. Smith)는 이에 대해

"하나님께서 당신에게 주신 일이 적합한지 아닌지에 대해 미리 걱정할 필요가 없다. 당신에게 원하시는 것은 그 일에 적합해지도록 노력하는 게 아니라 그분이 쓰실 수 있도록 당신을 내어드리는 것뿐이기 때문이다"[30]라고 했다.

사역자로서 세움 받음에 어느 정도의 긴장감과 부담은 있기 마련이다. 그러나 마이클 스미스의 말대로 하나님께 자신을 내어드리는 부분에서 만큼은 최선의 노력을 게을리 할 수는 없는 것이다. 그렇기에 팀원들 각자가 열정을 가지고 음악 훈련과 준비에 헌신적인 애정을 쏟아야 한다.

성경은 이에 대해 다음과 같이 말한다. "공교히(yatab) 연주할지어다"(시 33:3). 여기에서의 '공교히(yatab)'는 '좋다,' 혹은 '안전하다'란 의미로써 단순히 뛰어난 기교를 가리키는 것이 아니라 연주로 인한 소리를 누구라도 들었을 때에 깊은 안정감과 좋은 느낌을 경험할만한 능숙함(skillfulness)을 연상하게 하는 단어이다. 다시 말해 고도의 기술이 갖춰진 전문적인 소리라기보다는 단순한 음악에서도 충분한 연습과 훈련에 의해 얻게 된 탁월한 소리를 의미한다.

실제 이것은 어떠한 수준에서라도 많은 시간과 에너지를 쏟아 만들어 간 희생적 봉사의 가치를 지닌다. 그 때문에 성실한 연습, 자발적인 시간 투자, 아낌없는 노력과 땀이 요구된다. 여기엔 자원함, 철저한 시간관념, 개인적인 일보다 더 소중히 생각하는 우선순위의 마음이 필수적이다.

뿐만 아니라 숙련을 통해 얻어진 역량을 개인기인 솔로가 아니라 팀워크를 위한 연합된 소리의 일체감에 쏟는 것이 무엇보다 중요하다. 이는 자신을 낮추어야 할 인격적인 겸손도 있게 한다. 그 때문에 자신보다 음악적인 능력이 미흡한 팀원들일 경우 격려와 힘이 되도록 힘을 다해 도와야 하는 것이다.

이러한 일련의 모든 과정은 결국 하나님과의 관계적인 삶으로 말미암는 헌신에서 시작된다. 그래서 존 스토트(John R. W. Stott)는 "모든 기독교적 리더십과 사역의 근본이 되는 것은 주 예수 그리스도에 대한 겸손하고 인격적인 관계, 매일의 기도에서 표현되는 그분에 대한 헌신 및 순종에서 표현되는 그분에 대한 사랑이다"[31]라고 했다. 이렇듯 주님을 향한 사랑과 순종에 근간을 둔 내면이 없다면 결코 찬양 사역에 있어서도 진정한 헌신은 기대될 수 없다.

### 4. 회중찬양을 위한 스크린 사용에 대한 장점과 단점[32]

찬양예배 때에 매우 긴요한 시설을 든다면 바로 영상매체를 위한 기기일 것이다. 이는 OHP나 프로젝터의 대형 스크린 등을 가리킨다. 실제 이것이 활용되는 목적은 다소 산만해 질 수 있을 분위기를 한 곳에 집중하도록 만들고 교육적인 효과까지도 얻게 하는 데에 있다. 이는 평상시의 예배에서도 일정한 순서의 내용(성시교독, 사도신경, 본문말씀 등)들을 알려줌으로 해서 예배과정이 원만하게 진행될 수 있게 한다. 더구나 찬양할 때엔 예배자 모두의 시선이 비춰진 가사화면에 집중되어 있기 때문에 보다 원활한 과정을 가져갈 수 있다.

하지만 이러한 스크린 사용에 있어 나타날 수 있는 현상들이 항상 긍정적이지만은 않다. 다음의 내용들은 찬양하는 시간 중에 경험할 수 있는 스크린의 장점과 단점에 관한 것이다.

**1) 스크린 사용에 따른 긍정적인 면**
a. 스크린 사용이 훨씬 용이한 것은 자료들을 한 곳에 다 모아두어야 할

필요가 없이도 다양하게 사용할 수 있다.

b. 한 번에 드는 비용의 스크린 사용으로 말미암아 재빨리 구식이 되어 버릴 찬양곡집을 계속해서 사지 않아도 된다.

c. 회중은 항상 새로운 음악을 사용할 수 있다.

d. 가사를 스크린에 비추면 사람들이 책 속에 코를 들이댄 채 고개를 숙이지 않고 머리를 든 상태에서 찬양할 수 있다.

e. 찬양곡집을 손으로 들지 않기 때문에 박수를 치거나 양 손을 들고 찬양할 수 있다.

f. 찬양곡집은 들고 찬양하기에 다소 무거운 반면 스크린은 모든 사람들이 보기에 편한 장점을 지닌다.

g. 스크린은 일상적인 생활에서도 익숙한 것이다.

h. OHP 사용에 있어 필름을 재빨리 넘길 수 있으므로 찬양음악이 다음으로 넘어갈 때에 끊이지 않도록 회중에게 도움을 준다.

i. OHP 필름을 사용함으로써 매주 마다 인쇄물을 나눠주지 않기 때문에 환경보호에도 도움이 된다.

j. 스크린에 나타난 가사들은 성경으로부터 온 것이기에 찬양을 배우면서 성경 암송의 장려가 자연스럽게 이뤄진다.

### 2) 스크린 사용에 따른 부정적인 면

a. 스크린에 찬양 가사만이 있고 악보를 비추는 경우가 드물기 때문에, 그리고 설사 음악과 가사 모두 비춰진다해도 전체 내용이 너무 작아지기 때문에 선율을 모르는 사람들은 함께 찬양할 수 없다.

b. 보통 음악 악보가 비춰지지 않기 때문에 회중이 원한다면 보다 더 복잡한 화음으로 노래할 수가 없다.

c. 시각적으로 장애를 갖는 사람들은 스크린을 잘 볼 수 없다. 스크린의 밝게 빛나는 것은 백내장이 있는 이들에겐 매우 보기가 힘들다. 이와는 반대로 찬양곡집은 최상의 조명에서 볼 수 있다.
d. 스크린의 일회성은 과거에 불렀던 찬양과의 연속성에 대한 인식을 주질 못한다.
e. 스크린에 비춰진 가사가 곧 바로 사라지기 때문에 가사를 더욱 깊이 생각할 기회가 적어진다.
f. 가사를 집으로 가져와 자신들도 배우고 자녀들에게도 가르칠 방법이 없다(스크린을 옹호하는 사람들은 예배 중에 찬양을 배움으로 노래를 암기하게 된다고 반응할 것이다. 스크린 사용을 반대하는 사람들은 한 노래에서 암기할 수 있는 것보다 더 실제적인 본문을 필요로 한다고 말할 수 있을 것이다).
g. 스크린이 일상적인 삶에서 대부분 사용된다고 하는 사실은 예배에서 그것을 사용하지 말아야 할 큰 이유이다.
h. 스크린을 사용하지 않아야 할 몇 가지의 미적 이유가 있다. 그 중 하나가 그것이 보기 흉하다는 점이다. 어떤 사람이 말하길 "나는 정말이지 교회당 안에서 아름다운 스크린을 아직까지 본 적이 없다"고 했다.
i. 종종 스크린은 회중이 스테인 글래스, 강단, 십자가 그리고 여러 상징물 등을 응시하는 것에 방해를 주는 미적 장애물이 되기도 한다.
j. 또 다른 미적인 문제는 찬양 노래의 기술에 미치는 손상이다. 쉽게 익힐 수 있을 만큼 충분히 단순한 노래들은 보통 선율과 화성이 복잡하지 않아 선율, 화성 혹은 가사에 많은 기술을 요구하지 않는다. 찬양곡집을 볼 수 없게 된다면 회중이 하나님을 찬양함에 자신들의 능력을 어떻게 신장시킬 것인가?

k. 스크린이 교리를 수반하는 가사를 잠시 비춰지다 없어지게 하는 것보다 믿음을 형성하고 유지하기 위해 교리적인 틀이 되는 찬송가 책을 지속적으로 보게 하는 것이 더 낫다.
l. 예배 시에 제시된 많은 스크린의 노래들은 성경 암송을 촉진시키지만 보통 이러한 노래들은 한 두 성경 구절로 만들어져 있고 종종 문맥으로부터 떨어져 있다.

## 5. 현대적인 찬양에 의한 현대예배 Contemporary Worship 의 8가지 지침

### 1) 예배계획의 이중성 the duality of worship planning

의미 있는 예배는 주의 깊은 계획과 진지한 기도에 의해 이루어지게 마련이다. 이는 예배계획이 그 날의 느낌을 예상하여 설정되는 것이 아니라 적절한 흐름과 질서를 갖는 치밀함 속에서도 성령의 역사하심이 주가 되어야 하기 때문이다.

종종 예배계획의 부족으로 인하여 찬양음악이 일정한 흐름의 방향을 갖지 못하거나 순서간의 자연스러운 연결도 없고, 심지어 일방적이며 무의미한 반복 등으로 인해 회중으로 하여금 예배에 무감각과 불편한 느낌마저 갖게 할 수 있다. 이는 찬양 후에 이어지는 설교에까지 영향을 끼칠 수 있다. 그래서 예배는 반드시 계획의 틀 속에 세심한 내용으로 진행되어져야 한다.

하지만 현대예배 형식의 자유로운 성격과 그에 따른 찬양의 흐름은 경우에 따라서 즉흥적인 순간들이 예기치 않게 항상 일어날 가능성이 많다. 그 한 예로 어떤 특정한 노래가 영감적이고 성령의 이끄심에 민감한 상황이 되는 때라면 의미 있는 반복이 지속되어 일어날 수 있다. 혹은 계속되는 찬양 순서 사이에 가사를 통한 묵상의 시간이 예정대로 들어갔지만 통성기도로 이어지는 상황도 벌어질 수 있는 것이다.

그렇기에 예배 계획은 실제적으로 성령의 충만하심 속에서 이끌려지도록 하는 유연함의 공간을 두어야 한다. 성령의 역사하심은 종종 확고히 고정된 틀로만이 아니라 자유로움으로도 나타나기 마련이다. 그래서 탐 크라우터(Tom Kraeuter)는 "예배에 대한 신중한 계획이라는 뼈대를 준비하면서도 동시에 우리와 하나님과의 관계를 깊이 있게 만드는 자연스럽고 즉흥적인 순간들이 일어나는 것도 허용해야 한다"[33]고 했다.

예배계획을 위해선 곧 두 가지의 면을 고려해야 한다. 마치 예배(Gottesdienst)라는 용어에서 보여 주듯이 '하나님의 봉사'와 '회중의 봉사'가 공존하는 예배를 위하여 회중으로 하여금 예배하는 것과 하나님의 역사하심이란 이중적 속성을 기억하여 세워지고 그에 따른 리더십이 있어야 한다는 것이다. 이는 계획이란 틀 속에 또 다른 계획의 여유와 공간의 확보를 가리킨다.

그리고 실질적인 찬양계획엔 특히 새 신자들에게 낯설음과 어색함이 없도록 행할 수 있는 내용 창출을 생각해야 한다. 예배 기획팀은 예배의 의미나 표현방식을 잘 모르는 그들을 위하여 자연스럽게 다가갈 수 있는 방식을 모색해야 하는 것이다. 그 중에서도 익숙하지 않는 찬양노래일 경우엔 반드시 프로젝터(Projector)나 OHP를 이용하여 선율이 그려진 악보를 크게 비춰주면서 인도자나 팀원들의 목소리에 따라 부를 수 있도록 하는 배려가 필요하다. 반주로 돕는 자들도 적절한 빠르기와 선율을 알려주어 음악적인 격려 차원의 연주가 동반되기 위해 사전에 음악적인 착상도 꼼꼼히 준비되어야 한다.

### 2) 분위기와 균형 mood and balance

현대적인 성격과 정서를 지닌 음악으로 행하는 예배에서 고려해야 할 부분은 일정한 흐름에 나타나야할 분위기와 균형이다. 분위기는 대체로 끊어짐 없는 음악의 진행 속에서 초대, 동참, 높임, 경배, 친밀함 등의 단계들을 거쳐 가야 할 각기의 독특한 느낌에 연유한다. 찬양은 이러한 개별적인 음악배경 속에서 이뤄가야 하기에 이를 위한 표현적인 음악언어의 특성을 요구한다.

더구나 예배음악을 선곡할 때 효과적인 선택을 위해서도 각 단계별의 고유한 분위기만이 아니라 전체적인 흐름을 생각하여 두 가지 유형 사이의 균형을 이루어야 한다. 바로 생동감 속에서 기쁨의 감정을 갖는 힘찬 노래와 조용히 묵상적인 노래와의 적절한 조화이다. 이는 가사 뿐만 아니라 음악적인 성격에서도 빠르고 강한 리듬과 선율에 대하여 다소 느리며 차분함 속에서의 중간 음역대의 테시투라(tessitura) 등을 생각할 수 있다.

### 3) 문화 흐름 속의 음악양식 music style in cultural stream

현대예배에선 문화의 흐름에 민감할 수밖에 없다. '현대'라는 말 자체가 그 시대의 표현과 양식의 특성을 지칭하기 때문이다. 그래서 회중의 문화적 성향에 상응한 음악사용의 배려를 요구한다. 비록 예배가 인간 취향을 위해 존재하는 것이 아니라 하더라도 예배자의 언어와 정서를 통해 고백되고 표현되어야 하는 문화의 통로가 필요하기에 더욱 그러하다. 이것은 현대의 삶을 영위하는 예배자의 문화 흐름에 역류하거나 무관할 수 없음을 근거로 한다. 물론 이를 위한 문화는 바른 기독교적인 신념과 가치관 속에서 비롯된 시각과 목적으로 말미암은 정제된 예배행위로 이어져야 한다. 분명한 사실은 예배자가 예배 표현을 이뤄갈 때에 현대의 문화 상황과 조류로부터 단절될 수는 없다는 것이다.

그러므로 예배 중에 돕고자 하는 대상이 누구인지를 진지하게 바라본다면 사용해야 할 음악 양식에 있어서도 그만큼 현대 문화에 대한 바람직하고 포용과 적절한 수용으로 이뤄가야 한다. 그런 가운데 예배하는 공동체 일원들의 다양한 연령 대와 배경을 가진 사람들로 인하여 획일화 될 수 없는 그 어떤 절충적 형태의 음악이 고려되어야 한다.

### 4) 연 습 rehearsal

계획된 예배는 가능하면 꼭 미리 연습에 의한 경험이 필요하다. 예배는 성실한 준비에 의해서 이뤄진다. 찬양 반주팀은 예배순서에 따라 실제적인 상황처럼 한 순간이라도 놓침 없이 무심코 넘어가지 않도록 하는 세심함과 실수 없는 철저함으로 예비해야 한다. 이는 그들로 하여금 확신과 안정감을 갖게 한다. 만일 사전에 연습하지 않은 채 예배를 행하게 되면, 그들은 서두르거나 두려워하는 마음을 가지는 한편 진지한 예배가 되기 어렵다. 그러나 연습은 그들로 하여금 더 여유롭고 성령의 이끌림의 감격적인 예배로 들어감에 더 집중할 수 있게 한다.

특별히 예배에서 부르게 될 노래 중 새롭게 사용될 것이 있다면 예배 시작 전에 미리 회중과 함께 불러보는 일종의 연습과정을 가질 수도 있다. 이는 혹이라도 노래가 회중에게 생소한 느낌으로 다가간다면 아무리 좋은 음악이라도 심리적인 부담을 준다. 이럴 때엔 회중은 하나님께 마음을 집중할 수 없으며 영적 고무를 받는 대신 오히려 외면당하는 경험을 하기 쉽기 마련이라 결국 영감적인 고백을 통한 예배마저 기대될 수 없다. 대체로 이것은 구 신자들보다 새 신자들에게 나타날 가능성이 많은 현상이다.

그렇기에 이런 문제해결을 위해 10분 정도를 할애하여 예배 전에 그 노래를 소개하고 배울 수 있는 연습의 기회를 갖게 하는 것이 하나의 방법이다. 아무리 그 음악이 예배에 좋은 내용이라 해도 예배하는 공동체(worshipping community)의 견고함을 이뤄가야 하는 신념에 우선될 수 없음을 깊이 인식해야 한다.

### 5) 교통함 communication

현대예배를 진행함에 있어 인도자는 팀원과의 명확한 소통을 이뤄가야 한다. 만일 예배 인도자가 예배의 어떤 내용을 삭제하거나 바꾸기를 원한다면 이것을 예배 팀에게 신호로써 알려 의사를 전함이 좋다. 그리고 노래를 지도하는 사람은 회중이 이해할 수 있는 커뮤니케이션 신호를 발전시킬 필요가 있다. 그의 몸동작을 통해서 혹은 가사를 미리 불러 줌이 그의 좋은 예가 된다.

그러나 이와 같은 의사소통 차원만으로는 예배과정의 보다 깊은 교통함으로 이르기엔 여전히 미약할 수 있다. 커뮤니케이션(communication)은 원래 'com(with: 함께, 더불어)'과 'munis(to bind: 묶다)'의 말에서 유래된 단어이다. 이것은 단순한 의사소통을 위한 정보(information) 전달이라기보다 내면적으로 상대방과의 생각이 묶어지고, 정서가 묶어지고, 의지도 함께 묶어짐을 의미한다.

예배에서의 진정한 커뮤니케이션은 바로 이러한 인격적인 결합과 함께 성령 안에서 이뤄진 영적 연합의 교통함을 가리킨다. 그래서 예배의 모든 순서 내용들을 진행할 때에 인도자와 회중, 회중과 회중, 인도자와 팀원 등에 이르기까지 서로간의 영적교통을 경험하고 있는지에 대한 생각도 가져 보아야 한다. 이는 개인적인 의식으로 끝나는 것이 아니라 상호간에 진정한 커뮤니케이션 속에서 이뤄가는 공동체 예배이기 때문이다. 예배는 궁극적으로 영적 커뮤니케이션의 수평적인 행위가 동시에 수직적인 행위로 승화되는 것이다.

### 6) 자발성 spontaneity

현대예배의 특징 중 하나는 참여에 있어 강제성이나 요구에 따른 것이 아니라 자발적인 참여로의 초대함에 있다. 대체로 새 신자들은 항상 부드럽고 온화한 언어로 초대함에 가장 잘 응답한다. 그래서 혹이라도 인도자가 감정적인 대립과 같은 느낌을 유발하게 할 수 있는 그 무엇이든 피해야 한다. 이에 항상 다정하고 존대한 어투로 대하면 회중은 예배경험을 함께 나누려는 자발적인 마음을 표하게 된다.

그럼에도 불구하고 찬양을 인도하는 자가 종종 다소 강한 의지를 내비치는 리더십을 보이기도 한다. 여기엔 예배행위의 강제성을 연상하게 하는 행동이나 말이 포함된다. 말을 절제 하는 탁월한 인도자들과는 달리 "이 노래를 부를 때 모두 손을 올립시다!," "힘껏 박수를 치세요!" 혹은 "여러분은 더욱 분발해야 합니다" 등의 강요함 같은 언행을 구사하기까지 한다. 설사 이러한 말들이 사람들에게 찬송 행위를 북돋을 수도 있겠으나 명령식의 어조 등은 오히려 심적인 불편과 방해를 낳는다. 이 때문에 간략하면서 친화적인 어구 몇 마디를 노래와 노래 사이에 신중하게 넣음으로 회중 스스로의 자발적인 참여가 있게 하는 격려가 중요하다.

예배를 인도하는 자는 그 어떤 결과를 의식하여 인위적인 행동을 연출해서는 안 된다. 영적 상황으로 이끌고자 노력할 때엔 회중으로 하여금 마음의 평안함 속에 예배내용의 의미를 느끼고 이해하면서 자유로이 예배드리도록 하게 함이 바람직하다. 분명한 것은 모든 사람이 똑같은 표현이나 자세로 예배드려야 하는 획일성은 복음의 속성과 멀다는 사실이다.

그러므로 인도자는 최대한 회중 스스로가 행할 수 있도록 하기 위해 돕는다는 역할을 고수해야 한다. 돕는 차원이 아니라 이끌어 간다는 강한 모습은 회중의 마음을 놓치기가 쉽다. 사실 모든 사람이 어떠한 유형의 노래이든 다 좋아하거나 노래를 부를 수 있는 것은 아니다. 새 신자들뿐만 아니라 기존의 신자들 중에서도 그럴 가능성이 있는 것이다. 경우에 따라선 낯선 찬양곡들로 인해 노래를 모르거나, 혹은 좋아하지 않는 사람들로 인하여 모든 순서에 뒷짐 지고 불참하기도 한다. 그렇기에 선곡에서부터 인도하는 방법과 태도에 이르기까지 주의 깊은 배려로 회중의 입장에 서서 그들의 자발성을 의식하며 예배참여를 독려할 수 있어야 한다.

### 7) 성령의 역사 the power of the Holy Spirit

현대예배는 찬양을 통해 성령의 역사 속으로 들어가고자 하려는 사모함이 보다 강하기에 음악이 매우 생동감 넘치는 역동성을 띤다. 그렇다고 하여 신령한 예배가 음악을 통해 느끼는 정서에 있는 것은 아니다. 성령은 곧 인격적인 감화와 내적인 변화를 이루기 위하여 본질적으로 내재적 방식(the immanent mode)으로 임재하시는 하나님의 영이시기 때문이다.[34]

그래서 종종 음악에 의한 내적 움직임의 경험을 마치 성령의 역사로만 인식하는 경향은 경계되어야 한다. 물론 음악이 성령의 역사 안에서 사용될 수 있는 하나님의 값진 선물이기도 하고, 또 그로 인한 정서적인 영향이 영적인 움직임으로 향할 수 있는 계기가 될 수 있기는 하다. 하지만 음악과 성령 모두를 통해 얻어진 그 어떤 내면적인 변화가 발생된다 하더라도 그의 궁극적인 결과가 반드시 동일한 것은 아니다. 음악은 성령이 될 수 없고, 성령도 음악이 될 수 없다.[35] 더구나 이로 인한 결과는 서로 질적인 면에선 전혀 비교할 수 없는 속성을 지닌다는 사실이다.

예배가 음악의 그 어떤 영향력에 의해 이뤄지고 완성되어지는 것은 아니다. 다만 예배의 대상이신 하나님의 주권적 역사하심 속에서 이뤄지고 완성되어지는 것이 예배이다. 이것은 예배 공동체의 공동체(community)란 말에서도 예배가 그리스도 안에서 한 몸이란 상황과, 그리고 하나님의 인도하심에 이끌리는 것이란 속성을 나타내기에 더욱 그러하다.

공동체(community: *cum*, 함께; *moenia*, 성 쌓기)의 라틴어 어원에서 알 수 있듯이 '벽이 있는 장소'이다. 이는 공동체가 그 어떤 벽으로 보호되어야 할 사람들임을 시사한다.36) 다시 말해 예배를 흩뜨리거나 방해하는 인간의 모든 세속적인 내면과 무력해진 영적 상태로부터 안전하게 막아주실 하나님의 벽이 절대적으로 필요한 것이다. "여호와의 말씀에 내가 그 사면에서 불 성곽이 되며 그 가운데서 영광이 되리라"(슥 2:5)의 말씀처럼 예배 공동체는 거룩하신 성령 하나님의 성곽으로 둘러 쳐져야만 한다. 이는 궁극적으로 예배가 예배로 되기 위해선 오직 성령의 강력한 이끄심과 보호하심에 의해 이뤄질 수밖에 없음을 강조한 것이다.

### 8) 예배 평가 the evaluation of worship contents

예배의 모든 과정은 평가의 과정도 낳는다. 특히 현대예배에선 예배사역 팀이 차지하는 찬양의 중요성이 대두되기 때문에 이에 대한 지속적인 평가를 가져야 한다. 다음은 일반적으로 생각할 수 있는 평가의 내용들이다.

a. 예배사역 팀의 준비에 전체적으로 부족함이 있었다면 무엇이었는가?
b. 사용된 찬양 노래들이 현대적인 찬양흐름 구조에 적합했고 자연스러이 연결 되었는가?
c. 회중찬양에 역동적인 도움을 충분히 주었는가?
d. 회중의 자발적이며 능동적인 참여가 이뤄졌는가?
e. 찬양이 음악적으로 적절하게 표현되었는가? 예: 선율의 테시투라(*tessitura*), 템포의 느리고 빠름, 리듬, 다이내믹의 강약, 악기음향의 조화 등…

f. 찬양 노래를 선곡함에 편중된 경향은 없었는가?

g. 노래함에 있어서 너무 획일적인 방법만을 고집하지는 않았는가?

h. 예배 전체 중 찬양이 차지하는 시간은 적절하였는가?

i. 찬양의 주제 흐름이 그 날의 설교 말씀과 일치하였는가?

j. 사역팀원들은 예배 중 회중에게 무엇이 일어나고 있었는지 살폈는가?

k. 회중으로 하여금 예배에 집중할 수 있도록 주의를 기울이며 최선을 다해 도왔는가?

l. 예배사역 팀원으로서 그 날의 예배를 얼마나 갈망하였는가?

m. 모든 시설의 상태나 장비들을 다룸에 있어 문제점은 없었는가?

이러한 모든 일련의 물음을 통한 평가 과정은 궁극적으로 회중의 능동적인 참여를 고무하며 독려하여 하나님과의 만남에 살아 있는 영적 커뮤니온(communion)의 현장 속으로 들어서 있게 하려는 목적을 지향한 노력들이다.

Chapter 12     예배음악의 패러다임을 향하여

### 1. 예배음악은 하나님 중심이다.

예배음악에 의해 예배의 존재가 좌우되는 것이 아니다. 다만 예배에 의해 예배음악이 존재하고 좌우될 뿐이다. 이는 음악이 예배를 앞설 수 없고 예배를 이끌 수도 없으며 예배를 결정할 수 없는 것임을 명백히 한다. 그럼에도 불구하고 예배에서 음악의 비중과 역할, 그에 따른 공헌 때문에 음악의 중요성이 지나칠 정도로 강조되기까지 한다. 이에 대해 패트릭 카바노프(Patrick Kavanaugh)는 말한다. "사람들은 아름다움을 보고 하나님을 찬양하기보다 아름다움 자체에 초점을 맞춘다. 그래서 그것을 연구하고 분석하며 강의하고, 심지어 경배한다. 그 결과 하나님은 보이지 않는 변두리로 밀려나 아무도 그분을 예배하지 않게 된다. 이것이 오늘날의 우상 숭배이다."[1]

이러한 지적은 예배음악 사역자라면 심각하게 명심해야 할 대목이다. 비록 음악의 아름다움이 예배에 상당한 가치와 영향을 주는 요인이라 해도 아름다움의 창조가 예배의 목표는 아니다. 예배의 시작과 과정, 그리고 그 맺음도 오직 하나님만이 목적이시고 그 중심이시다. 진정한 예배음악으로의

정당성은 그것을 통하여 하나님을 예배하고자 할 때에만 가능하다.

구약시대의 예배초기에는 음악이 없었다. 예배에 관한 모든 규례를 하나님이 직접 세우시고 명령하셨지만 음악에 관한 것은 처음부터 빠져 있었다. 음악이 하나님께 행할 예배의 핵심적 요소였다면 반드시 포함되어 있어야 했다. 하지만 음악은 임시적인 회막예배(B.C. 1446년)가 시작된 지 1년 즈음 지난 성막이 완공된 직후(B.C. 1445)부터 비로소 행해졌던 것이다.

하나님께서 왜 애초부터 음악을 예배의식 때에 넣지 않으셨는지에 대한 직접적인 설명은 성경에서 찾을 수 없다. 다만 이스라엘이 시내 광야에서 익숙해질 즈음 타 지역으로 이동하기 직전에 내려진 하나님의 명령이었다는 것만을 알 수 있을 뿐이다. "은나팔 둘을 쳐서 만들되… 너희 희락의 날과 너희 정한 절기와 월삭에는 번제물의 위에와 화목제물의 위에 나팔을 불라…"(민 10:2, 10). 이 말씀의 전후 문맥을 보면 예배에서 행해진 음악에 하나님의 뜻하신 특별한 목적이 있음을 알 수 있다.

원래 이 은나팔의 용도는 두 가지였다. 하나는 예배의식을 위해서이고, 다른 하나는 신호용으로써 회중 소집, 진의 이동, 전쟁 선포 등 광야 생활의 안위와 보호를 도모하기 위한 것이었다. 이러한 은나팔의 의미와 배경은 그것이 음악적인 기능과 성격을 지닌 악기라기보다는 하나님과 이스라엘 간의 관계성을 상징하는 악기로 이해하게 해준다.

사실 당시에 전쟁을 치러 본 적도 없었던 이스라엘은 약속의 땅으로 이르기까지 광야에서 하나님의 절대적인 보호를 받아야만 했다. 그러한 이스라엘에게는 신호용으로 사용되던 그때의 은나팔 소리가 마치 양들을 인도하시는 목자의 음성처럼 들려졌을 것이다. 그렇기에 그 은나팔은 이스라엘의 믿음을 가늠하는 잣대마저 될 수 있었던 것이다. 이는 하나님이 은나팔 소리에 따라 아무런 의심 없이 담대하게 나아간 그들의 행동을 전폭적인 신뢰와 순종으로 받으신 것이라 이해되기 때문이다. 이에 대해서 하나님은 이스라엘을 향하여 말씀하신다. "…번제물의 위에와 화목제물의 위에 나팔을 불라 너희 하나님이 너희를 기억하리라 나는 너희 하나님 여호와니라"(민 10:10).

이스라엘에게도 이 은나팔은 변함없이 구속하시는 주님의 은혜로 기억하게 하는 방편이었으며 하나님의 자녀인 것을 확증해 주는 것이었다. 동시에 하나님은 자신의 보호와 인도에 감사하며 순종의 삶을 살아간 이스라엘이 제사 시에 부는 은나팔 소리를 통해 기억하시겠다는 것이다.

예배는 하나님과 그의 백성간의 관계를 올바르고 분명하게 보여주는 실천적 결과이다. 이 안에서 이뤄지는 음악의 모든 표현도 지나온 삶 가운데 하나님과의 관계를 확증해 주는 상징적인 성격을 갖는다. 이는 마치 구약시대의 은나팔처럼 예배음악이 음악으로 이해되기 이전에 이미 하나님의 백성으로서의 삶을 드러내주는 예배행위이기 때문이다.

예배의 모든 근거와 이유, 그리고 목적은 예배할 수 있도록 관계를 맺으신 하나님께 있다. 이러한 배경은 예배음악이 음악 그 자체로써 존재하는 음악 미학적인 소리로 올리는 봉헌에 머문 것이라기보다 오히려 그분과의 진정한 관계와 관계적인 삶을 드러내는 증거인 것임을 알게 한다. 그러므로 예배음악은 음악이 중심이 아니라 철저히 하나님 중심적인 틀에 의해 만들어진 예배행위이다.

## 2. 예배음악은 자발적인 헌신의 소리이다.

예배를 위한 음악사역의 시작은 구약시대의 다윗 왕 때부터였다. 다윗은 하나님의 언약궤를 안치 한 후에 음악을 통한 예배를 본격적으로 행하게 하였다(대상 16:4). 이는 시대가 흘러도 변함없는 예배의식에 중요한 요소로 전해져 갔다.

예배에서 규모 있고 체계적인 음악의 시작이 이처럼 다윗 왕의 명에 의해 이뤄진 것은 사실이지만 한 가지 흥미로운 사실을 하나 더 발견할 수 있다. 그것은 그로부터 내려진 명령이란 말의 속성에 있다. "왕이 레위 사람을 여호와의 전에 두어서 다윗과 왕의 선견자 갓과 선지자 나단의 명한대로 제금과 비파와 수금을 잡게 하니 이는 여호와께서 그 선지자들로 이렇게 명(tsavah)하셨음이라"(대하 29:25). 여기에서 사용된 '명(tsavah)'이란 단어는 인간의 자유의지를 존중하는 가운데 내리신 하나님의 인격적인 사랑이 담겨진 특징을 가리키는 말이다. 이는 마치 율법을 행하지 않으면 그에 따른 보응과 심판이 따르는 것과는 전혀 다른 차원에서의 속성을 나타낸다.

출애굽 이후 시내산에서 하나님과 그의 백성 간에 맺어진 언약에 의한 율례는 생과 사가 달려있는 내용이었다. 그러나 예배 중에 행해지는 음악은 결코 이러한 상황과 차원으로 이해되는 성질의 것이 아니다. 율법에 대한 순종은 심판에 대한 두려움이 존재하기도 하겠지만 예배 때에 음악을 행하지 않음으로 해서 이러한 마음 상태가 발생한다고는 볼 수 없기 때문이다.

예배는 하나님의 명령에 따라 섬겨야 할 지극히 거룩한 영적행위이다. 여기엔 하나님의 주권적인 부르심에 대한 인간의 응답으로 순종과 헌신이 전제된다. 하나님은 이 예배를 위해 실제적이고 구체적인 규례들과 절차, 그에 따른 성물들, 예배를 섬길 구별된 제사장들과 레위인들, 그리고 성막과 성전이란 공간의 설계와 건축에 관한 모든 과정을 자신의 생각과 의지대로 이루셨다.

그럼에도 불구하고 이러한 하나님의 주권적 역사에 의해 시작된 예배 초기엔 음악이 제외되었다는 것이다. 찬양에 관련한 말씀의 예들 모두가 명령형의 표현으로 이뤄진 '찬양하라,' 혹은 '노래하라' 등의 내용을 갖고 있음에도 말이다. 이는 사실상 찬양에 대한 명령에 응할 행위가 단순히 두려움 속에서의 맹목적인 복종이라기보다는 최상의 공경함 중에 하나님의 자녀로서 마땅히 행해야 할 순종적 성격을 지닌 것임을 증거한다. 결국 하나님의 말씀에 순복해야 할 진정한 내면적 모습은 불복함으로 말미암아 심판에 따른 공포감이 아니라 하나님을 사랑하는 자로서 자신을 돌아보며 느끼는 지고한 경외감 속에 있는 자발적인 것임을 가리키는 것이다. 이는 하나님의 모든 '명령'에 적용되는 내적인 틀이 된다.

예배음악은 바로 이와 같은 경외감 속에서 자원함으로 울려 나오는 소리이다. 이것은 다윗 왕이 처음에 하나님 언약궤를 섬길 '노래하는 자들'의 그룹을 조직했던 배경을 살펴보더라도 하나님 명령에 따라 이뤄진 것이 아니라 하나님 은혜에 대한 감격과 감사하는 마음을 스스로 표출한 결과였다는 것을 알면 더욱 그러하다.

그래서 성막예배 때에 은나팔을 불도록 모세에게 하나님이 명하셨던 것과 다윗 왕으로부터 말미암는 장막에서의 음악사용은 다르게 이해된다. 본질적으론 이 둘 모두가 하나님과 하나님의 백성 간의 관계성을 확증해 주는 상징적 소리임엔 동일하지만 다윗 왕을 통해 이뤄진 예배음악은 자원하는 즐거움으로 시작된 것이다. 그래서 이미 언급했듯이 찬송(*eulogia*: 고후 9:5, 계 5:12, 7:12)이란 말은 '연보'나 '헌금'을 뜻한다.

궁극적으로 예배음악은 하나님을 향해 올리는 자발적인 헌신의 소리이다.

## 3. 예배음악은 예배 공동체 음악이다.

교회는 예수 그리스도로 말미암아 새롭게 거듭난 하나님의 자녀들인 공동체를 의미한다. 그래서 플로로프스키(George Florovsky)는 "기독교인이 된다는 것은 공동체인 교회 안에 있게 된다는 것"[2]이라 했다. 바로 이러한 공동체는 복음전도와 교회사역의 여러 기능들을 낳게 할 원천이자 교회의 최 우선순위인 예배로 이끌려진다. 그런 맥락에서 교회가 존재하고 교회의 목적이 되는 예배는 공동체란 속성과도 불가분한 관계성을 갖는다.

예배의 공동체적 특성은 교회의 형성과정을 통해서도 쉽게 이해된다. 사도행전 2장 42-47절에 나타난 초대교회의 과정을 보면 예배(leitourgia) 전에 이미 사도들의 가르침(didache)과 교제(koinonia)가 있었음을 알 수 있다. 이는 말씀으로 양육되고 성령 안에서 연합되어진 코이노니아가 있은 뒤에야 비로소 예배가 이뤄졌음을 가리킨다.

이러한 사실은 예배에 참여하는 많은 사람들에게 과연 서로에 대해서 진실된 인간관계를 갖고 같은 마음으로 말씀을 들음과 함께 열매를 맺으며 기도의 문제들을 깊이 나눌 뿐만 아니라 형제와 자매처럼 성령 안에서 교류를 할 수 있는지를 지적한다.[3] 본회퍼(Dietrich Bonhoeffer)는 교회론을 설명할 때에 위에 언급된 사도행전의 초대교회와 같이 사도들의 가르침과 예배 사이에 코이노니아가 있었음을 상기시키면서 기독교적인 교제야 말로 진정한 예배의 모체라고 하였다.[4] 이는 하나님 말씀 교육과 그리스도 안에서 성령에 의해 세워진 코이노니아가 공동의 예배(corporate worship)를 위한 기초이자 원동력이 되는 것이므로 예배야말로 하나님 백성들의 공동체적인 속성을 갖는 것임을 분명하게 보여준다.

그러므로 예배하는 가운데에서 오는 형제애(brotherhood)와 협력(fellowship)이란 감각은 예배음악에서도 매우 중요한 부분을 차지한다.[5] 예배의 성격에 자리하는 이러한 공동체(community)의식은 예배음악에 그대로 적용되어야 할 토대이다.

이 때문에 예배음악의 목적을 설명함에 있어 최우선 순위(top priority)와 궁극적인 방향이 하나님이라 하더라도 예배자를 향한 기능적 역할 또한 포함되어 있음을 간과할 수는 없는 것이다. 실제로 이것은 예배에서 음악이 회중을 성령 안에서의 연합으로 견고하게 해주어야 하며 한 마음과 한 입으로 올리는 공동체적인 찬양의 깊이를 더해주도록 도와야 한다는 의미이다. 그런 까닭에 만일 예배음악이 공동의 예배를 방해하는 요소로 작용한다면 이미 예배음악으로서의 정당성을 상실한 것으로 간주할 수 있다.

그러므로 진정한 예배음악은 예배로 모인 자들 모두의 연합된 소리를 만들어 낼 비전 속에서 예배 공동체에 의한(by), 예배 공동체를 위한(for), 그리고 예배 공동체를 향한(to) 예배 공동체 음악이다.

### 4. 예배음악은 예배자들의 문화를 반영해 주는 소리이다.

예배는 인간 문화의 내용과 상황에서 이해되는 것은 아니다. 그럼에도 불구하고 예배의 핵심적인 두 축인 하나님의 말씀과 성찬이란 이중구조에 대한 구체적인 표현양식과 행하는 방식에 있어선 지극히 다양성과 상이함을 갖는 문화적 배경을 표출할 수밖에 없다. 이는 구약과 신약이 달랐고 초대교회가 중세교회와 달랐고 또 종교개혁 때의 교회가 근대 및 현대와도 다른 근거이기도 하다.

그런 까닭에 특히 예배가 한 개인의 개별적인 헌신의 시간을 갖는 것과는 달리 그리스도 안에서 한 몸을 이룬 무리들의 모임으로 행해지는 의식이기 때문에 예배하는 이들의 문화적인 환경과 배경을 간과할 수는 더더욱 없는 것이다.

제임스 화이트(James F. White)는 다음과 같이 전한다.

사람들의 문화적 수준은 매우 다양하며, 이러한 여러 상황 속에서 음악은 각각 적절히 상용되어야 한다… 음악은 각각의 문화적, 상황적인 여건에 따라 여러 가지 차이를 나타내게 되는 것이다. 그러므로 만일 회중의 문화와 상황에 적합한 음악을 채택하지 않는다면 우리는 선곡에 있어서 우월주의(elitism)에 빠지고 말 것이다.[6]

일반 음악대학교와 콘서바토리(conservatory) 등의 음악학교는 엘리트 음악문화의 중심부이다. 그곳들의 가르침과 음악의 표준들이 불행히도 타 음악의 문화들에 대해서 존중함이 실종된 모습을 보이기까지 한다. 고급문화 속에 포함되지 못한다고 하여 타 음악 문화의 가치들이 종종 무시됨은 심지어 교회음악인들을 양성하는 교육기관에까지 퍼져있기도 하다. 이러한 현상은 엘리트 음악문화에 대한 깊은 경험과 익숙함으로 말미암아 다른 문화의 음악이 미학적인 가치가 부족하다는 그들 나름의 신념과 판단으로부터 나온 것이다.[7]

문제는 음악대학이나 음악학교(conservatory)에서 야기된 표준들과 태도들이 지역교회들에 여과 없이 이전된다는 것이다. 더구나 그들과 상이한 많은 음악 문화들은 거룩함에 부적당하고 하급의 수단으로써 판단된다는 것이다. 이러한 판단의 태도에 선 음악인들은 자신들의 음악적 경험과 취향들을 회중에게 지우고 심지어 마음으로부터 신실하게 내고자한 회중의 소리들을 억압함에 그 심각함이 있다.

예배음악은 어느 한 쪽으로 편향된 이즘(ism), 그중에서도 엘리트주의(elitism)와 같은 성격을 표방하거나 의도하지 않는다. 도널드 폴 엘스워쓰(Donald Paul Ellsworth)는 "사람들의 언어 속에서 사용되는 음악양식일 때에야 그리스도인의 믿음을 전하는 강력한 매개체 중의 하나로 지속될 수 있다"⁸⁾고 했다. 이는 복음을 전하는 특정한 상황을 염두에 둔 것이기는 하지만 복음이 심겨진 사람들의 문화적인 언어는 변하지 않는다는 사실이다.

예배공동체로 모인 사람들의 문화가 서로 동일할 수 있는 확률은 그리 높지 않다. 그럼에도 불구하고 예배음악 소리를 말할 때엔 구분이 아니라 예배공동체의 연합(unity)이란 울타리 안에서 다양한 문화적 특성이 내재되어 있는 것으로 받아들여야 한다. 예수 그리스도 안에는 "헬라인이나 유대인이나, 할례당과 무할례당이나, 야인이나 스구디아인이나, 종이나 자유인의 분별이 있을 수 없나니"(골 3:11)란 말씀처럼 교회는 구별과 차등이 없는 한 몸을 이룬 공동체의 속성을 갖는다. 이들을 통해 행해지는 예배음악 또한 그 어떤 차별과 편견 속에서 이뤄질 수는 없는 것이 되어야 한다.

궁극적으로 이러한 사실은 "만일 기독교 예배가 전체 회중의 신앙을 표현하는 상징적인 행위라면 모든 교회음악은 신앙공동체(하나님의 백성) 전체에 속한 것이지 성직자나 음악전문가들만을 위한 것일 수가 없다. 그리고 예배의식이 문화적인 동시에 종교적인 현상으로 이해된다면 이것들을 서술하는 언어나 음악형태도 각기 다른 문화, 그 특수 예배공동체에 의미 있게 실현할 수 있는 것이 되지 않으면 안 된다는 것이다"⁹⁾란 맥락과 같이한다.

예배음악이 만약 그 어떤 시대에 속한 특정한 양식, 혹은 소수의 사람들에 의한 선호된 음악들로 획일화 되거나 강조된다면 이미 언급하였듯이 외형적인 문화의 우월주의에 불과할 뿐이다. 물론 예배음악의 선택에 있어 지극한 평범함을 비평적인 모범의 틀로 세우려는 것은 아니다. 다만 음악미학적인 가치만을 근거해서 예배음악을 평가한다면 회중의 음악적이며 신앙적인 삶에 대단한 해를 끼치게 되고 회중으로부터 나올 수 있는 또 다른 음악문화들을 완전 배제하는 결과마저 낳을 수 있음을 지적하고자 함이다.

그런 까닭에 본질적으로 예배음악은 문화의 옷을 입고 표현된다. 예배의 역사를 보더라도 현지 문화에 대한 적응의 역사라는 사실을 인식하게 한다. 문화란 예배자의 구성원들이 속한 그 지역의 언어, 관습, 정서 등을 가리키는데 다분히 그들의 문화적이며 사회적인 요소를 반영한다. 이렇게 될 때에야 비로소 예배하는 그들 자신에게 매우 친근하고 좀 더 깊은 의미로 다가갈 수 있다.[10] 그래서 예배음악은 각 시대적인 상황과 배경, 지역, 인종, 언어, 환경, 성별, 나이, 교육의 정도 혹은 개별적인 경험, 그리고 이외의 수많은 요인들에 의해 형성된 상이함 속에서 다양성을 나타낼 수밖에 없다.

아래의 글은 예배가 예배공동체의 문화적 삶의 표현이란 관점에서 이해되어야 하는 타당성을 설명한 말이다.

> 예배의 역사는 제의(cult)와 문화(culture) 사이의 교류의 역사였다. 라틴어에서 이 두 낱말의 어원이 같다는 것도 결코 우연의 일치는 아니다. 다시 말하자면 예배의 참다운 역동성도 이 두 함수관계에서 회복이 가능하다는 말이 된다. 예배에 관한 역사적인 연구는 문화적 적응과정(*aggiornamento*)을 통해서 근본적으로 변함없는 것과 변함이 있는 것이 무엇인지를 말해주고 있다. 변함이 없는 것은 예배의 기본유형이고, 항상 변하는 것은 축제의 양식이요, 그 예배를 구체화하는 삶의 요소들이다.[11]

교회사를 통해서도 예배의 핵심적인 내용인 하나님 말씀과 성찬이라는 2중 구조는 변함이 없지만 이를 표현하는 문화의 속성은 절대성과 획일성과 함께 하지 않음을 보여준다. 오히려 지속적인 변화와 갱신을 통하여 시대의 흐름에 따라 발전되어갈 뿐이다. 그래서 교회는 오늘날 문화적 현상의 특징인 다양성의 현실을 직시하고 그에 대해 구체적으로 대처하며 개방적 태도를 가질 필요가 있다. 전통의 예배 형식과 양식을 불변적으로 고집하는 것이 마치 복음을 고수하고 그것을 순수하게 구현하는 것이라고 생각하는 것

은 바람직하다고 볼 수 없다.[12]

이런 관점에서 젊은 세대에게 적합한 예배음악 양식이 현 시대 문화와 더불어 사는 이들을 위해 진지하게 모색되어야 한다. 비록 예배의 궁극적 목적이 오직 하나님을 위한 것이란 본질에 변함은 없다 하더라도 예배자의 변화된 환경, 교육, 경험을 배려한 그들의 문화코드를 고려함은 마땅하다. 예배란 대화로의 능동적인 참여와 실질적 예배경험을 이뤄가야 하는 그들 입장에선 더욱 그러하다.

이로 인하여 다양한 악기들과 몸의 움직임, 빠른 템포와 강렬한 리듬 등의 음악적 성향들에 의한 예배표현이 기성세대들에겐 다소 거부감을 유발함에도 불구하고 그들 내면이 하나님께로 향해 있고 예배에서 이뤄질 영적 교통이 온전하다면 그 나름의 예배양식을 제지할 수는 없다. 이는 성경에 기록된 음악들이 영적인 행위가 되는 그 근거가 어떤 특정한 음악양식이나 소리의 특성에 근거하지 않고, 오히려 그 소리를 만들어 내는 내면에 철저히 기초하는 것이기 때문이다.[13]

그러므로 예배음악에 예배자의 삶과 연관된 소재들로 인한 공감대가 형성되어야 하고 그들이 속한 사회와 이질감이 없게 하는 최소한의 배려가 주어진다면 예배참여에 소극적이거나 무관심한 문제들을 해결해 나갈 수 있다. 분명히 복음적인 신앙은 결코 세속과 완전히 결별되어 있는 이분법적인 틀에 매여 있지 않는 것이기에 이와 같은 노력은 더 더욱 요청된다.[14]

예배음악은 이러한 문화적인 상황과 특성 속에서 수용되고 열매 맺게 되는 소리가 되어야 하는 것이다. 물론 여기에 복음적인 틀 속에서 문화를 이해하고 이끌 수 있는 온전한 리더십이 요구 된다. 이는 리처드 니버(H. Richard Niebuhr)가 언급한 문화에 대해 그리스도인들이 가져왔던 다섯 가지의 도식 중에서 '문화의 변혁자 그리스도(Christ, the Transformer of Culture)'[15]

라는 비전을 품고 나아갈 수 있는 지도력을 말한다. 이미 언급하였듯이 신앙과 세상을 별개의 것으로 생각하는 이원론(dualism)을 극복하여 신앙과 문화는 결코 분리된 것이 아니라 오히려 그리스도 안에서 그것을 거듭난 것으로 변화시켜야 하는 소명을 가리킨다.

이에 관하여 마틴 부버(Martin Buber)도 이 세상을 거룩한 것과 속된 것으로 나누지 말고, '거룩한 것'과 '아직 거룩하게 되지 않은 것'으로 구분해야 한다고 하면서 이 세상의 많은 것들 속에 거룩하게 될 잠재성이 있는 것으로 믿었다.16) 이는 "기독교 신앙은 비종교적인 속세에서 벗어나 하나님의 임재 속으로 피하는 법을 가르치는 것이 아니라, 이미 이 세상 가운데 계시는 하나님을 발견하는 법, 평범한 것을 취해서 그것이 하나님께 속한 것임을 인정함으로써 그것을 거룩하게 만드는 법을 가르쳐야 한다"17)란 신념을 낳게 한다. 곧 세상을 대하는 복음적인 사고의 틀을 말한다.

예배음악은 회중과 동떨어진 것이 아니라 그들과 함께하며 공유할 수 있는 것이어야 한다. 경우에 따라선 연령에 따른 세대 차이로 인한 불균형의 문제가 발생되기도 한다. 특히 '전통적'이니 '현대적'이니 하며 서로 비평하며 구별하게 된다면 교회가 함께 성장할 수 있는 기회를 놓칠 수밖에 없다. 실질적으로 음악의 양식들을 통해 서로 간의 긴장감과 괴리감은 하나님 말씀 속에서 그 해결을 찾아가야만 한다. 이에 워렌 위어스비(Warren W. Wiersbe)는 "젊은 세대와 나이든 세대 모두가 다 서로에게 배우고, 겸손히 주님께 순종하는 자세를 가져야만 그런 문제를 해결할 수 있다. 하나님께서 서로 함께 하도록 하신 것을 우리는 둘로 나누어서는 안 된다"18)고 전제하였다.

그러므로 예배음악은 예배자 모두의 공감된 문화의 소리를 요구한다. 보수적이든 진보적이든 혹은 이 둘의 혼합이든 간에 예배 공동체 문화와 함께 할 수 있는 언어를 갖고 표현되어져야만 한다. 이러한 음악언어를 통해서야 비로소 그 공동체에 의한 예배는 안정감을 갖고 역동적일 수 있다. 여기엔 예배자들 모두가 성령 안에서 한 목소리를 이루고자 하는 관심과 노력이 동반되어야 할 것이다.

### 5. 예배음악은 섬김이다.

예배음악은 음악이 예배를 이끌어 가는 것이 아니라 예배가 음악을 이끌어 가는 본질에 기초한다. 이를 외면하면 종교적인 레퍼토리의 연주음악으로 치부될 뿐만 아니라 음악에 의해서 그리고 음악을 위해서 행해지는 예배를 연출하게 된다.

실제로 '음악에 의하여'란 말 속엔 음악 지향적(music-oriented) 사고가 있음을 암시한다. 이것은 종종 예배에서 음악으로 말미암는 정서적 감동에 의해 그 어떤 분위기 창출이나 음악적 효과를 위한 과용이나 오용의 문제를 발생시키기도 한다. 그래서 예배 중에 행하는 음악을 하나님께 바쳐지는 봉헌과 신앙 표현으로서가 아니라 단순히 수단과 도구의 기능차원인 것으로만 이해한다.

그러나 예배음악이 이처럼 무엇을 하기 위한 수단이나 목적이 된다면 그것은 예배에서 정당성을 잃어버린다. 왜냐하면 이때의 음악은 하나님을 향한 예배행위 그 자체로서의 가치와 예배의 수단(빌 3:3)과 목적이 하나님이시라는 사실을 외면하는 것이기 때문이다. 하나님에 의한 주권적 역사로 이뤄지는 예배는 음악에 의존해서가 아니라 음악을 통한 성령 하나님의 인도하심에 속한 것이다. 그 결과 예배자의 참된 내적변화인 영적 경험이 실질적으로는 하나님에 의한 것이지 음악에 의한 아니라는 사실이다.

음악과 더불어 예배하는 자는 "느낌을 통해 행동으로 나아가는 것보다는 행동을 통해 느낌을 얻는 것이 훨씬 빠르다. 예배는 예배 행위로 표현된 하나님에 대한 감정이 아니라, 하나님을 향한 감정을 발전시키는 행위다"[19]란 유진 피터슨(Eugene H. Peterson)의 말에 귀를 기울일 필요가 있다. 진정한 예배란 인간의 그 어떤 경험을 위해 있는 것이 아니라 오직 하나님을 향한 섬김을 위해 존재하는 것임을 알고 감정보다는 감정의 대상과 그 감정을 낳게 할 행위들에 전심해야 하기 때문이다.[20]

뿐만 아니라 '음악에 의해서'란 틀에서 이뤄지는 과정엔 성(sacred)과 속(secular)을 나타내는 음악적 구분을 내재하고 있다. 이분법(dichotomy)적인 이러한 구별은 개인의 경험과 교육배경 및 환경요인에 따라 형성된 인간중심적인 성향을 나타낸다. 이렇게 되면 예배자에 의해서 음악이 만들어 지기보다는 오히려 만들어진 음악에 의해 그것도 성스러운 것이 소위 고급문화에 속한 것으로 이해하고 또한 그것을 지향한 외적인 소리에 따라 예배자와 예배를 규정하는 왜곡된 현상마저 낳는다. 이를테면 예배음악을 통한 리더십이 예배자에게 있지 않고 음악에 있는 것으로 인식하는 결과를 낳게 할 수 있게 된다는 것이다.

예배음악은 결코 이분법적인 구별에 의해 구속되지 않는다. 더구나 음악은 본질상 믿음, 신앙고백, 도덕적이며 윤리적인 것, 그리고 세계관을 표현하는 역량 면에선 지극히 중립적이다.[21] 오히려 성과 속의 구별을 낳게 하는 근거는 음악 자체에 있음이 아니라 가사와 함께 그 음악을 행하는 예배자에게 달려있는 것임을 직시해야 한다. 음악으로 말미암아 사람이 성스러워지는 것이 아니라 거룩한 사람으로 말미암아 성스럽다고 느낄 수 있는 음악이 나올 뿐이다.

물론 음악의 이러한 구분이 없다하여 모든 양식들을 예배 속으로 무분별하게 수용하는 것은 지양되어야 한다. 프란시스 쉐퍼(Francis A. Schaeffer)가 지적하였듯이 양식들 그 자체들이 어떤 세계관 혹은 메시지들을 위한 상징적인 체계나 매개체로써 발달되는 것인 만큼 예배를 위한 적절한 음악의 양식과 소리의 발전을 이뤄가야 할 책임도 있다.22) 이는 예배가 한 개인이 아닌 공동체를 통하여 행해지는 것이기에 음악의 언어나 내용에 있어서도 수네이데시스(suneidesis, 공통된 지각)의 관점에 무리가 없는 것이어야 함과도 같은 맥락이다. 그러면서도 대부분의 회중이 느끼며 이해할 수 있는 포괄성을 띤 마음을 갖게 하는 예배음악이 되어야 함에도 변함없어야 한다.23) 이 또한 예배음악이 하나님을 위한 최우선의 섬김이면서도 예배자로 하여금 예배에 깊이 동참할 수 있도록 돕는 섬김의 기능을 갖고 있음에 연유한다.

결론적으로 예배음악은 섬김(ministry)의 관점에서 행해지는 예배행위이다. 하나님과의 온전한 관계에 선 진정한 예배자에 의해서 이뤄지는 영적 행위이다. 그렇기에 예배음악 리더십이란 음악 그 자체에 있지 않고 하나님 자녀의 참된 삶을 영위하는 예배자에게 있다. 이러한 예배자로부터 나오는 음악의 모든 행위들은 무엇을 얻거나 성취함을 추구하지 않고 하나님을 향한 헌신과 예배자들을 고무하고 격려하여 보다 깊은 예배로 들어가도록 성령 안에서 예배공동체를 견고하게 하는 종으로서의 섬김이다.

*For Worshiper's Renewal and Worship Leadership*
Worship and Music

# 부 록 *Supplement*

I. 예배의식 순서와 그에 관한 설명
II. 교회력에 따른 성서일과

# I. 예배의식 순서와 그에 관한 설명

## 대강절 주일예배(Advent Worship)

전 주 Preldude ─────── 곧 오소서 임마누엘 ─────── VENI EMMANUEL[1]
organ or piano

### 평화의 빛 속에서(In the Light of Peace)

대강절 촛불점화 Lighting of the Advent Candle
  인도자: 평안을 너희에게 끼치노니 곧 나의 평안을 너희에게 주노라 내가 너희에게 주는 것은 세상이 주는 것 같이 아니하니라 너희는 마음에 근심도 말고 두려워하지도 말라
  회 중: 이 촛불은 평화의 왕이신 그리스도의 오심을 상징하는 빛입니다.
  인도자: 흑암에 행하던 백성이 큰 빛을 보고 사망의 그늘진 땅에 거하던 자에게 빛이 비취도다
  다함께: 오소서, 영원한 평화와 참된 빛이 되신 우리 주님 예수 그리스도시여!

* 예배로의 부름 Call to Worship ─────────────── 인도자
* 송  영 Doxology ─────────────────── 찬양대
* 기  원 Invocation ─────────────────── 인도자
* 영광의 찬송 Hymn of Doxology ── 큰 영화로신 주 ────── LENOX
  다함께

### 일어나 빛을 발하라!(Arise, Shine!)

* 성시교독
  인도자: 일어나라 빛을 발하라 이는 네 빛이 이르렀고 여호와의 영광이 네 위에 임하였음이니라
  회 중: 보라 어두움이 땅을 덮을 것이며 캄캄함이 만민을 가리우려니와 오직 여호와께서 네 위에 임하실 것이며 그 영광이 네 위에 나타나리니
  다함께: 열방은 네 빛으로, 열 왕은 비취는 네 광명으로 나아오리라

대강절 찬송 Hymn of Advent ─── 오랫동안 기다리던 Come, Thou Long-expected Jesus ─── HYFRYDOL
　　　　　　　　　　　　　　　　　　　　　　다함께

참회의 기도 Confession of Sin ───────────────────────────── 다함께

용서의 선언 Declaration of Pardon ─────────────────────────── 인도자

속죄에 대한 감사찬송 Hymn of Expiation ─── 우리를 죄에서 구하시려 ─── GLORY JESUS
　　　　　　　　　　　　　　　　　　　　다함께

### 그의 오심을 준비하라!(Prepare for His Coming!)

기　도 Prayer ──────────────────────── ○○○ 장로 혹은 집사

언약의 말씀 The Word of God's Covenant ─── 사 11:1-5 ──────── 다함께

대강절 찬양 Choral Advent ─────── 강림 Advent ──────── Lani Smith[2)]
　　　　　　　　　　　　　　　　찬양대

성경봉독 Scripture Reading ─── 눅 12:35-37 ──────────── ○○○ 목사

설　교 Sermon ─────── 그의 오심을 준비하라 ──────── ○○○ 목사

### 순종과 헌신의 시간(The Time of Obedience and Commitment)

응답 찬송 Hymn of Response ─── 언제 주님 다시 오실는지 ─────── WOODSOCK
　　　　　　　　　　　　　　　　　　다함께

봉　헌 Offering ──────────────────────────────── 다함께

봉헌송 Choral Offertory ─────── 끊임없는 찬송 ─────── Tom Fettke
　　　　　　　　　　　　　　　　찬양대

헌신의 기도 Prayer of Dedication ───────────────────── 다함께

헌신을 향한 하나님 말씀 ─────── 빌 4:8-9 ──────────── ○○○ 목사

\* 헌신의 찬송 Hymn of Dedication ─── 예수가 함께 계시니 ─── LIVING FOR JESUS
　　　　　　　　　　　　　　　　　　다함께

\* 위임과 축도 Charge to the People and Benediction ─────── ○○○ 목사

후　주 Postlude ─────── 주 예수 믿는 자여 Lead On, O King Eternal ─── H. T.Smart
　　　　　　　　　　　　　　　Organ Improvisation

\* 표기는 일어서서

## 1. 대강절 예배를 위한 보충설명

1. 대강절은 성탄주일 이전의 4주간을 나타내는 절기로써 이 예배 순서는 첫째 주, 혹은 둘째 주에 드릴 수 있도록 계획된 것이다. 4주간의 예배 중 처음 두 주간은 예수 그리스도의 재림을 위한 준비의 의미를 갖는데, 마치 이스라엘이 메시아를 기다렸던 것처럼 소망, 간절한 기다림, 사모함 등을 주요 주제로 다룬다.
이에 근거하여 예배 전체적인 내용은 과거에 이미 예수 그리스도께서 인간의 몸을 입고 오신 구세주 탄생 예언의 말씀과 이제 또 다시 심판의 주님으로 재림하실 예수 그리스도를 기다림과 사모함이다. 그로 말미암아 '그리스도의 오심'을 나타내는 성경구절들의 봉독을 통해 과거에 이뤄졌던 언약의 성취를 기억하고 이제 다시 오실 그리스도를 온전히 맞이할 영적 준비를 위한 성결과 참회의 성격을 포함한다.
2. 촛불점화는 예수 그리스도의 오심에 대한 상징적인 행위이다. 그래서 대강절 예전 색깔인 네 개의 보라색 양초를 성찬상 쪽에 두고 4주간에 걸쳐 하나씩 점화해간다. 대강절 기간이 끝나는 다음날인 성탄절엔 이전까지 점화되었던 4개의 보라색 초 사이에 예수 그리스도의 빛을 상징하는 가장 큰 하얀 색깔의 초를 두고 그곳에다 점화한 대강절 화환(Advent wreath)을 놓는다. 촛불점화를 시행할 때엔 그에 상응하는 적절한 성경말씀 구절을 인용하여 인도자와 회중이 서로 교독하는 가운데 인도자가 직접 행한다.
3. 예배사적인 전례에 따르면 언제나 예배 중에 설교에 관한 본문말씀만이 아니라 구약과 신약에서의 말씀 1장 혹은 부분적으로나마 봉독하는 순서를 가졌다. 여기에서는 구약의 말씀을 가지고 주의 강림에 대한 준비를 나타내는 의미의 봉독이다. 봉독의 방법도 촛불점화 때나 성시교독과 같이 다함께 하게 함으로써 보다 회중의 예배참여를 고무한다. 이를 위해 한 구절씩 인도자로부터 시작하여 회중의 남과 여, 찬양대로 이어지고 마지막 구절에선 다함께 하여 역동적인 예배흐름을 갖게 하였다. 주보의 지면상 가능하면 말씀 구절의 내용과 봉독 순서를 반드시 기록해 두어 회중의 예배참여에 혼란이 없도록 해야 한다.
4. 대강절 기간 동안은 실제적으로 예수 그리스도의 탄생을 기념하는 성탄주일을 기다림만이 아니라 또 다시 오실 예수 그리스도를 기다리기 위한 시기이기에 마지막 때를 준비하는 성결을 위한 참회의 성격도 지닌다. 이 때문에 참회의 기도 시간은 매우 중요한 부분으로 자리한다.

5. 헌신의 기도는 보통 목회자에 의해 '봉헌의 기도'로 마쳐진다. 그러나 이에 머물지 않고 회중으로 하여금 봉헌 후에 물질을 드림만이 아니라 선포된 하나님 말씀에 대한 순종과 헌신의 약속을 아뢰도록 하기 위한 시간이다. 이것은 악기를 통한 반주소리에 따라 회중의 기도 후에 목회자의 마침기도로 이뤄질 수 있다. 특별히 음악의 볼륨의 변화로, 예를 들면 처음엔 매우 작은 소리로 시작하다가 점점 크기를 더해가면서 회중의 기도를 돕고 적절한 시기에 맞춰 소리가 작아지다 멈추게 되면 자연스럽게 회중의 기도도 멈추게 된다. 이 때 목회자의 마무리 기도가 이어진다. 이에 바로 이어지는 '헌신을 향한 하나님 말씀' 순서는 성경을 목회자가 단순히 봉독하는 것이지만 그 자체로써 참된 헌신의 의미와 적용의 틀을 제시하는 선포적인 기능을 띤 것이다. 그리고 난 후 헌신의 찬송의 전주를 하게 되면 회중은 그에 따라서 예배의 마지막 찬송을 부른다.

6. 축도 직전엔 가능하면 위임의 말씀을 먼저 전하는 것은 매우 바람직하다. 그 날에 선포된 말씀의 핵심인 주요 내용을 매우 짧은 몇 마디의 말로 회중으로 하여금 다시 상기하게 한 후에 복의 선언이자 파송의 의미를 담은 축도가 이뤄지기 때문이다.

7. 예배에 사용된 성경말씀 구절에 대한 내용:

- 사 11:1-5 "이새의 줄기에서 한 싹이 나며 그 뿌리에서 한 가지가 나서 결실할 것이요 여호와의 신 곧 지혜와 총명의 신이요 모략과 재능의 신이요 지식과 여호와를 경외하는 신이 그 위에 강림하시리니 그가 여호와를 경외함으로 즐거움을 삼을 것이며 그 눈에 보이는 대로 심판치 아니하며 귀에 들리는 대로 판단치 아니하며 공의로 빈핍한 자를 심판하며 정직으로 세상의 겸손한 자를 판단할 것이며 그 입의 막대기로 세상을 치며 입술의 기운으로 악인을 죽일 것이며 공의로 그 허리띠를 삼으며 성실로 몸의 띠를 삼으리라"

- 눅 12:35-37 "허리에 띠를 띠고 등불을 켜고 서 있으라 너희는 마치 그 주인이 혼인집에서 돌아와 문을 두드리면 곧 열어 주려고 기다리는 사람과 같이 되라 주인이 와서 깨어 있는 것을 보면 그 종들은 복이 있으리로다 내가 진실로 너희에게 이르노니 주인이 띠를 띠고 그 종들을 자리에 앉히고 나아와 수종하리라"

- 빌 4:8-9 "종말로 형제들아 무엇에든지 참되며 무엇에든지 경건하며 무엇에든지 옳으며 무엇에든지 정결하며 무엇에든지 사랑할 만하며 무엇에든지 칭찬할 만하며 무슨 덕이 있든지 무슨 기림이 있든지 이것들을 생각하라 너희는 내게 배우고 받고 듣고 본 바를 행하라 그리하면 평강의 하나님이 너희와 함께 계시리라"

## 성탄절 전야에 드리는 예배3)
## (The Evening Worship Service of Christmas Eve)

알리는 말씀 Announcement ─────────────────── ○○○ 목사

전 주 Prelude ─────── *What Child is This* ─── 영국의 16세기 전통음악
　　　　　　　　　　　Flute과 Keyboard

### 온 땅이여 여호와께 즐거이 부를지어다

찬 양 Praise to God ──────────────────── 다함께
　　　　　　　　　찬양팀과 함께

찬미의 제사 A Sacrifice of Praise ── 기뻐 감사하라 *Rejoice!* ──── John Darwall
　　　　　　　　　　　　　　　　찬양대　　　　　　　　　　　편곡: Dick Bolks

### 여호와의 길을 예비하라

말씀봉독 The Word of God ──── 사 61:1-3 ─────── 말씀 봉독자

독 창 solo ──────────────── 내 백성을 위로하라 *Comfort Ye* /
　　── 헨델의 The Messiah 중에서 모든 골짜기마다 *Every Valley Shall be Exalted*

### 사망의 땅에 빛이 비취도다

회중찬송 Hymn ──── 곧 오소서 임마누엘 *O Come, Emmanuel* ── VENNI EMMANUEL

말씀봉독 The Word of God ──── 사 9:2, 롬 15:11-12 ────── 말씀 봉독자

회중찬송 Hymn ──── 천사들의 노래가 *Angel We Have Heard on High* ──── GLORIA

감사의 기도 Thanksgiving Prayer ──────────── ○○○ 장로 혹은 집사

| | | |
|---|---|---|
| 성 극 Sacred Drama | 빈 방 있습니까?<br>연극팀 | 제작: 최종률 |
| 중 창 Vocal Ensemble | 영광의 주님 | 김희조 |
| | 오 거룩한 밤 | Adolphe Adam |

### 그 이름은 임마누엘이라 하리라

| | | |
|---|---|---|
| 말씀봉독 The Word of God | 마 1:18-25 | ○○○ 목사 |
| 설 교 Sermon | 예수님이 찾아 주시는 가정 | ○○○ 목사 |
| 봉 헌 Offering | | 다함께 |
| 봉헌기도 Offering Prayer | | ○○○ 목사 |
| 봉헌 응답송 Response to offering prayer | | 찬양대 |

### 하나님께 영광이요 땅에서는 평화로다

| | | |
|---|---|---|
| 말씀봉독 The Word of God | 마 2:6, 사 9:6 | 말씀봉독자 |
| 찬양대와 회중이 함께하는 찬양 Congregational Singing with the Choir | | 다함께 |
| 오 베들레헴 작은골 O Little Town of Bethlehem | | 3절은 찬양대만 |
| 참 반가운 신도여 O Come, All ye Faithful | | 3절은 찬양대만 |
| 저들 밖에 한 밤중에 The First Noel, the Angel Did Say | | 다함께 (1절만) |
| *고요한 밤 거룩한 밤 Silent Night, Holy Night | | 다함께 (촛불점화 시작) |
| * 축 도 Benediction | | ○○○ 목사 |
| 후 주 Postlude | 천사 찬송하기를 Hark, The Herald Angels Sing<br>organ (or choir singing) | F. Mendelssohan |

\* 표기는 일어서서

## 2. 성탄절 전야에 드리는 예배에 관한 보충설명

1. 이 예배는 예수 그리스도의 나심에 대한 예언과 약속의 성취를 기념하며 감사하기 위해 기획된 것이다. 교회의 여건상 어렵다면 성탄절 주일 오후 저녁도 가능하지만 성탄절 전야 때에 드려지는 것이 더 바람직하다.

2. 전체적인 예배의 진행은 무언으로 이뤄진다. 예외이긴 하지만 전주 시작 전의 알리는 말씀만은 설교자가 직접 행할 수 있다. 그 외엔 전체가 무언이기 때문에 한 순서에서 다른 순서로 넘어가는 단계를 자연스럽게 이어가도록 도울 수 있는 매개체로 음악이 담당한다. 음악은 이를 위해서 상황에 맞는 양식과 분위기에 따라 설정되며 연주되어야 한다. 예를 들면, 예배로 들어가는 전주가 끝나고 찬양팀과 함께 라는 시간으로 들어가야 할 경우엔 미리 그에 속한 악기 연주자들의 잔잔한 음악 연주 속에서 찬양팀이 앞으로 조용히 나온 후 찬양을 시작하면 된다.
회중찬송은 불릴 찬송가를 한절 혹은 반절 정도의 전주로 연주한 후에 시행하거나, 말씀 봉독이 이뤄지는 때는 미리 오르간이나 피아노 등의 악기를 통해 매우 작은 소리로 그 순서가 행해지도록 배경적인 기능에서 연주하여 도움을 줄 수 있다. 그리고 독창이나 성극 혹은 봉헌 등에 관한 순서로 들어 설 때엔 항상 오르간이나 피아노가 차분하게 잔잔한 음향에서 매우 짧은 순간을 위한 간주곡 성격의 연주를 하는 것이 좋다.

3. 전주 전에 알리는 말씀은 회중을 향한 인사말(salutation)[4]과 함께 앞으로 진행되는 예배에 관한 짧은 설명이 포함된다.

4. 예배의 전체적인 흐름과 순서에 따른 예배과정을 알려주기 위해 이에 대한 핵심적인 아이디어를 작은 제목으로 몇 개의 구분(section)을 나누어 기록함으로써 회중으로 하여금 예배내용들을 명확히 이해하게 하여 예배 참여를 돕는다.

5. 오후에 행하는 예배이기 때문에 봉헌(헌금)시간의 유무는 개 교회의 전통과 여건에 따라서 결정될 수 있다. 봉헌 때엔 회중찬송 대신 악기가 봉헌음악 연주를 하여 회중으로 하여금 그것을 들으며 묵상하는 가운데 헌금을 행하도록 한다.

6. 말씀 봉독자는 담임목회자의 지침과 교회 공동체가 받아들일 수 있는 상황에서 장로와 권사, 남자와 여자 집사, 경우에 따라선 남자 어른과 주일학교 학생을 세울 수도 있다. 이는 어디까지나 참고용일 뿐이지 개 교회에 맞게 선택하면 된다. 또한 말씀봉독을 보통 두 사람이 행하기 때문에 문맥과 내용의 길이에 따라서 서로 적절하게 나누어 행함이 바람직하다.

7. 찬양대와 함께 하는 회중찬송은 예수 그리스도 탄생의 감격을 표현하는 일련의 드라마와 같은 느낌을 갖도록 세심한 음악적인 계획이 필요하다. 이를 위해 편곡된 악보가 준비되어야 하고 그 과정에 있어서 특히 각 절이 담고 있는 아이디어와 정서에 따른 감격을 표현하고자 회중과 찬양대의 교창, 회중의 선율 성부에 찬양대가 여러 성부를 부름으로 인한 화성적 울림, 반주부의 변화된 화성적 색채감 속에서의 제창, 회중을 제외한 찬양대만, 아카펠라(a cappella), 혹은 조성의 변화위에 찬양대의 데스칸트(descant) 등으로 다양하고 변화있게 이뤄가야 한다. 이때 지휘자는 회중과 찬양대를 동시에 인도하기 때문에 매우 세심한 지휘 동작을 취해야 한다.

8. 예배의 원활한 진행을 위해 가능하면 OHP나 프로젝터(Projector)등을 통해 모든 내용들을 비춰 주어 회중으로 하여금 예배참여에 도움을 주어야 한다.

9. 성극은 예수 그리스도의 탄생 사건 속에서 왕이신 주님이 가장 낮은 곳으로 오신 겸손을 기억하며, 그 동안 예수 그리스도를 진정 주님으로 모시고 살아가고 있었는지 자신들의 삶을 돌아보게 하는 교훈도 전달하기 위해 '빈 방 있습니까?'를 정하였다.

10. 축도 직전에 부르는 회중찬송의 마지막 노래 시엔 촛불점화를 행하는 것으로 진행된다. 이 순서로 들어갈 때엔 자연스럽게 전주 음악이 있어야 하며 회중은 모두 일어서서 촛불점화에 동참하고자 한 손에 양초를 든다. 이미 예배 시작에서부터 성찬상 위에 세워진 커다란 촛불(예수 그리스도의 빛을 상징)에서 이미 나눠 가졌던 회중의 양초에 여러 준비 위원들에 의해 점차적으로 불을 붙여간다. 물론 촛불점화가 시작되기 직전엔 이미 예배당 안의 전등은 소등되어 있거나 촛불을 점화해 가면서 전등을 하나씩 소등해 가는 방법도 있다. 예배에 참석한 회중의 인원을 고려하여 전체적인 점화시간 소요와 그리고 너무 오랫동안 양초를 잡고 있음을 피하기 위해 준비위원들의 배치장소나 인원수 배정을 결정해야 한다.


11. 말씀봉독을 위한 성경본문 내용:

- 사 61:1-3 "주 여호와의 신이 내게 임하셨으니 이는 여호와께서 내게 기름을 부으사 가난한 자에게 아름다운 소식을 전하게 하려 하심이라 나를 보내사 마음이 상한 자를 고치며 포로된 자에게 자유를, 갇힌 자에게 놓임을 전파하며 여호와의 은혜의 해와 우리 하나님의 신원의 날을 전파하여 모든 슬픈 자를 위로하되 무릇 시온에서 슬퍼하는 자에게 화관을 주어 그 재를 대신하며 희락의 기름으로 그 슬픔을 대신하며 찬송의 옷으로 그 근심을 대신하시고 그들로 의의 나무 곧 여호와의 심으신 바 그 영광을 나타낼 자라 일컬음을 얻게 하려 하심이니라"

- 사 9:2 "흑암에 행하던 백성이 큰 빛을 보고 사망의 그늘진 땅에 거하던 자에게 빛이 비춰도다"

- 롬 15:11-12 "또 모든 열방들아 주를 찬양하며 모든 백성들아 저를 찬송하라 하였으며 또 이사야가 가로되 이새의 뿌리 곧 열방을 다스리기 위하여 일어나시는 이가 있으리니 열방이 그에게 소망을 두리라"

- 마 2:6 "유대 땅 베들레헴아 너는 유대 고을 중에 가장 작지 아니하도다 네게서 한 다스리는 자가 나와서 내 백성 이스라엘의 목자가 되리라"

- 사 9:6 "한 아기가 우리에게 났고 한 아들을 우리에게 주신 바 되었는데 그 어깨에는 정사를 메었고 그 이름은 기묘자라, 모사라, 전능하신 하나님이라, 영존하시는 아버지라, 평강의 왕이라 할 것임이라"

## 주일예배(The Worship of God)
### 이사야 6장 1-9절에 근거한 예배

### 계 시(Revelation)

전 주 Prelude ——— *Adagio in E Major* ——— Frank Bridge
　　　　　　　　　　　　organ

예배로의 부름 Call to Worship ——— 주 안에서 기뻐하라 *O Be joyful in the Lord* ——— John Rutter
　　　　　　　　　　　　　　　　　　찬양대

하나님 계시의 말씀 the Word of God's Revelation ——— 계 4:2-4, 6, 8-11 ——— ○○○ 목사

### 경 배(Adoration)

송　영 Doxology ——————————————————————— 찬양대

기　원 Invocation ——————————————————————— ○○○ 목사

\* 회중찬송 Hymn ——— 거룩 거룩 거룩 *Holy, Holy, Holy, Lord God Almighty* ——— NICAEA
　　　　　　　　　　　　　다함께

찬양의 기도 Prayer of Praise ————————————————— 장로 혹은 집사

### 참 회(Confession)

찬양대를 통한 묵상 Choral Meditation ——— 십자가 *Crucifixus* ——— Antonio Lotti
　　　　　　　　　　　　　　　　　　찬양대

침묵기도 Silent Prayer ——————————————————————— 다함께

참회를 위한 목회자의 기도 Pastoral Prayer of Confession ——— ○○○ 목사

### 속 죄(Expiation)

용서의 선언 Declaration of Pardon ——— 벧전 3:18 ——— ○○○ 목사

삼위영가 Gloria Patri ——— 찬양 성부 성자 성령 *To Father, Son, and Holy Ghost* ——— ORTONVILLE
　　　　　　　　　　　　　다함께

### 선 포(Proclamation)

말씀 봉독 Reading of God's Word ── 출 33:9-11 ──────────── ○○○ 목사

찬미의 제사 Choral Sacrifice ── 이 날은 주께서 정하신 날 This Is The Day That TheyLord Has Made ── John Carter
　　　　　　　　　　　　　　　찬양대

설　　교 Sermon ──────── 예배란 무엇인가? ──────── ○○○ 목사

사도신경 Apostle's Creed ──────────────────────── 다함께

### 헌 신(Dedication)

헌신의 찬송 Hymn of Commitment ── 나의 생명 드리니 Take My Life, and Let It Be ── MAIN
　　　　　　　　　　　　　　　　다함께

봉　　헌 Offering ─────────────────────────── 다함께

봉헌기도 Offering Prayer ───────────────────────── ○○○ 목사

### 명령 및 위임(Commission)

\* 위임찬송 Hymn of Commission ── 빛의 사자들이여 Heralds of Light, Speed Away ── HERALD OF LIGHT
　　　　　　　　　　　　　　　　　다함께

\* 회중을 향한 위탁 및 축도 Charge to People and Benediction ──────── ○○○ 목사

\* 축도송 Choral Amen ─────────────────────────── J. Stainer
　　　　　　　　　　　찬양대

후　주 Postlude ────── 천성을 향해 가는 성도들아 Go Forward ────── R. Lowry
　　　　　　　　　　　오르간 organ improvisation

\* 표기는 일어서서

## 3. 이사야 6장 1-9절에 근거한 주일예배의 보충설명

1. 이 예배는 하나님과 그의 백성 간의 만남 속에서 이뤄진 대화체 성격을 강조한 형식을 띤다.

2. 무언으로 진행되며 예배의 순서 사이마다 이어지는 과정을 보다 용이하게 하기 위해 각 상황에 적절한 짧은 간주곡의 음악을 오르간이나 피아노가 담당한다. 회중찬송으로 들어 갈 때엔 불릴 찬송가의 전주를 연주하여 자연스럽게 회중이 노래하도록 이끈다.

3. 예배 중에 생략되어 있는 알리는 말씀(announcement)은 전주가 시작되기 전에 미리 행하여 예배자로 하여금 하나님과의 직접적인 대화과정이 끊기지 않도록 한다. 특히 이 날의 예배에 관한 설명도 짧게나마 전하여 전체적인 흐름을 인식하게 하여 예배참여를 독려한다.

4. 예배 전체적으로 총 7개의 구분으로 나뉘어져 있는 각 부분들을 분명히 하기 위해 그에 매우 적절한 말씀구절과 회중찬송 및 찬양대 음악의 가사, 그리고 기도자의 내용이 고려되어 이뤄져야 한다.

5. 참회(Confession)에 속한 순서 중 찬양대의 음악은 차분하며 조용한 특성을 가지며 가사는 회중으로 하여금 자신의 죄를 돌아보고 예수 그리스도를 통한 구속의 은혜를 묵상할 수 있는 내용을 담은 것이다.
이것이 끝난 직후 침묵의 기도시간은 어떠한 배경의 음악도 없이 모두가 함께 죄의 고백시간을 갖는다. 1분여 정도의 시간을 갖은 후 목회자가 마무리를 위한 참회의 기도를 올린다. 이 기도가 마치면 곧 바로 속죄에 관한 하나님의 말씀을 봉독함으로 용서의 선언을 행한다.

6. 설교는 설교를 끝낸 후 설교자의 기도로 마무리 하지만 신앙고백으로써 사도신경(Apostle's Creed)을 따름이 가능하다. 이러한 이유엔 그것이 교회를 하

나 되게 하는 믿음의 고백이란 차원에서 가치가 있으며 말씀에 대한 적절한 응답으로써 중요한 역할을 할 수 있다는 20세기 예배학 권위자인 제임스 화이트(James F. White)의 주장에 근거하기 때문이다.5)

7. 축도를 행하기에 앞서 먼저 목회자는 회중을 향한 위탁(Charge to People)을 위해 그 날 선포되었던 내용과 함께 "예수께서 가라사대… 아버지께서 나를 보내신 것 같이 나도 너희를 보내노라"(요 20:21)의 말씀 인용으로 이제 세상에 나아가 하나님의 뜻을 준행하도록 하는 위임을 선언한다.

8. 하나님 말씀봉독을 위한 성경본문 내용:

- 계 4:2-4, 6, 8-11 "…하늘에… 보좌 위에 앉으신 이가 있는데 앉으신 이의 모양이 벽옥과 홍보석 같고 또 무지개가 있어 보좌에 둘렸는데 그 모양이 녹보석 같더라 또 보좌에 둘려 이십 사 보좌들이 있고 그 보좌들 위에 이십 사 장로들이 흰 옷을 입고 머리에 금 면류관을 쓰고 앉았더라… 보좌 주위에 네 생물이… 밤낮 쉬지 않고 이르기를 거룩하다 거룩하다 거룩하다 주 하나님 곧 전능하신이여 전에도 계셨고 이제도 계시고 장차 오실자라 하고 그 생물들이 영광과 존귀와 감사를 보좌에 앉으사 세세토록 사시는 이에게 돌릴 때에 이십 사 장로들이… 엎드려… 경배하고… 면류관을 보좌 앞에 던지며 가로되 우리 주 하나님이여 영광과 존귀와 능력을 받으시는 것이 합당하오니 주께서 만물을 지으신지라 만물이 주의 뜻대로 있었고 또 지으심을 받았나이다 하더라"

- 벧전 3:18 "그리스도께서도 한번 죄를 위하여 죽으사 의인으로써 불의한 자를 대신하셨으니 이는 우리를 하나님 앞으로 인도하려 하심이라…"

- 출 33:9-11 "모세가 회막에 들어갈 때에 구름 기둥이 내려 회막문에 서며 여호와께서 모세와 말씀하시니 모든 백성이 회막문에 구름 기둥이 섰음을 보고 다 일어나 각기 장막문에 서서 경배하며 사람이 그 친구와 이야기함 같이 여호와께서는 모세와 대면하여 말씀하시며 모세는 진으로 돌아오나 그 수종자 눈의 아들 청년 여호수아는 회막을 떠나지 아니하니라"

# 부활절 예배(Easter Worship)

### 예배로 모임(The Gathering)

전 주 Prelude ──── 주님께 영광 Thine is the Glory ──── G. F. Handel
organ improvisation

인사말 Salutation

    인도자: 주님이 여러분과 함께 하시길 원합니다.
    **회 중:** 주님이 당신에게도 함께 하시길 원합니다.

알리는 말씀 Announcement ──────────────────── 인도자

\* 예배로의 부름 Call to Worship

    인도자: 여러분의 마음을 주께 올려 드리십시오!
    **회 중:** 우리가 우리의 마음을 주께 올려드립니다.

### 부활하신 그리스도를 찬양하라!(Christ is Risen Today! Alleluia!)

\* 송 영 Doxology ─────────────────────── 찬양대
\* 기 원 Invocation ─────────────────────── 인도자
\* 오르간 독주 Organ Voluntary ──── 팡파레 Fanfare ──── John Cook
\* 회중찬송 Processional Hymn ── 예수 부활했으니 Christ the Lord is Risen Today ── EASTER HYMN
\* 부활절 복음의 교훈 I The Easter Gospel Lesson I ── 눅 24:1-5 ──── 인도자
\* 오르간 간주 (Organ Interlude)
\* 성시교독 (Scripture Reading)

    인도자: 하나님께 사망의 고통을 풀어 살리셨으니
    **회 중:** 이는 그가 사망에게 매여 있을 수 없었음이라.(행 2:24)
    인도자: 우리 주 예수 그리스도로 말미암아
    **회 중:** 우리에게 이김을 주시는 하나님께 감사하노라.(고전 15:57)
    다같이: 예수께서 가라사대 나는 부활이요 생명이니 나를 믿는 자는 죽어도 살겠고 살아서 믿는 자는 영원히 죽지 아니하리라.(요 11:25-26)

\* 신앙고백 Apostle's Creed ─────────────────────── 다함께

\* 회중찬송 ───── 주 예수 이름 높이어 All Hail the Power of Jesus' Name ───── CORONATION

 대표기도 The Morning Prayer ──────────────── ○○○ 장로 혹은 집사

 복음서의 교훈 II The Second Lesson ─── 눅 24:36-43 ──────── 인도자

 찬양대의 찬양 Choral Praise ──── 부활 Resurrection: from The Redeemer ──── Leland Sateren

 말씀봉독 ──────────── 고전 15:13-19 ─────────── ○○○ 목사

 설 교 The Sermon ──── 부활의 이면 Back from the Resurrection ──── ○○○ 목사

**살아계신 주님을 위한 알렐루야!**(Alleluia for a Living LORD!)

 응답찬송 Hymn of Response ──── 다시 사신 구세주 I Serve a Risen Saviour ──── ACKLEY:IRREG
다함께

 봉 헌 Offering ─────────────────────────── 다함께

 봉헌기도 Offering Prayer ────────────────────── ○○○ 목사

**응답의 확언**(Affirmation of Responses)

\* 부활의 선포 Easter Proclamation ───────────────────── 고전 15:1-4

  인도자: 형제들아 내가 너희에게 전한 복음을 너희로 알게 하노니 이는 너희가 받은 것이요 또 그 가운데 선 것이라

  회 중: 너희가 만일 나의 전한 그 말을 굳게 지키고 헛되이 믿지 아니하였으면 이로 말미암아 구원을 얻으리라

  인도자: 내가 받은 것을 먼저 너희에게 전하였노니 이는 성경대로 그리스도께서 우리 죄를 위하여 죽으시고

  회 중: 장사 지낸바 되었다가 성경대로 사흘 만에 다시 살아 나셨느니라

  다함께: 할렐루야!

\* 찬양대의 응답 Choral Response ──── 할렐루야 Hallelujah from Mount of Olives ──── L. v. Beethoven

\* 축 도 Benediction ─────────────────────── ○○○ 목사

 후 주 Postlude ──── 즐겁도다 이 날 Welcome, Happy Morning ──── F. R. Havergal
organ improvisation

  \* 표기는 일어서서

### 4. 부활절 예배에 관한 보충설명

1. 인사말(Salutation)은 초대교회 때에 예배로의 부름 차원으로 사용했지만 여기에선 인도자와 회중이 주님의 임재로 들어가고자 하는 사모함의 마음을 서로 표현하고 축복하는 성격으로 사용된 것이다. 알리는 말씀은 비교적 짧게 교회적으로 알려야 할 주요사항만 전하면서도 이 날에 드려지는 예배를 위해 회중이 알아야 할 부분에 대한 도움 설명을 포함해야 한다.

2. 예배 순서들을 그룹별로 구분하여 볼 수 있도록 삽입한 소제목들은 회중으로 하여금 예배의 흐름을 쉽게 이해하도록 돕는 것이며, 각 부분(section) 속에 나타날 내용들에 대한 기대와 준비로 예배 참여를 독려하는 기능을 하는 것이다.

3. 예배 전체가 무언으로 진행되기에 오르간의 역할이 중요하다. 이를 위해서 전주와 후주 외에도 독주와 간주까지 연주한다. 간주는 어느 한 순서에서 다른 순서로 들어가도록 용이하게 돕는 기능을 한다. 보통 6-12마디 정도의 짧은 악구로 구성되는 음악이 되며 보통 잔잔한 분위기의 소리이다. 알리는 말씀과 예배로의 부름 사이에 아무런 순서 표기는 하지 않았지만 이 중간에도 오르간 간주가 들어가면 좋을 듯하다.

4. 예배로의 부름(Call to Worship)은 초대교회 이후로 사용되었던 수르숨 꼬르다(*Sursum Corda*)의 내용을 발췌한 부분이다. 현재 복음적인 교회에선 이것을 예배주보에 문자로 기록하여 읽음으로써 예배로의 부름을 대신하기도 한다.

5. 오르간 독주는 부활절의 기쁨과 감격을 표현하려는 회중찬송을 위한 전주같은 성격이다. 그래서 다소 짧고 힘찬 성격을 갖는다. 이후에 곧 시작되는 회중찬송도 보다 역동적인 표현을 이뤄가기 위해서 먼저 기악(오르간, 피아노 혹은 오케스트라)을 통한 전주에 이어 찬양대가 회중이 시작하기 전 일종의

도입부 성격의 노래를 부르고 나서 회중과 함께 1절을 시작한다. 회중이 2절을 부를 때엔 찬양대가 4성부의 나눠진 부분을 부름으로 화성적인 풍성함을 갖게 하며, 3절은 오직 찬양대만 아카펠라(a cappella) 양식의 무반주에 다소 느린 속도로 노래하여 듣는 회중으로 하여금 가사를 묵상하게 하고, 4절에선 원래의 조성보다 반음 위의 전조를 하여 더 풍성함을 이루게 하는 음악적 효과를 가져간다. 이때에 찬양대는 데스칸트(descant)를 통해 찬송을 부를 수 있다. 이뿐만 아니라 모든 절을 끝마치고 난 후 찬양대가 '아멘' 혹은 '할렐루야 아멘'이란 가사를 가지고서 약 8마디 정도 분량으로 일종의 코다 형식의 부분을 삽입하여 강하고 힘차게 찬송은 끝나게 된다.

6. 복음서의 교훈은 교회사적으로 설교에 관한 본문말씀 봉독만이 아니라 구약의 율법서나 선지서, 혹은 신약의 복음서나 서신서 등을 봉독하였던 전례를 따른 것이다. 부활절 예배이기 때문에 부활에 관한 기사를 복음서를 봉독하여 회중으로 하여금 기억하며 현재의 사건처럼 극적인 상황 속으로 들어가게 하는 경험을 의도한 것이다.

7. 봉헌송 연주는 회중으로 하여금 그 음악을 통해 부활하신 주님과 동행하며 헌신을 다짐하는 묵상의 시간으로 가져가게 한다. 이를 위해 성악 독창, 혹은 성악 앙상블이나 악기로도 연주할 수 있다. 물론 부활에 관련된 가사를 갖는 음악 예를 들면, 헨델의 *메시아*(*The Messiah*, 1741) 중에서 '내 주는 살아 계시고(I Know That My Redeemer Lives)'나 이와 동일한 찬양 음악 등이다.

8. 봉헌기도 후에 행하는 '부활의 선포'는 설교말씀에 대한 응답의 확언으로써 모두가 다 기립하여 하나님 말씀에 대한 순종의 약속과 함께 부활하신 예수 그리스도를 선포하는 찬양시이다. 이에 찬양대가 '할렐루야'의 찬양으로 화답할 때에 여전히 회중은 일어선 채로 부활하신 주님을 향한 경배와 감사의 마음으로 동참하며 음악이 종료되면 아멘으로 화답한다. 이때 행해지는 음악은 원활한 진행을 위하여 1-2분 내로 축소되어 편곡된 것이면 예배 흐름의 역동성에 적절할 수 있다. 그런 후에 축도로 예배를 마친다.

9. 복음서 교훈에 관한 성경구절과 설교본문 말씀 내용:

- 눅 24:1-6 "안식 후 첫 날 새벽에 이 여자들이 그 예비한 향품을 가지고 무덤에 가서 돌이 무덤에서 굴려 옮기운 것을 보고 들어가니 주 예수의 시체가 뵈지 아니하더라 이를 인하여 근심할 때에 문득 찬란한 옷을 입은 두 사람이 곁에 섰는지라 여자들이 두려워 얼굴을 땅에 대니 두 사람이 이르되 어찌하여 산 자를 죽은 자 가운데서 찾느냐 여기 계시지 않고 살아나셨느니라 갈릴리에 계실 때에 너희에게 어떻게 말씀하신 것을 기억하라"

- 눅 24:36-43 "이 말을 할 때에 예수께서 친히 그 가운데 서서 가라사대 너희에게 평강이 있을지어다 하시니 저희가 놀라고 무서워하여 그 보는 것을 영으로 생각하는 지라 예수께서 가라사대 어찌하여 두려워하며 어찌하여 마음에 의심이 일어나느냐 내 손과 발을 보고 나인 줄 알라 또 나를 만져보라 영은 살과 뼈가 없으되 너희 보는 바와 같이 나는 있느니라 이 말씀을 하시고 손과 발을 보이시나 저희가 너무 기쁘므로 오히려 믿지 못하고 기이히 여길 때에 이르시되 여기 무슨 먹을 것이 있느냐 하시니 이에 구운 생선 한 토막을 드리매 받으사 그 앞에서 잡수시니라"

- 고전 15:13-19 "만일 죽은 자의 부활이 없으면 그리스도도 다시 살지 못하셨으리라 그리스도께서 만일 다시 살지 못하셨으면 우리의 전파하는 것도 헛것이요 또 너희 믿음도 헛것이며 또 우리가 하나님의 거짓 증인으로 발견되리니 우리가 하나님이 그리스도를 다시 살리셨다고 증거하였음이라 만일 죽은 자가 다시 사는 것이 없으면 하나님이 그리스도를 다시 살리시지 아니하셨으리라 만일 죽은 자가 다시 사는 것이 없으면 그리스도도 다시 사신 것이 없었을 터이요 그리스도께서 다시 사신 것이 없으면 너희의 믿음도 헛되고 너희가 여전히 죄 가운데 있을 것이요 또한 그리스도 안에서 잠자는 자도 망하였으리니 만일 그리스도 안에서 우리의 바라는 것이 다만 이생뿐이면 모든 사람 가운데 우리가 더욱 불쌍한 자리라"

## II. 교회력에 따른 성서일과[6]

### 1. 대강절(Advent): 예전 색깔은 보라색

예수 그리스도의 오심을 기쁨으로 기념하며 다시 오실 그리스도를 기다리는 절기이다. 대림절이라고도 불리는 이 기간은 성탄절 주일 이전의 4주간으로써 성탄전야까지를 가리킨다. 보통 11월 30일에 가까운 주일부터 시작된다.

| 주 일 | 년도 | 구약의 말씀 | 복음서 | 서신서 |
|---|---|---|---|---|
| 대강절 첫째 주일 | A<br>B<br>C | 사 2:1-5<br>사 64:1-9<br>렘 33:14-16 | 마 24:36-44<br>막 13:24-37<br>눅 21:25-36 | 롬 13:11-14<br>고전 1:3-9<br>살전 3:9-13 |
| 대강절 둘째 주일 | A<br>B<br>C | 사 11:1-10<br>사 40:1-5, 9-11<br>사 9:2, 6-7 | 마 3:1-12<br>막 1:1-8<br>눅 3:1-6 | 롬 15:4-13<br>벧후 3:8-14<br>빌 1:3-11 |
| 대강절 셋째 주일 | A<br>B<br>C | 사 35:1-10<br>사 61:1-4, 8-11<br>습 3:14-18 | 마 11:2-11<br>요 1:6-8, 19-28<br>눅 3:10-18 | 약 5:7-10<br>살전 5:16-24<br>빌 4:4-9 |
| 대강절 넷째 주일 | A<br>B<br>C | 사 7:10-16<br>삼하 7:1-11, 16<br>미 5:1-4 | 마 1:18-25<br>눅 1:26-38<br>눅 1:39-47 | 롬 1:1-7<br>롬 16:25-27<br>히 10:5-10 |
| 성탄절 전야 | A<br>B<br>C | 사 62:1-4<br>사 52:7-10<br>슥 2:10-13 | 눅 2:1-14<br>요 1:1-14<br>눅 2:15-20 | 골 1:15-20<br>히 1:1-9<br>빌 4:4-7 |

### 2. 성탄절(Christmas): 절기의 색깔은 하얀색

예수 그리스도의 탄생을 축하하고 기리며 감사하는 절기로써 성육신을 기념하는 기간이다. 이 절기는 성탄절 이후 1주 혹은 2주간을 말하는데 12월 25일부터 1월 5일까지 12일간이다.

| 주 일 | 년도 | 구약의 말씀 | 복음서 | 신약의 말씀 |
|---|---|---|---|---|
| 성 탄 절 | A<br>B<br>C | 사 9:2, 6-7<br>사 62:6-12<br>사 52:6-10 | 눅 2:1-14<br>마 1:18-25<br>요 1:1-14 | 딛 2:11-15<br>골 1:15-20<br>엡 1:3-10 |
| 성탄 후 첫째 주일 | A<br>B<br>C | 전 3:1-9, 14-17<br>렘 31:10-13<br>사 45:18-22 | 마 2:13-15,19-23<br>눅 2:25-35<br>눅 2:41-52 | 골 3:12-17<br>히 2:10-18<br>롬 11:33-12:2 |
| 성탄 후 둘째 주일 | A<br>B<br>C | 잠 8:22-31<br>사 60:1-5<br>욥 28:20-28 | 요 1:1-5, 9-14<br>눅 2:21-24<br>눅 2:36-40 | 엡 1:15-23<br>계 21:22-22:2<br>고전 1:18-25 |

### 3. 주현절(Epiphany): 주현절 기간의 예전 색깔은 녹색이나 주현일은 흰색

이스라엘뿐만이 아니라 이방세계에도 예수 그리스도를 통한 하나님의 뜻을 온 세상에 드러내는 절기로써 현현일(1월 6일)로부터 시작하여 참회의 수요일까지이다. 보통 이 절기는 4-8주간 동안 계속된다.

| 주 일 | 년도 | 구약의 말씀 | 복음서 | 서신서 |
|---|---|---|---|---|
| 주 현 일 | | 사 60:1-6 | 마 2:1-12 | 엡 3:1-6 |
| 주현절 첫째 주일 | A<br>B<br>C | 사 42:1-7<br>사 61:1-4<br>창 1:1-5 | 마 3:13-17<br>막 1:4-11<br>눅 3:15-17, 21:22 | 행 10:34-43<br>행 11:4-18<br>엡 2:11-18 |
| 주현절 둘째 주일 | A<br>B<br>C | 사 49:3-6<br>삼상 3:1-10<br>사 62:2-5 | 요 1:29-34<br>요 1:35-42<br>요 2:1-12 | 고전 1:1-9<br>고전 6:12-20<br>고전 12:4-11 |
| 주현절 셋째 주일 | A<br>B<br>C | 사 9:1-45<br>욘 3:1-5, 10<br>느 8:1-3,5-6, 8-10 | 마 4:12-23<br>막 1:14-22<br>눅 4:14-21 | 고전 1:10-17<br>고전 7:29-31<br>고전 12:12-30 |
| 주현절 넷째 주일 | A<br>B<br>C | 습 2:3; 3:11-13<br>신 18:15-22<br>렘 1:4-10 | 마 5:1-12<br>막 1:21-28<br>눅 4:22-30 | 고전 1:26-31<br>고전 7:32-35<br>고전 13:1-13 |
| 주현절 다섯째 주일 | A<br>B<br>C | 사 58:7-10<br>욥 7:1-7<br>사 6:1-8 | 마 5:13-16<br>막 1:29-39<br>눅 5:1-11 | 고전 2:1-5<br>고전 9:16-19, 22-23<br>고전 15:1-11 |

| 주 일 | 년도 | 구약의 말씀 | 복음서 | 서신서 |
|---|---|---|---|---|
| 주현절 여섯째 주일 | A<br>B<br>C | 신 30:15-20<br>레 13:1-2, 44-46<br>렘 17:5-8 | 마 5:27-37<br>막 1:40-45<br>눅 6:17-26 | 고전 2:6-10<br>고전 10:31-11:1<br>고전 15:12-20 |
| 주현절 일곱째 주일 | A<br>B<br>C | 레 19:1-2, 17-18<br>사 43:18-25<br>삼상 26:6-12 | 마 5:38-48<br>막 2:1-12<br>눅 6:27-36 | 고전 3:16-23<br>고후 1:18-22<br>고전 15:42-50 |
| 주현절 여덟째 주일 | A<br>B<br>C | 사 49:14-18<br>호 2:14-20<br>욥 23:1-7 | 마 6:24-34<br>막 2:18-22<br>눅 6:39-45 | 고전 4:1-5<br>고후 3:17-4:2<br>고전 15:54-58 |

## 4. 사순절(Lent): 예전 색깔은 보라색

이 절기는 예수 그리스도의 죽으심으로 인간의 죄가 속죄되었음을 기억하며 슬픔과 기쁨을 나누고 교회가 성숙되어 가는 시기이다. 6주 동안으로 지속되는 이 기간은 재의 수요일로부터 시작하여 부활절 전날까지 주일을 뺀 총 40일이다. 이 절기의 절정은 고난주간이다.

| 주일 | 년도 | 구약의 말씀 | 복음서 | 서신서 |
|---|---|---|---|---|
| 재의 수요일 | A<br>B<br>C | 욜 2:12-18<br>사 58:3-12<br>슥 7:4-10 | 마 6:1-6, 16-18<br>막 2:15-20<br>눅 5:29-35 | 고후 5:20-6:2<br>약 1:12-18<br>고전 9:19-27 |
| 사순절 첫째 주일 | A<br>B<br>C | 창 2:7-9, 3:1-7<br>창 9:8-15<br>신 26:5-11 | 마 4:1-11<br>막 1:12-15<br>눅 4:1-13 | 롬 5:12-19<br>벧전 3:18-22<br>롬 10:8-13 |
| 사순절 둘째 주일 | A<br>B<br>C | 창 12:1-7<br>창 22:1-2, 9-13<br>창 15:5-12, 17-18 | 마 17:1-9<br>막 9:1-9<br>눅 9:28-36 | 딤후 1:8-14<br>롬 8:31-39<br>빌 3:17-4:1 |
| 사순절 셋째 주일 | A<br>B<br>C | 출 24:12-18<br>출 20:1-3, 7-8, 12-17<br>출 3:1-8, 13-15 | 요 4:5-15<br>요 4:19-26<br>눅 13:1-9 | 롬 5:1-5<br>고전 1:22-25<br>고전 10:1-12 |
| 사순절 넷째 주일 | A<br>B<br>C | 삼하 5:1-5<br>대하 36:14-21<br>수 5:9-12 | 요 9:1-11<br>요 3:14-21<br>눅 15:11-32 | 엡 5:8-14<br>엡 2:1-10<br>고후 5:16-21 |

| 주 일 | 년도 | 구약의 말씀 | 복음서 | 서신서 |
|---|---|---|---|---|
| 사순절 다섯째 주일 | A | 겔 37:11-14 | 요 11:1-4, 17, 34-44 | 롬 8:6-11 |
| | B | 렘 31:31-34 | 요 12:20-33 | 히 5:7-10 |
| | C | 사 43:16-21 | 눅 22:14-30 | 빌 3:8-14 |
| 종려 주일 | A | 사 50:4-7 | 막 21:1-11 | 빌 2:5-11 |
| | B | 슥 9:9-12 | 막 11:1-11 | 히 12:1-6 |
| | C | 사 59:14-20 | 눅 19:28-40 | 딤전 1:12-17 |

## 5. 고난 주간 혹은 거룩한 주간(Passion Week; Holy Week)

보통 고난주간이라고 하며 또한 거룩한 주간이라 불린다. 이 주간은 예수 그리스도의 수난과 십자가상에서의 죽으심을 기억하고 묵상하며 감사함으로 기념하는 기간으로써 부활 주일 전 토요일 밤 12시까지를 가리킨다. 특별히 이 주간의 목요일은 세족 목요일(Maundy Thursday)로 정하여 예수님께서 최후의 만찬 시에 제자들의 발을 씻기셨던 섬김을 기억하는 날이다. 금요일은 성 금요일(Good Friday)로 예수 그리스도의 십자가상의 죽으심을 기념하는 날이다. 이 주간 전체의 예전색깔은 사순절의 보라색으로 하지만, 특별히 세족 목요일엔 주의 만찬을 축하하기 위한 흰색으로 성 금요일엔 십자가 보혈 상징을 위한 짙은 빨간색을 사용하기도 한다.

| 고난 주간의 요일 | 년도 | 구약의 말씀 | 복음서 | 신약의 말씀 |
|---|---|---|---|---|
| 월요일 | A | 사 50:4-10 | 눅 19:41-48 | 히 9:11-15 |
| 화요일 | B | 사 42:1-9 | 요 12:37-50 | 딤전 6:11-16 |
| 수요일 | C | 사 52:13-53:12 | 눅 22:1-16 | 롬 5:6-11 |
| 세족 목요일 | A | 출 12:1-8, 11-14 | 요 13:1-15 | 고전 11:23-32 |
| | B | 신 16:1-8 | 마 26:17-30 | 계 1:4-8 |
| | C | 민 9:1-3, 11-12 | 막 14:12-26 | 고전 5:6-8 |
| 성 금요일 | A | 사 52:13-53:12 | 요 19:17-30 | 히 4:14-16; 5:7-9 |
| | B | 애 1:7-12 | 눅 23:33-46 | 히 10:4-18 |
| | C | 호 6:1-6 | 마 27: 31-50 | 계 5:6-14 |

### 6. 부활절(Easter): 예전 색깔은 하얀색

예수 그리스도의 부활을 기뻐하고 축하하는 절기로써 부활주일을 기점으로 하여 7주간까지이며 승천일, 그리고 부활 후 40일 동안 예수 그리스도가 언제 어디서든 주가 되심을 확인하는 기간이다.

| 주 일 | 년도 | 구약의 말씀 | 복음서 | 신약의 말씀 |
|---|---|---|---|---|
| 부활 주일 | A<br>B<br>C | 행 10:34-43<br>사 25:6-9<br>출 15:1-11 | 요 20:1-9<br>막 16:1-8<br>눅 24:13-35 | 골 3:1-11<br>벧전 1:3-9<br>고전 15:20-26 |
| 부활 후 둘째 주일 | A<br>B<br>C | 행 2:42-47<br>행 4:32-35<br>행 5:12-16 | 요 20:19-31<br>마 28:11-20<br>요 21:1-14 | 벧전 1:3-9<br>요일 5:1-6<br>계 1:9-13, 17-19 |
| 부활 후 셋째 주일 | A<br>B<br>C | 행 2:22-28<br>행 3:13-15, 17-19<br>행 5:27-32 | 눅 24: 13-35<br>눅 24:36-49<br>요 21:15-19 | 벧전 1:17-21<br>요일 2:1-6<br>계 5:11-14 |
| 부활 후 넷째 주일 | A<br>B<br>C | 행 2:36-41<br>행 4:8-12<br>행 13:44-52 | 요 10:1-10<br>요 10:11-18<br>요 10:22-30 | 벧전 2:19-25<br>요일 3:1-3<br>계 7:9-17 |
| 부활 후 다섯째 주일 | A<br>B<br>C | 행 6:1-7<br>행 9:26-31<br>행 14:19-28 | 요 14:1-12<br>요 15:1-8<br>요 13:31-35 | 벧전 2:4-10<br>요일 3:18-24<br>계 21:1-5 |
| 부활 후 여섯째 주일 | A<br>B<br>C | 행 8:4-8, 14-17<br>행 10:34-48<br>행 15:1-2, 22-29 | 요 14:15-21<br>요 15:9-17<br>요 14:23-29 | 벧전 3:13-18<br>요일 4:1-7<br>계 21:10-14, 22-23 |
| 승천일 | | 행 1:1-11 | 눅 24:44-53 | 엡 1:16-23 |
| 부활 후 일곱째 주일 | A<br>B<br>C | 행 1:12-14<br>행 1:15-17, 21-26<br>행 7:55-60 | 요 17:1-11<br>요 17:11-19<br>요 17:20-26 | 벧전 4:12-19<br>요일 4:11-16<br>계 22:12-14, 16-17, 20 |

### 7. 오순절(Pentecost): 예전 색깔은 빨간색

부활주일(부활절) 이후 50째 되는 주일부터 시작하여 대강절이 되는 때까지의 기간이다. 교회에 하나님이 성령을 선물로 주신 날을 기억하며, 성령의 역사를 기념하고, 성령의 인도하심으로 하나님의 백성들이 어떻게 살아야 하는지를 숙고하며 헌신하는 기간이다.

| 주 일 | 년도 | 구약의 말씀 | 복음서 | 신약의 말씀 |
|---|---|---|---|---|
| 성령 강림 주일 | A<br>B<br>C | 신 5:1-21<br>욜 2:28-32<br>사 65:17-25 | 요 14:15-26<br>요 16:5-15<br>요 14:25-31 | 행 2:1-13<br>행 2:1-13<br>행 2:1-13 |
| 오순절 후 첫째 주일<br>(삼위일체 주일) | A<br>B<br>C | 겔 37:1-4<br>사 6:1-8<br>잠 8:22-31 | 마 28:16-20<br>요 3:1-8<br>요 20:19-23 | 고후 13:5-13<br>롬 8:12-17<br>벧전 1:1-9 |
| 오순절 후 둘째 주일 | A<br>B<br>C | 신 11:18-21<br>신 5:12-15<br>왕상 8:41-43 | 마 7:21-29<br>막 2:23-3:6<br>눅 7:1-10 | 롬 3:21-28<br>고후 4:6-11<br>갈 1:1-10 |
| 오순절 후 셋째 주일 | A<br>B<br>C | 호 6:1-6<br>창 3:9-15<br>왕상 17:17-24 | 마 9:9-13<br>막 3:2-35<br>눅 7:11-17 | 롬 4:13-25<br>고후 4:13-5:1<br>갈 1:11-19 |
| 오순절 후 넷째 주일 | A<br>B<br>C | 출 19:2-6<br>겔 17:22-24<br>삼하 12:1-7a | 마 9:36-10:8<br>막 4:26-34<br>눅 7:36-50 | 롬 5:6-11<br>고후 5:6-10<br>갈 2:15-21 |
| 오순절 후 다섯째 주일 | A<br>B<br>C | 렘 20:10-13<br>욥 38:1-11<br>슥 12:7-10 | 마 10:26-33<br>막 4:35-41<br>눅 9:18-24 | 롬 5:12-15<br>고후 5:16-21<br>갈 3:23-29 |
| 오순절 후 여섯째 주일 | A<br>B<br>C | 왕하 4:8-16<br>창 4:3-10<br>왕상 19:15-21 | 마 10:37-42<br>막 5:21-43<br>눅 9:51-62 | 롬 6:1-11<br>고후 8:7-15<br>갈 5:1, 13-18 |
| 오순절 후 일곱째 주일 | A<br>B<br>C | 슥 9:9-13<br>겔 2:1-5<br>사 66:10-14 | 마 11:25-30<br>막 6:1-6<br>눅 10:1-9 | 롬 8:6-11<br>고후 12:7-10<br>갈 6:11-18 |
| 오순절 후 여덟째 주일 | A<br>B<br>C | 사 55:10-13<br>암 7:12-17<br>신 30:9-14 | 마 13:1-17<br>막 6:7-13<br>눅 10:25-37 | 롬 8:12-17<br>엡 1:3-10<br>골 1:15-20 |
| 오순절 후 아홉째 주일 | A<br>B<br>C | 삼하 7:18-22<br>렘 23:1-6<br>창 18:1-11 | 마 13:24-35<br>막 6:30-34<br>눅 10:38-42 | 롬 8:18-25<br>엡 2:11-18<br>골 1:24-28 |

| 주일 | 년도 | 구약의 말씀 | 복음서 | 신약의 말씀 |
|---|---|---|---|---|
| 오순절 후 열째 주일 | A<br>B<br>C | 왕상 3:5-12<br>왕하 4:42-44<br>창 18:20-33 | 마 13:44-52<br>요 6:1-15<br>눅 11:1-13 | 롬 8:26-30<br>엡 4:1-6, 11-16<br>골 2:8-15 |
| 오순절 후 열한째 주일 | A<br>B<br>C | 사 55:1-3<br>출 16:2-4,12-15<br>전 2:18-23 | 마 14:13-21<br>요 6:24-35<br>눅 12:13-21 | 롬 8:31-39<br>엡 4:17-24<br>골 3:1-11 |
| 오순절 후 열 둘째 주일 | A<br>B<br>C | 왕상 19:9-16<br>왕상 19:4-8<br>왕하 17:33-40 | 마 14:22-33<br>요 6:41-51<br>눅 12:35-40 | 롬 9:1-5<br>엡 4:30 - 5:2<br>히 11:1-3, 8-12 |
| 오순절 후 열 셋째 주일 | A<br>B<br>C | 사 56:1-7<br>잠 9:1-6<br>렘 38:1b-13 | 마 15:21-28<br>요 6:51-59<br>눅 12:49-53 | 롬 11:13-16, 29-32<br>엡 5:15-20<br>히 12:1-6 |
| 오순절 후 열 넷째 주일 | A<br>B<br>C | 사 22:19-23<br>수 24:14-18<br>사 66:18-23 | 마 16:13-20<br>요 6:60-69<br>눅 13:22-30 | 롬 11:33-36<br>엡 5:21-33<br>히 12:7-13 |
| 오순절 후 열 다섯째 주일 | A<br>B<br>C | 렘 20:7-9<br>신 4:1-8<br>잠 22:1-9 | 마 16:21-28<br>막 7:1-8, 14-15<br>눅 14:1, 7-14 | 롬 12:1-7<br>약 1:19-25<br>히 12:18-24 |
| 오순절 후 열 여섯째 주일 | A<br>B<br>C | 겔 33:7-9<br>사 35:4-7<br>잠 9:8-12 | 마 18:15-20<br>막 7:31-37<br>눅 14:25-33 | 롬 13:8-10<br>약 2:1-5<br>몬 1:8-17 |
| 오순절 후 열 일곱째 주일 | A<br>B<br>C | 창 4:13-16<br>사 50:4-9<br>출 32:7-14 | 마 18:21-35<br>막 8:27-35<br>눅 15:1-32 | 롬 14:5-9<br>약 2:14-18<br>딤전 1:12-17 |
| 오순절 후 열 여덟째 주일 | A<br>B<br>C | 사 55:6-11<br>렘 11:18-20<br>암 8:4-8 | 마 20:1-16<br>막 9:30-37<br>눅 16:1-13 | 빌 1:21-27<br>약 3:13 - 4:3<br>딤전 2:1-8 |
| 오순절 후 열 아홉째 주일 | A<br>B<br>C | 겔 18:25-29<br>민 11:24-30<br>암 6:1, 4-7 | 마 21:28-32<br>막 9:38-48<br>눅 16:19-31 | 빌 2:1-11<br>약 5:1-6<br>딤전 6:11-16 |
| 오순절 후 스무째 주일 | A<br>B<br>C | 사 5:1-7<br>창 2:18-24<br>합 1:1-3,2:1-4 | 마 21:33-43<br>막 10:2-16<br>눅 17:5-10 | 빌 4:4-9<br>히 2:9-13<br>딤후 1:3-12 |
| 오순절 후 스물 첫째 주일 | A<br>B<br>C | 사 25:6-9<br>잠 3:13-18<br>왕하 5:9-17 | 마 22:1-14<br>막 10:17-27<br>눅 17:11-19 | 빌 4:12-20<br>히 4:12-16<br>딤후 2:8-13 |

| 주일 | 년도 | 구약의 말씀 | 복음서 | 신약의 말씀 |
|---|---|---|---|---|
| 오순절 후 스물 둘째 주일 | A<br>B<br>C | 사 45:1-6<br>전 53:10-12<br>출 17:8-13 | 마 22:15-22<br>막 10:35-45<br>눅 18:1-8 | 살전 1:1-5<br>막 5:1-10<br>딤후 3:14-4:2 |
| 오순절 후 스물 셋째 주일 | A<br>B<br>C | 출 22:21-27<br>렘 31:7-9<br>신 10:16-22 | 마 22:34-40<br>막 10:46-52<br>눅 18:9-14 | 살전 1:2-10<br>히 5:1-6<br>딤후 4:6-8, 16-18 |
| 오순절 후 스물 넷째 주일 | A<br>B<br>C | 말 2:1-10<br>신 6:1-9<br>출 34:5-9 | 마 23:1-12<br>막 12:28-34<br>눅 19:1-10 | 살전 2:7-13<br>히 7:23-28<br>살후 1:11-2:2 |
| 오순절 후 스물 다섯째 주일 | A<br>B<br>C | 슥 4:1-10<br>왕상 17:8-16<br>대상 29:10-13 | 마 25:1-13<br>막 12:38-44<br>눅 20:27-38 | 살전 4:13-18<br>히 9:24-28<br>살후 2:16-3:5 |
| 오순절 후 스물 여섯째 주일 | A<br>B<br>C | 습 1:14-18<br>단 12:1-4<br>말 3:16-4:2 | 마 25:14-30<br>막 13:24-32<br>눅 21:5-19 | 살전 5:1-6<br>히 10:11-18<br>살후 3:6-13 |
| 오순절 후 스물 일곱째 주일 | A<br>B<br>C | 겔 34:11-17<br>단 7:13-14<br>삼하 5:1-4 | 마 25:31-46<br>요 18:33-37<br>눅 23:35-43 | 고전 15:20-28<br>계 1:4-8<br>고전 15:20-28 |

# Footnote 미 주

# Part 1

## _ Chapter 1

1) Robert E. Webber, *Worship Old & New* 2nd ed. (Grand Rapids, Michigan: Zondervan Publishing House, 1982), p. 12.

2) Robert E. Webber, *Worship is a Verb* (Peabody: Hendrickson Publishers, 1992), p. 111에서 재인용.

3) Jack W. Hayford, 경배, 윤매영 역 (서울: 죠이선교회 출판부, 2002), p. 11.

4) Ibid., p. 168.

5) James A. De Jong, 개혁주의 예배, 황규일 역 (서울: 기독교문서선교회, 1997), p. 125.

6) Rick Warren, 목적이 이끄는 삶, 고성삼 옮김 (서울: 디모데, 2003) p. 103.

7) 조기연, 예배 갱신의 신학과 실제 (서울: 대한기독교서회, 1999), p. 136.

8) 조기연, 한국 교회와 예배 갱신 (서울: 대한기독교서회, 2004), p. 226.

9) 김순환. 21세기 예배론: 전통과 현대의 만남을 추구하며 (서울: 대한기독교서회, 2003), p. 204.

10) Robert E. Webber, *Worship is a Verb*, p. 2.

11) Franklin M. Segler, *Understanding, Preparing for, and Practicing Christian Worship*, 2nd ed. (Nashville: Broadman & Holman Publishers, 1996), p. 6.

12) N. Lee Orr, *The Church Music Handbook for Pastors and Musicians* (Nashville: Abingdon Press, 1991), p. 47.

13) 황성철, 예배학 (서울: 대한예수교장로회총회, 1998), p. 20.

14) 정인교, *예배학 원론* (서울: 솔로몬, 1997), p. 24.
15) 조기연, *한국교회와 예배갱신*, p. 167에서 재인용.
16) A. W. Tozer, *하나님은 이런 예배를 원하십니다*, 안보헌 옮김 (서울: 생명의 말씀사, 2003), p. 37.
17) Ibid.
18) Ronald Allen and Gordon Borror, *Worship: Rediscovering the Missing Jewel* (Oregon: Multnomah Press, 1982), p. 83.
19) Robert G. Rayburn, *예배학*, 김달생, 강귀봉 공역 (서울: 성광문화사, 1982), p. 32.
20) A. W. Tozer, *예배인가, 쇼인가*, 이용복 옮김 (서울: 규장, 2004), pp. 46-47.
21) Warren W. Wiersbe, *Real Worship: Playground, Battleground, or Holy Ground?* (Grand Rapids: Baker Books, 2000), p. 43.
22) Ibid., p. 66에서 재인용.
23) 정용섭, *예배가 예배 되게 하라: 예배의 이론과 실제* (서울: 쿰란출판사, 2001), p. 42.
24) Paul Enns, *신학 핸드북*, 최치남 옮김 (서울: 생명의 말씀사, 1994), p. 731.
25) Max Lucado, *나의 사랑하는 책*, 윤종석 옮김 (서울: 도서출판 복 있는 사람, 2004), p. 72.

## _ Chapter 2

1) 김영욱, *복음주의 예배학: 예배의 신학적 배경* (서울: 요단 출판사, 2001), p. 83에서 재인용.
2) Robert E. Webber, *Worship is a Verb*, p. 4.
3) Bruce H. Leafblad, *Music, Worship, and the Ministry of the Church* (Portland: Department of Western Conservative Baptist Seminary, 1978), p. 45.
4) 전요섭, *복음주의 예배학: 탈 의식적 예배*, p. 321.
5) Rick Warren, *목적이 이끄는 삶* (서울: 디모데, 2003), p. 87.
6) Marva J. Dawn, *A Royal "Waste" of Time: The Splendor of Worshiping God and Being Church for the World* (Grand Rapids: William B. Eerdmans Publishing Company, 1999), p. 8.
7) Franklin M. Segler, p. 5에서 재인용.
8) 정일웅, *기독교 예배학 개론* (서울: 이레서원, 2000), p. 145.
9) 김영욱, p. 90.
10) Ronald Allen and Gordon Borror, p. 16.
11) 김영욱, p. 83에서 재인용.
12) 조기연, *한국교회와 예배갱신*, p. 88.
13) 안승오, *능력 있는 예배를 위한 7가지 질문* (서울: 빌라델비아, 2001), p. 101.

14) Franklin M. Segler, pp. 8-9.
15) Donald P. Hustad, *True Worship: Reclaiming the Wonder & Majesty* (Wheaton: Harold Shaw Publishers, 1998), p. 224.
16) 정장복, *예배학 개론*, p. 19.
17) Ralph P. Martin, *Worship in the Early Church* (Grand Rapids: William B. Eerdmans Publishing Company, 1992), p. 10.
18) Alfred P. Gibbs, *예배: 그리스도인의 최상의 의무*, 정병은 역 (서울: 전도출판사, 1994), p. 18.
19) Robert E. Webber, *Worship is a Verb*, p. 26.
20) Ralph P. Martin , *The Worship of God*, p. 4.
21) Franklin M Segler, p. 8.
22) Robert G. Rayburn, p. 153.
23) 정일웅, *기독교 예배학 개론* (서울: 솔로몬, 1996), p. 117에서 재인용.
24) Warren W. Wiersbe, p. 117.
25) Ben Patterson, *일과 예배*, 김재영 옮김 (서울: 한국기독학생회 출판부, 1997), p. 173.
26) 이명희, *복음주의 예배학: 예배의 정의* (서울: 요단 출판사, 2001), p. 24.
27) 정일웅, *기독교 예배학개론* (서울: 솔로몬, 1996), p. 127.
28) Robert H. Mitchell, *Ministry and Music* (Philadelphia: The Westminster Press, 1978), p. 87.
29) Ralph P. Martin , *The Worship of God*, p. 5.
30) Robert G. Rayburn, p. 181.
31) Rick Warren, p. 148.
32) Andy Park, *하나님을 갈망하는 예배 인도자*, 김동규 옮김 (서울: 한국기독학생회출판부, 2004), p. 211에서 재인용.
33) Gary Thomas, *영성에도 색깔이 있다*, 윤종석 역 (서울: 도서출판 CUP, 2003), p. 88.
34) 김남준, *예배의 감격에 빠져라* (서울: 규장, 2003), p. 85.
35) Graham Kendrick, *하나님을 갈망하는 예배 사역*, 채슬기 옮김 (서울: 비전북출판사, 2002), p. 23.
36) Henri J. M. Nouwen, *예수님을 생각나게 하는 사람*, 피현희 옮김 (서울: 두란노, 1999), p. 30.
37) Robert E. Webber, *Worship is a Verb*, p. 25.
38) Ibid., p. 23.

## _ Chapter 3

1) Robert E. Webber, *Worship Old & New*, pp. 20-21.

2) Ibid., p. 24.

3) 노영상, 예배와 인간행동 (서울: 성광문화사, 1996), p. 98에서 재인용.

4) 정장복, 예배의 신학 (서울: 장로회신학대학교출판부, 1999), p. 447에서 재인용.

5) 김영욱, p. 82에서 재인용.

6) Donald P. Hustad, *Jubilate II: Church Music in Worship and Renewal*, (Carol Stream, Il: Hope Publishing Company), p. 99에서 재인용.

7) Barry Liesch, *People in the Presence of God: Models and Directions for Worship* (Grand Rapids: Zondervan Publishing House, 1988), p. 22.

8) Tommy Tenney, 하나님께 굶주린 예배자, 배응준 옮김 (서울: 규장, 2005), p. 12.

9) Tommy Tenney, 갈망하는 자의 기도, 윤종석 옮김 (서울: 두란노, 2003), p. 33.

10) 이병렬, 하늘과 땅이 만난 시나이산 (서울: 페트라 성경원어연구원, 1993), p. 60.

11) Tom Kraeuter, 우리의 예배를 받으시는 12가지 이유, 정민역 옮김 (서울: 예수전도단, 2005), p. 53

12) Ibid., p. 24.

13) Gary Thomas, 뿌리 깊은 영성은 흔들리지 않는다, 전의우 옮김 (서울: CUP, 2004), p. 89.


## _ Chapter 4

1) 여기에 언급된 6가지의 항목들은 Southwestern Baptist Theological Seminary의 Church Music School, Music in Worship 교수인 Dr. Bruce Leafblad의 강의안에서 발췌하여 새롭게 보강한 내용들이다.

2) John MacArthur, Jr., 참된 예배: 예배란 무엇인가? 한화룡 옮김 (서울: 두란노, 2000), p. 45.

3) Gene Edward Veith, Jr., 예술에 대해 성도가 가져야 할 태도, 오현미 옮김 (서울; 나침반사, 1993), p. 36.

4) 김대권, 교회음악 철학, 개정판 (서울: 중앙아트, 2006), p. 23.

5) Robert Rayburn G., p. 134.

6) A. W. Tozer, 이것이 성령님이다, 이용복 옮김 (서울: 규장, 2005), p. 118.

7) J. I. Packer, 하나님을 아는 지식, 정옥배 옮김 (서울: 한국기독학생회출판부, 2003), p. 48.

8) Ibid., p. 53.

9) Alister McGrath, 종교개혁 시대의 영성, 박규태 옮김 (서울: 좋은씨앗, 2005), p. 65.

10) Michael Frost, 일상, 하나님의 신비, 홍병룡 옮김 (서울: IVP, 2002년), p. 48.

11) 김기현, 한국교회의 예배와 생활 (서울: 양서각, 1986), p. 51에서 재인용.

12) 박은규, 21세기의 예배 (서울: 대한기독교회, 2004), p. 29.

13) John MacArthur, Jr., p. 48.
14) 정장복, *예배의 신학*, p. 450.
15) 김대권, p. 228에서 재인용.
16) 김남준, p. 63.
17) 안승오, p. 57.
18) 김영욱, p. 84.
19) A. W. Tozer, *이것이 성령님이다*, p. 145.

## _Chapter 5

1) Southwestern Baptist Theological Seminary의 Music in Worship 교수인 Dr. Bruce Leafblad의 예배음악(Music in Worship) 강의 교안에 있는 내용을 인용한 것이다. "Worship is a communion with God in which believers, by grace, center their mind's attention and their heart's affection on the Lord, humbly glorifying God in response to His greatness and His Word."
2) Barry Liesch, *The New Worship: Straight Talk on Music and the Church* (Grand Rapids: Baker Books, 1996), p. 20.
3) Jack Hayford, John Killinger, Howard Stevenson, *참된 예배, 어떻게 할 것인가?* 김진우 옮김 (서울: 도서출판 횃불, 1994), p. 43.
4) J. J. Von Allmen, *예배학 원론*, 정용섭 외 3인 역 (서울: 대한기독교출판사, 1979), p. 102.
5) Alfred P. Gibbs, p. 228.
6) John MacArthur, Jr., p. 92.
7) Ibid., p. 100.
8) Graham Kendrick, *경배*, 김성웅 옮김 (서울: 두란노, 2000), p. 107.
9) Chris A. Bowater, *하나님은 예배하는 자를 찾으신다*, 정규운 옮김 (서울: 비전북출판사, 2002), p. 45.
10) Ken Gire, *묵상하는 삶*, 윤종석 옮김 (서울: 두란노, 2000), p. 54.
11) Donald P. Hustad, *True Worship*, p. 36에서 재인용.
12) 정장복, *예배학 개론*, (서울: 예배와 설교 아카데미, 2001), pp. 73-74.에서 재인용.
13) Chuck D. Pierce, John Dickson, *찬양하는 전사들*, 박정준 옮김 (서울: 순전한 나드, 2006), p. 126.
14) H. Grady Davis, *예배의 실제: 왜 예배를 드리는가?* (서울: 컨콜디아사, 1992), p. 36.
15) Marva J. Dawn, *A Royal "Waste" of Time*, p. 120.

16) Robert E. Webber, 예배가 보인다 감동을 누린다, 김세광 옮김 (서울: 예영커뮤니케이션, 2004), p. 110.

17) Matt Redman, 하나님 앞에 선 예배자 (서울: 죠이선교회출판부, 2004), p. 22.

18) Philip Yancey, 하나님 나는 당신께 누구입니까? 전의우 역 (서울: 요단 출판사, 2001), p. 192에서 재인용.

19) Robert E. Webber, *Worship is a Verb*, p. 1.

20) John MacArthur, Jr., p. 47.

21) Op. cit., p. 99.

22) James F. White, 기독교 예배학 입문, 정장복, 조기연 옮김 (서울: 예배와 설교 아카데미, 2001), p. 79.

23) Charles H. Spurgeon, 온전한 찬양, 김혜진 옮김 (서울: 비전북출판사, 2001), p. 39.

24) Ibid., p. 145.

25) Patrick Kavanaugh, 우리의 삶은 하나님께 드리는 예배입니다, 김창대 옮김 (서울: 브니엘, 2003), pp. 178-179.

26) Marva. J. Dawn, *A Royal "Waste" of Time*, p. 124.

27) 송인규, 아는 만큼 누리는 예배 (서울: 홍성사, 2004), pp. 105-106.

28) Robert G. Rayburn, p. 181.

29) John MacArthur, Jr., p. 100에서 재인용.

30) David B. Pass, *Music and the Church: A Theology of Church Music* (Nashville: Broadman Press, 1989), p. 129에서 재인용.

31) A. W. Tozer, 하나님은 이런 예배를 원하십니다, 안보헌 옮김 (서울: 생명의 말씀사, 2003), p. 89.

32) Gary Thomas, 영성에도 색깔이 있다, p. 224.

33) Sam Hinn, 예배로의 부르심, 안준호 옮김 (서울: 도서출판 예인, 1997), p. 66.

34) Alfred P. Gibbs, p. 196.

35) Robin Sheldon, p. 97에서 재인용.

36) Carlton R. Young, *Music of the Heart* (Carol Stream, IL: Hope Publishing Company, 1966), pp. 11-12에서 재인용.

37) 박정관, 하나님이 찾으시는 참된 예배자: 예배하는 인격, 회복된 예배 (서울: 생명의 말씀사, 2002), pp. 154-155.

38) Andy Park, p. 45에서 재인용.

39) Jeremiah Burroughs, 예배의 타겟을 복음에 맞춰라, 서창원, 최승락 옮김 (서울: 진리의 깃발, 2002), p. 148.

40) 정인교, p. 25.

41) J. J. Von Allmen, p. 187.
42) Sally Morgenthaler, 이것이 예배다, 임하나 옮김 (서울: 하늘사다리, 1998), p. 57.
43) Robert G. Rayburn, p. 32.
44) 정인교, p. 23.
45) Marva J. Dawn, *A Royal "Waste" of Time*, p. 105.
46) Tommy Tenney, 하나님 당신을 예배합니다, 이시연 옮김 (서울: 두란노, 2006), p. 67.
47) Lindell Cooley, 예배자의 기쁨을 회복하라, 조정아 옮김 (서울: 나침반, 2004), p. 214.
48) Louie Giglio, 하나님을 향한 열정과 경배, 이용식 옮김 (서울: 요단, 2006), p. 83.

## _Chapter 6

1) Franklin M. Segler, p. 220.
2) 조기연, 한국 교회와 예배 갱신, pp. 172-173.
3) 황성철, p. 135.
4) 정일웅, 기독교 예배학 개론 (서울: 솔로몬, 1996), p. 293.
5) Bruce H. Leafblad, *Experience God in Worship: Evangelical Worship* (Loveland: Group Publishing, Inc., 2000), p. 113.

## _Chapter 7

1) Gary Furr and Milburn Price, *The Dialogue of Worship: Creating Space for Revelation and Response* (Macon: Smyth & Helwys, 1998), pp. 87-89의 부연설명과 새롭게 보강한 내용이다.
2) Robert E. Webber, *Worship is a Verb*, p. 2.
3) 안승오, p. 253.
4) Warren W. Wiersbe, p. 207.
5) Ilion T. Jones, p. 311.
6) 김진호, 숨겨진 보물 예배 (서울: 예수 전도단, 2004), p. 51.
7) Louie Giglio, p. 149.
8) Harold M. Best, *Music Through the Eyes of Faith* (Harper San Francisco: A Division of Harper Collins Publishers, 1993), pp. 148-149.
9) Donald P. Hustad, *Jubilate II*, p. 105.
10) 노영상, p. 106에서 재인용.

11) 김진호, p. 3.
12) Sally Morgenthaler, p. 42.
13) 김소영, 현대 예배학 (서울: 한국장로교출판사, 1997), p. 245에서 재인용.
14) Graham Kendrick, 하나님을 갈망하는 예배 사역, pp. 23-24.
15) 복음주의 예배학, p. 278.
16) Ibid., p. 280.
17) Marva J. Dawn, 안식, 전의우 옮김 (서울: IVP, 2001), p. 192.
18) Franklin M. Segler, p. 8.

## _ Chapter 8

1) 정장복, 예배학개론, pp. 145-182에 기록된 순서를 근거로 하여 내용들을 보강한 것임.
2) Joseph N. Ashton, *Music in Worship: The Use of Music in the Church Service* (Boston, Chicago: The Pilgrim Press, 1947), p. 2.
3) Robert E. Webber, *Worship is a Verb*, p. 142.
4) Robert H. Mitchell, pp. 69-72에 대한 부연설명과 새롭게 보강한 내용이다.
5) Robert G. Rayburn, p. 203.
6) Thomas Leishman, ed. 웨스트민스터 예배모범, 정장복 역 (서울: 예배와 설교 아카데미, 2002), p. 43.
7) Harold M. Best, p. 9.
8) 김영재, 교회와 예배 (서울: 합동신학교출판부, 1995), p. 168에서 재인용.
9) James A. De Jong, p. 134.
10) 정장복, 예배학 개론, p. 148.
11) 정장복, 예배의 신학, p. 144.
12) 김석한, 개혁주의 예배의 이론과 실제 (서울: 도서출판 영문, 2002), p. 154.
13) William D. Maxwell, 예배의 발전과 그 형태, 정장복 역 (서울: 쿰란출판사, 1998), p. 156.
14) 황성철, p. 135.
15) 김세광, 예배와 현대문화 (서울: 대한기독교서회, 2005), p. 162.
16) 정장복, p. 예배학 개론, pp. 151-152.
17) Tommy Tenney, 다윗의 장막, 이상준 옮김 (서울: 도서출판 토기장이, 2004), p. 79.
18) Martyn Lloyd-Jones, 성령 하나님, 이순태 역 (기독교문서선교회, 2000), p. 183.
19) Max Lucado, p. 120.

20) Robert G. Rayburn, p. 226.
21) 황성철, p. 171.
22) 정장복, *예배의 신학*, p. 146.
23) Ibid., p. 147.
24) 정용섭, pp. 139-140.
25) Robert E. Webber, *Worship is a Verb*, p. 143.
26) Robert E. Webber, *Worship Old & New*, p. 116.
27) Thomas Leishman, p. 45.
28) 조기연, 한국교회와 예배갱신, p. 201.
29) Robert G. Rayburn, p. 242.
30) 정장복, *예배의 신학*, p. 151.
31) Ibid.
32) Ibid.
33) James F. White, p. 182.
34) 황성철, p. 192.
35) 정장복, *예배의 신학*, p. 152에서 재인용.
36) Ibid., p. 369.
37) 정일웅, 기독교 예배학 개론 (서울: 솔로몬, 1996), p. 236.
38) Robert E. Webber, *Worship is a Verb*, p. 11.
39) Sally Morgenthaler, p. 51에서 재인용.
40) 박근원, 오늘의 예배론 (서울: 대한기독교서회, 1993), p. 119.
41) James F. White, p. 189.
42) 정장복, *예배의 신학*, p. 153.
43) 송인규, p. 101.
44) Op. cit., p. 154.
45) 김석한, p. 334.
46) 김소영, p. 46.
47) 송인규, p. 127.
48) 정장복, 예배의 신학, p. 155.
49) Ilion T. Jones, 복음적 예배의 이해, 정장복 옮김 (서울: 한국장로교출판사, 1995), p. 357.
50) 김석한, p. 310.
51) 조기연, 한국교회와 예배갱신, p. 200.

52) 정일웅, 기독교 예배학 개론 (서울: 솔로몬, 1996), p. 170.
53) J. J. Von Allmen, p. 49.
54) Marva J. Dawn, 안식, p. 192.
55) Robert E. Webber, *Worship is a Verb*, p. 151.
56) Robert E. Webber, *Planning Blended Worship: The Creative Mixture of Old & New* (Nashville: Abingdon Press, 1998), p. 183.
57) Robert Berglund, *A Philosophy of Church Music* (Chicago: Moody press, 1985), p. 61.

## _ Chapter 9

1) 정장복, 편저, 교회력과 성서일과 (서울: 대한기독교서회, 1996), p. 19.
2) 정장복, 예배학 개론, p. 304.
3) James F. White, p. 80.
4) Robert E. Webber, *Worship is a Verb*, p. 1.
5) Robert E. Webber, 예배가 보인다 감동을 누린다, p. 146.
6) 박근원, p. 170.
7) 정정숙, 교회음악행정의 이론과 실제 (서울: 서울신대 출판부, 1988), p. 55에 대한 부연설명과 새롭게 내용을 보강한 것임.
8) Edward T. Horn, 교회력, 배한국 옮김 (서울: 컨콜디아서, 1971), pp. 73-74.
9) Ibid., p. 72.
10) Robert E. Webber, "The Spiritual Journey of Advent worship," pp. 110, in *The Complete LIBRARY of CHRISTIAN YEAR : The SERVICES of the CHRISTIAN YEAR*, ed. Robert E. Webber, V vol. (Peabody: Hendrickson Publishers, Inc., 1993).
11) Ibid.
12) 정장복, 예배학 개론, p. 294.
13) Robert E. Webber, 예배가 보인다 감동을 누린다, p. 152.
14) Op. cit., p. 299.
15) 정인교, p. 136.
16) Edward T. Horn, pp. 159-160.
17) 정장복, 예배학 개론, p. 303.
18) 박근원, 오늘의 예배론, p. 169.
19) Op. cit., p. 304.

20) 정장복, 편저, *교회력과 성서일과* (서울: 대한기독교서회, 1996), p. 22.
21) 박근원, *교회력과 목회기획: 한국교회 예배 갱신을 위한 목회 프로그램* (서울: 쿰란출판사, 2003), p. 47.
22) 정장복, *예배학 개론*, p. 309.

# Part 2

## _ Chapter 1

1) Donald P. Hustad, *Jubilate II*, p. 134.
2) Paul Westermeyer, *TE DEUM: The Church and Music* (Minneapolis: Fortress Press, 1998), p. 13.
3) Ibid.
4) William J. Reynolds and Milburn Price, *A Survey of Christian Hymnody* (Carol Stream, IL: Hope Publishing Company, 1987), p. 1.
5) Russel N. Squire, *교회음악사* (서울: 호산나 음악사, 1990), p. 199.

## _ Chapter 2

1) Robert E. Webber, *Worship Old & New*, p. 195.
2) Christoph Albrecht, *예배학 입문*, 김한옥 옮김 (서울: 도서출판 바울, 1999), p. 144.
3) Joseph N. Ashton, p. 4.

## _Chapter 3

1) Bruce H. Leafblad, Music, *Worship, and the Ministry of the Church*, pp. 51-57의 부연설명 및 새롭게 보강한 내용임.
2) James Hastings Nichols, *Corporate Worship in the Reformed Tradition* (Philadelphia: The Westminster Press, 1968), p. 35.
3) James F. White, p. 124.
4) Sally Morgenthaler, p. 172에서 재인용.

5) Donald J. Grout and Claude V. Palisca, *A History of Western Music*, 5th ed. (New York: W. W. Norton & Company, 1996), p. 564.

6) Joseph N. Ashton, p. 8.

7) Bruce H. Leafblad, *The Spiritual Dimensions of Music in the Church* (Burbank, CA: Manna Music Inc., 1975), p. 3.

8) Tom Kraeuter, 우리의 예배를 받으시는 12가지 이유, p. 140.


_ *Chapter 4*

1) 박근원, 오늘의 예배론, p. 194.

2) Robert E. Webber, 예배가 보인다 감동을 누린다, p. 132.

3) Harold M. Best, p. 67.

4) 복음주의 예배학, p. 114.

5) 조기연, 한국 교회와 예배 갱신, pp. 228-229.


_ *Chapter 5*

1) Warren W. Wiersbe, p. 141.

2) James Hastings Nichols, p. 35.

3) Bruce H. Leafblad, Music, *Worship, and the Ministry of the Church*, p. 58.

4) Joseph N. Ashton, p. 3.

5) Op. cit., p. 59.

6) Rick Warren, p. 83.

7) Op. cit., p. 60.

8) James F. White, p. 124.

9) 김대권, p. 38.


_ *Chapter 6*

1) Paul Westermeyer, p. 78.

2) Mark Bangert, "church music history, medieval," p. 94, in *KEY WORDS IN CHURCH MUSIC*, ed., Carl Schalk (St. Louis: Concordia, 1978).

3) Ibid., Carl Schalk, "alternation practice," p. 15.

4) David P. Appleby, *History of Church Music* (Chicago: Moody Press, 1965), p. 22에서 재인용.
5) Robert H. Mitchell, p. 49.
6) Ibid., p. 50.
7) Ibid., pp. 49-50.
8) William L. Hooper, *Ministry and Musicians* (Nashville: Broadman Press, 1986), p. 94.
9) A. C. Lovelace, *Music and Worship in the Church*, rev. ed. (Nashville: ABINGDON, 1976), p. 89.
10) Eugene H. Peterson, 한 길 가는 순례자, 김유리 옮김 (서울: IVP, 2001), p. 67.
11) Carl Schalk, *"The Music of the Choir,"* pp. 116-117, in *The Complete LIBRARY of CHRISTIAN WORSHIP: MUSIC AND THE ARTS in CHRISTIAN WORSHIP*, ed. Robert E. Webber, IV vol. (Peabody: Hendrickson Publishers, Inc., 1994).
12) 김대권, p. 138.
13) Ibid., pp. 228-229.
14) Paul Westermeyer, p. 156에서 재인용.
15) Christoph Albrecht, p. 141.
16) 노주하, 음악과 신학 (서울: 요단출판사, 1999), p. 77에서 재인용.
17) 김대권, p. pp. 118-119에서 재인용.
18) Warren W. Wiersbe, p. 149.
19) Bill Owens, *The Magnetic Music Ministry* (Nashville: ABINGDON PRESS, 1996), p. 58에서 재인용.
20) Robert E. Webber, 예배가 보인다 감동을 누린다, p. 134.
21) Harold M. Best, p. 65.


_ Chapter 7

1) Noel Magee, "The Piano in Music," p. 410, in *The Complete LIBRARY of CHRISTIAN WORSHIP: MUSIC AND THE ARTS in CHRISTIAN WORSHIP*, IV vol.
2) K. W. Kennan, 관현악법, 박재열, 이영조 공역 (서울: 정음문화사, 1983), pp. 226-228.
3) Robert Berglund, p. 60.


_ Chapter 8

1) Robert G. Rayburn, p. 268에서 재인용.

2) Ibid., p. 269.

3) Barry Liesch, *The New Worship*, p. 22에서 재인용.

4) Phil Kerr, *Music in Evangelism* (Glendale, California: Gospel Music Publishers, 1939), p. 52.

5) Kenneth W. Osbeck, 영으로 찬양하라, 김태곤 역 (서울: 생명의 말씀사, 1999), p. 24에서 재인용.

6) Richard J. Foster, 기도, 송준인 역 (서울: 두란노, 1999), p. 123.

7) 김이호, 찬송가 연구, vol. 1 (서울: 도서출판 지혜원, 1999), p. 178.

8) A. C. Lovelace, p. 26에서 재인용.

9) Robert H. Mitchell, p. 26에서 재인용

10) 김철륜, 교회음악론 (서울: 호산나 음악사, 1990), p. 78에서 재인용.

11) Ilion T. Jones, p. 334.

12) Joseph N. Ashton, p. 93.

13) James A. De Jong, p. 138에서 재인용.

14) Franklin M. Segler, p. 94.

15) Henri J. M. Nouwen, p. 29.

## _Chapter 9

1) Charles H. Spurgeon, p. 31.

2) James F. White, pp. 123-124.

3) Robert H. Mitchell, pp. 79-80.

4) 김순환, p. 202.

5) 정장복, *예배학 개론*, p. 150에서 재인용.

6) Robin Sheldon, ed., *In Spirit and In Truth: Exploring Directions in Music in Worship Today*, (London: Hodder&Stoughton, 1989), p. 96에서 재인용.

7) Christoph Albrecht, p. 144.

8) Everett Ferguson, *A Cappella Music: In the Public Worship of the Church* (Abilene: Biblical Research Press, 1972), pp. 48-49.

9) Robert E. Webber, *Worship Old & New*, pp. 195-196에서 재인용.

10) Ilion T. Jones, p. 334.

11) James F. White, p. 127.

12) Harry Eskew and Hugh T. McElrath, *Sing With Understanding: An Introduction to Christian Hymnology* (Nashville: Broadman Press, 1980), p. 243.

13) Robert H. Mitchell, p. 27에서 재인용.
14) Patrick Kavanaugh, p. 177에서 재인용.
15) A. W. Tozer, 하나님은 이런 예배를 원하십니다, p. 54에서 재인용.
16) William J Reynolds and Milburn Price, p. v.


## _Chapter 10

1) Kenneth W. Osbeck, *The Ministry of Music: A Complete Handbook for the Music Leader in the Local Church*. (Grand Rapids, Kregel Publications, 1961), pp. 63-65의 부연설명 및 새로운 내용으로 보강한 것임.
2) Tom Kraeuter, 효과적인 찬양사역, 채병채 옮김 (서울: 예수 전도단, 2003), p. 25.
3) Tom Kraeuter, 하나님의 손에 훈련된 예배 인도자, 박윤선 옮김 (서울: 예수 전도단, 1996), p. 42.
4) Andy Park, p. 31.
5) Matt Redman, p. 53.
6) Kenneth W. Osbeck, *The Music Ministry*, p. 67의 부연설명.
7) Harry Eskew and Hugh T. McElrath, p. 233.
8) Donald P. Hustad, *True Worship*, pp. 74-75 부연설명 및 새로운 첨가로 보강한 내용.


## _Chapter 11

1) Barry Liesch, *The New Worship*, pp. 48-50에 관한 부연설명과 새롭게 내용을 보강하였음.
2) Graham Kendrick, 하나님을 갈망하는 예배 사역, pp. 152-169의 부연설명 및 새롭게 보강한 내용임.
3) Dave Fellingham, 온전한 예배, 홍원팔 옮김 (서울: 비저북출판사, 2005), p. 196.
4) Sam Hin, p. 33.
5) Graham Kendrick, 경배, p. 150.
6) Matt Redman, p. 52.
7) Tom Kraeuter, 워십리더 핸드북, 이순덕 옮김 (서울: 횃셔북스, 2003), p. 15.
8) Ilion J. Jones, p. 230.
9) Tom Kraeuter, 회중을 춤추게 하는 예배 인도자, 김동규 옮김 (서울: 예수전도단, 2006), p. 81.
10) Matt Redman, p. 43.
11) Bill Owens, p. 55.

12) Ibid.

13) Matt Redman, p. 51.

14) Ibid., p. 53.

15) Chris A. Bowater, p. 152.

16) 김대권, p. 31.

17) Rick Warren, p. 137.

18) Howard Stevenson, 참된 예배, 어떻게 할 것인가? p. 125.

19) Tom Kraeuter, 하나님의 손에 훈련된 예배 인도자, p. 15.

20) Chris A. Bowater, p. 80.

21) Tom Kraeuter, 회중을 춤추게 하는 예배 인도자, p. 194.

22) Dave Fellingham, p. 198.

23) Ibid., p. 193.

24) Andy Park, pp. 133-154의 부연설명 및 새롭게 내용을 보강하였음.

25) Chris A. Bowater, p. 157.

26) R. T. Kendall, 예배에 숨겨진 비밀, 김성원 역 (서울: 예수 전도단, 2005), p. 53.

27) Tom Kraeuter, 회중을 춤추게 하는 예배 인도자, p. 39.

28) Andy Park, p. 150.

29) Tom Kraeuter, 우리의 예배를 받으시는 12가지 이유, p. 156.

30) Michael W. Smith, 지금은 담대해져야 할 때, 허미연 옮김 (서울: 도서출판 인피니스, 2005), p. 148.

31) John R. W. Stott, 리더십의 진실, 정옥배 옮김 (서울: 한국기독학생회출판부, 2003), p. 118.

32) Marva J. Dawn, *A Royal "Waste" of Time*, pp. 289-291.

33) Tom Kraeuter, 회중을 춤추게 하는 예배 인도자, p. 204.

34) 김석한, p. 120.

35) 김대권, p. 32에서 재인용.

36) Michael Card, 땅에 쓰신 글씨, 황병구 옮김 (서울: 한국기독학생회출판부, 2003), p. 113.

## _Chapter 12

1) Patrick Kavanaugh, pp. 186-187.

2) James F. White, p. 28에서 재인용.

3) David Pass, p. 109.

4) Ibid., p. 112에서 재인용.

5) A. C. Lovelace, p. 26.

6) James F. White, p. 124.

7) Linda Clark, "The Difference Between Concert Music and Music for Worship," p. 106, in *The Complete LIBRARY of CHRISTIAN WORSHIP: Music and the Arts in Christian Worship*. Vol. IV.

8) Donald Paul Ellsworth, p. 190.

9) 박근원, 오늘의 예배론, p. 131.

10) 조기연, 한국교회와 예배갱신, p. 158.

11) Op. cit., p. 41.

12) 김순환, p. 121.

13) 김대권, p. 25.

14) Op. cit., p. 158.

15) H. Richard Niebuhr, *그리스도와 문화*, 김재준 옮김 (서울: 대한기독교서회, 2001), p. 239.

16) Michael Frost, p. 59에서 재인용.

17) Ibid.

18) Warren W. Wiersbe, *Real Worship*, p. 178.

19) Eugene H. Peterson, p. 55.

20) Robert H. Mitchell, p. 88.

21) Harold M. Best, p. 42.

22) Francis A. Schaeffer, *Art & the Bible* (Downers Grove, Illinois: InterVarsity Press, 1973), p. 52.

23) 김대권, p. 192.

# 부 록

1) 모든 찬송가엔 음악 혹은 가사와 연관된 배경을 나타내는 고유명칭인 찬송가 음조 이름(Hymn Tune Name)을 갖는다. 여기서 연주될 '곧 오소서 임마누엘'이란 찬송도 제목 그대로를 가리키는 라틴어 표기인 것이다.

2) 찬양대, 혹은 그 외의 그룹이나 악기들로 인해 연주되는 모든 음악의 작곡가 이름을 이 곳에 표기하는 것이 주보 순서지 표기에 관한 관례이다.

3) 이 예배는 미국 텍사스 주 테런트 카운티(Tarrant County) 지역 교회들의 초교파적인 연합 속에서 행해질 성탄전야 예배를 위해 필자가 기획을 의뢰받고 작성했던 내용이다. 이 예배는 전통과 현대의 두 가지 특징을 적절하게 결합한 형태로써 예배순서의 기록 양식은 현재 미국교회에서 통용되고 있는 전형적인 방식을 따랐다.
4) 초대교회 때에 행해졌던 '인사말'로 그 출처는 룻기서 2장 4절의 말씀이다.
5) James F. White, p. 189.
6) 정장복, *예배학 개론*, pp. 260-267.
   박근원 엮음, *교회 예배서* (서울: 진흥, 1994), pp. 401-415.
   박근원 지음, *교회력과 목회기획*, pp. 312-332.
   Robert E. Webber, ed., *The SERVICES of the CHRISTIAN YEAR*, Vvol.

# 참고문헌

### 외국서적

Albrecht, Christoph. 예배학 입문. 김한옥 옮김. 서울: 도서출판 바울, 1999.

Allen, Ronald and Borror, Gordon. *Worship: Rediscovering the Missing Jewel*. Oregon: Multnomah Press, 1982.

Allmen, Von Jean-Jacques. 예배학 원론. 정용섭 외 3인 역. 서울: 대한기독교출판사, 1979.

Appleby, David P. *History of Church Music*. Chicago: Moody Press, 1965.

Ashton, Joseph N. *Music in Worship: The Use of Music in the Church Service*. Boston, Chicago: The Pilgrim Press, 1947.

Berglund, Robert. *A Philosophy of Church Music*. Chicago: Moody press, 1985.

Best, Harold M. *Music Through the Eyes of Faith*. HarperSanFrancisco: A division of Harper Collins Publishers, 1993.

Bowater, Chris A. 하나님은 예배하는 자를 찾으신다. 정규운 옮김. 서울: 비전북출판사, 2002.

Burroughs, Jeremiah. 예배의 타겟을 복음에 맞춰라. 서창원, 최승락 옮김. 서울: 진리의 깃발, 2002.

Card, Michael. 땅에 쓰신 글씨. 황병구 옮김. 서울: 한국기독학생회출판부, 2003.

Cooley, Lindell. *예배자의 기쁨을 회복하라*. 조정아 옮김. 서울: 나침반, 2004.

Davis, H. Grady. *예배의 실제: 왜 예배를 드리는가?* 서울: 컨콜디아사, 1992.

Dawn, Marva J. *A Royal "Waste" of Time: The Splendor of Worshiping God and Being Church for the World*. Grand Rapids: William B. Eerdmans Publishing Company, 1999.

_____. 안식, 전의우 옮김. 서울: IVP, 2001.

De Jong, James A. *개혁주의 예배*. 황규일 역. 서울: 기독교문서선교회, 1997.

Ellsworth, Donald Paul. *Christian Music in Contemporary Witness: Historical Antecedents and Contemporary Practices*. Grand Rapids: Baker House, 1979.

Enns, Paul. *신학 핸드북*. 최치남 옮김. 서울: 생명의 말씀사, 1994.

Eskew, Harry. and McElrath, Hugh T. *Sing With Understanding: An Introduction to Christian Hymnology*. Nashville: Broadman Press, 1980.

Fellingham, Dave. *온전한 예배*. 홍원팔 옮김. 서울: 비전북출판사, 2005.

Ferguson, Everett. *A Cappella Music: In the Public Worship of the Church*. Abilene : Biblical Research Press, 1972.

Foster, Richard J. *기도*. 송준인 역. 서울: 두란노, 1999.

Frost, Michael. *일상, 하나님의 신비*. 홍병룡 옮김. 서울: IVP, 2002년.

Furr, Gary A. and Price, Milburn. *The Dialogue of Worship: Creating Space for Revelation and Response*. Macon: Smyth & Helwys, 1998.

Gibbs, Alfred P. *예배: 그리스도인의 최상의 의무*. 정병은 옮김. 서울: 전도출판사, 1994.

Giglio, Louie. *하나님을 향한 열정과 경배*. 이용식 옮김. 서울: 요단, 2006.

Gire, Ken. *묵상하는 삶*. 윤종석 옮김. 서울: 두란노, 2000.

Grout, Donald J. and Palisca, Claude V. *A History of Western Music*. 5th ed. New York: W. W. Norton & Company, 1996.

Hayford, Jack. Killinger, John. Stevenson, Howard. *참된 예배, 어떻게 할 것인*

가?_ 김진우 옮김. 서울: 도서출판 횃불, 1994.
_____. _경배_. 윤매영 역. 서울: 죠이선교회 출판부, 2002.

Hin, Sam. _예배로의 부르심_. 안준호 옮김. 서울: 도서출판 예인, 1997.

Hooper, William L. _Ministry and Musicians_. Nashville: Broadman Press, 1986.

Horn, Edward T. _교회력_. 배한국 옮김. 서울: 컨콜디아서, 1971.

Hustad, Donald P. _Jubilate II: Church Music in Worship and Renewal_. Carol Stream, IL: Hope Publishing Company, 1993.
_____. _True Worship: Reclaiming the Wonder & Majesty_. Wheaton, IL: Harold Shaw Publishers, 1998.

Jones, Ilion T. _복음적 예배의 이해_. 정장복 옮김. 서울: 한국장로교출판사, 1995.

Kavanaugh, Patrick. _우리의 삶은 하나님께 드리는 예배입니다_. 김창대 옮김. 서울: 브니엘, 2003.

Kendall, R. T. _예배에 숨겨진 비밀_. 김성원 역. 서울: 예수전도단, 2005.

Kendrick, Graham. _경배_. 김성웅 옮김. 서울: 두란노, 2000.
_____. _하나님을 갈망하는 예배 사역_. 채슬기 옮김. 서울: 비전북출판사, 2002.

Kennan, K. W. _관현악법_. 박재열, 이영조 공역. 서울: 정음문화사, 1983.

Kerr, Phil. _Music in Evangelism_. Glendale, California: Gospel Music Publishers, 1939.

Kraeuter, Tom. _하나님의 손에 훈련된 예배 인도자_. 박윤선 옮김. 서울: 예수전도단, 1996.
_____. _워십리더 핸드북_. 이순덕 옮김. 서울: 횃셔북스, 2003.
_____. _효과적인 찬양사역_. 채병채 옮김. 서울: 예수전도단, 2003.
_____. _우리의 예배를 받으시는 12가지 이유_. 정민역 옮김. 서울: 예수전도단, 2005.
_____. _회중을 춤추게 하는 예배 인도자_. 서울: 예수전도단, 2006.

Leafblad, Bruce H. _The Spiritual Dimensions of Music in the Church_. Burbank, CA: Manna Music Inc., 1975.
_____. _Music, Worship, and the Ministry of the Church_. Portland: Western Conservative Baptist Seminary, 1978.
_____. _Experience God in Worship: Evangelical Worship_. Loveland: Group Publishing Inc., 2000.

Leishman, Thomas. ed. 웨스트민스터 예배모범. 정장복 역. 서울: 예배와 설교 아카데미, 2002.

Liesch, Barry. *People in the Presence of God: Models and Directions for Worship*. Grand Rapids: Zondervan Publishing House, 1988.

_____. *The New Worship: Straight Talk on Music and the Church*. Grand Rapids: Baker Books, 1996.

Lloyd-Jones, Martyn. 성령 하나님. 이순태 역. 기독교문서선교회, 2000.

Lovelace, A. C. *Music and Worship in the Church*. revised ed. Nashville: ABINGDON, 1976.

Lucado, Max. 나의 사랑하는 책. 윤종석 옮김. 서울: 도서출판 복 있는 사람, 2004.

MacArthur John, Jr. 참된 예배: 예배란 무엇인가? 한화룡 옮김. 서울: 두란노서원, 1989.

Martin, Ralph P. *Worship in the Early Church*. Grand Rapids: William B. Eerdmans Publishing Company, 1992.

Maxwell, William D. 예배의 발전과 그 형태. 정장복 역, 쿰란출판사, 1998.

McGrath, Alister. 종교개혁 시대의 영성. 박규태 옮김. 서울: 좋은씨앗, 2005.

Mitchell, Robert H. *Ministry and Music*. Philadelphia: The Westminster Press, 1978.

Morgenthaler, Sally. 이것이 예배다. 임하나 옮김. 서울: 하늘사다리, 1998.

Nichols, James Hastings. *Corporate Worship in the Reformed Tradition*. Philadelphia: The Westminster Press, 1968.

Niebuhr, H. Richard. 그리스도와 문화. 김재준 옮김. 서울: 대한기독교서회, 2001.

Nouwen, Henri J. M. 예수님을 생각나게 하는 사람. 피현희 옮김. 서울: 두란노, 1999.

Orr, N. Lee. *The Church Music Handbook for Pastors and Musicians*. Nashville: Abingdon Press, 1991.

Osbeck, Kenneth W. *The Ministry of Music: A Complete Handbook for the*

*Music Leader in the Local Church*. Grand Rapids: Kregel Publications, 1961.

_____. 영으로 찬양하라. 김태곤 역. 서울: 생명의 말씀사, 1999.

Owens, Bill. *The Magnetic Music Ministry*. Nashville: ABINGDON PRESS, 1996.

Packer, J. I. 하나님을 아는 지식. 정옥배 옮김. 서울: 한국기독학생회출판부, 2003.

Park, Andy. 하나님을 갈망하는 예배 인도자. 김동규 옮김. 서울: 한국기독학생회출판부, 2004.

Pass, David B. *Music and the Church: A Theology of Church Music*. Nashville: Broadman Press, 1989.

Patterson, Ben. 일과 예배. 김재영 옮김. 서울: 한국기독학생회 출판부, 1997.

Peterson, Eugene H. 한 길 가는 순례자. 김유리 옮김. 서울: IVP, 2001.

Pierce, Chuck D. and Dickson, John. 찬양하는 전사들. 박정준 옮김. 서울: 순전한 나드, 2006.

Rayburn, Robert G. 예배학. 김달생, 강귀봉 공역. 서울: 성광문화사, 1982.

Redman, Matt. 하나님 앞에 선 예배자. 홍순원 옮김. 서울: 죠이선교회출판부, 2004.

Reynolds, William J. and Price, Milburn. *A Survey of Christian Hymnody*. Carol Stream, IL: Hope Publishing Company, 1987.

Schaeffer, Francis A. *Art & the Bible*. Downers Grove, Illinois: InterVarsity Press, 1973.

Schalk, Carl. ed. *KEY WORDS IN CHURCH MUSIC*. St. Louis: Concordia, 1972.

Segler, Franklin M. *Understanding, Preparing for, and Practicing Christian Worship*. 2nd ed., Nashville: Broadman & Holman Publishers, 1996.

Sheldon, Robin. ed., *In Spirit and In Truth: Exploring Directions in Music in Worship Today*. London: Hodder & Stoughton, 1989.

Smith, Michael W. 지금은 담대해져야 할 때. 허미연 옮김. 서울: 도서출판 인피니스, 2005.

Spurgeon, Charles H. 온전한 찬양. 김혜진 옮김. 서울: 비전북출판사, 2001.

Sqiure, Russel N. 교회음악사. 서울: 호산나음악사, 1990.

Stott, John R. W. 리더십의 진실. 정옥배 옮김. 서울: 한국기독학생회출판부, 2003.

Tenney, Tommy. 갈망하는 자의 기도. 윤종석 옮김. 서울: 두란노, 2003.
_____. 다윗의 장막. 이상준 옮김. 서울: 도서출판 토기장이, 2004.
_____. 하나님께 굶주린 예배자. 배응준 옮김. 서울: 규장, 2005.
_____. 하나님 당신을 예배합니다. 이시연 옮김. 서울: 두란노, 2006.

Thomas, Gary. 영성에도 색깔이 있다. 윤종석 역. 서울: 도서출판 CUP, 2003.
_____. 뿌리 깊은 영성은 흔들리지 않는다. 전의우 옮김. 서울: CUP, 2004.

Tozer, A. W. 하나님은 이런 예배를 원하십니다. 안보헌 옮김. 서울: 생명의 말씀사, 2003.
_____. 예배인가, 쇼인가! 이용복 옮김. 서울: 규장, 2004.
_____. 이것이 성령님이다. 이용복 옮김. 서울: 규장, 2005.

Veith, Gene Edward Jr. 예술에 대해 성도가 가져야 할 태도. 오현미 옮김. 서울: 나침반사, 1993.

Warren, Rick. 목적이 이끄는 삶. 고성삼 옮김. 서울: 디모데, 2003.

Webber, Robert E. *Worship Old & New*. Grand Rapids, Michigan: Zondervan Publishing House, 1982.
_____. *Worship is a Verb*. Peabody: Hendrickson Publishers, 1992.
_____. ed. *The Complete LIBRARY of CHRISTIAN WORSHIP: The SERVICES of the CHRISTIAN YEAR*. V vol. Peabody: Hendrickson Publishers Inc., 1993.
_____. ed. *The Complete LIBRARY of CHRISTIAN WORSHIP: Music and the Arts in christian Worship*. IV vol. Peabody: Hendrickson Publishers Inc., 1994.
_____. *Worship Old & New*. Second ed. Grand Rapids, Michigan: Zondervan Publishing House, 1994.
_____. *Planning Blended Worship: The Creative Mixture of Old & New*. Nashville: Abingdon Press, 1998.
_____. 예배가 보인다 감동을 누린다. 김세광 옮김. 서울: 예영 커뮤니케이션, 2004.

Westermeyer, Paul. *TE DEUM: The Church and Music*. Minneapolis: Fortress

Press, 1988.

White, James F. 기독교 예배학 입문. 정장복, 조기연 옮김. 서울: 예배와 설교 아카데미, 2001.

Wiersbe, Warren W. *Real Worship: Playground, Battleground, or Holy Ground?* Grand Rapids: Baker Books, 2000.

Yancey, Philip. 하나님 나는 당신께 누구입니까? 전의우 역. 서울: 요단 출판사, 2001.

Young, Carlton R. *Music of the Heart*. Carol Stream, IL: Hope Publishing Company, 1966.

### 국내서적

김기현. 한국교회의 예배와 생활. 서울; 양서각, 1986.
김남준. 예배의 감격에 빠져라. 서울: 규장, 2003.
김대권. 교회음악 철학. 개정판. 서울: 중앙아트, 2006.
김석한. 개혁주의 예배의 이론과 실제. 서울: 도서출판 영문, 2002.
김세광. 예배와 현대문화. 서울: 대한기독교서회, 2005.
김소영. 현대 예배학. 서울: 한국장로교출판사, 1997.
김순환. *21세기 예배론: 전통과 현대의 만남을 추구하며*. 서울: 대한기독교서회, 2003.
김영재. 교회와 예배. 서울: 합동신학교출판부, 1995.
김이호. 찬송가 연구. vol. 1. 서울: 도서출판 지혜원, 1999.
김진호. 숨겨진 보물 예배. 서울: 예수전도단, 2004.
김철륜. 교회음악론. 서울: 호산나 음악사, 1990.
노주하. 음악과 신학. 서울: 요단출판사, 1999.
박근원. 오늘의 예배론. 서울: 대한기독교서회, 1993.
_____. 엮음. 교회 예배서. 서울: 진흥, 1994.
_____. 교회력과 목회기획: 한국교회 예배 갱신을 위한 목회 프로그램. 서울: 쿰란출판사, 2003.

박은규. *21세기의 예배*. 서울: 대한기독교회, 2004.

박정관. *하나님이 찾으시는 참된 예배자: 예배하는 인격, 회복된 예배*. 서울: 생명의 말씀사, 2002.

송인규. *아는 만큼 누리는 예배*. 서울: 홍성사, 2004.

안승오. *능력 있는 예배를 위한 7가지 질문*. 서울: 빌라델비아, 2001.

이병렬. *하늘과 땅이 만난 시나이산*. 서울: 페트라 성경원어연구원, 1993.

정용섭. *예배를 예배 되게 하라: 예배의 이론과 실제*. 서울: 쿰란 출판사, 2001.

정인교. *예배학 원론*. 서울: 솔로몬 출판사, 1997.

정일웅. *기독교 예배학 개론*. 서울: 도서출판 솔로몬, 1996.

_____. *기독교 예배학 개론*. 서울: 이레서원, 2000.

정장복. 편저. *교회력과 성서일과*. 서울: 대한기독교서회, 1996.

_____. *예배의 신학*. 서울: 장로회신학대학교출판부, 1999.

_____. *예배학 개론*. 서울: 예배와 설교 아카데미, 2001.

정정숙. *교회음악행정의 이론과 실제*. 서울: 서울신대 출판부, 1988.

조기연. *예배 갱신의 신학과 실제*. 서울: 대한기독교서회, 1999.

_____. *한국 교회와 예배 갱신*. 서울: 대한기독교서회, 2004.

한국복음주의 실천신학회. *복음주의 예배학*. 서울: 요단출판사, 2001.

황성철. *예배학*. 서울: 대한예수교장로회총회, 1998.